ICMS e ISS

Pontos em comum e questões relevantes discutidas na Jurisprudência.

Eurípedes G. Faim Fº e Mônica A. M. Serrano
Coordenadores

ICMS e ISS
Pontos em comum e questões relevantes discutidas na Jurisprudência

Edição eletrônica e impressa.
São Paulo: IPAM, 2019.

© de todas as versões e edições em qualquer formato e em qualquer país. Todos os direitos reservados. All rights reserved in all formats and in all countries.

Capa: Adolfo Raphael Silva Mariano de Oliveira

Presidente do IPAM
Hertha Helena Rollemberg Padilha de Oliveira

Sumário

Prefácio 1

Introdução. 4

    Parte I – ISS e ICMS: PONTOS EM COMUM 7

ICMS X ISSQN: TRIBUTAÇÃO DO SOFTWARE Argos Campos Ribeiro Simões 8

    Introdução 8

    1 – Contexto Jurídico 9

    2 - Colocação do problema – Tributação do software e congêneres 13

    3 - Conceitos básicos – ICMS operação relativa à circulação de mercadorias 18

    4 - Incidência do ICMS ou ISSQN: legislação, críticas e possibilidades do ICMS 22

    Considerações finais 32

ISS, ICMS E NÃO-CONFISCO Estevão Horvath 34

    Introdução. 34

    1. Tributos "diretos" e "indiretos" 35

    2. O princípio do não-confisco 38

    3. Razoabilidade, não-confisco e tributos indiretos 41

    4. Capacidade contributiva e vedação do confisco 42

    5. Confisco e sujeição passiva tributária 44

    6. Multas e confisco 47

7. Aplicação dos princípios citados em questão relativa ao ICMS 51

À guisa de conclusão 54

ICMS E ISS – IMUNIDADES CONSTITUCIONAIS José Luis Ribeiro Brazuna 57

Introdução. 57

1 – Aspectos gerais 58

1.1 – Categorias especiais da técnica de tributação 58

1.1.1 Regime jurídico da *não-incidência* 59

1.1.2 Regime jurídico da *imunidade* 64

1.1.3 Regime jurídico da *isenção* 68

1.1.4 Outras categorias de desoneração 71

1.2 – Guerra fiscal do ICMS e do ISS 75

2 – Aspectos específicos 77

2.1 – Imunidades, alcance e impostos indiretos 77

2.2 – Imunidade recíproca e exclusão da exploração de atividade econômica 84

2.3 – Isenções tributárias e isenções heterônomas. Isenções concedidas pela União 90

2.4 – Desonerações do ICMS e a não-cumulatividade 93

A TRIBUTAÇÃO INDIRETA DA DISPONIBILIZAÇÃO DE FILMES, VÍDEOS E MÚSICAS VIA "STREAMING ON DEMAND" Fábio Piovesan Bozza Cristiano Frederico Ruschmann 96

1. Introdução 96

2. Conceito de "streaming" 98

3. Alcance das expressões utilizadas pela Constituição Federal para definir competência tributária............................100

4. ICMS sobre a prestação de serviço de comunicação...........106

5. ICMS sobre operações relativas à circulação de mercadorias 109

6. ISS sobre serviços de qualquer natureza 115

Síntese conclusiva 124

EXPORTAÇÃO DE SERVIÇOS DE GESTÃO E CONSULTORIA DE INVESTIMENTOS NO MERCADO MOBILIÁRIO BRASILEIRO E O ISS SEGUNDO A JURISPRUDÊNCIA DO TJSP. Eurípedes Gomes Faim Filho. 127

Introdução...127

1. Conceito de valores mobiliários. 128

2. Origem da exoneração. 130

3. Isenção ou imunidade 131

4. Razão de ser desta exoneração 134

5; Regramento infraconstitucional 136

6; Constitucionalidade do parágrafo único do art. 2º da L. C. 116/2003 136

7. Requisitos para o reconhecimento da isenção. 137

8. O que se entende como sendo "resultado" do serviço.........138

9. O serviço de gestão ou administração de carteiras de valores mobiliários. 140

10 Jurisprudência sobre gestão. 142

11. O serviço de consultoria de valores mobiliários. 147

12. Jurisprudência sobre consultoria. 148

Conclusões. 154

ISS EM CONFLITO - A INTERPRETAÇÃO DA LISTA DE SERVIÇOS Eutálio José Porto 156

Introdução 156

1. A tipologia dos serviços e sua evolução 158

2. Definições abertas da lei 160

3. Atividades que se misturam com o serviço - Locação 162

4. Sociedades de profissão regulamentada 163

5. Conflito sobre o local da Prestação de Serviço 170

6. Conflito entre o Simples Nacional e as sociedades de serviços 178

7. O art. 166 e sua aplicação à repetição de indébitos do ISS . 187

Considerações finais 192

PLATAFORMAS DE MARKETPLACE QUE APROXIMAM USUÁRIOS E MOTORISTAS E IMPOSTOS SOBRE O CONSUMO – O CASO UBER Alberto Macedo 194

1. Introdução 194

2. Relação de Emprego como Espécie do Gênero Relação de Trabalho 195

3. O Direito Tributário e os Contratos 199

4. O Modelo Contratual da Uber, Como Exemplo 201

5. Análise de Julgado da Justiça do Trabalho e de Relatório do Ministério Público do Trabalho 206

5.1. Licenciamento de Software – ou Exploração de Plataforma Tecnológica – Como Atividade Meio da Atividade Fim Intermediação 207

5.2. Marketplace e Direito do Consumidor 209

5.3. O Marketplace de Intermediação de Serviço de Transporte Privado é Economia Compartilhada 210

5.4. Habitualidade 212

5.5. Onerosidade 213

5.6. Pessoalidade 216

5.7. Subordinação 217

6. Profissional-Parceiro 228

7. Enquadramento Tributário 230

7.1. Critérios Materiais e Espaciais do ISS, do ICMS e do IPI 230

7.2. Bases de Cálculo 231

8. Uber Sem Motorista – O Futuro Alterando a Natureza Jurídica da Atividade 231

9. Conclusões 232

ISS E CONTRATOS DE FRANQUIA: BREVES COMENTÁRIOS À LUZ DA JURISPRUDÊNCIA Matheus Cherulli Alcântara Viana 235

Introdução 235

1. O contrato (sistema) de franquia na lei nº 8.955/94............237

2. Franquia e a Lei Complementar nº 116/03........................241

3. ISS, franquias e a jurisprudência..246

Conclusão...254

AS ALTERAÇÕES INTRODUZIDAS PELA LEI COMPLEMENTAR 157/2016 E A AUTONOMIA MUNICIPAL
Mônica de Almeida Magalhães Serrano.................................257

Forma do estado brasileiro: federalismo.................................257

2. Competência tributária atribuída aos municípios e delimitação do ISSQN...259

3. Da lei complementar e alíquotas máxima e mínima do ISSQN..263

4. Da lei complementar 157/16: inovações..............................265

Conclusões...272

PARTE III – ICMS: PROBLEMAS TRATADOS NA JURISPRUDÊNCIA...274

ICMS E O PRINCÍPIO DA NÃO-CUMULATIVIDADE
Andressa Guimarães Torquato Fernandes...............................275

Introdução..275

1 Por que a não-cumulatividade? considerações sobre a sua origem no ICMS..276

1.1 A circulação de mercadorias como fato gerador...........276

1.2 A tributação cumulativa e seus efeitos econômicos......278

1.3 A solução francesa..279

1.4 A adoção pela Comunidade Europeia 279

1.5 O modelo americano 281

2 Evolução na legislação brasileira 281

2.1 O Imposto sobre Vendas e Consignações (IVC) 281

2.2 O ICM – Emenda Constitucional n. 18/1965................282

2.3 A não-cumulatividade na CF 1988 283

2.4 Tributos Monofásicos e Plurifásicos............................285

2.5 Técnicas para apuração da não-cumulatividade...........286

2.6 O direito ao crédito. Que crédito? Crédito físico x crédito financeiro 289

3. CONCLUSÕES...293

O SIMPLES NACIONAL E O ICMS Heliana Maria Coutinho Hess..295

1- Conceito e noções básicas..295

2- Parcelamento e investidores-anjos...................................298

3- Novos limites da Lei Complementar 155/2016 e o recolhimento do ICMS 301

4- Tabelas de atividades e anexos 305

5- Auto regularização ou malha fiscal e aquisições públicas...308

6- Jurisprudência nos tribunais, nos juizados especiais e repercussão geral no STF 311

7 - Conclusão:..315

A SUBSTITUIÇÃO TRIBUTÁRIA NO ICMS: PROBLEMAS (NÃO) RESOLVIDOS PELO RE 593.849 Paulo Victor Vieira da Rocha 318

    1. A estrutura do regime de substituição tributária até a ADI 1.851..................318

    2. A justificação do regime em 2002..................329

    3. Os problemas do regime definido em 2002..................335

O ICMS-IMPORTAÇÃO E AS DIVERSAS MODALIDADES DE IMPORTAÇÃO (POR CONTA PRÓPRIA, POR CONTA E ORDEM E POR ENCOMENDA) Robson Maia Lins ..349

    1. Introdução..................349

    2. RMIT como método de análise..................350

    3. O ICMS e a incidência sobre a importação de mercadorias e serviços..................352

    4. As espécies de importação..................354

    5. ICMS e as regras para definição do sujeito passivo na importação..................358

    6. A RMIT do ICMS-Importação..................365

    7. Conclusão..................367

EMENDA CONSTITUCIONAL N° 87/2015 – DIFERENCIAL DE ALÍQUOTAS DE ICMS (DIFAL) – NECESSIDADE DE REGULAMENTAÇÃO PRÉVIA, POR MEIO DE LEI COMPLEMENTAR – QUESTÕES CONEXAS Roque Antonio Carrazza..................369

    1. Introdução..................369

2. O perfil constitucional do *ICMS* incidente sobre as operações mercantis, inclusive as interestaduais. O chamado *diferencial de alíquotas (DIFAL)* 369

3. A função da lei complementar prevista no art. 146, I e III, *a*, da Constituição Federal 376

4. Reequacionamento do problema e encaminhamento de sua solução jurídica 380

5. Explicação necessária 381

6. Da não auto aplicabilidade dos incisos VII e VIII, do § 2º, do art. 155, da Constituição Federal 382

7. Da impossibilidade jurídica de ser editada, no caso em estudo, a lei complementar estadual veiculadora de *"normas gerais em matéria de legislação tributária"* 386

8. Da não auto aplicabilidade, no caso em estudo, da lei complementar nacional que vier a ser editada 391

9. Da impossibilidade jurídica de convalidação das leis ordinárias anteriores à edição da lei complementar nacional cuidando do *DIFAL* 395

10. Da inconstitucionalidade do Convênio ICMS nº 93/2015 397

11. Conclusões 401

BIBLIOGRAFIA 408

SOBRE OS AUTORES. 424

Prefácio

O ano de 2.018 teve forte significado para a Escola Paulista da Magistratura, que completa três décadas de existência, atendendo determinação da Constituição Federal de 1.988.

O trabalho foi profícuo nos últimos trinta anos. Além da atividade primordial de formação e aperfeiçoamento dos magistrados, a Escola Paulista da Magistratura atendeu sua vocação plural de escola de governo e estendeu muitos de seus cursos aos servidores do Poder Judiciário e demais operadores do direito. Teve também relevante produção científica, mediante publicação de revistas, obras coletivas, teses de mestrado e de doutorado elaboradas por magistrados.

Esta obra coletiva, que reúne temas atuais de Direito Tributário, em especial ICMS e ISS, vem coroar a produção da Escola Paulista da Magistratura. O temário e os autores foram cuidadosamente escolhidos. Reuniu-se grupo de escol, com os mais destacados estudiosos e professores dos mencionados tributos. Todos os textos enfrentam questões relevantes e de imenso interesse para todos os que atuam na área. Temas novos, muitos deles ainda não enfrentados pelos tribunais, ou objeto de viva polêmica na jurisprudência.

A ideia da publicação dos textos nasceu de curso de Direito Tributário que a Escola Paulista, por meio da coordenadoria de Direito Público, promoveu ao longo do ano de 2.018, com a participação de centenas de alunos – magistrados e demais profissionais do direito – nas modalidades presencial e à distância.

Os professores – todos com larga experiência – foram convidados e aceitaram o desafio de converter os temas abordados durante as aulas em textos de doutrina. A originalidade da obra coletiva está na reunião de artigos científicos voltados exclusivamente ao exame de temas controversos dos dois tributos – ICMS e ISS – geradores de centenas de milhares de demandas julgadas pelo Tribunal de Justiça de São Paulo.

A obra tem inegável utilidade e certamente será referência aos estudiosos e magistrados que se defrontarem com os temas propostos. Todos os textos – sem exceção – partem de rigoroso tratamento dogmático, escorados em boa doutrina, enfrentam diretamente os problemas postos e contêm conclusões propositivas e soluções às questões que se propõem resolver.

Esta obra somente foi possível em razão da intensa atividade da Coordenadoria de Direito Público da Escola Paulista da Magistratura, de responsabilidade da Desembargadora Luciana Almeida Prado Bresciani e do Juiz Fernão Borba Franco, a quem agradeço o empenho e a dedicação.

Em especial, o Curso de Direito Tributário - ICMS e ISS: Pontos em comum e questões relevantes discutidas na Jurisprudência, teve a coordenação dos Desembargadores do Tribunal de Justiça de São Paulo Mônica de Almeida Magalhães Serrano e Eurípedes Gomes Faim Filho. Empenharam-se os dois Magistrados na formatação e acompanhamento do curso e, como um presente aos trinta anos da Escola Paulista da Magistratura, também na coordenação desta obra coletiva.

Em nome pessoal e da Escola Paulista da Magistratura, os sinceros agradecimentos aos Desembargadores Mônica de Almeida

Magalhães Serrano e Eurípedes Gomes Faim Filho, e a todos os professores e autores que contribuíram para que esta obra coletiva se convertesse em realidade.

Sinto-me honrado, na qualidade de Diretor de Escola Paulista da Magistratura, em prefaciar a primeira de uma série de obras que certamente nascerão sob coordenação dedicada dos Desembargadores e Juízes acima referidos.

São Paulo, novembro de 2.018

Francisco Eduardo Loureiro
Diretor da Escola Paulista da Magistratura

Introdução.

Ao celebrar trinta anos de idade a Escola Paulista da Magistratura pela primeira vez, segundo se tem notícia, realiza um curso destinado a estudos de Direito Tributário e o tema escolhido foi ICMS e ISS: Pontos em comum e questões relevantes discutidas na Jurisprudência.

O curso teve uma recepção muito maior do que a esperada com um grande número de inscritos e foi um curso de curta duração que contou com renomados professores da área.

Esses professores agora transformam seus temas em artigos aqui colecionados para ampliar a transmissão de seu precioso conhecimento.

O livro se divide em três partes, tal como o curso.

A primeira parte trata dos pontos em comum entre o ICMS e o ISS.

Argos Campos Ribeiro Simões abre o livro traçando as fronteiras entre o ICMS e o ISSQN na tributação de software.

Estevão Horvath revisita sua clássica obra sobre o não confisco, mas focando nesses dois tributos.

José Luis Ribeiro Brazuna trata das imunidades constitucionais nesses tributos.

A segunda parte foca na jurisprudência do ISS.

Abrindo essa parte Eurípedes Gomes Faim Filho estuda a exportação de serviços de gestão e consultoria de investimentos no mercado mobiliário brasileiro e o ISS segundo a jurisprudência do TJSP.

Eutálio José Porto analisa os conflitos que ocorrem no ISS em decorrência da interpretação da lista de serviços.

Alberto Macedo trata de tema bem atual quando fala das plataformas de marketplace que aproximam usuários e motoristas e impostos sobre o consumo, mais especificamente sobre o caso Uber.

Matheus Cherulli Alcântara Viana destrincha a incidência do ISS nos contratos de franquia.

Mônica Serrano demonstra que as inovações da alíquota mínima do ISS na LC 157/16 têm influência na guerra fiscal.

A terceira parte centra-se na jurisprudência do ICMS a qual conta com cinco trabalhos.

A difícil questão da não cumulatividade no ICMS é enfrentada por Andressa Guimarães Torquato Fernandes.

Heliana Maria Coutinho Hess discorre sobre o simples nacional e o ICMS.

Estudando o RE 593.849 Paulo Victor Vieira da Rocha nos mostra que os problemas relativos à substituição tributária no ICMS ainda não foram satisfatoriamente resolvidos.

O comércio exterior é mais uma vez estudado no livro, dessa vez Robson Maia Lins estuda o ICMS nas diversas modalidades de importação.

O livro termina com Roque Antonio Carrazza avaliando a Emenda Constitucional nº 87/2015, o diferencial de alíquotas de ICMS (DIFAL) e fala da necessidade de regulamentação prévia, por meio de lei complementar e outras questões conexas.

Temos assim um livro completo que estuda temas normalmente não enfrentados em outras obras e traz luz sobre esses assuntos intrincados, mas ao mesmo tempo de conhecimento essencial para o desenvolvimento da ciência jurídica e da economia do Brasil.

Os Coordenadores.

São Paulo, primavera de 2018.

Parte I – ISS e ICMS: PONTOS EM COMUM

ICMS X ISSQN: TRIBUTAÇÃO DO SOFTWARE

Argos Campos Ribeiro Simões1

Introdução

O artigo pretende apresentar visões jurídicas teórico-práticas do ICMS nas suas operações relacionadas tributação digital.

Software adquirido por download ou presente na nuvem deve ser tributado pelo ICMS? Pelo ISSQN?

Existem bens e mercadorias digitais? Há fundamento constitucional para tal consideração?

O tema é discutido com base no método ensinado por Paulo de Barros Carvalho que "enxerga" o Direito através do construtivismo lógico-semântico: Direito como linguagem, reconstruindo-o por meio de aspectos da denominada regra-matriz de incidência tributária.

Este artigo está organizado da seguinte forma: iniciamos com uma visita panorâmica aos conceitos da teoria do Direito; na sequência, investigamos os papéis das *normas gerais* veiculadas por lei complementar na instituição do ICMS. Discutimos a materialidade do ICMS-operação relativa à circulação de mercadorias e seus fundamentos jurídicos aplicados à tributação digital.

Em prosseguimento, realizamos breve análise sobre a incidência ou não da exação estadual nos casos de aquisição de software por download e presentes na nuvem, com e sem cessão definitiva com base em controvertida legislação infraconstitucional.

O tema merece atenção redobrada em face da dificuldade legislativa no acompanhar a velocidade da tecnologia digital. Estaria nosso arcabouço normativo adaptado à modernidade digital?

1 – Contexto Jurídico

Seguindo os ensinamentos de Paulo de Barros Carvalho[2], operamos no Direito, entendendo-o como sistema, cujo repertório estruturado é constituído por normas jurídicas válidas (existentes) em determinados território e momento.

Direito Positivo é o texto físico; a regra geral do jogo jurídico. Direito como sistema normativo é construído de forma singular pelo intérprete à luz do texto.

Temos tantos *"**Direitos** como sistemas normativos"* quantas são as pessoas que estiverem a interpretar o mesmo texto jurídico.

Interpretar é construir sentido; portanto, a interpretação do Direito é atividade de construção lógico-semântica dos textos legais.

Paulo de Barros Carvalho preleciona que "[...] interpretar é atribuir valores aos símbolos, isto é, adjudicar-lhes significações e, por meio dessas referências a objetos"[3].

Construir normas jurídicas é atribuir significações ao texto jurídico; é análise semântica limitada ao repertório linguístico peculiar a cada observador-intérprete.

Neste sentido, destaca Paulo de Barros Carvalho que "[...] Esse processo interpretativo encontra limites nos horizontes da nossa cultura [...] pois fora dessas fronteiras não é possível a compreensão [...]. Na visão hermenêutica adotada, a interpretação exige uma pré-compreensão que a antecede e a torna possível."[4]

Mas o resultado do processo hermenêutico está também condicionado ao método exegético escolhido pelo intérprete, de cuja decisão político-ideológica dá-se a construção de significado possível do texto a ser interpretado.

Assim pensamos porque o ato de interpretação jurídica possui aspectos objetivos e aspectos subjetivos; estes, singulares ao intérprete.

Como aspectos objetivos, temos: **(i)** o próprio texto legal (suporte físico) e **(ii)** o método de aproximação ao texto; às vezes mais restrito (literal); às vezes mais amplo (teleológico, evolutivo-histórico); porém, sempre "sistemático", pois não há de se admitir interpretação jurídica que não envolva todo contexto legal que sobre o tema tenha influência.

Hans Kelsen faz dura crítica àqueles que admitem o resultado interpretativo como sendo um mero "[...] ato intelectual de clarificação e de compreensão"[5]; como se fosse possível enunciado interpretativo construído ao largo de elementos axiológicos.

Hans Kelsen ainda destaca que em face das diversas possibilidades significativas dos termos interpretados, não se obtém apenas única norma jurídica (como resultado da construção interpretativa), mas verdadeira "moldura normativa"[6] identificadora de possibilidades normativas. Elucidativo fragmento textual neste sentido:

dizer que uma sentença judicial é fundada na lei, não significa, na verdade, senão que ela se contém dentro da moldura ou quadro que a lei representa – não significa que ela é *a* norma individual, mas apenas que é *uma* das normas individuais que podem ser produzidas dentro da moldura da norma geral[7].

A escolha dentre tais possibilidades emolduradas cabe àquele que tem a competência para "dizer" o Direito a ser aplicado em determinado contexto normativo, deixando clara a relatividade do conceito de justiça. Neste sentido, Hans Kelsen ainda destaca que "[...] Se podemos aprender algo da experiência espiritual do passado é o fato de que a razão humana só consegue compreender valores relativos"[8].

Mais alguns conceitos fundamentais são necessários à compreensão desse nosso contexto jurídico.

Para nós, validade confunde-se com existência.

Norma jurídica é norma **válida;** mas validade como relação formal de pertinência da norma ao sistema e não qualidade de norma.

Neste sentido, Paulo de Barros Carvalho que: "... as normas jurídicas, proposições prescritivas que são, têm sua **valência própria.** Delas não se pode dizer que sejam verdadeiras ou falsas, valores imanentes às proposições descritivas da Ciência do Direito, **mas as normas jurídicas serão sempre válidas ou inválidas,** com referência a um determinado sistema "S"...A **validade** não é, portanto, atributo que qualifica a norma jurídica, tendo status de relação: é o **vínculo** que se estabelece entre a proposição normativa e o sistema do Direito posto, de tal sorte que ao dizermos que **u'a norma "N" é válida, estaremos expressando que ela pertence ao sistema "S"".**[9] (grifos do autor)

Portanto, este "nosso" Direito é **construção intelectual** vertida em **linguagem** que só reconhece fatos sociais se internalizados no sistema jurídico por meio de códigos reconhecíveis pelo próprio Direito. Este não toca o mundo social; cria sua própria "realidade".

Nesta linha, Tárek Moysés Moussallem destaca que: "... (1) sem linguagem não há realidade social (nem natural); (2) sem linguagem não há Direito (objeto) e (3) sem linguagem não há conhecimento; logo, sem linguagem não há Ciência do Direito.[10]

Nesta linha de raciocínio Eurico Marcos Diniz De Santi destaca que: "A realidade é algo que não existe para o Direito, que constrói sua verdade sobre os tatos para efeito de realizar seu processo de auto reprodução..."[11]

Portanto, uma norma é jurídica se for **válida**; e, se é válida, então **existe**. Se não é válida, então não existe e não é norma jurídica.

Assim, **fatos jurídicos** são expressões denotativas de moldes conotativos insertos nas hipóteses previstas no segmento descritivo de norma abstrata; senão, serão meros fatos sem quaisquer efeitos jurídicos.

Nessa linha de pensamento, de Direito como linguagem, temos que o fenômeno da incidência não é automático; normas não incidem, mas devem ser incididas pelo homem; necessitam da figura do agente juridicamente competente a fazê-las incidir sobre o fato tornando-o jurídico. Assim, **incidência só ocorre com a aplicação** do Direito.

Paulo de Barros Carvalho corrobora tal conceituação, destacando que: "Em rigor, não é o texto normativo que incide sobre o fato social, tornando-o jurídico. É o ser humano que, buscando fundamento de validade em norma geral e abstrata, constrói a norma jurídica individual e concreta, na sua bimembridade constitutiva, empregando, para tanto, a linguagem que o sistema estabelece como adequada, vale dizer, a linguagem competente."[12]

Se norma válida possuir o atributo da vigência teremos fato jurídico como efeito da **subsunção** do fato à hipótese normativa.

Com o fato jurídico teremos deonticamente seu **efeito jurídico** previsto na norma que lhe serve de modelo conotativo.

Inexistindo obstáculos ao percurso de positivação jurídica, dá-se a **eficácia técnica normativa**.

E, finalmente, se, pragmaticamente, os destinatários do dever-ser normativo cumprirem o ali previsto, teremos **eficácia social**.

Fincados estes conceitos, estamos prontos para a abordagem do tema.

2 - Colocação do problema – Tributação do software e congêneres

Afinal de contas; deve incidir ICMS ou ISSQN na transmissão/obtenção/uso de *software*?

Os Estados entendem que a tributação sobre *software* encontra-se em sua esfera de competência; os Municípios também.

A discussão não é nova.

Com o avanço tecnológico dos meios comunicacionais, da computação e com o surgimento da *internet*, os entes tributantes buscam incessantemente fundamentos jurídicos que justifiquem a tributação das inéditas e complexas categorias digitais.

A dificuldade está na impossibilidade de adequação normativo-tributária às constantes inovações digitais; estas, com surgimento acelerado nas últimas décadas. A legislação não tem condições de acompanhar a evolução tecnológica dos meios digitais na velocidade em que surgem.

O *software,* como programa de computador, inicialmente possuía suporte físico: o disquete. Depois, com o avanço tecnológico, veio o CD, o DVD e o Pen Drive.

Nesta verdadeira revolução tecnológica, o legislador viu a necessidade do ingresso dessa inovação no mundo jurídico; seja com vistas à garantia de propriedade intelectual; seja com vistas à própria tributação.

Enunciou-se a Lei do *Software* (Lei 9.609/1998), que em seu artigo 1º prescreve:

Art. 1º Programa de computador é a expressão de um conjunto organizado de instruções em linguagem natural ou codificada, **contida em suporte físico de qualquer natureza,** de emprego necessário em máquinas automáticas de tratamento da informação, dispositivos, instrumentos ou equipamentos periféricos, baseados em técnica digital ou análoga, para fazê-los funcionar de modo e para fins determinados **[g.n.]**

No texto, adaptada a definição normativa de *software* (programa de computador) à realidade tecnológica da época. A presença do meio físico era imprescindível porque a tecnologia ainda estava a ele presa. Inimaginável, à época, a possibilidade do seu emprego em computadores, ausentes meios de armazenamento ou de transmissão não físicos.

Mas o avanço tecnológico acelerado de hoje admite que os dados digitais não necessitem mais de suporte físico; a denominada "nuvem (SaaS)" surge como recurso tecnológico que, além de dar "asas" à nossa imaginação (onde chegaremos neste ritmo?) criou um problema jurídico: a Lei do Software não contempla a possibilidade não física de armazenamento de dados.

Com isso, necessária adaptação ou nova enunciação legislativa a contemplar a novel situação digital.

Surge, mais recentemente, a tecnologia do *Streaming*; em que há o envio de informações multimídia por meio de simples transferência de dados (não há aquisição dos dados por *download)*, utilizando redes de computadores, especialmente a internet, tendo sido criada para tornar as conexões mais rápido verdadeiro "fluxo de dados e conteúdos multimídia.

Como normativamente acompanhar tais inovações tecnológicas? O ritmo enunciativo legislativo é extremamente lento em face do ritmo da tecnologia.

A primeira tentativa seria a de ampliar a "Moldura normativa de Kelsen" para que os novos "produtos tecnológicos" sejam "encaixados" semanticamente no rol das materialidades tributárias já válidas e vigentes.

Um segundo passo seria o de alterar a legislação para que alcançasse tais novas tecnologias.

Porém, a enunciação material inédita possui limites constitucionais que não deveriam ser ultrapassados.

Neste embate, Estados e Municípios reclamam competência tributária concorrente sobre a materialidade tributária na transmissão/aquisição de dados digitais por meios incorpóreos; estes, entendendo que se trata de prestação de serviços (ISSQN); aqueles, de realização de operações relativas às mercadorias ditas digitais (ICMS).

II.1 – Papel das "normas gerais" em Lei Complementar

Essencial neste ponto, esclarecermos o papel das normas gerais em matéria de legislação tributária definidas constitucionalmente por meio de Leis Complementares, nos termos do **artigo 146 da CF/1988, que prescreve:**

Art. 146. Cabe à lei complementar:

I - dispor sobre conflitos de competência, em matéria tributária, entre a União, os Estados, o Distrito Federal e os Municípios;

II - regular as limitações constitucionais ao poder de tributar;

III - estabelecer normas gerais em matéria de legislação tributária, especialmente sobre:

a) definição de tributos e de suas espécies, bem como, em relação aos impostos discriminados nesta Constituição, a dos respectivos fatos geradores, bases de cálculo e contribuintes;

b) obrigação, lançamento, crédito, prescrição e decadência tributários;

Paulo de Barros Carvalho[13] destaca que lei complementar, ao estabelecer *normas gerais em matéria de legislação tributária,* o faz com dois únicos objetivos: **(i)** para evitar conflitos de competência em matéria tributária entre os entes políticos e **(ii)** para regular limitações ao seu poder de tributar.

Partilhamos do mesmo entendimento do professor em respeito à federação, à autonomia municipal e ao reconhecimento de que os entes políticos possuem limites no trato tributário; especialmente na instituição de tributos.

Assim, materialidades tributárias não previstas na Norma Maior não podem ser enunciadas de forma inédita pelo legislador infraconstitucional.

Quando a CF/1988, em sua alínea "a" do inciso III do artigo 146, prescreve que lei complementar define fatos geradores, bases de cálculo e contribuintes, entendemos que tais definições devem "orbitar", obrigatoriamente, a materialidade constitucional-tributária já prevista.

Melhor explicando.

Definir "fato gerador" é definir seus critérios material, espacial e temporal.

O **critério material,** como ação ou qualificação (verbo e seu complemento) está previsto exaustivamente na Constituição Federal. "Definir" na norma complementar não significa "inovar" em face da própria Norma Maior; é definir nos limites conceituais constitucionais.

Local (critério espacial) e Momento (critério temporal) são criados por lei complementar de forma inédita; porém, devem obrigatoriamente ter relação com a materialidade tributária (critério material) para que não sejam considerados inconstitucionais.

Base de cálculo e **contribuinte**, ambos definidos por lei complementar, devem, também obrigatoriamente, ter relação com a materialidade constitucional.

A base de cálculo, como versão quantitativa da materialidade tributária; sendo o "olhar" quantitativo do cerne do fato gerador e o contribuinte como sujeito do verbo do critério material; aquele que realiza a ação ou que possui a qualificação ali destacada.

Esta nossa interpretação das *normas gerais em matéria de legislação tributária*, como prescrito pelo art. 146 da CF/88.

Limite intransponível: materialidade constitucional do imposto considerado.

Com isso, os demais critérios da norma tributária com obrigatório fundamento em Lei Complementar devem ter ligação direta com a materialidade constitucional a que correspondem.

Assim, estamos prontos para investigar as possibilidades da incidência de ICMS ou de ISSQN nas ações digitais de transmissão e aquisição de **software** por *download* ou via *streaming*.

3 - Conceitos básicos – ICMS operação relativa à circulação de mercadorias

Necessário precisar a materialidade do ICMS-operação relativa à circulação de mercadorias, entendendo que a sigla "ICMS" congrega vários tipos de impostos, de acordo com a previsão constitucional.

A Constituição Federal de 1988 em seu artigo 155, II prescreve:

Art. 155. Compete aos Estados e ao Distrito Federal instituir impostos sobre:

II - **operações relativas à circulação de mercadorias** e sobre prestações de serviços de transporte interestadual e intermunicipal e de comunicação, ainda que as operações e as prestações se iniciem no exterior;

Neste dispositivo constitucional, temos como limites conceituais às materialidades do ICMS os seguintes verbos e complementos:

(i) Realizar operações relativas à circulação de mercadorias, ainda que as operações se iniciem no exterior - (ICMS-ocm).

(ii) Prestar serviços de comunicação, ainda que as prestações se iniciem no exterior - (ICMS-comunicação);

(iii) Prestar serviços de transporte interestadual e intermunicipal, ainda que as prestações se iniciem no exterior - (ICMS-transporte).

Fixemo-nos na espécie de ICMS; cuja materialidade tributária é a de *"realizar operação relativa à circulação de mercadorias"*.

Sobre o termo "operação" não há grande discussão, pois, os autores, em sua imensa maioria, o traduzem por "relação jurídica".

Destaca-se que neste breve ensaio não adentraremos à polêmica sobre a denominada "autonomia dos estabelecimentos" do ICMS, contrapondo os artigos 11, §3° e 12, I da LC 87/96 à Súmula 166 do STJ, pois fugiríamos de nosso escopo.

O termo "circulação" também é controverso, pois muitos entendem que só haveria ICMS com transferência/aquisição de propriedade, outros, propriedade e posse; a Fazenda Estadual, "saídas físicas" das denominadas "mercadorias".

Geraldo Ataliba[14] sentencia, assim, que o critério material do ICM seria o ato jurídico mercantil relativo à circulação de mercadorias, sempre com obrigatória transferência de disponibilidade (transferência dos "direitos de dono").

Estamos com Geraldo Ataliba e Cléber Giardino[15] quando destacaram para a *circulação* necessária transferência de "poderes jurídicos de *disposição*", **acompanhada ou não de transferência de propriedade.** Portanto, simples transferência de posse de mercadoria restaria suficiente a caracterizar a *circulação* como jurídica.

Justificamos nossa opção interpretativa em Geraldo Ataliba que, ao analisar o anteprojeto da Emenda Constitucional 18, de 1º de dezembro de 1965, peça pré-legislativa inaugural do antigo ICM, destaca:

Efetivamente, nessa peça se vê que o ICM veio substituir o antigo imposto sobre vendas e consignações (imposto sobre ato jurídico) por um outro, de âmbito mais amplo, onerando outros negócios mercantis de idêntico efeito, além das vendas e consignações.

Realmente, aí se vê que a previsão do ICM "... começa... por desvincular o imposto dos negócios jurídicos específicos de compra-e-venda ou da consignação". Ao ICM "atribui-se... incidência genérica sobre as operações relativas à circulação de mercadorias... de modo a preservar a natureza mercantil do tributo, de resto já indicada pela identificação da circulação como sendo a de mercadorias" *(Reforma da Discriminação Constitucional de Rendas – Anteprojeto,* publicação FGV-MF, vol. 6, 1965, pág. 29).

O leitor desarmado, sem preconceitos e objetivo, verá, com honestidade científica, que o que moveu a reforma – no concernente ao assunto – foi só o desígnio de ampliar a faixa de incidência do IVC. Se este se circunscrevia às vendas e consignações, seu substituto (ou "sucedâneo", como o designa Souto Borges) iria poder abranger outros negócios mercantis, além destes[16].

As operações da Constituição de 1946 eram as de *vendas* e *consignações;* a Emenda 18/65 contemplara todas as *operações* que estivessem relacionadas à *circulação de mercadorias;* todas com a possibilidade de incidência do antigo ICM e do atual ICMS.

Com isso, nossa definição sobre os termos operação, circulação e mercadorias leva-nos a aceitar que o aspecto material constitucional do ICMS-ocm seria o da **realização de negócios jurídicos de cunho mercantil em que bens móveis são transmitidos ou adquiridos com transferência de sua disponibilidade e não, necessariamente, de sua propriedade**. Operações como relações jurídicas mercantis; **circulação** como transferência ou aquisição de disponibilidade (com circulação física ou não) e; **mercadorias** como bens móveis destinados à mercancia no ápice temporal previsto pelo ordenamento.

Importante também à nossa análise, destacar que a CF/1988, em seu artigo 155, §2º, XII prescreveu atribuições específicas à Lei Complementar em relação a ICMS;

Art. 155, §2º, XII, da CF/88

§ 2.º O imposto previsto no inciso II (ICMS) atenderá ao seguinte:

XII - cabe à lei complementar:

a) definir seus contribuintes;

[...]

d) fixar, para efeito de sua cobrança (Sa) e definição do estabelecimento responsável (Sp), o local das operações (Ce) relativas à circulação de mercadorias e das prestações (Ce) de serviços;

[...]

g) regular a forma como, mediante deliberação dos Estados e do Distrito Federal, isenções, **incentivos e benefícios fiscais** serão concedidos e revogados **[g.n.]**

Em termos de ICMS, contribuintes devem ser definidos por lei complementar; prescrição já feita no artigo 146 própria Constituição.

Firmada, assim a premissa de que o critério espacial (local da operação) deve ser definido por lei complementar e que ele é a referência para indicar o Sujeito ativo (na sua ação de cobrança) e eventual estabelecimento responsável (sujeito passivo não contribuinte); que benefícios e incentivos fiscais devem ter procedimento regulado por lei complementar (atualmente a LC 24/1972).

Estes os conceitos básicos estruturais do ICMS suficientes ao nosso objetivo.

Analisemos a legislação infraconstitucional e sua (in)compatibilidade constitucional, verificando a possibilidade ou não da incidência do ICMS nas questões digitais.

4 - Incidência do ICMS ou ISSQN: legislação, críticas e possibilidades do ICMS

Importante decisão do STF no **RE 176.626-3 SP (1998) MIN. SEPÚLVEDA PERTENCE** ao resolver sobre o tratamento tributário atribuído ao software, fazendo necessária distinção:

Não tendo por objeto uma mercadoria, mas um bem incorpóreo, sobre as operações de "licenciamento ou cessão do direito de uso de programas de computador" — matéria exclusiva da lide —, efetivamente não podem os Estados instituir ICMS: dessa impossibilidade, entretanto, não resulta que, de logo, se esteja também a subtrair do campo constitucional de incidência do ICMS a circulação de cópias ou exemplares dos programas de computador produzidos em série e comercializados no varejo — como a do chamado "software de prateleira" (off the shelf) — os quais, materializando o corpus mechanicum da criação intelectual do programa, constituem mercadorias postas no comércio.

Aqui a Suprema Corte resolve limitar a possibilidade de incidência do ICMS ao software comercializado em meio físico (primordialmente disquete à época), entendendo somente cabível ao chamado "software de prateleira" (padronizados e postos à venda sem customização), deixando ao largo do estadual tributo o denominado "software por encomenda".

Distinção importante, servindo de referência para a legislação posterior.

Tendo em vista o avanço tecnológico e a possibilidade de aquisição ou visualização de dados (software) desprovidos de suportes físicos, os Estados aprovaram o **CONVÊNIO ICMS 181/2015, nos seguintes termos em sua cláusula primeira:**

CONVÊNIO ICMS 181, DE 28 DE DEZEMBRO DE 2015

Autoriza as unidades federadas que especifica a conceder redução de base de cálculo nas operações com softwares, programas, jogos eletrônicos, aplicativos, arquivos eletrônicos e congêneres na forma que especifica.

O Conselho Nacional de Política Fazendária - CONFAZ, na sua 255ª Reunião Extraordinária, realizada em Brasília, DF, no dia 28 de dezembro de 2015, tendo em vista o disposto na Lei Complementar nº 24, de 7 de janeiro de 1975, resolve celebrar o seguinte C O N V Ê N I O

Cláusula primeira Ficam os Estados do Acre, Alagoas, Amapá, Amazonas, Bahia, Ceará, Goiás, Maranhão, Mato Grosso do Sul, Paraná, Paraíba, Pernambuco, Piauí, Rio de Janeiro, Rio Grande do Norte, Rio Grande do Sul, , Santa Catarina, **São Paulo**, Tocantins <u>**autorizados a conceder redução na base de cálculo do ICMS**</u>, de forma que a carga tributária corresponda ao percentual de, no mínimo, 5% (cinco por cento) do valor da operação, relativo às **operações com softwares, programas, jogos eletrônicos, aplicativos, arquivos eletrônicos e congêneres, <u>padronizados, <u>ainda que sejam ou possam ser adaptados</u>, <u>disponibilizados por qualquer meio</u>, inclusive nas operações efetuadas por meio da <u>transferência eletrônica de dados.</u>**

Algumas observações:

a) O Convênio autoriza redução de base de cálculo (em atendimento ao artigo 155, §2º, XII, "g" da CF/88) em operações efetuadas por meio de transferência eletrônica de dados, partindo da premissa de que tais operações restariam alcançadas pelo ICMS;

b) É sem sentido o fundamento de que se há redução de base de cálculo, certo seria que há incidência do imposto, pois não se poderia reduzir o que estaria ao largo da competência para instituir;

c) O fundamento deveria ser: se houver possibilidade de incidência do ICMS, então, por meio de Convênio, pode-se reduzir sua base de cálculo; e não o inverso;

d) Para aqueles que admitem que o termo "mercadorias" na CF/1988 abarca tanto bens "corpóreos", como bens "incorpóreos", a qualificação de **softwares, programas, jogos eletrônicos, aplicativos, arquivos eletrônicos e congêneres** seriam "**mercadorias**"; portanto, passíveis da incidência do ICMS, sendo o

Convênio ICMS 181/2015 constitucional; assim fundamentam os Estados;

e) Para os que entendem que o termo "mercadorias" não contempla bens incorpóreos, teríamos flagrante inconstitucionalidade em face de alargamento de materialidade por meio de Convênio, sendo que nem lei complementar teria tal possibilidade, tendo em vista o artigo 60, §4º da CF/88.

f) Outro obstáculo relevante, mas superável, à incidência do ICMS, encontraríamos na Lei 9.609/98 que em seu artigo 1º condiciona o "Programa de Computador" àquele contido em suporte físico; dispositivo tecnicamente desatualizado; porém, trata-se de norma válida, vigente e eficaz; portanto, produzindo efeitos; destacando o dispositivo:

Art. 1º Programa de computador é a expressão de um conjunto organizado de instruções em linguagem natural ou codificada, **contida em suporte físico de qualquer natureza,** de emprego necessário em máquinas automáticas de tratamento da informação, dispositivos, instrumentos ou equipamentos periféricos, baseados em técnica digital ou análoga, para fazê-los funcionar de modo e para fins determinados [g.n.]

g) No entanto, de forma similar à questão da imunidade para livros eletrônicos, recentemente admitida pela Suprema Corte, poderíamos admitir no extrato contextualizado da interpretação normativa o método evolutivo-histórico e não o estritamente literal e alargar as possibilidades na definição legal de programa de computador, admitindo que não estivesse "contido" em meio físico;

h) É de se notar, também, que a cláusula primeira do Convênio 181/2015 trata como mercadorias: softwares, programas, jogos eletrônicos, aplicativos, arquivos eletrônicos e congêneres, padronizados, ainda que sejam ou possam ser adaptados;

i) Aqui, a meu ver, rompeu-se com a tradição jurisprudencial sobre a possibilidade de incidência somente sobre "software de prateleira" (padronizados; não customizados); admitindo-se "que sejam ou possam ser adaptados"; o limite entre "padronizado" e "por encomenda" (essencial para a incidência ou não de ICMS), perde sentido em face da indeterminação legal do grau de adaptação aplicado para que seja considerado padronizado ou não.

Por sua vez, de forma mais detalhada, os Estados celebraram o Convênio ICMS 106/2017, sendo que faremos apenas observações sobre o preâmbulo e as cláusulas primeira, terceira e quarta, apontando possibilidades interpretativas. Prescreve o Convênio:

CONVÊNIO ICMS 106, DE 29 DE SETEMBRO DE 2017

Disciplina os procedimentos de cobrança do ICMS incidentes nas operações com bens e mercadorias digitais comercializadas por meio de transferência eletrônica de dados e concede isenção nas saídas anteriores à saída destinada ao consumidor final.

O Conselho Nacional de Política Fazendária - CONFAZ, na sua 166ª Reunião Ordinária, realizada em Brasília, DF, no dia 29 de setembro de 2017, tendo em vista o disposto nos arts. 102 e 199 do Código Tributário Nacional (Lei nº 5.172, de 25 de outubro de 1966), bem como na Lei Complementar nº 24, de 7 de janeiro de 1975, e nos arts. 2º, I, 6º, 11, § 3º e 12, I, da Lei Complementar nº 87, de 13 de setembro de 1996, resolve celebrar o seguinte

CONVÊNIO

Cláusula primeira As operações com **bens e mercadorias digitais,** tais como softwares, programas, jogos eletrônicos, aplicativos, arquivos eletrônicos e congêneres, que sejam **padronizados, ainda que tenham sido ou possam ser adaptados,** comercializadas por meio de **transferência eletrônica de dados** observarão as disposições contidas neste convênio. [g.n.]

a) No preâmbulo do Convênio há concessão de isenção nas saídas anteriores à final nas operações com bens e mercadorias digitais comercializadas por meio de transferência eletrônica de dados;

b) Apesar de Convênio ser veículo normativo constitucionalmente válido para concessão de isenção (v. artigo 155, §2º, XII, "g" da CF/88), sua aceitação depende da premissa de que são "bens e mercadorias" digitais os **softwares, programas, jogos eletrônicos, aplicativos, arquivos eletrônicos e congêneres (dados eletrônicos transmitidos);**

c) A cláusula primeira do Convênio 106/2017 repete o que já fora definido pelo anterior Convênio; assim, as observações são as mesmas;

d) A cláusula terceira dispõe:

Cláusula terceira O imposto será recolhido nas **saídas internas e nas importações** realizadas por meio de site ou de plataforma eletrônica que **efetue a venda ou a disponibilização,** ainda que por intermédio de **pagamento periódico,** de bens e mercadorias digitais mediante **transferência eletrônica de dados, na unidade federada** onde é **domiciliado ou estabelecido o adquirente do bem ou mercadoria digital** [g.n.]

e) Superando a questão da possibilidade material de se admitirem bens incorpóreos digitais como "bens e mercadorias" já previstos na CF/1988, temos que a previsão de cobrança nas operações de "venda" ou de mera "disponibilização" estaria em sintonia com o entendimento de Geraldo Ataliba, e nosso também, da não necessidade de transferência de propriedade na circulação; bastando a mera "transferência de disponibilidade de mercadorias". Tudo é questão de premissa;

f) Na parte in fine da cláusula terceira temos a sujeição ativa do ICMS que será a "**unidade federada** onde é **domiciliado ou estabelecido o adquirente do bem ou mercadoria digital;**

g) Ou seja, **o Convênio 106/2017** definiu o local das operações como sendo o domicílio ou o estabelecimento do adquirente final da bem ou mercadoria digital;

h) Ocorre que o local deve ser definido por Lei Complementar, nos termos do artigo 155, §2º, XII, "d" da CF/1988:

Art. 155, §2º, XII, da CF/88

§ 2.º O imposto previsto no inciso II (ICMS) atenderá ao seguinte:

XII - cabe à lei complementar:

[...]

d) fixar, para efeito de sua cobrança (Sa) e definição do estabelecimento responsável (Sp), o local das operações (Ce) relativas à circulação de mercadorias e das prestações (Ce) de serviços; [g.n.]

[...]

i) O Estado de São Paulo, por meio da Portaria CAT24/2018 foi mais preciso na determinação do critério espacial prescrevendo:

PORTARIA CAT (SP) 24 DE 23/03/2018

Artigo 3º - Para fins de apuração dos índices de participação dos municípios, as operações com bens e mercadorias digitais serão contabilizadas como valor adicionado do município onde ocorrer **a saída interna dos referidos bens e mercadorias, assim entendido aquele onde estiver domiciliado ou estabelecido o consumidor final que realizou a transferência eletrônica de dados.**

Artigo 4º - Parágrafo único - **O site ou plataforma eletrônica que realizar as saídas a consumidor final** poderá emitir mensalmente uma Nota Fiscal Eletrônica - NF-e para documentar a entrada dos bens e mercadorias digitais em seu estabelecimento, sendo que:

[...]

Artigo 5º - § 3º - Considerando que se trata de um estabelecimento virtual, o endereço deverá ser preenchido com as seguintes informações: "Praça da Sé, s/n, CEP: 01001-000, São Paulo, SP" e o endereço de correspondência deverá ser obrigatoriamente preenchido com os dados do contribuinte. [g.n.]

j)   Pela Portaria, em sintonia com o Convênio 106/2017, equipara-se juridicamente à saída interna a aquisição pelo adquirente final em seu estabelecimento ou domicílio; este o critério espacial: domicílio ou estabelecimento do adquirente final;

k)   Somam-se às dificuldades de fundamentação legal e constitucional sobre a eleição do critério especial, as recentes decisões judiciais que resolveram atribuir a Convênios a só possibilidade de **regulamentar o artigo 199 do CTN, conceder incentivos e benefícios e padronizar obrigações acessórias.**

l)   Por fim, a Portaria CAT (SP) 24/2018 estabeleceu definitivamente a materialidade tributária do ICMS-operação relativa à circulação de mercadorias digitais, destacando as possibilidades de acesso aos dados por meio de "download" ou nuvem e os conteúdos de áudio, vídeo, imagem e texto, COM CESSÃO DEFINITIVA, o que deixaria fora do campo de incidência a recepção destes por meio de streaming.

PORTARIA CAT (SP) 24 DE 23/03/2018

Artigo 1º - Nas operações com bens e mercadorias digitais realizadas por meio de transferência eletrônica de dados destinadas a consumidor final domiciliado ou estabelecido no Estado de São Paulo deverão ser observadas as disposições desta portaria.

Parágrafo único - Para fins do disposto nesta portaria, são considerados bens e mercadorias digitais todos aqueles não personificados, inseridos em uma cadeia massificada de comercialização, como eram os casos daqueles postos à venda em meios físicos, por exemplo:

1 - softwares, programas, jogos eletrônicos, aplicativos, arquivos eletrônicos e congêneres, que **sejam padronizados (de prateleira), ainda que tenham sido ou possam ser adaptados**, independentemente de serem utilizados pelo adquirente mediante **"download" ou em nuvem;**

2 - conteúdos de áudio, vídeo, imagem e texto, **com cessão definitiva** ("download"), respeitada a imunidade de livros, jornais e periódicos.

m) Pela Portaria, bens e mercadorias digitais atendem aos seguintes requisitos:
(i) não personificados (de "prateleira", mas podendo sofrer adaptações);
(ii) independente de serem utilizados por meio de "download" ou nuvem e
(iii) inseridos em cadeia de comercialização. Para estes, sua

transmissão equivaleria ao ICMS-operação relativa à circulação de mercadorias;

n) Discutível, a nosso ver, tais definições serem enunciadas por veículos infraconstitucionais não autorizados pela Constituição Federal.

Do ISSQN

Por sua vez, a materialidade do ISSQN é dada pelo artigo 156 da CF/1988 que prescreve:

Art. 156 da CF/88 Compete aos **Municípios** instituir impostos sobre:

III - serviços de qualquer natureza, não compreendidos no art. 155, II, definidos em lei complementar [g.n.]

É do campo de incidência do ISSQN a prestação dos serviços previstos da lista de serviços inserta na LC 116/2003 e que não tenham a natureza dos serviços do ICMS (comunicação e transporte interestadual ou intermunicipal).

Por sua vez, o item 1.09 da lista de serviços dispõe:

1.09 - Disponibilização, **sem cessão definitiva, de conteúdos de áudio, vídeo, imagem e texto por meio da internet,** respeitada a imunidade de livros, jornais e periódicos (exceto a distribuição de conteúdos pelas prestadoras de Serviço de Acesso Condicionado, de que trata a Lei nº 12.485, de 12 de setembro de 2011, sujeita ao ICMS). (Incluído pela Lei Complementar nº 157, de 2016)

Entendendo que o "streaming" como o meio tecnológico que nos dá acesso a **conteúdos de áudio, vídeo, imagem e texto por meio da internet, SEM CESSÃO DEFINITIVA,** teríamos como corroborada a questão do *"streaming"* de competência do ISSQN.

Considerações finais

Este breve artigo teve por objetivo discutir de forma independente e fundamentada questões relacionadas à incidência do ICMS e do ISSQN sobre produtos digitais.

Definimos conceitos básicos de Direito por serem necessários ao método construtor que adotamos em nossa investigação.

Interpretação, Validade, Vigência, Eficácias jurídica, técnica e social, incidência e aplicação do Direito serviram como conceitos fundamentais às nossas discussões.

Enxergamos no *modus operandi* de nosso legislador tributário a patente prática enunciativa discutível de ampliar a materialidade tributária original por meio de veículos normativos impróprios a tal mister: Convênios, Portarias etc.

Nesse contexto, concluímos por considerar que tanto a materialidade tributária dos "produtos digitais", como seu critério espacial identificador da sujeição ativa não poderiam ser definidos por Convênios ou até por Portarias, a não ser que a premissa seja a de que "software" adquirido por download ou não esteja incluído no conceito de "mercadoria", destacado, mas não definido pela CF/1988.

O paradigma estadual da incidência somente sobre o denominado "software de prateleira" fora ampliado pelos Estados, admitindo a tributação do ICMS mesmo em face de "adaptação" ao adquirente, o que o aproxima do "software por encomenda".

O conflito ICMS X ISSQN nestas questões digitais ainda perdura. Não tivemos a pretensão de resolver definitivamente a questão. São mais perguntas e dúvidas do que respostas; assim, estas "Considerações Finais" apenas representam um interlúdio sobre o tema que merece maior aprofundamento em nome do princípio basilar constitucional da Segurança Jurídica.

ISS, ICMS E NÃO-CONFISCO
Estevão Horvath17

Introdução.

Ao aceitar o honroso convite para proferir palestra no curso "ICMS e ISS – pontos em comum e questões relevantes discutidas na jurisprudência", promovido pela conceituada Escola Paulista da Magistratura, diante do tema a mim atribuído, constante do título deste trabalho, pensei o que poderei trazer de contribuição a seu respeito e, mais ainda, como encontrar liames entre tão importante subtemas. Fiquei surpreso, favoravelmente, ao perceber que assuntos relevantes emanavam da sua apreciação conjunta.

Começaremos nosso estudo tratando da capacidade contributiva que, extraída do princípio da igualdade, informa o sistema tributário. Em feliz síntese, Roque Carrazza averba: "o princípio da capacidade contributiva *hospeda-se nas dobras* do princípio da igualdade e ajuda a realizar, no campo tributário, os ideais republicanos".[18]

A capacidade contributiva

De início, deve-se lembrar que ambos os impostos, pelo simples fato de o serem, sujeitam-se ao princípio da capacidade contributiva, conforme disposto no §1º do art. 145, da Constituição da República.[19]

Reputa-se a capacidade contributiva como um princípio fundante da imposição tributária. Decorre esta ideia do singelo fato de que o Estado, para realizar as suas funções necessita de recursos e estes devem ser extraídos do patrimônio dos particulares. Com efeito, estas despesas públicas devem ser financiadas pelos cidadãos, que são, de resto, a razão de ser do próprio Estado, e para eles devem convergir todos os benefícios trazidos mediante o exercício de tais misteres.[20]

A Constituição italiana consagra este principio no seu art. 53, com os seguintes dizeres: *Tutti sono tenuti a concorrere alle spese pubbliche in ragione della loro capacità contributiva*. No mesmo diapasão, a Constituição da Espanha, ao prescrever que *todos contribuirán al sostenimiento de los gastos públicos de acuerdo con su capacidad económica mediante un sistema tributario justo inspirado en los principios de igualdad y progresividad que, en ningún caso, tendrá alcance confiscatorio* (art. 31.1).

1. Tributos "diretos" e "indiretos"

Evidentemente tal princípio não tem como ser aplicado da mesma forma com relação a todos os impostos. Aqueles chamados de *pessoais*, como é o caso do imposto sobre a renda, aceitam com maior facilidade a incidência desse postulado, porquanto é tarefa sem muita complexidade a verificação de quem ganha mais e quem ganha menos, para efeito de se distribuir a carga tributária diferentemente em cada um dos casos; basta vontade política para tanto. Trata-se, também, na classificação econômica, de imposto *direto*, ou seja, o tributo atinge *financeiramente* o próprio sujeito que praticou o fato, não há *repercussão* do ônus tributário a um terceiro, ou seja, ele realiza o fato imponível do imposto e suporta o encargo financeiro deste.

Já nos impostos apelidados de *indiretos*, ao contrário, ocorre o fenômeno da repercussão, segundo o qual a carga financeira do imposto é transladada para um terceiro. Neste caso, quem suporta o ônus financeiro é esse terceiro, também designado por *contribuinte de fato*. O *contribuinte de direito* é o sujeito colocado pela lei na condição de sujeito passivo do tributo, ou seja, juridicamente falando, ele é quem está obrigado a recolher o tributo e arca com o ônus fiscal; não obstante, nem sempre o recolhe e suporta o encargo financeiro que, como regra, irá para o consumidor final, o qual, este sim, sofrerá decréscimo patrimonial. Nesses casos, este último é intitulado "contribuinte *de fato*".

Dizendo de outro modo, nos impostos *indiretos*, o sujeito passivo tributário posto pela lei é um, porém quem desembolsará o valor correspondente ao *quantum* tributário é outra pessoa.

Considera-se como impostos *indiretos* o ICMS, o IPI e, em diversos casos, o ISS.

Ressalve-se que, enquanto no concernente ao ICMS, não há dúvida de que ele é sempre um imposto *indireto*, no que respeita ao ISS, ele o será em alguns casos e não em outros.

Acerca do Imposto sobre Serviços de qualquer natureza (ISS ou ISSQN), o Superior Tribunal de Justiça já decidiu, em sede de recurso especial repetitivo, que pode ele consistir num imposto *direto* ou indireto, a depender do caso examinado:

TRIBUTÁRIO. RECURSO ESPECIAL REPRESENTATIVO DE CONTROVÉRSIA. ART. 543-C, DO CPC. ISS. LOCAÇÃO DE BENS MÓVEIS. REPETIÇÃO DE INDÉBITO. PROVA DA NÃO REPERCUSSÃO. EXIGIBILIDADE, IN CASU. ART. 166 DO CTN. 1. O ISS é espécie tributária que admite a sua dicotomização como tributo direto ou indireto, consoante o caso concreto 2. A pretensão repetitória de valores indevidamente recolhidos a título de ISS incidente sobre a locação de bens móveis (cilindros, máquinas e equipamentos utilizados para acondicionamento dos gases vendidos), hipótese em que o tributo assume natureza indireta, reclama da parte autora a prova da não repercussão, ou, na hipótese de ter a mesma transferido o encargo a terceiro, de estar autorizada por este a recebê-los, o que não ocorreu in casu, [...].[21]

Pois bem, como se disse acima, nos impostos indiretos, a aplicação do princípio da capacidade contributiva não pode ocorrer do mesmo modo quando se trate de tributos *diretos* ou de tributos *indiretos*. No entanto, nem por isso, deve ele deixar de ser considerado, porquanto se trata de um princípio de porte constitucional e deve ser aplicado sempre que a estrutura intrínseca do imposto o permitir. Não é outro, a meu ver, o sentido da expressão, "sempre que possível ...", constante da primeira parte do § 1º, do art. 145 da Lei das Leis; é dizer, sempre que o imposto o permitir, que a sua estrutura comportar, de forma mais ampla ou mais restrita, deve-se empregar o princípio em tela – norma jurídica que é e, portanto *impositiva*.[22] E não há por que não incidir a preocupação com a capacidade contributiva nos impostos *indiretos*.

A forma mais evidente encontrada já pelo próprio constituinte originário, foi a *seletividade* das alíquotas, segundo a essencialidade ou não do bem a ser tributado. Veja-se o art. 153 da C.R. quando diz que o imposto sobre produtos industrializados (IPI) será seletivo, em função da essencialidade do produto (§3º, I). Sendo inviável a aferição de se quem adquire um determinado produto é alguém rico, milionário, de classe média ou pobre, fez presumir o legislador constituinte que possuía maior capacidade contributiva quem adquirisse um bem de luxo ou supérfluo, impondo a este bem uma alíquota mais elevada que recairia num bem de caráter essencial ou prioritário.

Outro tanto acontece com relação ao ICMS, para o qual a Constituição dispõe que ele poderá ser seletivo, em função da essencialidade das mercadorias e dos serviços (art. 155, § 2º, III).

2. O princípio do não-confisco

Genericamente falando, o princípio em referência decorre da proteção ao direito de propriedade. Ou seja, ainda que não expresso, em todo ordenamento jurídico que proteja a propriedade privada, como o nosso, o não confisco estará implícito.

Como regra, é ele encarado como pena, como um ataque à propriedade privada, pelo Estado, sem compensação ao proprietário. Nos dizeres de Regina Helena Costa, "o confisco, em definição singela, é a absorção total ou substancial da propriedade privada, pelo Poder Público, sem a correspondente indenização".[23]

A confirmar essa ideia está o art. 5º. da C.R., ao prescrever:

Art. 5º Todos são iguais perante a lei, sem distinção de qualquer natureza, garantindo-se aos brasileiros e aos estrangeiros residentes no País a inviolabilidade do direito à vida, à liberdade, à igualdade, à segurança e à propriedade, nos termos seguintes:

[...]

XLV - nenhuma pena passará da pessoa do condenado, podendo a obrigação de reparar o dano e a decretação do perdimento de bens ser, nos termos da lei, estendidas aos sucessores e contra eles executadas, até o limite do valor do patrimônio transferido;

XLVI - a lei regulará a individualização da pena e adotará, entre outras, as seguintes:

b) perda de bens;

[...]

LIV - ninguém será privado da liberdade ou de seus bens sem o devido processo legal (grifos nossos).

No Direito Tributário, a Constituição da República reforçou a matéria no art. 150, VI, nos seguintes termos:

Art. 150. Sem prejuízo de outras garantias asseguradas ao contribuinte, é vedado à União, aos Estados, ao Distrito Federal e aos Municípios:

[...]

IV - utilizar tributo com efeito de confisco;

A primeira ilação que se pode extrair dos dizeres constitucionais é que a tributação não pode produzir o resultado equivalente ao de confisco.

Mesmo quando um tributo não estiver sendo utilizado *com efeito de confisco*, ele poderá ser considerado confiscatório por outras razões, como, p. ex., a criação de um tributo inconstitucional, de forma não autorizada pela CF. A esse respeito, penso que o constituinte *originário* de 1988 plasmou no texto da Lei Maior - ainda que, em certos casos, de forma implícita - as possibilidades de tributação, ou seja, as formas pelas quais o Estado pode se apropriar do patrimônio dos particulares – que são somente aquelas previstas no texto constitucional *originário* -, fixando rigidamente os limites e materialidades de que cada ente da federação pode se valer.

Assim, se é criada uma lei instituindo um determinado tributo que esteja fora desse quadro constitucionalmente estabelecido, será ela inconstitucional, porquanto, dentre outros eventuais motivos, tratar-se-á de "absorção" da propriedade privada sem autorização, configurando, segundo parece, hipótese de confisco.

Outro tanto ocorrerá na circunstância de a exação não ser criada pelo instrumento normativo legítimo, como se dá no exemplo abaixo.

O Decreto Estadual paulista nº 63.099, publicado em 23 de dezembro de 2017 (para produzir efeitos a partir de 1º de abril de 2018), alterou o Regulamento do ICMS relativamente a tributação das operações com bens e mercadorias digitais realizadas por meio de transferência de dados. Segundo tal decreto, considera-se, também, estabelecimento autônomo *o site ou a plataforma eletrônica que realize a venda ou a disponibilização, ainda que por intermédio de pagamento periódico, de bens e mercadorias digitais mediante transferência eletrônica de dados.*

E mais: o detentor de site ou a plataforma eletrônica que realize a venda, a disponibilização, a oferta ou a entrega de bens e mercadorias digitais mediante transferência eletrônica de dados, ainda que por intermédio de pagamento periódico e mesmo que em razão de contrato firmado com o comercializador, deverá se inscrever no Cadastro de Contribuintes do ICMS antes do início de suas atividades, desde que pretenda praticar com habitualidade operações relativas a circulação de mercadoria ou prestações de serviço de transporte interestadual ou intermunicipal ou de comunicação.

Conforme o mencionado ato normativo, os proprietários de *site* e plataformas eletrônicas que comercializam *softwares*, programas, jogos eletrônicos, aplicativos e arquivos eletrônicos devem começam a recolher o imposto a partir de 1º de abril para o Estado de destino das mercadorias.

Posta em juízo a questão, a MM juíza da 9ª Vara de Fazenda Pública de São Paulo afastou liminarmente a aplicação de decreto que autoriza a cobrança do ICMS em operações de *download* e *streaming*, atendendo ao pedido feito em mandando de segurança impetrado pela Associação Brasileira das Empresas de Tecnologia da Informação e Comunicação. Argumentou a magistrada que admitir a incidência de ICMS nessas situações com base em decreto afronta o texto constitucional. Segundo ela, "compete somente à lei complementar dispor sobre conflitos de competência, em matéria tributária, entre os entes da federação; regular as limitações constitucionais ao poder de tributar e estabelecer normas gerais em matéria de legislação tributária com base de cálculo, fato gerador e contribuintes responsáveis". Indubitavelmente tem razão a ilustre julgadora, pelo próprio fundamento que indicou e, diria, mais, pelo fato de, em decorrência exatamente de cuidar-se de instrumento normativo inadequado, a situação em tela configurar *confisco*, já que não autorizado pela Constituição da República.

3. Razoabilidade, não-confisco e tributos indiretos

Se partirmos das considerações feitas por Linares Quintana,[24] no sentido de que o *quantum* de um tributo é irrazoável quando equivale a uma *parte substancial* do valor do capital, da renda ou da *utilidade*, pode-se dizer, ao contrário do que parece indicar o pensamento de alguns autores,[25] que também os tributos *indiretos* podem ser objeto de aferição quanto à sua possível confiscatoriedade.

A nossa Colenda Suprema Corte já decidiu – e, segundo penso, nem poderia ter sido diferente – que "é cabível, em sede de controle normativo abstrato, a possibilidade de o Supremo Tribunal Federal examinar se determinado tributo ofende, ou não, o princípio constitucional da não-confiscatoriedade consagrado no art. 150, IV, da Constituição da República.[26]

No mesmo acórdão entendeu que

[...] A proibição constitucional do confisco em matéria tributária nada mais representa senão a interdição, pela Carta política, de qualquer pretensão governamental que possa conduzir, no campo da fiscalidade - trate-se de tributos não - ou cuide-se de tributos vinculados -, à injusta apropriação estatal, no todo ou em parte, do patrimônio ou dos rendimentos dos contribuintes, comprometendo-lhes, pela insuportabilidade da carga tributária, o exercício do direito a uma existência digna, a prática de atividade profissional lícita e a regular satisfação de suas necessidades vitais (educação, saúde e habitação, por exemplo).

4. Capacidade contributiva e vedação do confisco

Ambos os princípios guardam estreita relação entre si. É como se não existisse um sem o outro e vice-versa, podendo-se até mesmo considerá-los como superpostos.

Com efeito, uma das limitações que o Poder Tributário sofre ao instituir um imposto buscando embasá-lo na capacidade contributiva de alguém é a de que esta figura não seja confiscatória. Em outras palavras, *o confisco seria a violação, por excesso, da capacidade contributiva.*

A vedação da tributação com efeito de confisco reforça a ideia de um sistema tributário justo, mas não somente isso. Impede o excesso de tributo ou que se alcance alguém que não praticou o fato ou não demonstrou capacidade contributiva. Ocorre confisco quando se supõe existente uma riqueza que, na realidade, não existe.[27]

As atividades estatais, para serem realizadas, obviamente geram gastos, os quais se costuma denominar gastos públicos ou despesas públicas. Estas devem ser financiadas pelos cidadãos, que são, de resto, a razão de ser do próprio Estado e, para eles devem convergir todos os benefícios trazidos mediante o exercício de tais misteres.

Nada mais lógico e justo, portanto, que fazer com que os cidadãos participem das despesas públicas, contribuindo para elas na medida da sua capacidade econômica. Esta reflete a positivação no âmbito do Direito Tributário, da tão ansiada justiça fiscal. Não obstante a necessidade de extrair-se, para efeito de se buscar atingir a capacidade contributiva do cidadão mediante a localização da riqueza *onde quer que ela se encontre*, tal tarefa encontra como limite a vedação da tributação confiscatória, ou *com efeito de confisco*.

Esta constatação faz com se possa encará-los como princípios conexos, profundamente interligados.

Roque Carrazza é taxativo ao afirmar que o princípio do não-confisco deriva do princípio da capacidade contributiva. Isso porque as leis que criam impostos, ao levarem em conta a capacidade econômica dos contribuintes, não podem compeli-los a colaborar com os gastos públicos além de suas possibilidades. Segundo o autor, é confiscatório o imposto que "esgota" a riqueza tributável das pessoas, isto é, "não leva em conta as suas capacidades contributivas".[28]

O confisco seria a violação, por excesso, da capacidade contributiva

Vedação de tributação com efeito de confisco reforça a ideia de um sistema tributário justo, mas não só isso: impede o excesso de tributo ou que alcance alguém que não praticou o fato ou não demonstrou capacidade contributiva.

Klaus Tipke é autor de uma feliz síntese, quando ensina que "a capacidade contributiva termina, de todo modo, onde começa o confisco que leva à destruição da capacidade contributiva".[29]

5. Confisco e sujeição passiva tributária

Este tópico guarda relação com a sujeição passiva tributária, de uma certa forma já esboçada retro.

Geraldo Ataliba e Cléber Giardino, ambos de saudosa memória, insistem em que somente pode ser colocada na condição de sujeito passivo da obrigação tributária a pessoa que implícita ou explicitamente é referida pelo texto constitucional como "destinatário da carga tributária", ou "destinatário legal tributário", na afortunada construção de Héctor Villegas.[30]

É de fundamental importância, para efeitos de apreciar-se a obediência à capacidade contributiva e à proibição do confisco exatamente, perquirir acerca do *destinatário* (no caso brasileiro) *constitucional* – da carga tributária.

A distinção acima referida, entre "contribuinte de direito" e "contribuinte de fato", embora abominada por parte da doutrina, devido a que procede da Economia e não seria uma diferenciação colhida do mundo jurídico, tem a sua relevância para o Direito Tributário, ao menos quando se lide com as imunidades e com a repetição de indébito. Com efeito, o Fisco acionará o "contribuinte de direito" que, como o nome está a indicar, é aquela pessoa a quem o Direito atribuiu relevância; é dizer: a lei tributária o colocou no polo passivo da relação jurídica tributária, sendo este, portanto, a pessoa relevante para o Direito.

Isso não obstante, se, pelo prisma infraconstitucional, a distinção, em princípio, não tem importância, ela adquire proeminência em momento que antecede a edição da lei tributária. Deveras, dada a existência do princípio da capacidade contributiva a informar o ordenamento jurídico tributário, não é irrelevante saber-se como é distribuída a carga tributária, não se podendo, *ipso facto*, desconsiderar *quem* arcará com o ônus do tributo e em que medida o fará.[31]

Destra feita, se a tributação deve ser repartida de forma igual (na medida das desigualdades existentes) e ela não pode ser utilizada como meio de expropriação da propriedade dos cidadãos da República, então ao legislador não é dado desprezar o *peso tributário* que cada cidadão deverá suportar, sob o pretexto de que o *contribuinte de direito* é o único que interessa , pois é ele que procederá ao recolhimento do tributo. Cuida-se aqui, de aferir a capacidade contributiva *relativa*, ou seja, ao serem estabelecidos os elementos de quantificação do débito tributário impõe-se que se tome em conta aquele que *efetivamente* suportará o ônus do tributo.

Quando se trata de tributo *indireto*, o comerciante, industrial ou produtor, o prestador de serviços etc., no mais das vezes, em que pese se tratar do sujeito passivo tributário, transfere, pelo fenômeno da *repercussão*, transferindo o ônus fiscal para o consumidor final, como regra, embutindo-o no preço do bem ou serviço que maneja. Esta seria a razão mesma da existência do que dispõe o art. 166 do Código Tributário Nacional que exige, para que se pleiteie a repetição de indébito, nesses casos, que o requerente comprove que assumiu o encargo financeiro do tributo.

Nessas hipóteses considera-se, em geral, que não há falar-se em confiscatoriedade, de vez que, por mais gravoso que seja o tributo, o sujeito passivo (contribuinte *de direito*), para o recolher aos cofres públicos o terá retirado da composição do preço da mercadoria (ou do serviço, em determinadas situações) transferida para o consumidor, não desembolsando quantia de seu próprio patrimônio. Se assim é, não configuraria o confisco naqueles tributos sujeitos à transferência do encargo financeiro – no mais das vezes, tributos sobre o consumo – devido a que não seria o tributo a provocar a diminuição excessiva e irrazoável do patrimônio do contribuinte *de fato*, mas sim o preço pelo qual a mercadoria (ou serviço, se caso) houvesse sido vendida.

No entanto, deve ser considerada a hipótese de não-transferência do encargo financeiro correspondente ao tributo para o consumidor final, devendo o próprio sujeito passivo (contribuinte *de iure*) pagá-lo e suportar financeiramente aquele encargo. Nestas hipóteses eventual alegação de confiscatoriedade seria cabível, *mediante comprovação da não-repercussão*, a ser suscitada em cada caso concreto, ao revés do que ocorre com a maior parte das situações em que o princípio ora cogitado pode ser objeto de afronta já *in abstracto*, quando da sua estruturação pela própria lei que o instituiu.[32]

O sujeito passivo, nesses tributos, pode ser atingido por uma tributação excessiva a ponto de não lhe permitir transferir o encargo impositivo financeiro ao consumidor final, o que faria que ele se visse praticamente impedido de realizar suas atividades industriais ou mercantis.

Na extrafiscalidade isso se justificaria, porquanto o que se tem em mira é induzir certos comportamentos ficando a arrecadação tributária num segundo plano.

6. Multas e confisco

Talvez a discussão mais frequente quando se trata do princípio do não-confisco, seja aquela relativa à confiscatoriedade das multas tributárias. Arguem os defensores da impossibilidade dessa confiscatoriedade existir, em face do art. 150, IV, da C.R., ou seja, este dispositivo constitucional estaria a proibir multas tributárias consideradas exorbitantes. Estou convencido de que elas efetivamente não podem existir. No entanto, o fundamento jurídico para tanto, segundo parece, não é o preceito invocado.

É grande a tentação de procurar enquadrar quantia excessiva imposta como multa dentro da moldura do princípio do não-confisco tributário do art. 150, IV, da C.R. Contudo, o rigor científico que deve prevalecer numa aproximação que se pretende científica afasta essa possibilidade. Senão vejamos.

Em primeiro lugar, a multa é penalidade imposta pela legislação – tributária ou outra – decorrente do descumprimento de algum dever ou obrigação por parte de quem a ela se assujeita. Em termos mais técnicos, a norma sancionadora tem coo hipótese exatamente o descumprimento de outra norma que impusera determinada conduta. No caso do tributo, a norma correspondente reza, por exemplo, "se *A*, comerciante, vender mercadoria, *deve* recolher aos cofres públicos, quantia em dinheiro a título de ICMS".

Já a norma sancionatória determina: "se *A* não pagou o ICMS respectivo, *deve* recolher importe e dinheiro aos cofres públicos a título de sanção".

Noutro giro, *tributo* não é *multa* – como deixa claro o art. 3º. do Código Tributário Nacional – e o princípio do não-confisco reporta-se àquele e não a esta.

Por outra parte, a multa busca punir o contribuinte faltoso com as suas obrigações (como, de resto, busca reprimir, punindo, qualquer comportamento contrário à ordem jurídica). Destarte, os princípios que regem as infrações são distintos daqueles que informam a tributação. Há diferença ontológica, o que não permite a comparação de uma situação com a outra.

Dito isso, embora, a meu ver, a situação de confiscatoriedade das multas não se quadre no art. 150, IV da Lei das Leis, a verificação do excesso de uma multa – que pode levar a julgá-la confiscatória repousa no princípio genérico que protege o direito de propriedade. Este princípio, *de per si*, já impede o confisco, como se viu acima ao referir-se ao confisco como pena.

Em que pese esta conclusão, que parece lógica, nem sempre se entendeu desse modo.

A Corte Suprema da Nação Argentina, examinando multa correspondente ao décuplo do valor de tributo sonegado, decidiu que a pena imposta "não é contrária ao direito de propriedade".[33]

Em outra decisão, assim se manifestou esse mesmo Tribunal:

As penas dessa natureza, nas quais incorre o autor de uma infração por um ato voluntário, cujo caráter conhece, da mesma forma que conhece a sanção a que está sujeito, estão submetias a outros princípios diferentes daqueles aplicáveis aos impostos e não podem invocar a respeito considerações que tenha feito a Corte quando declarou confiscatórios alguns deles.[34]

Da mesma forma a "Audiencia Nacional" da Espanha, analisando caso em que um contribuinte se insurgia contra o valor da sanção que lhe fora imposta, além do pagamento de tributo rechaçou, dentre outros, o argumento consubstanciado no caráter confiscatório da sanção, pois

ésta deriva su finalidad de un incumplimiento de un ciudadano con el Estado, de manera que su finalidad no es aprehender el patrimonio individual del contribuyente, sino prevenir conductas semejantes tanto del propio sujeto como de otros que vulneran la igualdad entre los contribuyentes y lesionan gravemente los intereses públicos[35]

Em que pese à dificuldade de se dizer quando o valor da multa por descumprimento da lei tributária é confiscatória, esta circunstância, aliada ao cunho exemplar que fundamenta a aplicação de qualquer sanção negativa, não deve impedir que o legislador – assim como o juiz e mesmo a Administração, quando for o caso – aja com razoabilidade na sua determinação. Pode-se dizer que o fim da lei que sanciona é: *1)* punir o contribuinte faltoso; *2)* aplicar a igualdade de tratamento entre os contribuintes, de modo que aquele que cumpriu suas obrigações não se sinta aviltado e prejudicado com a impunidade do outro relapso e *3)* garantir o interesse público maior, que é o abastecimento dos cofres públicos; *não, porém, confiscar o patrimônio de ninguém.*

O Supremo Tribunal Federal, no mesmo acórdão já citado anteriormente,[36] tratou de hipótese que versava o exame de diploma legislativo (Lei 8.846/94, art. 3º e seu parágrafo único) que instituiu multa fiscal de 300% (trezentos por cento), no que ora interessa sublinhar, averbou:

O Poder Público, especialmente em sede de tributação (*mesmo tratando-se da definição do "quantum" pertinente ao valor das multas fiscais*), não pode agir imoderadamente, pois a atividade governamental acha-se essencialmente condicionada pelo princípio da razoabilidade que se qualifica como verdadeiro parâmetro de aferição da constitucionalidade material dos atos estatais.

Em outra Ação Direta de Inconstitucionalidade, a mesma Corte assim se pronunciou:

AÇÃO DIRETA DE INCONSTITUCIONALIDADE. §§ 2.º E 3.º DO ART. 57 DO ATO DAS DISPOSIÇÕES CONSTITUCIONAIS TRANSITÓRIAS DA CONSTITUIÇÃO DO ESTADO DO RIO DE JANEIRO. FIXAÇÃO DE VALORES MÍNIMOS PARA MULTAS PELO NÃO-RECOLHIMENTO E SONEGAÇÃO DE TRIBUTOS ESTADUAIS. VIOLAÇÃO AO INCISO IV DO ART. 150 DA CARTA DA REPÚBLICA. A desproporção entre o desrespeito à norma tributária e sua consequência jurídica, a multa, evidencia o caráter confiscatório desta, atentando contra o patrimônio do contribuinte, em contrariedade ao mencionado dispositivo do texto constitucional federal. Ação julgada procedente.[37]

Nessa esteira, o E. Tribunal de Justiça de São Paulo, embora invocando o art. 150, IV da C.R., pronunciou-se da maneira seguinte:

ANULATÓRIA DE DÉBITO FISCAL – ICMS – Multa punitiva arbitrada em valor muito superior ao do tributo – Confisco caracterizado – Art. 150, IV, da CF, que também deve ser observado na quantificação da multa – Redução ao patamar correspondente a

100% do valor do tributo devido, que melhor reflete a observância aos princípios da razoabilidade e da proporcionalidade, mas sem retirar o caráter pedagógico da própria sanção – Solução dada ao caso em consonância com inúmeros julgados deste E. Tribunal de Justiça e do Supremo Tribunal Federal. R. sentença mantida.[38]

7. Aplicação dos princípios citados em questão relativa ao ICMS

No que tange à alíquota de ICMS, em mandado de segurança em que se pleiteava o reconhecimento de direito líquido e certo de pagar o ICMS incidente sobre a aquisição de energia elétrica e os serviços de telecomunicação com base na alíquota geral de 17% (dezessete por cento), diferentemente do previsto no artigo 19, II, alíneas "a" e "c", da Lei estadual (de Santa Catarina) n. 10.297/1996. Restringir-me-ei ao pedido referente à alíquota. De acordo com a recorrente, a alíquota adotada pelo Estado de Santa Catarina não se coaduna com os princípios da seletividade e da essencialidade, incidentes na esfera do ICMS, por força do que dispõe o art. 155, § 2º, da Constituição Federal. Considera *desproporcional e irrazoável* que a tributação da energia elétrica e das telecomunicações seja percentualmente superior à de mercadorias como cosméticos, armas, bebidas alcoólicas e fumo.

Chegada ao Supremo Tribunal Federal, ao recurso foi atribuída repercussão geral, tendo o Relator, Min. Marco Aurélio, assim se manifestado:

RECURSO EXTRAORDINÁRIO. REPERCUSSÃO GERAL. TEMA 745. ICMS. ARTS. 150, II, E 155, § 2º, III, DA

CONSTITUIÇÃO FEDERAL. SELETIVIDADE E ESSENCIALIDADE. ENERGIA ELÉTRICA E TELECOMUNICAÇÕES. ALÍQUOTA ESPECÍFICA SUPERIOR À ALÍQUOTA GERAL. INCONSTITUCIONALIDADE. PROVIMENTO. MODULAÇÃO DE EFEITOS RECOMENDÁVEL. 1. É inconstitucional o art. 19, inciso II, alíneas "a" e "c", da Lei estadual 10.297/1996 de Santa Catarina no que prevê alíquotas do ICMS superiores à geral a incidirem sobre energia elétrica e serviços de telecomunicações, por incompatibilidade com o princípio da seletividade/essencialidade. 2. Eliminada a regra especial que estipula alíquota majorada para energia elétrica e telecomunicações, tem-se que o ICMS de ambas cairá automaticamente na regra geral do Estado-membro e o contribuinte terá direito de pleitear a restituição dos valores pagos nos últimos cinco anos, nos termos do art. 168 do Código Tributário Nacional, não havendo falar em ofensa à separação de poderes por ativismo Judicial. 3. Concretiza o princípio da igualdade tributária a instituição, a partir de níveis reduzidos de consumo, de alíquotas progressivas na energia fornecida à população economicamente mais vulnerável, ao contrário do que sugere o recorrente, não havendo falar em ofensa ao art. 150, II, da Constituição. 3. Parecer pelo provimento parcial do recurso extraordinário. 4. Por colocar em risco a segurança jurídica e veicular matéria de excepcional interesse social, recomenda-se a modulação dos efeitos pro futuro, com estipulação de prazo razoável para adaptação da legislação do ICMS pelo Legislativo catarinense.[39]

Parece evidente que os princípios jurídicos de nível constitucional, por mais "caráter programático" que possuam, ademais de um conteúdo mínimo têm, quanto menos, o efeito de impedir que se atue contra ele, começando pela própria legislação. Souto Maior Borges, ao cuidar do assunto, traz como resumo do seu pensamento o trecho que me permito transcrever, dada a sua objetividade e clareza:

Não são as normas programáticas meramente declaratórias, mas revestem efeitos constitutivos "positivos" (se mandamentais), ou constitutivos negativos (se proibitórias), ou seja, condicionam a legislação integrativa, vinculando-a aos limites da autorização e pela autorização mesma ou pela proibição sob esse aspecto, a sua eficácia é plena.[40]

Na hipótese aqui examinada, se a Constituição da República apregoa que o ICMS *poderá* (para Roque Carrazza, a seletividade, no IPI e no ICMS é *obrigatória*)[41] ser seletivo, em função da essencialidade das mercadorias e dos serviços (art. 155, § 2º, III), ao optar pela seletividade das alíquotas, deve fazê-lo considerando a essencialidade das mercadoria ou dos serviços.

Se assim é, não se pode dizer que a energia elétrica e os serviços de telecomunicações não sejam essenciais no mundo atual. À vista disso, não há possibilidade de o critério escolhido como discrímen para eleger as mercadorias e serviços e a tributação que sobre eles recairá contrariando a Constituição. Se algum bem (em sentido amplo) é mais essencial que outro, deve ser tributado menos gravosamente pelo IPI e pelo ICMS, e *vice-versa*, ou seja, quanto mais supérfluo, *deve* ser tributado mais onerosamente por esses tributos. Já se disse que esta é a fórmula que o constituinte encontrou para aplicar, ainda que de forma mitigada – em comparação ao

Imposto sobre a Renda, por exemplo – o princípio da capacidade contributiva.

Conclui-se que, na situação sob análise, agiu o legislador catarinense (e não somente ele) exatamente *da forma oposta* ao que determina a Lei Maior.

Para além disso, está corretíssimo o contribuinte ao alegar ser *desproporcional e irrazoável* que a tributação da energia elétrica e das telecomunicações seja percentualmente superior à de mercadorias como cosméticos, armas, bebidas alcoólicas e fumo. Essa *desproporcionalidade* e *irrazoabilidade* configuram, a meu ver, hipótese de utilização de tributo com efeito confiscatório.

À guisa de conclusão

Tendo passado em revista, ainda que superficialmente, alguns princípios fundamentais que dizem com a carga tributária, dentre eles o da igualdade, da capacidade contributiva e aquele que veda o confisco tributário, pode-se concluir que, por mais difícil e trabalhosa que seja a tarefa de encontrar-se o significado, o conteúdo e o alcance de um princípio, mormente os de nível constitucional, não se pode deixar de compreendê-los como sendo *normas jurídicas*, significando que não são simples carta de recomendação, mera sugestão, são de aplicação obrigatória, em maior ou menor grau e em menor ou maior clareza.

No que ao princípio do não-confisco tributário, que se espraia a todos os tributos – e não somente aos impostos, como o princípio da capacidade contributiva – no concernente ao Imposto sobre Serviços e ao ICMS, a dificuldade mencionada é ampliada quando estes impostos são do tipo "indiretos", nos quais a efetiva carga tributária, o ônus financeiro, recai sobre outra pessoa que não o sujeito colocado, por lei, no polo passivo da obrigação tributária. Considerar-se-á o não-confisco somente com relação ao sujeito passivo (*de direito*) ou também com referência aquele terceiro (contribuinte *de fato*) que suportará o tributo, em geral o consumidor final?

Vimos exemplo em que, com relação ao ICMS, uma vez taxado um bem essencial (a energia elétrica, *in casu*) com uma alíquota mais elevada que a de um bem supérfluo, a lei que o fez incorre em inconstitucionalidade, primeiramente por desrespeitar a capacidade contributiva (nesse caso operada pela seletividade de alíquotas) e, mediatamente, por violar a proibição de tributação com efeito de confisco, pelo fato de que, no tocante à hipótese concreta examinada, não ter o legislador autorização constitucional para tributar naquela proporção.

Por fim, a confiscatoriedade das multas acaba por desviar a atenção da jurisprudência – da doutrina, em geral - ao interpretar o princípio em tela. Talvez por ser de aferição mais imediata e visível, o excesso correspondente a uma multa é mais facilmente contrastável que o descomedimento do confisco ou não quanto a um tributo propriamente dito.

Por fim, quer-se ressaltar a importância do princípio aqui analisado em termos do conjunto da tributação, já que, para mais do princípio da igualdade e da capacidade contributiva, aquele que veda o uso do tributo com efeito de confisco colabora para a estruturação de uma ordem tributária mais igualitária e mais justa.

ICMS E ISS – IMUNIDADES CONSTITUCIONAIS

José Luis Ribeiro Brazuna[42]

Introdução.

O presente artigo tem por objetivo consolidar os temas discutidos durante aula ministrada em 28 de março de 2018, no curso de ICMS e ISS, da Escola Paulista da Magistratura, sob a competente organização do Professores Drs. Eurípedes Faim e Mônica Serrano.

O título da apresentação, apesar de longo, dá uma noção da abrangência que o assunto representa, diante da prolixidade normativa da própria Constituição Federal: *Imunidade Tributária. Alcance. Impostos indiretos. Imunidade recíproca e exclusão da exploração de atividade econômica. Isenções tributárias e isenções heterônomas. Isenções concedidas pela União.*

O plano da aula – e que aqui orientará igualmente a organização deste texto – foi o seguinte:

- o **Parte 1 – Aspectos gerais:** categorias especiais da técnica de tributação; imunidades *versus* isenção; guerra fiscal do ICMS e do ISS; e outros temas.
- o **Parte 2 – Aspectos específicos:** imunidades, alcance e impostos indiretos; imunidade recíproca; isenções heterônomas; e desonerações do ICMS e a não-cumulatividade.

Ao longo do desenvolvimento de tais aspectos gerais e específicos, colocaremos em evidência os pontos que, a nosso ver, exigem maior reflexão e busca por coerência por parte do aplicador do Direito, em especial pelo próprio Poder Judiciário, cujo aperfeiçoamento é mister da Escola Paulista da Magistratura, no exercício da missão dada pelo artigo 93, inc. VI, da Constituição Federal.

1 – Aspectos gerais

1.1 – Categorias especiais da técnica de tributação

A expressão que dá nome a este tópico foi cunhada pelo Professor Ruy Barbosa Nogueira, na sua clássica "apostila" de Direito Tributário[43], onde sob esse título foi reservado todo um capítulo para definir e distinguir os institutos jurídicos que estão à disposição do Estado para desonerar atos, fatos ou pessoas do pagamento de tributos.

Desde então já era claro perceber, a partir da didática representação gráfica usada por Ruy Barbosa em sala de aula – e repetida posteriormente por tantos alunos e professores – que cada "categoria técnica" teria a capacidade de afetar o fenômeno da tributação de uma maneira própria, do ponto de vista técnico. Relembremos:

Incidência – é o fato de a situação previamente descrita na lei ser realizada e incidir no tributo, dar nascimento à obrigação tributária

[...]

Não-incidência – é o inverso, isto

> é, o fato de a situação ter ficado fora dos limites do campo tributário, ou melhor, a não-ocorrência do fato gerador, porque a lei não descreve a hipótese de incidência.
>
> Isenção – é a dispensa do pagamento do tributo devido, feita por disposição expressa da lei e por isso mesmo excepcionada da tributação.
>
> [...]
>
> Imunidade – ... forma qualificada ou especial de não-incidência, por supressão, na Constituição, da competência impositiva ou do poder de tributar...

A partir desse resumo, as "categoriais técnicas" devem ser enxergadas cada qual de acordo com o regime jurídico que regula a sua utilização, segundo é dado pela Constituição Federal e pelas normas gerais de direito tributário, veiculadas especialmente pelo Código Tributário Nacional.

1.1.1 Regime jurídico da *não-incidência*

Sendo a *não-incidência* o reverso da incidência, a desoneração por ela provocada submete-se ao mesmo rigor do princípio da legalidade tributária que condiciona a cobrança do tributo. Dessa forma, a eliminação da não-incidência não pode ocorrer senão por lei em sentido estrito, lei essa que então promoverá a instituição do tributo sobre dado fato até então não onerado.

Submete-se também ao princípio da isonomia tributária, que impede que situações equivalentes recebam tratamento tributário desigual, o que ocorreria no caso de estar uma dessas situações sujeita à incidência e a outra, equivalente, no campo da não-incidência.

Isto não quer dizer, por evidente, que não possa haver discriminações na lei instituidora do tributo – e, negativamente, instituidora das hipóteses de não-incidência. As discriminações serão aceitas se **(i)** tiverem por objetivo concretizar algum valor constitucionalmente reconhecido e legítimo a justificá-las e **(ii)** forem razoáveis e proporcionais para o atingimento desse objetivo.

Tal condicionamento ao princípio da igualdade parece justificar, por exemplo, a consolidada jurisprudência dos Tribunais Superiores no sentido de ser taxativa a lista de serviços sujeitos ao ISS, permitindo, no entanto, a aplicação extensiva de cada item para fins de exigir a cobrança do tributo. Afinal, aceitar que a simples mudança de nomenclatura de um serviço pudesse determinar a incidência ou não-incidência do ISS seria o mesmo que admitir que, para situações semelhantes, houvesse tratamento tributário desigual[44] em contrariedade à norma do artigo 150, inc. II, da Constituição.

Diferentemente da incidência, no entanto, a *não-incidência* não precisa observar qualquer tipo de anterioridade quanto à sua instituição. É dizer: retirado determinado fato do campo de incidência do tributo, o efeito da desoneração deve ser imediato.

De outra sorte, embora não haja restrição constitucional explícita à aplicação retroativa de uma norma de não-incidência, essa "categoria técnica" de tributação efetivamente atingirá fatos passados se, nos termos do que indiretamente cuida o artigo 106, do Código

Tributário Nacional, for veiculada mediante lei expressamente interpretativa.

Se não for o caso, a desoneração retroativa terá a natureza de extinção do crédito tributário por remissão, não se apagando o fato de haver ocorrido a incidência tributária em momento pretérito.

De certa forma, foi isso o que ocorreu no acordo celebrado entre os Estados de São Paulo e Espírito Santo, no ano de 2010, por meio do Convênio ICMS nº 36, em que essas Unidades da Federação se autorizaram mutuamente a *"reconhecer, relativamente às operações de importação de bens ou mercadorias por conta e ordem de terceiros, nas quais o importador e o adquirente não se localizem no mesmo estado, os recolhimentos do ICMS devido pela importação que tenham sido efetuados em desacordo com o disposto no Protocolo ICMS 23, de 3 de junho de 2009"*.

Referido Protocolo manifestava o entendimento comungado pelos governos Paulista e Capixaba no sentido de que, nas tais importações por conta e ordem de terceiros, a incidência do ICMS ocorreria na Unidade Federada de localização do efetivo adquirente da mercadoria. Portanto, a operação de importação nessas circunstâncias estaria no campo da *não-incidência,* pela ótica da legislação do Estado de localização do importador por conta e ordem.

O que se fez, então? Afirmou-se que o ICMS recolhido para o Estado de localização do importador seria "reconhecido como pago", enquanto o ICMS devido ao Estado do adquirente seria "reconhecido como extinto". Ou seja: aceitou-se o pagamento do imposto à Unidade da Federação onde vigorava a não-incidência, como contrapartida à remissão do ICMS incidente na outra[45]. Nada mais criativo!

Falando em criatividade legislativa, é de se comentar a recente Lei Complementar nº 157/2016, que conseguiu criar algo ainda mais inovador, instituindo uma regra de incidência tributária "cambiante", na medida em que:

- como regra, conforme artigo 3º, da Lei Complementar nº 116/2003, o ISS é devido ao Município de localização do estabelecimento prestador *(caput)* ou em Municípios ligados de alguma forma à execução do serviço, conforme hipóteses dos incisos I a XXV; mas

- se o Município assim competente fixar carga tributária inferior a 2%, "o imposto será devido no local do estabelecimento do tomador ou intermediário do serviço ou, na falta de estabelecimento, onde ele estiver domiciliado" (artigo 3º, § 4º)

Ou seja: **(i)** no primeiro momento, a *incidência* encontra-se na lei do Município escolhido pelo artigo 6º, da Lei Complementar nº 116/2003, enquanto a legislação de todos os demais determinaria a *"não-incidência"* do ISS sobre aquele serviço; mas **(ii)** se o Município originalmente competente não observar a carga tributária mínima do ISS estabelecida no artigo 8º-A, daí então surgirá, automaticamente, norma de *não-incidência* na sua legislação local[46], enquanto brotará a *incidência* na legislação do Município do tomador ou intermediário do serviço.

Destaque-se que a competência "cambiante" teve a sua constitucionalidade contestada no controle prévio exercido pelo Presidente da República, que vetou o dispositivo por entender que *"a definição de competência tributária deve vir expressamente definida em lei complementar, não cabendo sua definição a posteriori"*. O veto foi, porém, derrubado pelo Congresso Nacional. Foi questionada perante o Supremo Tribunal Federal, por meio da ação direta de inconstitucionalidade nº 5840, mas essa ação, infelizmente, foi extinta sem julgamento de mérito.

Trata-se, sem dúvida, de ponto de atenção e que poderá criar situações de extrema insegurança para os contribuintes do ISS e para tomadores de serviços de todo o País.

Voltando ao ICMS, vale destacar o entendimento do Supremo Tribunal Federal de que mesmo uma norma de *não-incidência* teria a sua instituição limitada pela regra do artigo 155, § 2º, inc. XII, alínea "g", da Constituição Federal, que exige a celebração de convênio entre as Unidades Federadas como condição à concessão de benefícios fiscais relativos ao imposto estadual.

Disse o Supremo, por ocasião da concessão de liminar na ação direta de inconstitucionalidade nº 930-3-MA, que "o Estado-membro sofre importantes restrições de índole constitucional no que concerne ao regramento peculiar ao ICMS, especialmente no que concerne ao uso das técnicas de exoneração tributária". Com base nesse fundamento, considerou inconstitucional lei Maranhense que instituía hipótese de não-incidência do ICMS sobre serviços de transmissão, retransmissão, geração de som e imagens através de serviços de rádio e televisão.

Considerou, ainda, que a possibilidade de instituição de *não-incidência* do ICMS seria limitada também pela regra de distribuição de 25% da arrecadação do imposto para os Municípios, conforme previsto no artigo 158, inc. IV, da Constituição, regra essa reveladora da adoção de um *"federalismo cooperativo"*, que impediria o Estado de indiretamente reduzir as receitas municipais, mediante a desoneração de um fato potencialmente tributável.

A propósito desse aspecto financeiro, vale também mencionar a regra de ouro da Lei Complementar nº 101/2000, segundo a qual é "requisito essencial" da responsabilidade fiscal a *"instituição, previsão e efetiva arrecadação de todos os tributos da competência constitucional do ente da Federação"*.

Por mais esse aspecto, de caráter infraconstitucional, é de se atentar para as restrições existentes à utilização da *não-incidência* como "categoria técnica" para desoneração de atos ou fatos da vida que queira o legislador incentivar ou preservar.

1.1.2 Regime jurídico da *imunidade*

Apesar de ser referida como "não-incidência qualificada", a *imunidade* não guarda tantas semelhanças com aquela outra "categoria técnica" examinada no tópico anterior.

Em razão de estar incorporada ao próprio texto constitucional, a imunidade não pode ser desafiada por lei instituidora de tributo, tampouco revogada por norma posterior editada pelo próprio Constituinte Derivado, uma vez que faria parte do rol de direitos e garantias do indivíduo, protegidos pela petrificação do artigo 62, § 4º, inc. IV.

Esse foi o entendimento do Supremo Tribunal Federal, no Recurso Extraordinário nº 636.941-RS[47], quando afirmou que "a isenção prevista na Constituição Federal (art. 195, § 7º) tem o conteúdo de regra de supressão de competência tributária, encerrando verdadeira imunidade" e que "as imunidades têm o teor de cláusulas pétreas".

Foi o entendimento também utilizado nas Ações Cíveis nºs 2.023 e 1.507[48], quando concedeu tutela antecipada para proteger os estados do Acre e do Rio Grande do Sul contra a cobrança de contribuição previdenciária sobre a remuneração dos seus servidores públicos, sob o fundamento de que haveria de se preservar a *"cláusula pétrea da imunidade tributária recíproca"*.

De outra forma julgou o Supremo, no Recurso Extraordinário nº 372.600-SP[49], quando considerou válida a revogação da imunidade do artigo 153, § 2º, inc. II, da Constituição Federal, pela Emenda Constitucional nº 20/98, declarando que, nesse caso, a *"norma não consagrava direito ou garantia fundamental, apenas previa a imunidade do imposto sobre a renda a um determinado grupo social"*. Dessa maneira, concluiu que a *"sua supressão do texto constitucional... não representou a cassação ou tolhimento de um direito fundamental e, tampouco, um rompimento da ordem constitucional vigente"*.

A vigorar essa orientação mais antiga, seria factível levar adiante a proposição de revogação da imunidade tributária para as entidades religiosas, por exemplo, atualmente objeto da Sugestão nº 2/2015, derivada de consulta pública no Senado Federal, e que se encontra em discussão na Comissão de Direitos Humanos e Legislação Participativa daquela casa legislativa.

Por sua vez, com relação à norma da imunidade tributária recíproca, sobre a qual tratamos mais especificamente adiante (tópico **2.2**), o Supremo Tribunal Federal já a declarou "cláusula pétrea" em razão da norma do artigo 60, § 4º, inc. I, da Constituição, que proíbe qualquer emenda tendente a abolir a forma federativa do Estado Brasileiro[50].

A propósito, no que diz respeito à possibilidade de as Constituições Estaduais ou Leis Orgânicas Municipais replicarem, limitarem ou ampliarem imunidades previstas na Constituição Federal, a orientação atual do Supremo Tribunal é no sentido de que, ao menos no que diz respeito ao ICMS, tal liberdade não seria compatível com o pacto federativo e poderia criar situação contrária ao princípio da isonomia tributária. Foi o que se decidiu na ação direta de inconstitucionalidade nº 773-RJ[51].

Vale comentar, ainda, que sendo a *imunidade* uma "não-competência tributária", a sua observância não depende, em princípio, do cumprimento de qualquer tipo de obrigação acessória, tampouco da observância de regulamentação infraconstitucional. Eventuais exigências dessa natureza poderiam ser consideradas como tendo caráter meramente declaratório, jamais constitutivo.

Curiosa, no entanto, é a situação da imunidade do artigo 150, inc. VI, alínea "c", da Constituição, que protege da cobrança de impostos o patrimônio, a renda ou os serviços de partidos políticos, sindicatos, instituições de educação e assistência social, sem fins lucrativos, desde que *"atendidos os requisitos da lei"*. Redação similar é encontrada na imunidade do artigo 195, § 7º, que delimita a não cobrança de contribuição para a seguridade social apenas para as entidades beneficentes de assistência social que *"atendam às exigências estabelecidas em lei"*.

Nesses casos excepcionais, a jurisprudência do Supremo Tribunal Federal vem se firmando[52] no sentido de: **(i)** exigir lei complementar para tratar dessas contrapartidas para as entidades imunes, como condição à fruição da desoneração constitucional; mas **(ii)** aceitar lei ordinária no que diz respeito a aspectos procedimentais necessários à verificação do atendimento das finalidades constitucionais da regra de imunidade, tais como certificação, fiscalização e controle administrativo. Essa foi a tese firmada no tema nº 32, como decorrência da decisão tomada no Recurso Extraordinário nº 566.622-RS[53].

Finalmente, no que se refere à interpretação e à aplicação das normas constitucionais de imunidade, a jurisprudência do Supremo Tribunal Federal oscila a depender do caso concreto em discussão.

Com efeito, por vezes afirma que as imunidades devem ser interpretadas com ênfase na sua teleologia, a fim de dar máxima eficácia ao objetivo constitucional por elas almejado, *"de modo a estender o alcance axiológico dos dispositivos imunitórios, em homenagem aos intentos protetivos pretendidos pelo constituinte originário"*. Assim decidiu, por exemplo: **(i)** no caso da imunidade do IPTU sobre imóveis de propriedade de instituições de educação e de assistência social, sem fins lucrativos, que estejam vagos[54], alugados[55], que sirvam de moradia ou escritórios para integrantes da entidade imune[56]; **(ii)** na aplicação da imunidade dos livros, estendendo-a aos filmes e papéis fotográficos necessários à publicação de jornais e periódicos[57], às receitas de inserção de anúncios e publicidades em listas telefônicas de distribuição gratuita[58] e, mais recentemente, ao e-books e leitores de livros eletrônicos[59]; **(iii)** na extensão da imunidade dos templos religiosos, para abranger cemitérios e distintas crenças espirituais[60]; e **(iv)** na proteção da imunidade das entidades de ensino também aos centros de idiomas[61].

De outro lado, em certas situações o Supremo as aplica restritivamente, por entender que assim devem ser interpretadas as limitações ao poder estatal de tributar. Foram esses os casos: **(i)** do afastamento da imunidade dos livros para serviços de composição gráfica[62], para maquinário e peças sobressalentes[63], bem como para os serviços de distribuição, transporte ou entrega de livros e jornais[64]; e **(ii)** da não aplicação da imunidade dos templos religiosos às lojas da maçonaria[65] e aos cemitérios laicos[66].

1.1.3 Regime jurídico da *isenção*

A *isenção* é tida pelo Código Tributário Nacional como uma hipótese de "exclusão" do crédito tributário (artigo 175, inc. I), o que dá a impressão de que, muito embora ocorra na realidade o fato descrito na norma de incidência, excepcionalmente não haverá (deve ser excluído) o nascimento da obrigação tributária naquela determinada situação.

Daí porque alguns autores entendem que a isenção "neutraliza" a consequência jurídica do fato imponível[67], funcionando como uma "norma de estrutura" que altera a regra-matriz de incidência e impede os seus efeitos[68] ou como uma "norma de comportamento", que na verdade outorga ao sujeito passivo um direito subjetivo de não cumprir a obrigação tributária[69].

Segundo o texto constitucional, artigo 150, § 6º, e conforme a regra do artigo 176, do Código Tributário Nacional, as isenções somente podem ser concedidas por lei em sentido estrito.

No caso do ICMS, como já mencionado acima, a Constituição também exige acordos entre todas as Unidades da Federação, o que é feito mediante convênios celebrados no âmbito do Conselho Nacional de Política Fazendária (CONFAZ) e nos termos da Lei Complementar nº 24/75: *"para conceder a benesse, o Estado deve obter a autorização junto ao Confaz (convênio), para, posteriormente, editar lei específica, em sentido formal, disciplinando a matéria"*[70-71].

De acordo com o Supremo Tribunal Federal, a submissão da norma de isenção ao princípio da legalidade tem por objetivo "coibir o uso desses institutos de desoneração tributária como moeda de barganha para a obtenção de vantagem pessoal pela autoridade pública, pois a fixação, pelo mesmo Poder instituidor do tributo, de requisitos objetivos para a concessão do benefício tende a mitigar arbítrio do chefe do Poder Executivo, garantindo que qualquer pessoa física ou jurídica enquadrada nas hipóteses legalmente previstas usufrua da benesse tributária, homenageando-se aos princípios constitucionais da impessoalidade, da legalidade e da moralidade administrativas (art. 37, caput, da Constituição da República)"[72].

Nesse sentido, isenções não podem ser criadas pelo Poder Executivo, mediante delegação de poder pelo Legislativo[73], nem por decreto[74]. De outro lado, na medida em que a matéria não está constitucionalmente reservada à lei complementar, eventual isenção concedida por esse instrumento legislativo pode ser revogada por lei meramente ordinária[75].

De acordo com o Código Tributário Nacional, ainda, a isenção pode ser concedida em caráter geral ou não-geral, de forma incondicionada, condicionada ou sujeitas a termo / prazo.

Quando concedida em caráter não-geral, é de observar se a isenção provocará ou não tratamento tributário diferenciado que se adeque ao princípio constitucional da isonomia. Do contrário, será considerada inconstitucional, conforme já decidido: **(i)** na tentativa de instituição de isenção de imposto de renda sobre verga de representação dos magistrados[76]; **(ii)** na criação de isenção de custas para servidores públicos[77]; e **(iii)** com relação à isenção de IPVA para veículos registrados na Cooperativa de Transportes Escolares de Macapá[78].

De outro lado, não se considerou incompatível com a isonomia: **(i)** o corte simplesmente temporal para a isenção do IOF sobre contratos de câmbio relativos a importações ocorridas a partir de 1º de julho de 1988[79]; e **(ii)** a concessão de isenção de tributos estaduais para empresas com funcionários de mais de 40 anos, pois essa discriminação teria por objetivo equacionar uma situação de desigualdade material e dificuldade de recolocação de mão-de-obra de maior idade[80]. Também não se taxaram de antisonômicas as isenções **(iii)** de custas e despesas processuais à FIFA e aos seus representantes na realização da Copa do Mundo 2014[81], por exemplo.

Verificada a violação à isonomia, competirá ao Judiciário expurgar a norma inconstitucional do ordenamento, mas jamais agir como legislador positivo e conceder a isenção ao setor ou à pessoa prejudicada[82].

Com relação à aplicação das normas de *isenção* no tempo, o Supremo Tribunal Federal possui súmula (nº 554) no sentido de que, no caso de isenções tributárias concedidas sob condição onerosa (encargo), existiria direito adquirido à manutenção do benefício. Tal entendimento, todavia, foi aprovado em contexto legislativo anterior ao próprio Código Tributário Nacional, e se pautando-se no artigo 141, § 3º, da Constituição de 1946, que tratava da garantia do respeito ao direito adquirido.

Com a edição do Código Tributário, o caso de revogação de isenções passou a contar com duas regras segundo as quais caberia observar a anterioridade, a saber: **(i)** no caso de isenção referente a imposto sobre a renda ou patrimônio, a sua extinção apenas poderá surtir efeitos a partir do primeiro dia do exercício seguinte (artigo 104, inc. III[83]); e **(ii)** no caso de revogação de isenções concedidas a termo e com condição, conforme artigo 178[84], igualmente só se pode retomar a cobrança do tributo a partir do próximo exercício.

Na hipótese de revogação de isenções incondicionais, não haverá que se falar em anterioridade – conforme já entendia o Supremo Tribunal Federal na sua súmula nº 615[85] –, pois a norma de incidência sempre esteve presente[86], sendo a isenção um mero favor fiscal[87] ou dispensa de pagamento do tributo[88], cuja supressão não provocaria surpresa.

1.1.4 Outras categorias de desoneração

Vistos os aspectos gerais acima, a respeito das "categorias técnicas" de tributação tradicionais, cabe diferenciar outras figuras que, muito embora possam também envolver a desoneração fiscal, com aquelas não se confundem, sujeitando-se a regimes jurídicos próprios.

Em primeiro lugar, encontramos as figuras da "alíquota zero", da redução de base de cálculo e da pura e simples redução de alíquota de um tributo, situações essas que, embora possam provocar redução ou anulação do crédito tributário a pagar, juridicamente se encontram ainda no campo da *incidência*. Ou seja:

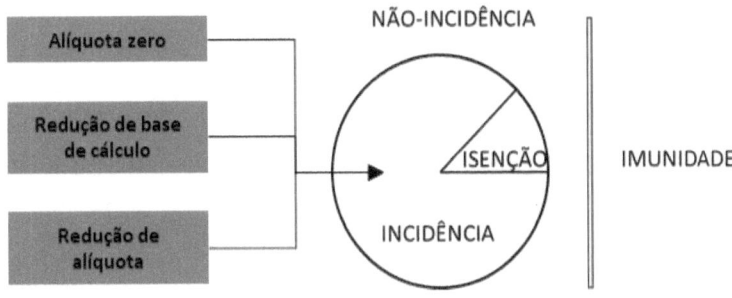

Como as três hipóteses acima alteram as variáveis quantitativas da norma de incidência do tributo, a sua veiculação deve se dar obrigatoriamente por meio de lei em sentido estrito (ressalvados apenas os casos em que a própria Constituição autoriza[89], observados os limites e as condições legais correspondentes, a alteração de alíquotas por meio de decreto).

Consequentemente, a revogação ou alteração das normas de alíquota zero, redução de base de cálculo ou redução de alíquota, deve igualmente respeitar os princípios da anterioridade anual e nonagesimal, exceção feita aos casos em que o contrário é, novamente, permitido pelo artigo 150, § 3º, da Constituição, de maneira expressa.

Outra figura a ser comentada – embora impertinente com relação ao ICMS e ao ISS, impostos esses abordados como tema central do curso ministrado na Escola Paulista da Magistratura – é a chamada anotação "N/T", utilizada na tabela de incidência do IPI (TIPI), para indicar produtos que estão fora do alcance desse imposto federal, em princípio porque não resultariam de processo de industrialização. Exemplo claro disso são os bens indicados no capítulo 1 da TIPI, que cuida de "animais vivos", alguns daqueles que constam do capítulo 3, relativo a "peixes e crustáceos, moluscos e outros invertebrados aquáticos", ou aqueles do capítulo 6, que reúne "plantas vivas e produtos da floricultura".

Se examinarmos muitos dos produtos do capítulo 31, entretanto, onde estão listados os "adubos (fertilizantes)", encontraremos ali a mesma anotação "N/T", no caso de bens que indubitavelmente resultam de atividades industriais – por muitas vezes complexas – de manufatura química ou mecânica para a concepção da fórmula ou forma final do produto.

Em alguns desses casos, se retornarmos à base legal da TIPI e da regulamentação do próprio imposto, verificaremos produtos tratados legalmente como *isentos*, conforme tabela original anexa à Lei nº 4.502/64, integrada pelo Decreto-Lei nº 34/66. Ou seja, produtos reconhecidos como industrializados, mas cujo pagamento de IPI é dispensado por disposição legal expressa.

Nesse sentido, denominamos a situação de "falso N/T", pois, embora a regulamentação posterior do imposto tenha empregado a anotação "N/T", do ponto de vista legal o produto está sujeito a uma norma de isenção. Em suma:

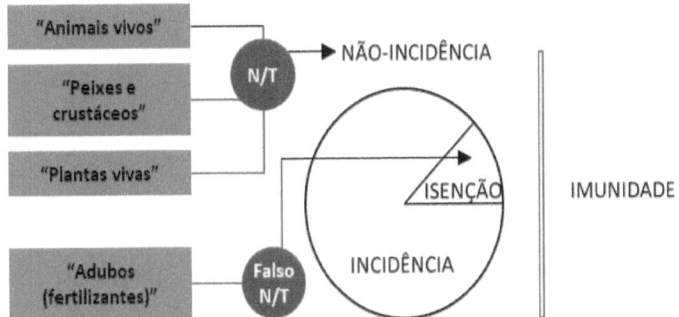

Outra categoria especial a comentar, por último, é a figura da competência residual da União, prevista no artigo 154, inc. I, da Constituição Federal, que lhe permite instituir, *"mediante lei complementar, impostos não previstos no artigo anterior, desde que sejam não-cumulativos e não tenham fato gerador ou base de cálculo próprios dos discriminados nesta Constituição".*

É importante não perder de vista que paira, sobre o sistema tributário nacional, a competência residual da União, que poderá ser exercida para preencher os espaços vazios onde não haja incidência dos impostos discriminados no artigo 153 da Constituição, nem se encontrem fatos geradores ou bases de cálculo passíveis de serem atingidos pelos demais impostos discriminados na mesma Constituição.

Representando graficamente essa competência residual e já levando em consideração as zonas de intersecção existentes entre os impostos discriminados na Carta de 1988, teríamos então:

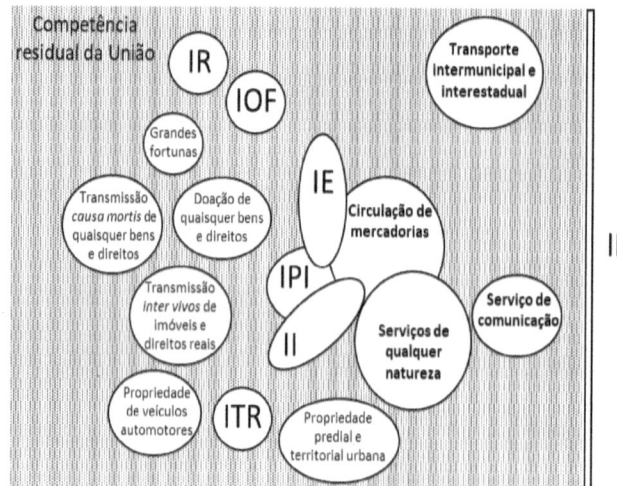

Diante desse quadro, chama a atenção o fato de grandes polêmicas relativas à incidência ou não do ICMS ou do ISS sobre determinados fatos terem se estendido, na doutrina e na jurisprudência, sem que houvesse uma discussão séria a respeito dos limites do alcance desses tributos, frente aos limites impostos pela competência residual reservada à União.

Especialmente em matéria de ISS, não é incomum a manifestação, por parte de Ministros da nossa Corte Suprema, esticando a incidência do imposto municipal simplesmente diante da sensação de que, não o fazendo, determinado fato restaria não tributado em absoluto[90]. Ou seja, ignoram a competência residual da

União e transformam o ISS, no caso, em imposto sobre serviços de qualquer natureza e sobre "fatos de qualquer outra natureza, não inseridos no campo de incidência de outros impostos da Constituição"...

A incompatibilidade do raciocínio com o artigo 154, inc. I, parece-nos gritante e digna de crítica.

1.2 – Guerra fiscal do ICMS e do ISS

A concessão de benefícios fiscais relativos ao ICMS sempre esteve limitada, pelo artigo 155, § 2º, inc. XII, alínea "g", da Constituição Federal, à celebração de convênio unânime entre as Unidades da Federação, nos termos do que regula a Lei Complementar nº 24/75.

No entendimento do Supremo Tribunal Federal, praticamente todas as modalidades possíveis de desoneração do ICMS são consideradas como vinculadas a essa sistemática, ainda que, do ponto de vista jurídico, representem "categorias técnicas" distintas de eliminação ou redução da carga de incidência do imposto estadual.

Isenções[91], imunidades ou não-incidências veiculadas por legislação estadual[92], reduções de base de cálculo[93], reduções de alíquotas[94], créditos presumidos[95], remissões ou anistias[96], benefícios financeiros dos mais variados tipos[97]; até hipóteses de mero diferimento[98] do pagamento do imposto: a jurisprudência é farta em demonstrar o rigor da Corte Constitucional em relação ao tema, o que se consolidou na sua súmula nº 490, admitindo excepcionalmente apenas benefícios fiscais transitórios, considerados incapazes de desviar investimentos de uma Unidade da Federação para a outra[99].

Ao longo dos anos, inúmeras iniciativas foram tomadas para se tentar pôr fim a essa grave questão, até que se chegasse à Lei Complementar nº 160/2017 e ao Convênio ICMS nº 190/2017, que ao final do ano passado apresentaram-se com o objetivo de convalidar benefícios fiscais irregularmente concedidos no passado e estabelecer um regime de transição para a sua extinção.

Vale destacar também o Convênio ICMS nº 126/2017, por meio do qual foram veiculadas condições "pré-aprovadas" para a concessão unilateral de benefícios fiscais relativos ao imposto estadual, notadamente para: **(i)** casos de calamidade pública; **(ii)** parcelamentos em até 60 prestações; **(iii)** programas de anistia ou remissão de créditos de até R$ 2.000,00; **(iv)** reduções de até 80% sobre multas e 30% sobre juros, se o Estado aplicar SELIC; e **(v)** reduções de até 80% sobre multas e 85% sobre juros, se o Estado aplicar taxa superior à SELIC.

No caso do ISS, a Constituição Federal havia sido emendada no ano de 2002, para ali se incluir regra limitando também a concessão de quaisquer tipos de benefícios relativos ao imposto municipal, que reduzissem a sua carga efetiva para patamar inferior a 2%.

Durante os anos que se seguiram, as previsões do artigo 156, § 2º, inc. III, e do artigo 88, inc. II, do Ato das Disposições Constitucionais Transitórias, remanesceram ineficazes do ponto de vista prático, uma vez que nenhuma sanção efetiva se apresentava para a situação, bem como nenhuma lei complementar era aprovada para tratar do tema, tal como previsto pela Emenda Constitucional nº 37.

Em 2016, finalmente, por meio da Lei Complementar nº 157, determinou-se que:

- para os serviços de construção civil (item 7.02, da lista de serviços anexos à Lei Complementar nº 116/2003), de reforma de edifícios (item 7.05) e transporte coletivo municipal de passageiros (item 16.01), a carga tributária efetiva do ISS poderá ser inferior a 2%;

- será nula a lei que estipular carga inferior a 2% em todas as demais situações, sempre que o tomador ou intermediário do serviço estiver em município distinto do prestador;

- ocorrendo tal situação, o prestador do serviço poderá restituir o que tiver eventualmente pago com base na lei assim considerada nula;

- tal situação implicará a aplicação da regra de competência tributária ativa "cambiante", de que tratamos no tópico **1.1.1** acima; e

- a concessão do benefício fiscal irregular configurará ato de improbidade administrativa, nos termos do artigo 10-A, da Lei nº 8.429/92, implicando sanção de perda da função pública, suspensão dos direitos políticos de 5 (cinco) a 8 (oito) anos e multa civil de até 3 (três) vezes o valor do benefício financeiro ou tributário concedido.

2 – Aspectos específicos

2.1 – Imunidades, alcance e impostos indiretos

Em matéria das imunidades que afetam os chamados "impostos indiretos" indicados na Constituição Federal, o primeiro tema a comentar diz respeito às "falsas imunidades" previstas com relação ao ICMS, cuja compreensão serve de complemento aos aspectos gerais examinados até aqui.

Com efeito, a Carta de 1988 prevê, no seu artigo 155, § 2º, inc. X, alínea "b", a não incidência do ICMS nas operações interestaduais com petróleo, inclusive lubrificantes, combustíveis líquidos e gasosos dele derivados, e energia elétrica.

Segundo consolidado no Supremo Tribunal[100], não se trata de imunidade propriamente dita, mas de não-incidência técnica com o objetivo de instituir, para aquelas operações, regra de competência para arrecadação do ICMS pela Unidade da Federação de destino da mercadoria.

Similar é a situação da regra de não-incidência do ICMS sobre ouro como ativo financeiro (artigo 155, § 2º, inc. X, alínea "c"), que de fato soluciona o potencial conflito de competência entre o imposto estadual e o IOF, de competência federal.

Em relação às efetivas imunidades, as discussões em torno do seu alcance em matéria de impostos indiretos podem ser divididas em dois níveis, de acordo com a situação tratar de uma imunidade subjetiva ou objetiva.

No caso das **imunidades objetivas**, a grande temática de discussão diz respeito à interpretação e aplicação da regra que afasta a cobrança de impostos sobre *"livros, jornais, periódicos e o papel destinado a sua impressão"*.

Como já mencionado acima, o Supremo Tribunal Federal adotou interpretação extensiva em relação à aplicação do artigo 150, inc. VI, alínea "d", para filmes e papéis fotográficos necessários à publicação de jornais e periódicos, receitas de inserção de anúncios e publicidade em listas telefônicas de distribuição gratuita e, ainda, ao e-books e leitores de livros eletrônicos. De outro lado, afastou a aplicação da imunidade aos serviços de composição gráfica, ao maquinário e peças sobressalentes, bem como para os serviços de distribuição, transporte ou entrega de livros e jornais.

Vale comentar também o clássico precedente do Recurso Extraordinário nº 221.239-6-SP[101], em que o Supremo reconheceu a aplicação da imunidade do livro aos álbuns de figurinhas, afirmando que *"a imunidade tributária sobre livros, jornais periódicos e o papel destinado à sua impressão tem por escopo evitar embaraços ao exercício da liberdade de expressão intelectual, artística, científica e de comunicação, bem como facilitar o acesso da população à cultura, à informação e à educação"*. A partir dele, têm-se decidido que as figurinhas por si só[102], inclusive quando comercializadas sem o respectivo álbum ou para fins de colecionismo, são igualmente imunes com base no artigo 150, inc. VI, alínea "c".

A jurisprudência da Suprema Corte alcançou uniformização, ainda, pela via da repercussão geral, em relação à extensão da imunidade à importação de pequenos componentes eletrônicos que acompanham material didático de curso de montagem de computadores.

O grande desafio que se apresenta em relação ao futuro desse tema, estará relacionado à evolução da tecnologia de comunicação e à redução da veiculação de textos, notícias, imagens e informações por canais materializados em meio físico. E mais, à transformação da divulgação de informações em textos para versões em áudio e vídeo.

Em estudo anterior tangenciando o assunto, concluímos pela aplicação da imunidade a jornais eletrônicos, seja sobre a sua assinatura e disponibilização eletrônicas, seja sobre a veiculação de propaganda e publicidade geradora de receitas para a sua manutenção, na medida em que, *"dada a importância da informação jornalística, o Constituinte buscou deixar clara a absoluta impossibilidade de restrição a essa forma de manifestação do pensamento, colocando-a sob proteção especial **independentemente do veículo, da forma** ou **do processo** por meio do qual pudesse ela vir a ser veiculada"*[103].

Sob o ponto de vista da legislação infraconstitucional, não se pode deixar de fazer referência à Lei nº 10.753/2003, que instituiu a Política Nacional do Livro e definiu: *"considera-se livro a publicação de textos escritos em fichas ou folhas, não periódica, grampeada, colada ou costurada, em volume cartonado, encadernado ou em brochura, em capas avulsas, em qualquer formato e acabamento"*. São equiparados ao livro, segundo a mesma lei: os fascículos e as publicações de qualquer natureza que representem parte de livro; os materiais avulsos relacionados com o livro, impressos em papel ou em material similar; os roteiros de leitura para controle e estudo de literatura ou de obras didáticas; os álbuns para colorir, pintar, recortar ou armar; os atlas geográficos, históricos, anatômicos, mapas e cartogramas; os textos derivados de livro ou originais, produzidos por editores, mediante contrato de edição celebrado com o autor, com a utilização de qualquer suporte; os livros em meio digital, magnético e ótico, para uso exclusivo de pessoas com deficiência visual; e os livros impressos no sistema Braille.

De acordo com a mesma norma, o "livro é o meio principal e insubstituível da difusão da cultura e transmissão do conhecimento, do fomento à pesquisa social e científica, da conservação do patrimônio nacional, da transformação e aperfeiçoamento social e da melhoria da qualidade de vida".

Diante dessa função atribuída ao livro, caberá enfrentar onde terminará a sua imunidade tributária e onde começará outra regra constitucional imunizante, prevista no seu artigo 155, § 2º, inc. X, alínea "d", que veda a cobrança do ICMS sobre *"serviço de comunicação nas modalidades de radiodifusão sonora e de sons e imagens de recepção livre e gratuita"*. Outra regra imunizante a ser considerada será a do artigo 150, inc. IV, alínea "d", que cuida dos *"fonogramas e videofonogramas musicais produzidos no Brasil contendo obras musicais ou literomusicais de autores brasileiros e/ou obras em geral interpretadas por artistas brasileiros bem como os suportes materiais ou arquivos digitais que os contenham, salvo na etapa de replicação industrial de mídias ópticas de leitura a laser"*.

Haveria absoluta distinção entre as áreas alcançadas por essas três regras imunizantes? Ou, até certo ponto, a evolução tecnológica da comunicação permitiria enxergar zonas de intersecção? Ou seja:

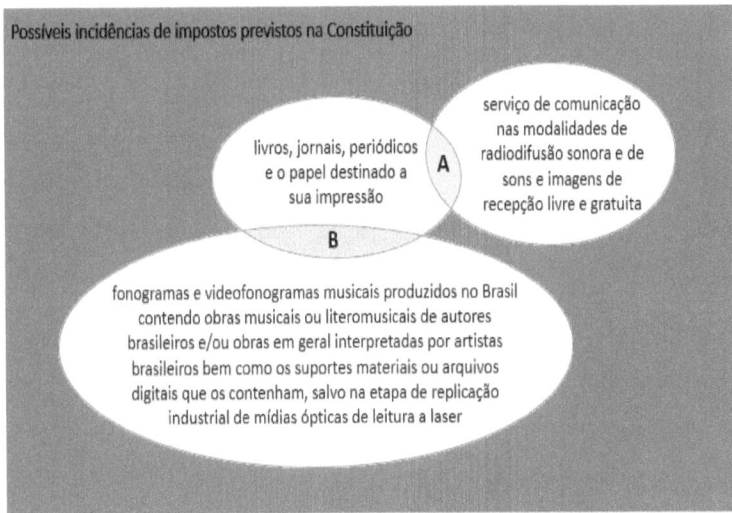

Haveria uma sobreposição de imunidades na hipótese **A** do quadro acima, quando tratássemos da divulgação de ideias e textos por meios eletrônicos de livre acesso, se considerarmos que, nesse caso, estaríamos diante de uma difusão de imagens de recepção livre e gratuita?

Lembremo-nos que, de acordo com o precedente do Tribunal de Justiça do Estado de São Paulo, na Apelação Cível com Revisão nº 636.044-5/1-00[104], a sua 10ª Câmara de Direito Público considerou ser imune ao ICMS a veiculação de publicidade pela *internet*, por considerá-la acobertada pela norma do artigo 155, § 2º, inc. X, alínea "d".

Ora, sendo essa publicidade veiculada por meio de textos ou imagens, não seria também o caso de considerá-la imune com base na norma do artigo 150, inc. VI, alínea "c", na medida em que teríamos aí a difusão de mensagens e ideias, ainda que sem um suporte físico tangível? Lembrando ainda que, conforme dito pelo Supremo no seu precedente sobre álbuns de figurinhas, *"o Constituinte, ao instituir essa benesse, não fez ressalvas quanto ao valor artístico ou didático, à relevância das informações divulgadas ou à qualidade cultural de uma publicação"*.

A nosso ver, parece que a resposta é afirmativa. Tanto é assim que, na redação do item 1.09 da lista de serviços anexa à Lei Complementar nº 116/2003, dada pela Lei Complementar nº 157/2016, consignou-se a possibilidade de tributação da *"disponibilização, sem cessão definitiva, de conteúdos de áudio, vídeo, imagem e texto por meio da internet, <u>respeitada</u> a imunidade de livros, jornais e periódicos"* (grifamos).

Já no caso da zona de intersecção **B** do quadro acima, a própria referência às obras "literomusicais", feita no artigo 150, inc.

IV, alínea "d", permite ver que a proteção à divulgação de textos e ideias está duplamente assegurada.

Assim sendo, ainda que determinada obra dessa natureza (literomusical) esteja corporificada em mídia óptica de leitura a laser, o que não lhe daria direito à imunidade pela alínea "d", ela estaria livre de impostos pela regra da alínea "c", na medida em que, como já se viu, a tese firmada pelo Supremo Tribunal Federal, no tema nº 593, assegura a *"imunidade tributária de livro eletrônico (e-book) gravado em CD-ROM".*

Passando às imunidades do artigo 150, inc. VI, alíneas "a" a "c", a primeira questão relevante é saber, encarando-as como **imunidades subjetivas**, até que ponto elas são capazes de afastar a incidência dos chamados impostos indiretos, em especial do ICMS e do ISS.

De início, o Supremo Tribunal manifestou entendimento no sentido de que, no caso de importações de mercadorias por entidades imunes, o ICMS não poderia ser exigido, uma vez que, nessa situação, *"o contribuinte por excelência do tributo é o importador (que tende a ser o adquirente da mercadoria) e não o vendedor. Há confusão entre as figuras do contribuinte de direito e do contribuinte de fato"*[105].

A partir disso, consolidou a sua jurisprudência no tema nº 342, dos recursos extraordinários com repercussão geral, deliberando que *"a imunidade tributária subjetiva aplica-se a seus beneficiários na posição de contribuinte de direito, mas não na de simples contribuintes de fato, sendo irrelevante para a verificação da existência do beneplácito constitucional a repercussão econômica do tributo envolvido"*[106].

Observe-se que, ainda quando a entidade imune seja chamada a recolher o ICMS sobre determinada operação, mas na condição de substituta tributária – ou seja, fazendo-o em nome de um terceiro, terceiro este contribuinte do imposto – não haverá a proteção da garantia constitucional, pois *"a eleição da entidade como sujeito passivo indireto não avança sobre qualquer das áreas constitucionalmente resguardadas pela Constituição contra a tributação, na medida em que o tributo incidirá sobre operações alheias e sujeitará diretamente pessoas estranhas à entidade beneficiada"*[107].

Na situação contrária, no entanto, quando a entidade for substituída tributária em determinada cadeia de circulação de mercadoria, daí então caberá a ela o direito a restituir o ICMS indevidamente antecipado por substituição, o que é normalmente previsto nas legislações estaduais[108].

Portanto, a imunidade atingirá a entidade e terá reflexos para afastar a incidência do ICMS e do ISS sempre e quando for essa entidade o próprio contribuinte (sujeito passivo direto) desse imposto e, evidentemente, desde que não haja desvio de finalidade por parte da entidade imune, o que deve ser comprovado pelo Fisco[109].

2.2 – Imunidade recíproca e exclusão da exploração de atividade econômica

O artigo 150, inc. VI, alínea "a", da Constituição, dispõe ser vedado à União, aos Estados, ao Distrito Federal e aos Municípios, instituir impostos sobre *"patrimônio, renda ou serviços, uns dos outros"*. Segundo o § 2º desse artigo, a imunidade estende-se às *"autarquias e às fundações instituídas e mantidas pelo Poder Público, no que se refere ao patrimônio, à renda e aos serviços, vinculados a suas atividades essenciais ou às delas decorrentes".*

Esclarece ainda o texto constitucional, no § 3º do mesmo artigo 150, que a imunidade não se aplica ao "patrimônio, à renda e aos serviços, relacionados com exploração de atividades econômicas regidas pelas normas aplicáveis a empreendimentos privados, ou em que haja contraprestação ou pagamento de preços ou tarifas pelo usuário, nem exonera o promitente comprador da obrigação de pagar imposto relativamente ao bem imóvel".

Apesar da clareza dessas regras, o Supremo Tribunal Federal criou uma questionável elasticidade na sua jurisprudência atual, no que se refere à aplicação da imunidade recíproca à empresa pública que, segundo a sua visão, realizaria serviço público constitucionalmente monopolizado pela União.

Com efeito, analisando casos concretos envolvendo a Empresa Brasileira de Correios e Telégrafos (ECT), o STF fixou três teses bastante ampliativas, em sede de repercussão geral, entendendo: **(i)** no tema nº 235, que a ECT deve gozar da imunidade recíproca do artigo 150, inc. VI, alínea "a", mesmo em relação aos serviços que não presta em regime de monopólio; **(ii)** no tema nº 402, que a ECT não deve recolher ICMS sobre o serviço de transporte de encomendas; e **(iii)** no tema nº 644, que a mesma empresa não deve recolher IPTU sobre imóveis de sua propriedade e por ela utilizados, ainda que em outras atividades econômicas que não a postal.

Todos esses precedentes, a nosso ver, frustram o comando do § 3º acima, segundo o qual a imunidade recíproca não deve alcançar patrimônio, renda e serviços relacionados à exploração de atividades econômicas regidas pelas normas aplicáveis a empreendimentos privados, até mesmo porque, de acordo com outra norma da Constituição – artigo 173, § 1º, inc. II – as empresas públicas, sociedades de economia mista e suas subsidiárias devem sujeitar-se ao *"regime jurídico próprio das empresas privadas, inclusive quanto aos direitos e obrigações civis, comerciais, trabalhistas e **tributários**"* (g.n.). E para que não pudesse pairar qualquer tipo de dúvida, o § 2º do mesmo artigo 173 reiterou que *"as empresas públicas e as sociedades de economia mista não poderão gozar de privilégios **fiscais** não extensivos às do setor privado"* (g.n.).

Como compreender, diante dessas regras, o caminho tomado pelo Supremo Tribunal Federal para se perder nas teses firmadas nos temas nºs 235, 402 e 644 acima?

Em primeiro lugar, é essencial examinar a decisão tomada pela Corte na ação de descumprimento de preceito fundamental (ADPF) nº 46, quando discutiu o artigo 9º, da Lei nº 6.538/78, que atribuiu monopólio à União para explorar o serviço postal, bem como o artigo 42, da mesma lei, prevendo sanção para quem coletasse, transportasse, transmitisse ou distribuísse objetos de qualquer natureza sujeitos ao monopólio da União, ainda que pagas as tarifas postais ou de telegramas.

Estavam aí envolvidos os interesses diretos da Associação Brasileira de Empresas de Distribuição, que na ação se opunha à ECT, com a participação dos interessados, o Sindicato Nacional das Empresas de Encomendas Expressas e a Associação Brasileira de Empresas de Transporte Internacional.

Nesse julgamento, o Supremo Tribunal Federal concluiu que o serviço postal teria natureza de serviço público[110], em razão de o artigo 21, inc. X, da Constituição Federal, dizer que cabe à União "manter" esse serviço; e que isso compreenderia apenas o transporte de cartas, cartões postais e correspondências agrupadas. Destacou que, dado o seu regime de monopólio, tal atividade se diferenciaria inclusive dos serviços de saúde e educação, os quais, embora públicos, podem ser realizados pela iniciativa privada, conforme autorizado pela própria Constituição nos seus artigos 199 e 209.

A partir do julgamento do tema nº 235, o Supremo começou a esterçar ainda mais a corda, ampliando a imunidade recíproca para toda e qualquer atividade exercida pela ECT, entendendo que essa empresa pública realizaria essas outras atividades em caráter "servil" ao serviço postal. Que a extensão da imunidade a esses outros serviços teria a natureza de um verdadeiro "subsídio cruzado"[111], necessário para permitir à ECT "manter" os serviços postais[112].

Passou a reconhecer a imunidade aos serviços de transporte de encomendas, colocando a ECT em desigualdade de condições com todas as demais empresas de transporte do País[113]. Estendeu a imunidade aos imóveis utilizados nas atividades postais ou em quaisquer outros serviços, o que também parece ser um privilégio que pode frustrar aquelas normas dos artigos 150, §§ 2º e 3º acima.

Tal complacência do Supremo Tribunal Federal para com a ECT chama a atenção para os conceitos que Eros Roberto Grau muito bem apresenta, em seu *A Ordem Econômica na Constituição de 1988 (interpretação e crítica)*[114], a respeito da extensão dos conceitos de atividade econômica e de serviço público.

Segundo o ex-Ministro do Supremo, o conceito de atividade econômica em sentido estrito é dado de maneira negativa, abrangendo tudo aquilo que não for atividade ilícita e não for serviço público.

Observa, no entanto, que quando o Estado exerce uma atividade econômica em função de um imperativo de segurança nacional ou para atender a um relevante interesse coletivo, isto não quer dizer que está prestando um serviço público, mas sim realizando uma atividade econômica em sentido estrito.

O Estado estaria prestando serviço público, propriamente dito, somente quando o exercício de uma atividade fosse necessária ao acatamento de um interesse social. Nesse sentido, teríamos então os serviços públicos privativos, ou seja, aqueles cuja prestação seria reservada ao Estado, ainda que admitida a possibilidade de particulares o desenvolverem em regime de concessão ou permissão; e os serviços públicos não privativos, isto é, aqueles cuja prestação pelo setor privado poderia ser realizada independentemente de concessão, permissão ou autorização, como seria o caso dos serviços de saúde e educação, já referidos acima.

Esses conceitos são relevantes para que, diante das premissas firmadas pelo Supremo Tribunal Federal nos temas nº 235, 402 e 644, fique claro até onde a imunidade recíproca amplamente reconhecida em favor da ECT poderá levar.

Com efeito, afim de manter coerência com os precedentes da ECT, o Supremo deverá decidir, no tema nº 412, a imunidade recíproca em benefício da Empresa Brasileira de Infraestrutura Aeroportuária (Infraero), em razão de ela também explorar, nos termos do artigo 21, inc. XII, alínea "c", da Constituição, a navegação aérea, aeroespacial e a infraestrutura aeroportuária.

Já decidiu a Suprema Corte, aliás, que, no caso da Casa da Moeda do Brasil[115], a imunidade recíproca se lhe aplica em razão de exercer serviços públicos previstos no artigo 21, inc. VII, assim ficando livre de impostos não apenas sobre a emissão de moeda, mas também em relação à fabricação de fichas telefônicas e à impressão de selos postais.

Por coerência, novamente, deveria rever as suas decisões em que reconheceu a imunidade recíproca aplicável à Ordem dos Advogados do Brasil, por entender que desempenha atividade própria de Estado (defesa da Constituição, da ordem jurídica, do Estado Democrático de Direito, dos direitos humanos, da justiça social, bem como a seleção e o controle disciplinar dos advogados), mas restringindo a imunidade apenas às atividades relacionadas com as finalidades essenciais de tal entidade[116]. Ora, por que não ampliá-la do mesmo modo como feito com a ECT?

Deverá o Supremo ampliar o reconhecimento da imunidade tributária das casas lotéricas, na medida em que, no seu entendimento já manifestado em ao menos um precedente[117], *"não há dúvidas de que a exploração de loterias é serviço público"*.

Se a exploração da loteria é serviço público, o mesmo se deveria reconhecer em relação a outras atividades semelhantes, como o turfe, por exemplo, cuja exploração se dá exclusivamente mediante contrato de agência e de acordo com carta patente emitida nos termos da Lei nº 7.291/84.

Em suma, dentre outros tantos exemplos que se pode aqui referir, deveria o Supremo reconhecer a imunidade das empresas prestadoras de serviço de transporte municipal (individual ou coletivo), na medida em que, a depender do que dispuser a lei orgânica municipal respectiva[118], essa atividade terá natureza de serviço público, ainda que podendo ser exercido por particulares em regime de concessão, permissão ou outras formas de contratação.

Curioso observar que, não obstante tamanha ampliação das imunidades recíprocas, a jurisprudência do Supremo retrocede apenas quando, no julgamento do tema nº 437, afirma que *"incide o IPTU considerado imóvel de pessoa jurídica de direito público cedido a pessoa jurídica de direito privado, devedora do tributo"*[119]. Nesse caso, muito embora a situação do particular devedor de tributo em nada tivesse que ver com o "patrimônio" da entidade de direito público imune, segundo o artigo 150, inc. VI, alínea "a", a aplicação da regra constitucional é limitada sob o argumento de que a extensão da imunidade recíproca poderia violar o princípio da livre concorrência[120-121]. Difícil encontrar coerência teórica com os demais julgados sobre o tema, *data máxima venia*.

2.3 – Isenções tributárias e isenções heterônomas. Isenções concedidas pela União

Conforme já referido no tópico **1.1.3** acima, quando a isenção tributária é instituída de maneira não geral, o legislador precisa ficar atento ao princípio da isonomia tributária, não podendo criar discriminações vedadas pela Constituição[122], tampouco tratamentos distintos que, embora tomem por referência situações dessemelhantes e um fator de discriminação em primeiro autorizado pela mesma Constituição, não observam uma *"correlação lógica"* entre eles[123].

Como derivação do postulado da igualdade, a Constituição assegura, no seu artigo 151, inc. I, que apenas a União poderá discriminar a sua tributação, por região do território nacional, se for para promover o equilíbrio do desenvolvimento socioeconômico entre as diferentes regiões do País.

Já os Estados, o Distrito Federal e os Municípios, de acordo com o artigo 151, não podem fixar qualquer tipo de diferença tributária entre bens e serviços, de qualquer natureza, em razão da sua procedência ou destino.

Tais dispositivos constitucionais cuidam do chamado princípio da uniformidade da tributação, que busca dar equilíbrio à Federação e reduzir os conflitos tributários internos, assegurando apenas ao governo central um mínimo de discricionariedade para, somente na hipótese do artigo 151, inc. I, criar eventuais incentivos ou discriminações para estimular ou desestimular certas atividades econômicas regionais (mas sempre utilizando tributos de competência da própria União)[124].

Diferentemente disso, a Constituição anterior desenhava o pacto federativo de outra forma, autorizando explicitamente as chamadas "isenções heterônomas"[125], isto é, consignando no seu artigo 19, § 2º, que *"a União, mediante lei complementar e atendendo a relevante interêsse social ou econômico nacional, poderá conceder isenções de impostos estaduais e municipais".*

No contexto da Carta atual, isso não é mais possível, pois passou a constar expressamente do artigo 151, inc. III, ser vedado à União *"instituir isenções de tributos da competência dos Estados, do Distrito Federal ou dos Municípios".*

Apesar disso, deve-se respeitar que o Presidente da República, na condição de representante do Estado Brasileiro[126], tem o poder de firmar acordos e tratados internacionais (artigo 84, inc. VIII) que, indiretamente, são capazes de interferir em políticas fiscais de todos os entes da Federação, incluindo os Estados, Distrito Federal e Municípios. Afinal, conforme artigos 21, inc. I, e 22, inc. VIII, da

Constituição, compete à União manter relações com Estados estrangeiros e participar de organizações internacionais, bem como legislar sobre comércio exterior e interestadual.

Dessa forma, a principal interferência que tais acordos e tratados acabam por criar diz respeito à regra de não-discriminação tributária e ao princípio da nação mais favorecida. Segundo aquela regra, um produto ou serviço proveniente de um país signatário do acordo comercial devem ter o mesmo tratamento tributário aplicável ao produto similar nacional[127]. De acordo com o princípio da nação mais favorecida, qualquer vantagem, favor, imunidade ou privilégio concedido a um produto originado ou destinado a qualquer outro país, deve ser imediata e incondicionalmente estendido ao produto similar, originado ou destinado de país signatário do acordo comercial prevendo esse tipo de cláusula[128].

Com base nesses princípios, a jurisprudência dos Tribunais Superiores já editou três súmulas consagrando o respeito a esses acordos internacionais, sem que isso represente autorização à concessão de isenções heterônomas. Tratou-se apenas da extensão, ao produto de origem importada, da mesma isenção fiscal instituída pela legislação interna para o produto nacional idêntico ou similar. Vejam: **(i)** súmula nº 575/STF - mercadoria importada de país signatário do GATT ou membro da ALALC, estende-se a isenção do imposto de circulação de mercadorias concedida a similar nacional; **(ii)** súmula nº 20/STJ - a mercadoria importada de país signatário do GATT é isenta do ICM, quando contemplado com esse favor o similar nacional; e **(iii)** súmula nº 71/STJ - o bacalhau importado de país signatário do GATT é isento do ICMS[129].

A questão encontra-se tão consolidada que, inclusive no âmbito da administração fazendária, não gera mais tanta controvérsia, havendo julgados administrativos[130] e soluções de consulta da Secretaria da Fazenda do Estado de São Paulo[131] reconhecendo a extensão da isenção de ICMS para mercadorias "de origem nacional", destinadas à Zona Franca de Manaus, também para produtos do Mercosul e de países signatários do GATT.

2.4 – Desonerações do ICMS e a não-cumulatividade

Chegando, finalmente, ao último tema da apresentação, vale citar uma frase do Min. Marco Aurélio, durante o julgamento do Recurso Extraordinário n° 174.478-2-SP[132]: *"O Direito é ciência e, como tal, os institutos, as expressões e os vocábulos têm sentido próprio".*

Apesar desse importante alerta, a decisão proferida no caso, ignorou o "sentido próprio" dos vocábulos e as "categorias técnicas" da tributação, instaurando jurisprudência segundo a qual, para fins de aplicação do princípio constitucional da não-cumulatividade relativo ao ICMS, a figura da redução de base de cálculo do imposto equivale a uma isenção parcial e, sendo assim, deve obrigar o contribuinte ao estorno proporcional do crédito do imposto advindo das operações e prestações anteriores.

De acordo com o artigo 155, § 2°, inc. I, da Constituição, o ICMS é não-cumulativo, "compensando-se o que for devido em cada operação relativa à circulação de mercadorias ou prestação de serviços com o montante cobrado nas anteriores pelo mesmo ou outro Estado ou pelo Distrito Federal". Para esse fim, o inciso II estabelece que, no caso de "isenção ou não-incidência" e "salvo determinação em contrário da legislação", não haverá crédito do imposto para compensação com o montante devido nas operações ou prestações seguintes ou haverá a obrigatória anulação do crédito relativo à operações anteriores.

Ou seja, o Constituinte foi claro em dizer que, no caso da ocorrência de "isenção" ou "não-incidência", a operação ou prestação anterior não gera crédito (afinal, não foi sequer onerada pelo ICMS). E, se a "isenção" ou "não-incidência" recaírem sobre a operação ou prestação posterior, isso obrigará o contribuinte a anular o crédito de ICMS relativo às correspondentes operações anteriores.

Apesar da referência constitucional às "categorias técnicas" da isenção e da não-incidência – que, como vimos no início desta exposição, possuem conteúdos próprios e encontram-se sujeitas a regimes jurídicos distintos – o Supremo Tribunal Federal fez tábua rasa da regra constitucional e passou a exigir, quando a operação subsequente estivesse sujeita a redução de base de cálculo, que o contribuinte estornasse proporcionalmente o crédito da operação anterior[133].

Posteriormente, passou a aplicar esse entendimento também para as operações subsequentes sujeitas a redução de alíquota[134], exigindo o estorno do crédito quando a saída de uma mercadoria ocorresse com alíquota interior à da entrada[135]. E, finalmente, exigindo o estorno quando o preço de saída da mercadoria for inferior ao de entrada[136], o que nos parece ser muito distante do sentido próprio das expressões e dos vocábulos empregados no artigo 155, § 2º, inc. II, da Constituição.

Portanto, em matéria de aplicação da não-cumulatividade, verifica-se grave descuido, por parte do Supremo Tribunal Federal, com relação ao conteúdo de cada "categoria técnica", o que deveria ser revisto, para se manter um mínimo de coerência sistêmica e autorizar as Unidades da Federação a, mediante favores legais distintos da "isenção" e da "não-incidência", desonerarem fatos e pessoas sem prejuízo à manutenção de créditos do imposto.

A TRIBUTAÇÃO INDIRETA DA DISPONIBILIZAÇÃO DE FILMES, VÍDEOS E MÚSICAS VIA "STREAMING ON DEMAND"

Fábio Piovesan Bozza[137]
Cristiano Frederico Ruschmann[138]

1. Introdução

Para quem, porventura, ainda não se atentou, um alerta: vivemos em plena revolução industrial. Dizem que já é a quarta, sendo a principal característica dessa espécie a interação entre as dimensões física, digital e biológica[139].

Ondas inovadoras têm sido observadas em diversas áreas. Do sequenciamento genético à nanotecnologia. Das economias de compartilhamento (plataformas digitais de trocas entre particulares) às finanças cibernéticas (criptomoedas e novas técnicas de registro, como o "blockchain"). Da conectividade dos aparelhos e entre aparelhos (internet das coisas) às redes sociais. Do gerenciamento de informações ("big data") à inteligência artificial (veículos sem condutores humanos, softwares inteligentes de assistência pessoal e profissional).

Tais inovações tecnológicas, além de acontecerem muito rapidamente, não se limitam a melhorar os produtos e serviços existentes. Possuem o propalado caráter *disruptivo*, pois realizam profundas mudanças socioeconômicas ao alcançar novos mercados, alterando as regras de competição vigentes[140].

A tecnologia constitui fator primordial para melhoria dos níveis de produtividade, qualidade, preço e acessibilidade. A economia digital tem se destacado por promover: (i) a desintermediação das cadeias de negócios, privilegiando a queda dos custos de transação e a interação horizontal nas relações entre produtor, fornecedor e consumidor; (ii) a virtualização das operações, substituindo o registro em papel; (iii) a capacidade intelectual, inventiva e cognitiva como fator de agregação de valor a produtos e serviços; (iv) a irrelevâncias das distâncias; (v) a velocidade das mudanças; (vi) o aumento da customização de produtos e serviços para atender às necessidades individuais dos consumidores[141].

Nesse cenário tecnológico-revolucionário, o mercado do entretenimento também restou afetado. Plataformas digitais foram criadas com o objetivo de possibilitar o acesso rápido, econômico e abrangente a conteúdos audiovisuais. Tal circunstância impulsionou o surgimento de uma cultura sob demanda, que atrai um público cada vez mais remoto, o qual procura se relacionar com o conteúdo de uma maneira personalizada, livre das amarras de uma programação pré-determinada por terceiros[142].

O presente artigo almeja analisar o comportamento dos entes estatais brasileiros, sob a perspectiva dos tributos indiretos – considerando, especificamente, o campo de incidência do ICMS e do ISS – em relação à atividade de acesso temporário e oneroso a filmes, vídeos e músicas por meio das plataformas digitais de "streaming on demand".

Nosso principal objetivo não é determinar qual o imposto afinal incidente, acaso incidente. As diversas variáveis inseridas no sistema tributário brasileiro pela legislação, pela jurisprudência e pelas manifestações dos diversos Fiscos envolvidos tornaram tal tarefa árdua, exigindo estudos mais aprofundados. É preferível realizar um diagnóstico do cenário vigente e investigar os motivos que conduziram ao atual estágio, mediante exame da evolução legislativa, doutrinária e jurisprudencial a respeito.

2. Conceito de "streaming"

Na língua inglesa, a palavra "stream" significa córrego ou riacho e, por isso, o termo "streaming" remete à ideia de fluxo.

No âmbito tecnológico, o "streaming" refere-se ao fluxo de dados, normalmente de arquivos multimídia, que são transmitidos instantaneamente, o qual possibilita assistir a filmes ou escutar música sem a necessidade de fazer o "download" de todo o conteúdo na máquina do usuário.

Graças ao desenvolvimento das bandas largas de alta velocidade, os serviços de "streaming" têm sido acessados por meio da internet. Os serviços que utilizam a internet como plataforma para a entrega de conteúdo são conhecidos como serviços "over the top" ou simplesmente OTT[143], porque visualmente seu decodificador tem a aparência de uma caixinha e fica quase sempre em cima dos televisores[144].

Essa configuração exclui a mediação jurídica da operadora de telecomunicação ou do provedor de internet na transação, de forma que o consumidor, na maioria dos casos, contrata diretamente a empresa fornecedora do serviço. Importante também esclarecer que a operadora de telecomunicação e o provedor de internet podem ter conhecimento do conteúdo dos pacotes transmitidos, mas não são responsáveis por eles, tampouco podem controlar as questões atinentes aos direitos autorais de uso e de distribuição do conteúdo.

Os filmes, os vídeos e as músicas são propriedades intelectuais protegidas pela Lei n° 9.610/98. Os direitos patrimoniais podem ser livremente cedidos ou licenciados a terceiros, para uso ou exploração comercial, abarcando a inclusão em base de dados, o armazenamento em computador, a microfilmagem e as demais formas de arquivamento do gênero (art. 29, inc. IX) ou quaisquer outras modalidades de utilização existentes ou que venham a ser inventadas (art. 20, X). Via de regra, os direitos autorais sobre as mídias não pertencem à empresa de "streaming", embora ela deva possuir a licença para explorar economicamente tais direitos.

Os arquivos de mídia costumam ser altamente comprimidos, com o objetivo de utilizar o mínimo de banda de internet possível, e armazenados temporariamente na máquina do usuário, a fim de evitar interrupções durante sua execução ("buffering"), sendo exibidos em velocidade quase instantânea. É possível controlar a exibição, pausando, avançando ou retrocedendo o vídeo ou a música.

Ou seja, embora na tecnologia "streaming" também haja uma parcela de "download", o conteúdo transferido serve apenas para ser remontado, convertido em som ou imagem e consumido no mesmo instante. Posteriormente, nenhum dado recebido no aparelho lá permanecerá em caráter definitivo, uma vez que, à semelhança dos sinais recebidos por um aparelho televisor ou de rádio, não há armazenamento de mídia na unidade física[145].

O fornecimento de conteúdo via "streaming" tem permitido o acesso por aqueles que não possuem espaço ou equipamento necessário para realizar o "download" de arquivos grandes em multimídia rapidamente.

Como regra, essas funcionalidades tecnológicas dependem de prévio licenciamento de programas de computador ("apps") que permitem aos consumidores personalizarem seus conteúdos e, a partir de seus perfis e preferências, receberem indicações da própria empresa de "streaming" ou até mesmo de outros usuários via redes sociais.

O mercado multimídia sob demanda possui distintos modelos de negócio, abrangendo o acesso gratuito pelo usuário (sendo a empresa de "streaming" remunerada em razão da veiculação de publicidade nos "apps"[146]), a assinatura mensal sem limitação a acesso de conteúdo e o pagamento por conteúdo individualmente acessado.

A cada dia, novas funcionalidades são acrescentadas a esta tecnologia, a exemplo dos sistemas de ensino à distância, fazendo com que o "streaming" não se restrinja ao entretenimento das pessoas.

3. Alcance das expressões utilizadas pela Constituição Federal para definir competência tributária[147]

A Constituição Federal de 1988, além de estabelecer quais tributos cada ente federativo é capaz de instituir, também determina, para a maioria dos casos, os limites do próprio conteúdo material da hipótese de incidência do tributo a ser criado por lei (p. ex. incidência sobre renda, sobre circulação de mercadoria, sobre serviços de qualquer natureza). Ou seja, prescreve qual signo presuntivo de riqueza será passível de oneração.

Nessa tarefa, é comum à norma tributária fazer referência a expressões de Direito Privado no momento de compor a hipótese de incidência, com o objetivo de delimitar os fenômenos que ensejam a constituição da relação jurídica tributária.

Quando é feita remissão a algum termo que, porventura, também esteja previsto na legislação privada, mas o legislador infraconstitucional acaba por redefini-lo expressamente, dando-lhe outra conceituação ou mesmo alargando ou limitando o seu alcance, o que vale, para efeitos fiscais, é justamente a definição dada pela legislação tributária.

Como exemplo, cite-se o caso da Cofins, declarada constitucional pelo STF na Ação Declaratória de Constitucionalidade – ADC nº 1, em que o conceito tributário era mais abrangente do que o conceito do Direito Privado. Enquanto a legislação tributária determinava que a mencionada contribuição "incidirá sobre o faturamento mensal, assim considerado a receita bruta das vendas de mercadorias, de mercadorias e serviços e de serviço de qualquer natureza" (art. 2º da Lei Complementar nº 70/91), a legislação comercial sobre duplicatas concebia o faturamento como sendo expressão das vendas mercantis a prazo (art. 1º da Lei nº 187/36).

Mas, quando o legislador tributário emprega expressões consagradas no Direito Privado, sem efetuar qualquer ressalva a respeito dele, costuma-se indagar se haveria ou não obrigatoriedade de tais expressões serem interpretadas de maneira uniforme pelo Direito Privado e pelo Direito Tributário. Ou ainda, se haveria ou não a recepção implícita de conceitos e institutos do Direito Privado sempre que a lei tributária os mencionar, de modo a se referir às mesmas situações de fato consideradas na seara privada[148].

Diferentemente de outros países[149], o direito positivo brasileiro não é categórico a esse respeito. Por isso, essa questão tornou-se emblemática, espraiando-se pela doutrina até alcançar as decisões dos tribunais, como se verá mais adiante.

Para Humberto Ávila, sempre que a legislação tributária aludir a um termo conceituado de Direito Privado, sem ressalvá-lo, só poderá haver uma referência conceitual, baseada na *consideração civil*. Quando a lei tributária menciona "salário" ou "mercadoria", ela o faz porque pretende alcançar a carga semântica dessas expressões, de acordo com o ramo de Direito que as consagrou[150]. No mesmo sentido, Alfredo Augusto Becker[151].

Já Luis Eduardo Schoueri defende, com fundamento na *consideração econômica*, que o fato de o legislador tributário utilizar certa expressão conhecida do Direito Privado, sem fazer qualquer ressalva, não o vincula, obrigatoriamente, ao conteúdo daquele instituto jurídico conforme o outro ramo de Direito. Isso porque uma mesma locução pode ter significado diverso, conforme o *contexto* em que se insira[152]. No mesmo sentido, Ezio Vanoni[153].

No embate entre *consideração civil* e *consideração econômica* de expressões homônimas a institutos, conceitos e formas de Direito Privado que são utilizadas pelo Direito Tributário, a jurisprudência brasileira tem se notabilizado por abrigar a primeira e por recusar a aplicação da segunda.

Os seguintes casos, emanados do STF, ilustram esta afirmação: (i) a proibição da cobrança de ITBI na hipótese de aquisição da propriedade por usucapião (RE nº 94.580, de 1984); (ii) a não-incidência da contribuição previdenciária sobre as remunerações pagas a administradores, avulsos ou autônomos, dada a impossibilidade de equiparação ao conceito de "salário" constante da legislação trabalhista (RE n° 166.772, de 1994); (iii) os conceitos de "mercadoria" e de "estabelecimento" constantes do Código Comercial para impedir a cobrança de ICMS sobre importação de bens por pessoa física (RE n° 203.075, de 1998); e (iv) a inconstitucionalidade da cobrança de ISS sobre a locação de bens móveis, prevalecendo a noção civilista de "serviço" (RE n° 116.121, de 2000 e Súmula Vinculante STF n° 31)[154].

Todavia, posteriormente à prolação desses precedentes, é possível observar uma tendência em sentido contrário, a qual privilegia a consideração econômica na interpretação de leis tributárias que utilizam expressões homônimas a institutos, conceitos e formas de Direito Privado.

Essa disposição da jurisprudência pode ser verificada nos seguintes casos: (i) a noção de "serviço" como utilidade econômica empregada, anda que não manifestamente, pelo STF para referendar a cobrança do ISS sobre as operações de arrendamento mercantil ("leasing") financeiro (RE n° 547.245 e 592.905, de 2009) e sobre valores cobrados pelas operadoras de planos de saúde e de seguro-saúde (RE n° 651.703, de 2016); (ii) o conceito de "mercadoria", outrora correspondente a bem corpóreo (RE n° 176.626, de 1998, e RE n° 199.464, de 1999), começa a ser revisado, no momento em que o STF inicia o exame da constitucionalidade da cobrança de ICMS sobre o licenciamento de software, via download (bem incorpóreo) (Medida Cautelar na ADI n° 1.945, de 2010).

De todo modo, o fato de a legislação tributária ter utilizado uma expressão consagrada por outro ramo jurídico, sem expressamente alterar a sua definição – e possuindo a prerrogativa legislativa para tanto –, constitui circunstância que, a nosso ver, não pode ser desprezada pelo intérprete.

Por essa razão, entendemos que, como regra, o sentido que deverá prevalecer é aquele constante da legislação privada. A exceção fica por conta de o contexto legislativo, em que a referida expressão tiver sido empregada, impor conclusão incontestavelmente diferente.

Mas isso não é tudo. Ainda que superada a questão envolvendo o alcance das expressões utilizadas pela norma tributária para definir competência de um determinado ente federativo – o que, em última instância, depende do pronunciamento do STF – pode ocorrer conflito entre os entes federativos sobre a natureza jurídica do fato sujeito à tributação, tal e como expressamente reconhecido pelo art. 146, inc. I, da Constituição Federal, ao dispor sobre as funções da lei complementar em matéria tributária[155].

Não se trata propriamente de dirimir conflito de competência, porque, em matéria de impostos, o campo impositivo estatuído pelo constituinte a cada ente federativo é caracterizado pela rigidez. Além disso, não poderia se admitir que a lei complementar, a pretexto de resolver conflito de competência, pudesse alterar substancialmente as determinações do constituinte, sem observar o devido processo legislativo das emendas constitucionais (quando cabíveis).

Trata-se sim (a) de conferir ao legislador complementar a prerrogativa de evitar invasão de competência ao explicitar, positiva e negativamente, o campo de incidência; (b) de evitar a dupla tributação econômica sobre um mesmo evento, como medida de política fiscal;

ou (c) de conferir praticabilidade à atividade tributária, especialmente nas denominadas atividades mistas.

Nesse sentido, a Lei Complementar nº 87/96 dispõe que o ICMS incidirá sobre: (i) operações relativas à circulação de mercadorias, inclusive o fornecimento de alimentação e bebidas em bares, restaurantes e estabelecimentos similares; (ii) fornecimento de mercadorias com prestação de serviços não compreendidos na competência tributária dos Municípios; e (iii) fornecimento de mercadorias com prestação de serviços sujeitos ao imposto sobre serviços, de competência dos Municípios, quando a lei complementar aplicável expressamente o sujeitar à incidência do imposto estadual.

A tributação da atividade fornecimento de filmes, vídeos e músicas pelas plataformas digitais de "streaming on demand" tangencia tanto a determinação de competência tributária do ICMS (definição de "serviço de comunicação" e de "mercadoria") e do ISS (definição de "serviços de qualquer natureza"), quanto a verificação do papel desempenhado pela lei complementar na prescrição de normas gerais em matéria tributária, especialmente a definição dos fatos geradores dos impostos em questão, bem como na solução de conflitos de competência.

Neste sentido, cabe ressaltar o entendimento do Min. Luiz Fux acerca do papel da Lei Complementar nº 116/2013 como fonte de segurança jurídica, a fim de dirimir conflitos de competência, conforme voto proferido no STF em precedente relativo à incidência de ISS sobre valores cobrados pelas operadoras de planos de saúde e de seguro-saúde (RE nº 651.703, de 2016).

Tendo-se em vista tais antecedentes, o conflito entre ICMS e ISS parece ser iminente. Na verdade, ele já se estabeleceu, conforme apontamos na sequência, trazendo consigo grande insegurança jurídica.

4. ICMS sobre a prestação de serviço de comunicação

A determinação do conceito de "prestação de serviço de comunicação", para fins de incidência do ICMS, é um dos mais difíceis e controvertidos do ordenamento brasileiro. As definições constantes das principais normas são insuficientes para, por si só, delimitar os contornos da competência tributária outorgada aos Estados e ao Distrito Federal, exigindo aprofundamento hermenêutico.

O texto constitucional cinge-se a atribuir competência tributária sobre a prestação de serviços de comunicação, excetuando as modalidades de radiodifusão sonora e de sons e imagens de recepção livre e gratuita (art. 155, inc. II e §2º, inc. X, "d", com as alterações da EC 42/2003). A Lei Complementar nº 87/96, teoricamente responsável por definir com mais precisão a competência outorgada, apenas estabelece a incidência do ICMS sobre *"as prestações onerosas de serviços de comunicação, por qualquer meio, inclusive a geração, a emissão, a recepção, a transmissão, a retransmissão, a repetição e a ampliação de comunicação de qualquer natureza"*. No fundo, não define o que vem a ser a prestação do serviço de comunicação, limitando-se a exemplificar os meios pelos quais a comunicação pode ocorrer[156].

Para que ocorra comunicação é necessário um emissor, um receptor e uma mensagem. As principais dúvidas referem-se (i) à necessidade ou não de o receptor ser determinado e (ii) ao fluxo da mensagem ser obrigatoriamente bilateral ou facultativamente unilateral.

Doutrina abalizada defende um conceito de comunicação que envolve uma relação bilateral remunerada, por meio da qual um terceiro fornece os meios e os modos necessários para que emissor e destinatário determinados troquem mensagens. Ademais, a mensagem a ser transmitida deve ser de terceiros, e não própria. Distingue-se, portanto, o serviço de comunicação do serviço de radiodifusão[157].

Ainda assim, a conceituação doutrinária acima aludida não é unívoca, havendo matizes, em maior ou menor extensão. Por exemplo, para Alcides Jorge Costa, as empresas de televisão por assinatura, detentoras dos meios de transmissão, não incorreriam no fato gerador do ICMS ao transmitirem conteúdo próprio ou cujos direitos autorais foram licenciados de terceiros, vez que se trata de comunicação de mensagem própria, não havendo tributação sobre autosserviço. Por outro lado, para o renomado professor, haveria incidência do imposto estadual sobre a transmissão das mensagens comerciais de terceiros, porquanto o anunciante espera que os reclames sejam recebidos por um bom número de pessoas, independentemente da determinação dos receptores[158].

Entretanto, a jurisprudência do STJ, socorrendo-se do conceito de comunicação trazido pela Lei nº 8.977/95 ("Art. 2º O Serviço de TV a Cabo é o serviço de telecomunicações que consiste na distribuição de sinais de vídeo e/ou áudio, a assinantes, mediante transporte por meios físicos"), concluiu que a transmissão da programação (própria ou licenciada de terceiros) pelas empresas de televisão por assinatura, por meio de um conjunto de equipamentos, instalações e redes, de sua propriedade ou não, viabiliza a recepção, o processamento, a geração e a distribuição aos assinantes de programação e de sinais próprios ou de terceiros, também caracteriza o fato gerador do ICMS (RESP nº 418.594, de 2005; RESP nº 1.132.695, de 2010).

Não obstante perdurem as dúvidas acima suscitadas sobre o conceito de prestação de serviço de comunicação (notadamente a exigência de o destinatário ser ou não determinado), o fato de a atividade de "streaming" não ser desempenhada mediante a utilização de via de comunicação própria constitui obstáculo intransponível à incidência do ICMS-comunicação.

Com efeito, embora os objetos dos serviços oferecidos pelas empresas de televisão por assinatura e pelas empresas de "streaming" sejam muito assemelhados (acesso temporário e oneroso a filmes, vídeos, músicas) – circunstância que demandaria tratamento tributário isonômico, não fosse a discriminação de competências pela própria Constituição Federal – o fato é que a tecnologia empregada na transmissão do conteúdo é distinta e determinante para o tipo de imposto incidente.

As empresas de "streaming", embora sejam proprietárias ou possuam as licenças para explorar economicamente os arquivos de multimídia, armazenando-os em um "site" e os colocando à disposição de seus clientes, não prestam serviço de comunicação, justamente porque não possuem os meios materiais necessários para tal desiderato.

Aliás, a disponibilização dos arquivos via "streaming" (serviço OTT) depende, primeiramente, de um serviço de valor adicionado (provedor de acesso à internet) que não está sujeito ao ICMS (Súmula STJ nº 334 – *"O ICMS não incide no serviço dos provedores de acesso à Internet"*). Por sua vez, tal serviço de valor adicionado depende de um serviço de comunicação (operadoras de telecomunicações) para alcançar os usuários, este sim submetido ao ICMS.

Diante desse cenário, conclui-se não haver espaço para a incidência do ICMS-comunicação sobre a atividade de "streaming".

5. ICMS sobre operações relativas à circulação de mercadorias

Nessa modalidade de incidência, a determinação do aspecto material do ICMS demanda exame dos termos "operação", "circulação" e "mercadoria". São conceitos interligados e complementares, que não podem ser analisados separadamente[159].

"Operação" designa o negócio jurídico mercantil.

"Circulação" representa a transferência da titularidade sobre mercadoria, assim entendidos os poderes jurídicos de disposição sobre a coisa, realizada entre duas pessoas. Materializa-se pelo fenômeno jurídico da tradição, ato jurídico de transferência da posse ou da propriedade para outrem. A circulação, portanto, marca a dinâmica do ciclo mercantil em suas diversas etapas, desde a produção até o consumo.

"Mercadoria" é bem móvel inserido no ciclo mercantil. Enquanto a coisa acha-se na disponibilidade do fabricante, que a produz, ela é chamada de "produto". Ela passa a ser "mercadoria" tão logo seja objeto de mercancia ao comerciante ou ao consumidor. Deixa de ser "mercadoria" assim que sai do ciclo mercantil, por exemplo, quando a titularidade da coisa já se encontra com o consumidor. Assim, a caracterização da coisa como mercadoria depende da natureza do promotor da operação e da destinação a ela dada pelo seu titular[160].

A mercadoria sempre foi considerada, tradicionalmente, como bem móvel *corpóreo*[161]. Na atualidade, discute-se a possibilidade de tal definição albergar também bem móvel *incorpóreo*.

Tal debate ganhou relevo no Brasil a partir da decisão do STF preferida no RE nº 176.626, de 1998, atinente à tributação das operações com programas de computador (software).

Conquanto o caso cuidasse apenas de licenciamento de direitos de uso de software e o Min. Rel. Sepúlveda Pertence tivesse, desde o início do seu voto, consignado que "o conceito de mercadoria efetivamente não inclui os bens incorpóreos, como os direitos em geral", a "ratio decidendi" do julgado balizou o tratamento tributário, a partir de então, na dicotomia criada entre "software de prateleira" e "software por encomenda". Referida classificação lastreou-se na destinação do programa de computador.

O "software de prateleira" consiste em programa bem definido, estável, concebido para desempenhar uma mesma aplicação ou função em favor de pluralidade de usuários. Circula por meio de cópia física, materializando o "corpus mechanicum" da criação intelectual do programa. É tratado como mercadoria e submete-se ao ICMS[162].

O "software por encomenda" é um produto específico, decorrente da criatividade e do desenvolvimento do esforço intelectual do programador que são realizados com o objetivo de atender às necessidades de um determinado usuário. É considerado serviço e sujeita-se ao ISS[163].

Com a evolução da tecnologia, as operações com "softwares de prateleira" começaram a ser realizadas pela internet, por meio de transferência eletrônica de dados ("download"), dispensando a intermediação do suporte físico.

Ao analisar a Medida Cautelar em ADI nº 1.945, em 2010, o STF considerou provisoriamente constitucional a lei estadual que determinava a cobrança de ICMS sobre os "softwares de prateleira" adquiridos por meio de "download", não constituindo óbice à tributação a ausência do "corpus mechanicum". O mérito dessa ação continua aguardando julgamento pelo tribunal[164].

A invocação do tratamento tributário do "software" pode parecer desconectada com o tema deste trabalho. Contudo, os seguintes fatos evidenciam a vinculação entre as matérias, sob o ponto de vista dos diversos Fiscos interessados:

(i) o Convênio ICMS nº 181/2015 autorizou diversos Estados a conceder redução de base de cálculo do ICMS, de forma que a carga tributária corresponda ao percentual de, no mínimo, 5% do valor da operação, relativo às operações com <u>softwares</u>, programas, jogos eletrônicos, aplicativos, <u>arquivos eletrônicos e congêneres</u>, padronizados, ainda que sejam ou possam ser adaptados, disponibilizados por qualquer meio, inclusive nas operações efetuadas por meio da transferência eletrônica de dados;

(ii) o Convênio ICMS nº 106/2017 igualmente dispôs sobre o tratamento com bens e mercadorias digitais, tais como <u>softwares</u>, programas, jogos eletrônicos, aplicativos, <u>arquivos eletrônicos e congêneres</u>, que sejam padronizados, ainda que tenham sido ou possam ser adaptados, comercializadas por meio de transferência eletrônica de dados observarão as disposições contidas neste convênio; a cláusula quarta considera como contribuinte do ICMS a pessoa jurídica detentora de site ou de plataforma eletrônica que realize a venda ou a disponibilização, ainda que por intermédio de pagamento periódico, de bens e mercadorias digitais mediante transferência eletrônica de dados;

(iii) previamente à alteração legislativa promovida pela Lei Complementar nº 157/2016 na lista de serviços do ISS (especialmente a introdução do item 1.09 que abarca o "streaming", transcrito a seguir), a Solução de Consulta SF/DEJUG nº 65/2012, expedida pela Prefeitura do Município de São Paulo, havia enquadrado o fornecimento de acesso imediato e ilimitado a filmes via "streaming", mediante o pagamento de um valor mensal pelo usuário, no item *"1.05 – Licenciamento ou cessão de direito de uso de programa de computador"*, da lista de serviços anexa à Lei Complementar nº 116/2003.

Ainda assim, a exigência de ICMS sobre o acesso a conteúdo multimídia via "streaming" deve ultrapassar, ao menos, quatro obstáculos para prevalecer: (a) a definição do conceito de mercadoria deve abarcar bens móveis incorpóreos (tema que aguarda definição pela Suprema Corte nas ADI nº 1.945 e 5.659); (b) a inexistência de troca de titularidade dos arquivos multimídia, havendo mero licenciamento temporário de direito de uso[165]; (c) a possibilidade de o "software" utilizado pelas empresas de "streaming" ser encarado como atividade-meio, sendo a disponibilização dos arquivos multimídia a atividade-fim[166]; e (d) o fato de a Lei Complementar nº 116/2003 considerar como serviço submetido exclusivamente à incidência do ISS, no item 1.09 da lista:

1.09 – Disponibilização, sem cessão definitiva, de conteúdos de áudio, vídeo, imagem e texto por meio da internet, respeitada a imunidade de livros, jornais e periódicos (exceto a distribuição de conteúdos pelas prestadoras de Serviço de Acesso Condicionado, de que trata a Lei no 12.485, de 12 de setembro de 2011, sujeita ao ICMS). (Incluído pela Lei Complementar nº 157, de 2016)

Sobre a evolução do conceito de mercadoria, trazemos alguns pontos para reflexão.

Entendemos que o debate que irá se estabelecer deverá enfrentar as considerações estática ou dinâmica das expressões utilizadas pela Constituição Federal para atribuir competência tributária aos entes federativos. Ou seja, o conceito de "mercadoria" ou de "serviço" pode ou não evoluir ao longo do tempo? Se sim, em que medida?

A defesa da consideração dinâmica pode ser encontrada no bojo da decisão tomada pelo STF na Medida Cautelar em ADI nº 1.945, em 2010:

O Tribunal não pode se furtar a abarcar situações novas, consequências concretas do mundo real, com base em premissas jurídicas que não são mais totalmente corretas. O apego a tais diretrizes acaba por enfraquecer o texto constitucional, pois não permite que a abertura dos dispositivos da Constituição possa se adaptar aos novos tempos, antes imprevisíveis.

A incidência do ICMS sobre energia elétrica, bem móvel incorpóreo, comprovaria a evolução do conceito de mercadoria, outrora considerado apenas como sendo bem móvel corpóreo na legislação do extinto Imposto de Vendas e Consignações – IVC (RE nº 31.737, de 1966).

Já a consideração estática, ao contrário do que muitos pensam, não estaria calcada no pensamento retrógrado ou em um texto constitucional congelado no tempo, completamente indiferente às alterações da realidade. O enfoque privilegiaria não a definição estanque de cada riqueza, mas a "ratio" utilizada pelo constituinte na distribuição das diversas competências entre os entes federativos, considerando o panorama tecnológico e o modo do consumo das riquezas naquele momento. Trata-se de olhar para as divisões do "bolo" (PIB) e não isoladamente para suas "fatias" (riqueza gerada com a circulação de mercadorias, com os serviços etc.).

Assim, a competência para tributar serviços financeiros, de interesse nacional, foi outorgada para a União Federal. A circulação de mercadorias (bem móvel corpóreo), serviços de transporte interestadual e intermunicipal e serviços de comunicação, de interesse regional, para os Estados. Os serviços de qualquer natureza, então de interesse local, para os Municípios.

Quanto à energia elétrica, nessa perspectiva estática, trata-se da confirmação da regra geral (mercadoria é bem móvel corpóreo) que necessitou de uma regra de competência própria para alcançar outra realidade (art. 155, §2º, inc. X, "b" e §3º). Ou seja, o ICMS incide sobre a circulação de mercadorias e sobre a circulação de energia elétrica.

Enfim, o mundo mudou e experimentou a globalização, reduzindo fronteiras e acirrando a guerra fiscal entre os vários Fiscos, tanto para atrair investimentos mediante incentivos fiscais, quanto para tributar as riquezas geradas pela venda de mercadorias e pela prestação de serviços.

Alterar isoladamente o conceito desses signos de riqueza fatalmente provocará um desbalanceamento da equação constitucional. Note que o problema não está em agregar uma riqueza até então inexistente na competência de um ente federativo. Está, na verdade, na possibilidade de deslocar a competência primitiva de quem já a detinha para outro ente federativo, por interpretação judicial e não por alteração constitucional. O resultado é a bitributação jurídica de mesma riqueza sem autorização legislativa.

6. ISS sobre serviços de qualquer natureza

A Constituição Federal de 1988 outorgou aos Municípios e ao Distrito Federal a competência para instituir imposto sobre serviços de qualquer natureza, definidos em lei complementar, e não compreendidos na competência do ICMS (ou seja, que não sejam serviços interestaduais e intermunicipais de transporte e serviços de comunicação).

Assim, cabe aos Municípios, mediante a edição de lei ordinária a instituição do ISS, em consonância com a lei complementar, de caráter nacional, que disciplina as normas gerais sobre fatos geradores, bases de cálculo e contribuintes e soluciona eventuais conflitos de competência.

Na atualidade, a Lei Complementar nº 116/2003 cumpre tal função ao definir os serviços de qualquer natureza passíveis de incidência pelo ISS. A definição de serviços de qualquer natureza não é conceitual, mas estipulativa ou enumerativa. Ao invés de formular um conceito abstrato, o legislador complementar preferiu este tipo de definição, que enumera aquilo que se compreende no objeto definido.

Consequência da adoção deste tipo de definição é o caráter taxativo da lista (se fosse exemplificativo, não seria uma definição)[167].

De qualquer modo, a lei complementar em comento, a pretexto de definir fatos geradores, bases de cálculo e contribuintes, ou de dirimir conflitos de competência, não pode desconsiderar a materialidade eleita pelo constituinte na distribuição de competências tributárias. Em outras palavras, não pode listar como serviço de qualquer natureza, passível de tributação pelo ISS, atividade que não seja serviço de qualquer natureza.

Vem à tona a questão relativa à definição dessa expressão, tão tormentosa na jurisprudência do STF. A discussão pode ser resumida em duas posições: a concepção econômica e a concepção civilista.

A concepção econômica diferencia a "prestação de serviço" (fornecimento do trabalho realizado por uma pessoa para outra, mediante remuneração) do "serviço" (produto da atividade humana destinado à satisfação de uma necessidade, mas que não se apresenta sob a forma de um bem material). O art. 156, inc. III da CF/88 outorga competência para instituição de imposto sobre serviços, e não imposto sobre a *prestação* de serviços. O ISS é um imposto sobre o consumo, que grava a circulação de quaisquer bens imateriais e que abrange tanto o simples fornecimento de trabalho (prestação de serviços do Direito Civil) como outras atividades (ex. locação de bens móveis, transporte, publicidade, hospedagem, diversões públicas, cessão de direitos, depósito, execução de obrigações de não fazer). Foi com o intuito de alcançar todas essas atividades que o constituinte agregou ao termo "serviços" a expressão "de qualquer natureza"[168].

A concepção civilista, por seu turno, extrai o conceito de serviço do Direito Privado. Considera-o como sendo uma obrigação de fazer, representativa de todo esforço humano desenvolvido em benefício de outra pessoa. Ou ainda, todo desempenho de atividade economicamente apreciável, sem subordinação, produtiva de utilidade para outrem, sob regime de Direito Privado, com o fito de remuneração, não compreendido na competência de outra esfera de governo[169].

A jurisprudência do STF sobre o conceito constitucional de "serviços de qualquer natureza" tem se notabilizado por alternar tais concepções.

Anteriormente ao advento da CF/88, o STF vinha encampando a concepção econômica de serviço, validando, por exemplo, a incidência de ISS sobre a locação de guindastes (RE nº 112.947, de 1987, votação unânime). Para ilustrar tal pensamento dessa fase vale transcrever o seguinte trecho do voto do Min. Oscar Correa, proferido no julgamento do RE nº 100.779, de 1984[170]:

O conceito de serviço, que impera no direito tributário, não é mais o mesmo do Direito Civil, mas o que se ampliou na interpretação econômica dos serviços, postos como meio de satisfação das necessidades imateriais, como os bens o são para as necessidades materiais. E o conceito tradicional de serviço em economia, ampliado da tradicional locação de serviços do Código Civil, que contrabalançava com a locação de coisas, e se atinha, sobretudo, à locação de trabalho – serviço pessoal do trabalhador, para abranger os serviços impessoais, que constituem hoje, o setor mais importante e mais significativo da atividade econômica.

Todavia, em 2000, por ocasião do julgamento do RE nº 116.121, a concepção civilista de serviço prevaleceu, por maioria apertada de votos. A incidência de ISS sobre a locação de guindastes foi rechaçada, com supedâneo no voto do Min. Marco Aurélio:

Em síntese, há de prevalecer a definição de cada instituto, e somente a prestação de serviços, envolvido na via direta o esforço humano, é fato gerador do tributo em comento. Prevalece a ordem natural das coisas cuja força surge insuplantável, prevalecem as balizas constitucionais e legais, a conferirem organicidade do próprio Direito, sem a qual tudo será possível no agasalho de interesses do Estado, embota não enquadráveis como primários.

Em 2009, sobrevieram as decisões tomadas por maioria (vencido Min. Marco Aurélio) no RE nº 547.245 e no RE nº 592.905, relativas à cobrança de ISS sobre arrendamento mercantil ("leasing"). O STF afirmou que o contrato englobaria atividades complexas, com elementos comuns aos contratos de locação, de compra e venda etc., mas que esse negócio específico formaria um tipo contratual autônomo. O tribunal também diferenciou as modalidades existentes – "leasing financeiro", "lease-back" e "leasing" operacional – declarando existir serviço tributável pelo ISS nos dois primeiros e locação de bem móvel, não tributável, no último.

Não obstante esse resultado, o julgamento foi marcado por opiniões multifacetadas. Enquanto alguns ministros assentaram que a noção de serviço não mais se confundiria com obrigação de fazer (Min. Eros Grau e Min. Joaquim Barbosa), outros se esforçaram para demonstrar que a administração do financiamento seria uma obrigação de fazer, ou seja, engajaram-se numa construção que não modificasse o conceito civilista de serviço (Min. Ayres Britto). No fim, pode-se dizer que a concepção civilista saiu arranhada.

Em 2010, o STF aprovou a Súmula Vinculante nº 31 – "É inconstitucional a incidência do Imposto sobre Serviços de Qualquer Natureza – ISS sobre operações de locação de bens móveis", tendo como um dos precedentes o RE nº 116.121.

Também em 2010, o STF analisou o RE nº 626.706 e conclui, por unanimidade de votos e com base na Súmula Vinculante nº 31, pela não incidência do ISS sobre a atividade de locação de filmes, vídeo tapes, cartuchos de vídeo game e assemelhados.

Em 2011, o STF relativizou a equiparação do conceito de "serviço de qualquer natureza" à obrigação de fazer ao permitir a incidência do ISS sobre a cessão de direito de uso de marca, típica obrigação de dar, por se tratar de *"serviço autônomo especificamente previsto na Lei Complementar 116/2003"* (Agravo Regimental na Reclamação nº 8.623).

Em 2016, no julgamento do RE nº 651.703, o STF voltou a discutir o conceito constitucional de "serviços de qualquer natureza". Por maioria de votos (vencido Min. Marco Aurélio), decidiu-se pela incidência do ISS sobre a atividade de administração de planos de saúde.

Merece destaque o teor do voto do Min. Luiz Fux, o qual defende a possibilidade de aplicação da consideração econômica na interpretação das expressões utilizadas pela Constituição Federal para distribuir competências tributárias entre os entes federativos, como seria o caso dos "serviços de qualquer natureza".

Significa dizer – tal como já antecipado em item anterior – que o sentido das expressões constitucionais seria interpretado não com supedâneo exclusivo no Direito Privado, mas também com base nas definições estatuídas pelo próprio Direito Tributário ou com base em outras ciências, como finanças, economia e contabilidade. Em consequência, ensaiou-se um retorno à concepção econômica[171]:

Porquanto, a Suprema Corte, no julgamento dos RREE 547.245 e 592.905, ao permitir a incidência do ISSQN nas operações de leasing financeiro e leaseback sinalizou que a interpretação do conceito de 'serviços' no texto constitucional tem um sentido mais amplo do que tão somente vinculado ao conceito de 'obrigação de fazer', vindo a superar seu precedente no RE 116.121, em que decidira pela adoção do conceito de serviço sinteticamente eclipsada numa obrigação de fazer.

[...]

A finalidade dessa classificação (obrigação de dar e obrigação de fazer) escapa totalmente àquela que o legislador constitucional pretendeu alcançar, ao elencar os serviços no texto constitucional tributáveis pelos impostos (por exemplo, serviços de comunicação – tributáveis pelo ICMS; serviços financeiros e securitários – tributáveis pelo IOF; e, residualmente, os demais serviços de qualquer natureza – tributáveis pelo ISS), qual seja, a de captar todas as atividades empresariais cujos produtos fossem serviços, bens imateriais em contraposição aos bens materiais, sujeitos a remuneração no mercado.

Na parte dispositiva do acórdão, consta que a decisão foi "por maioria e nos termos do voto do Relator". Mas o teor do voto dos demais ministros não permite afirmar, com segurança, que a concepção civilista teria realmente sido abandonada e que a concepção econômica de "serviços de qualquer natureza" teria voltado a vigorar, ainda que parcialmente, em concomitância com a Súmula Vinculante nº 31. Mesmo porque, para resolver o caso concreto das administradoras de planos de saúde, bastou ao tribunal reconhecer a existência de uma obrigação de fazer.

Pois bem. Feita a digressão jurisprudencial, retomemos o tema principal.

Conforme já dito, a determinação da incidência do ISS sobre o acesso temporário e oneroso a filmes, vídeos e músicas via "streaming" depende da solução de diversas variáveis. De início, a atividade não pode se submeter à incidência do ICMS. Ou seja, não pode constituir prestação de serviço de comunicação nem operação de circulação de mercadoria (e, nesse último caso, a respectiva incidência do imposto estadual não pode ser ressalvada por lei complementar, com o intuito de dirimir conflitos de competência). Superada essa parte, falta definir o conceito constitucional de "serviço de qualquer natureza".

A vingar a concepção econômica, as discussões envolvendo obrigação de fazer, locação de bem móvel, licenciamento de direito de uso de direito autoral etc. perderiam o sentido. Dada a prevalência da utilidade imaterial consumida pelo tomador, isto é, a disponibilização de acesso aos arquivos multimídia em favor dos usuários, a autorização para a cobrança do ISS pelos Municípios e Distrito Federal parece inevitável.

Ao revés, a prevalecer a concepção civilista sobre "serviços de qualquer natureza", os temas jurídicos mencionados continuam a ser relevantes para a determinação da incidência do imposto municipal, sem se esquecer das várias controvérsias que os acompanham. Mencionemos algumas delas.

Primeiro ponto, seria questionável a aplicação automática ao caso do "streaming on demand" da Súmula Vinculante nº 31 ("É inconstitucional a incidência do Imposto sobre Serviços de Qualquer Natureza – ISS sobre operações de locação de bens móveis").

A corrente favorável à sua aplicação teria de defender que bens incorpóreos estão igualmente submetidos ao regime da locação dos bens corpóreos, invocando a lição de Orlando Gomes[172]. O licenciamento de filmes, vídeos e músicas via "streaming" constituiria aluguel de um bem incorpóreo, em nada se diferenciando da modalidade de entrega de mídia física (invocando o precedente do RE nº 626.706 sobre não incidência do ISS na locação de filmes, vídeo tapes, cartuchos de vídeo game e assemelhados). Ou que, ao menos, a aplicação analógica desse regime de direito privado mostra-se imperativa, como medida assecuratória da isonomia.

Já a corrente contrária teria de argumentar que os precedentes jurisprudenciais que formam a Súmula Vinculante nº 31 cuidam de locação de bem móvel corpóreo (locação[173]), ao passo que os arquivos multimídia estariam submetidos a outro regime jurídico (licenciamento), consoante lição de Pontes de Miranda[174]. Como as realidades fáticas seriam diferentes, a súmula não teria emprego automático. O próprio STF já teria reconhecido a distinção ao negar aplicação do verbete ao mencionado caso relativo à cessão de direito de uso de marcas (AgRg na Reclamação nº 8.623, de 2011).

Segundo ponto, que certamente provocará debate, versa sobre a existência, ou não, de *obrigação de fazer*, necessária à caracterização da concepção civilista de serviço. Como já comentado, a empresa de "streaming on demand" organiza as mídias em acervo digital, disponibilizando o respectivo acesso via internet. Não há dúvida de que existe um fazer humano envolvido, relacionado à organização do "site", ao licenciamento das mídias que compõem o acervo, à programação de softwares etc.

Questiona-se se tudo isso seria atividade-meio para alcançar a atividade-fim ou se seria mera automação de atividades humanas para a execução do serviço contratado. Em outras palavras, o fazer humano deve necessariamente ser físico e estar presente na fase de execução do contrato? Ou será que estes atributos do fazer humano físico podem apenas compor uma fase de preparação e serem acessados pelos usuários, sem perder a característica de obrigação de fazer?

Apenas para ilustrar a dúvida e encaminhar a discussão: admitindo que a exibição cinematográfica constitui serviço tributável pelo ISS – como de fato é, nos termos do item 12.02 da lista – porque seu desempenho envolve um fazer humano (bilheteiro, "lanterninha", operador do projetor), se todas as funções do cinema passarem a ser automatizadas, o imposto municipal ainda continuaria a ser devido?

Outro exemplo: a prestação de serviços de telefonia, embora na competência dos Estados, não deixa de ser serviço e, na concepção civilista vigente, uma obrigação de fazer. No início, para as chamadas serem completadas havia a necessidade de intermediação de uma telefonista. Com o passar do tempo, o sistema foi automatizado. Nessas condições, o imposto estadual deixaria de ser devido, porque não haveria mais um fazer humano?

Terceiro e último ponto, a controvérsia sobre o objeto ofertado aos usuários pelas empresas de "streaming". A percepção doutrinária dominante é a de que seria *licenciamento de direito de uso de direito autoral*. Apenas para apresentar um contraponto, mencione-se o seguinte trecho do voto do saudoso Min. Teori Zavascki no RESP nº 418.594, de 2005, em situação envolvendo os serviços de televisão a cabo:

Admitir que a operadora de TV a cabo cede direitos autorais ao assinante é admitir que este, ao invés de receber sinais de imagens e sons, receberia, simplesmente, direitos. Ora, a verossimilhança dessa linha de argumentação fica comprometida pelos dados da realidade: o assinante de TV a cabo não se transforma em titular de direitos, mas em espectador e em ouvinte, ou seja, em destinatário do objeto da comunicação. Sua condição, sob esse aspecto, não é diferente do telespectador dos canais abertos de televisão, exceto quanto ao custo dos sinais que recebe, num caso gratuitos e no outro pagos.

Síntese conclusiva

O panorama atual sobre a tributação das tecnologias disruptivas – notadamente as digitais, como é o caso do "streaming on demand" – é bastante conturbado, fruto das idiossincrasias do sistema tributário brasileiro ao lidar tanto com questões novas (identificação da natureza jurídica da atividade), quanto com questões tradicionais (diferenciação entre mercadoria e serviço, determinação da competência tributária).

Quer dizer, além de pelejar para enquadrar fatos tão dinâmicos em tecnologia jurídica aparentemente ultrapassada, ainda é necessário conviver com disputas que, há décadas, continuam mal resolvidas. A provisoriedade do conceito de "serviços de qualquer natureza" demonstra bem esse ponto.

E as administrações tributárias brasileiras, percebendo o vacilo dos nossos tribunais, fazem suas próprias agendas de arrecadação, não de acordo com a jurisprudência, mas sim apesar dela.

Acontece que, em um mundo de economia globalizada e de margens de lucro apertadas, a insegurança jurídica começa a influenciar a manutenção de investimentos no país. Na era em que o maior valor agregado ao preço de bens e serviços passa a ser a inovação e o conhecimento, corremos o risco de continuarmos na posição de eternos pagadores de "royalties" aos demais países.

Soluções que se avizinham para os problemas tributários vão desde a interpretação judicial sobre os temas controvertidos, passam pela criação de um imposto de valor acrescido (IVA) que conjuguem os diversos tributos indiretos (IPI, ICMS, ISS, PIS/Cofins) e chegam a uma reforma tributária mais profunda, de âmbito constitucional e legal. Cada qual com seus prós e contras.

Enquanto tal reforma tributária não acontece, parece-nos que o recente entendimento exposto pelo Min. Luiz Fux, em acórdão do STF de sua relatoria acerca da incidência de ISS sobre valores cobrados pelas operadoras de planos de saúde e de seguro-saúde (RE nº 651.703, de 2016), pode servir de indicativo com relação à interpretação jurisprudencial a ser dada ao conceito de "serviços de qualquer natureza", bem como ao papel efetivo da lei complementar nas resoluções dos conflitos de competência.

PARTE II – ISS: QUESTÕES RELEVANTES DISCUTIDAS NA JURISPRUDÊNCIA

EXPORTAÇÃO DE SERVIÇOS DE GESTÃO E CONSULTORIA DE INVESTIMENTOS NO MERCADO MOBILIÁRIO BRASILEIRO E O ISS SEGUNDO A JURISPRUDÊNCIA DO TJSP.

Eurípedes Gomes Faim Filho.[175]

Introdução

A exportação de serviço tem sido uma questão tormentosa para a jurisprudência e a doutrina pátria.

Muito se discute e se diverge a respeito da ocorrência ou não da efetiva exportação e, daí, da isenção do pagamento do tributo.

Esse trabalho se circunscreve à exportação do serviço de consultoria e gestão de valores mobiliários e, para isso, começa tratando do conceito de valores mobiliários.

Em seguida se vê a origem da exoneração, se ela pode ser entendida como imunidade ou isenção e sua razão de ser, passando-se para o regramento infraconstitucional e a discussão de sua constitucionalidade.

Daí se discute os requisitos dessa isenção e se debruça na jurisprudência a respeito dos temas em discussão.

A razão do trabalho tratar da jurisprudência do Tribunal de Justiça do Estado de São Paulo decorre do fato de que São Paulo é o coração financeiro do país, assim, a maior parte desses serviços ocorre aqui e também porque nenhum acórdão do Superior Tribunal de

Justiça ou do Supremo Tribunal Federal foi encontrado especificamente sobre o assunto aqui tratado.

1. Conceito de valores mobiliários.

Esse estudo se restringe a serviços relacionados a "valores mobiliários", assim, é necessário que se entenda o que tal expressão significa.

Esse conceito é encontrado na Lei Federal nº 6.385 de 7 de dezembro de 1976 que dispôs sobre o mercado de valores mobiliários e criou a Comissão de Valores Mobiliários.

O artigo 2º desta lei, com a redação dada pela Lei 10.303/2001, assim dispõe:

>Art. 2º São valores mobiliários sujeitos ao regime desta Lei:
>
>I - as ações, debêntures e bônus de subscrição;
>
>II - os cupons, direitos, recibos de subscrição e certificados de desdobramento relativos aos valores mobiliários referidos no inciso II;
>
>III - os certificados de depósito de valores mobiliários;
>
>IV - as cédulas de debêntures;
>
>V - as cotas de fundos de investimento em valores mobiliários ou de clubes de investimento em quaisquer ativos; (Inciso incluído pela Lei nº 10.303, de 31.10.2001)

VI - as notas comerciais;

VII - os contratos futuros, de opções e outros derivativos, cujos ativos subjacentes sejam valores mobiliários; (Inciso incluído pela Lei nº 10.303, de 31.10.2001)

VIII - outros contratos derivativos, independentemente dos ativos subjacentes; e

IX - quando ofertados publicamente, quaisquer outros títulos ou contratos de investimento coletivo, que gerem direito de participação, de parceria ou de remuneração, inclusive resultante de prestação de serviços, cujos rendimentos advêm do esforço do empreendedor ou de terceiros.

§ 1º Excluem-se do regime desta Lei: (Vide art. 1º da Lei nº 10.198, de 14.2.2001)

I - os títulos da dívida pública federal, estadual ou municipal;

II - os títulos cambiais de responsabilidade de instituição financeira, exceto as debêntures.

Também sobre o assunto reza a Lei Federal 10.198/2001:

Art. 1º Constituem valores mobiliários, sujeitos ao regime da Lei nº 6.385, de 7 de dezembro de 1976, quando ofertados publicamente, os títulos ou contratos de investimento coletivo, que gerem direito de participação, de parceria ou de remuneração, inclusive resultante de prestação de serviços, cujos rendimentos advêm do esforço do empreendedor ou de terceiros.

Realizada essa definição já se pode debruçar sobre a questão da exoneração que se pretende estudar.

2. Origem da exoneração.

A Emenda Constitucional nº 18, de 1º de dezembro de 1965 previu o imposto sobre serviço de qualquer natureza (ISS) da competência municipal em substituição ao imposto sobre indústrias e profissões, mas não tratou da questão da exportação do ISS.

A Lei Federal nº 5.172, de 25 de outubro de 1966, Código Tributário Nacional, posteriormente recepcionada como lei complementar, seguiu o mesmo sistema, o que também foi feito pelo Decreto-lei nº 406, de 1968.

A regra da desoneração das exportações de serviços só surgiu com a Constituição da República de 1988 que já a previa na sua redação original e também na redação dada pela Emenda Constitucional nº 3, de 1993.

A regra original previa:

> Art. 156. Compete aos Municípios instituir impostos sobre: [...]
>
> IV - serviços de qualquer natureza, não compreendidos no art. 155, I, b, definidos em lei complementar. (Revogado pela Emenda Constitucional nº 3, de 1993) [...]
>
> § 4º Cabe à lei complementar: [...]

II - excluir da incidência do imposto previsto no inciso IV exportações de serviços para o exterior. (Revogado pela Emenda Constitucional nº 3, de 1993) [...]

Já a atual redação diz:

Art. 156. Compete aos Municípios instituir impostos sobre: [...]
III - serviços de qualquer natureza, não compreendidos no art. 155, II, definidos em lei complementar. (Redação dada pela Emenda Constitucional nº 3, de 1993) [...]
§ 3º Em relação ao imposto previsto no inciso III do caput deste artigo, cabe à lei complementar: (Redação dada pela Emenda Constitucional nº 37, de 2002) [...]
II - excluir da sua incidência exportações de serviços para o exterior. (Incluído pela Emenda Constitucional nº 3, de 1993) [...]

Num primeiro momento convém discutir se o caso é de imunidade ou isenção.

3. Isenção ou imunidade

A imunidade consiste em uma vedação constitucional à ocorrência do tributo e, por isso mesmo, deve vir prevista na Constituição.[176]

A isenção, por sua vez, é prevista na lei e sobre ela diz o Código Tributário Nacional:

Art. 175. Excluem o crédito tributário:

I - a isenção;

II - a anistia.

Quando o Código Tributário Nacional diz que a isenção exclui o crédito é porque esse crédito surgiu, ou seja, ocorreu o fato gerador, mas o crédito é retirado da existência pela isenção.

Já a anistia exclui a penalidade.

A isenção acontece quando o pagamento de um tributo que seria devido é expressamente dispensado pela lei e só o que a priori poderia ser tributado é que pode ser objeto da isenção, lembrando-se que ela não exclui as obrigações acessórias.

Somente a entidade com poder para tributar é que pode criar uma isenção, assim, somente a União pode isentar um tributo federal, só o Estado um estadual e assim vai.

Como a isenção é uma dispensa da obrigação tributária de pagar o tributo ela exige competência do legislador para poder ser prevista.[177]

A desoneração da exportação nesse caso é uma isenção ou uma imunidade? A discussão é relevante pois numa a regra é constitucional, podendo-se questionar se cabível de sofrer emenda ou não, e na outra é uma questão legal.

No entender de Kiyoshi Harada, "Como essa não-incidência tem matriz constitucional [...] ela configura imunidade tributária."*178*

Interessante notar que a Constituição da República trata separadamente essa exclusão da incidência da isenção:

Art. 156. § 3º Em relação ao imposto previsto no inciso III do caput deste artigo, cabe à lei complementar: (Redação dada pela Emenda Constitucional nº 37, de 2002) [...]

II - **excluir da sua incidência** exportações de serviços para o exterior. (Incluído pela Emenda Constitucional nº 3, de 1993)

III - regular a forma e as condições como **isenções**, incentivos e benefícios fiscais serão concedidos e revogados. (Incluído pela Emenda Constitucional nº 3, de 1993) (grifo nosso)

Essa separação é um indício de que a exclusão seria uma imunidade, pois o fato de uma imunidade ser regulada por lei não é estranho à Constituição como se vê nos parágrafos do art. 150 da Constituição da República e no art. 14 do Código Tributário Nacional.

Mas o Supremo Tribunal Federal já entendeu que a questão não é de ordem constitucional:

EMENTA Agravo regimental no recurso extraordinário com agravo. **ISS**. Enquadramento da atividade na LC nº 116/03. **Questão infraconstitucional. Exportação de serviços para o exterior.** Ausência de comprovação. Fatos e provas. Cláusulas do Contrato Social. Incidência das Súmulas 279 e 454 do STF. 1. **A jurisprudência da Corte está consolidada no sentido de que a afronta ao princípio da legalidade, quando depende, para ser reconhecida como tal, da análise de normas infraconstitucionais, configura apenas ofensa indireta ou reflexa à Constituição Federal, o que não enseja reexame da questão em recurso extraordinário.** Nesse sentido o teor da Súmula 636/STF. 2. Para rever o entendimento acerca do real enquadramento das atividades da agravante necessário seria a reanálise da controvérsia à luz da Lei Complementar nº 116/03. **Eventual afronta ao texto constitucional, caso ocorresse, seria reflexa ou indireta**. 3. O revolvimento do conjunto fático-probatório dos autos e a análise do contrato social são providências vedadas em sede de recurso extraordinário. Incidência das Súmulas 279 e 454 do STF. 4. Agravo regimental não provido.[179] (grifo nosso)

Portanto, pela ótica do Supremo Tribunal Federal trata-se de uma isenção e como ele é o intérprete máximo da Constituição nos resta acatar essa decisão.

Aqui não se trata apenas do "argumento da autoridade", mas sim de imposição legal existente no art. 927 do Código de Processo Civil, com a peculiaridade de que quando o Supremo Tribunal Federal entende que não deve se manifestar, como é o caso, isso vincula, mesmo que não haja um perfeito encaixe com as hipóteses do citado artigo, pelo simples fato de que não há como forçar o Supremo a agir de forma diversa.

4. Razão de ser desta exoneração

O comércio é uma das maiores fontes de riqueza das nações, se não for a maior, pois se um país produz muito ou desenvolve alta tecnologia, mas não tem como escoar essa produção, todo esforço é perdido.

O país mais rico do mundo, os Estados Unidos da América, percebeu isso na sua origem, dispondo a sua Constituição:

Capítulo I.

Artigo 9º: nenhum tributo será cobrado de produtos exportados por qualquer um dos Estados.[180]

A Suprema Corte dos Estados Unidos tem repelido com veemência qualquer tentativa de burla a essa regra crucial:

Dando continuidade à sua recusa em modificar a sua jurisprudência sobre a regra de tributação de exportação, a Corte considerou inconstitucional a Taxa de Manutenção dos Portos (TMP) em relação à regra de exportação na medida em que a taxa foi aplicada a mercadorias embarcadas nos portos dos Estados Unidos para exportação. [...] **A regra, decidiu a Corte, "categoricamente impede o Congresso de impor qualquer tributo à exportação"**.[181] (grifo nosso)

O ideal seria uma total desoneração tributária da exportação, mas isso ainda não foi atingido pelo Brasil, embora avanços tenham sido feitos.

Sobre a questão aqui discutida decidiu o Supremo Tribunal Federal:

RECURSO EXTRAORDINÁRIO. REPERCUSSÃO GERAL. DIREITO TRIBUTÁRIO. [...] ADI 1.851. [...] 4. O modo de raciocinar "tipificante" na seara tributária **não deve ser alheio à narrativa extraída da realidade do processo econômico**, de maneira a transformar uma ficção jurídica em uma presunção absoluta. [...] 8. Recurso extraordinário a que se dá provimento. (grifo nosso)[182]

Com isso em mente, o interprete deve considerar o objetivo da regra constitucional conferindo-a máxima efetividade como ensina José Canotilho:

O princípio da máxima efectividade.

Este princípio, também designado por princípio da eficiência ou princípio da interpretação efectiva, pode ser formulado da seguinte maneira: a uma norma constitucional deve ser atribuído o sentido que maior eficácia lhe dê. É um princípio operativo em relação a todas e quaisquer normas constitucionais, e embora a sua origem esteja ligada á tese da actualidade das normas programáticas (Thoma) é hoje sobretudo invocado no âmbito dos direitos fundamentais (no caso de dúvidas deve preferir-se a interpretação que reconheça maior eficácia aos direitos fundamentais).[183]

5; Regramento infraconstitucional

Em virtude dessas determinações constitucionais surgiu a Lei Complementar nº 116, de 31 de julho de 2003 que previu:

> [...] Art. 2º O imposto não incide sobre:
> I – as exportações de serviços para o exterior do País; [...]
> Parágrafo único. Não se enquadram no disposto no inciso I os serviços desenvolvidos no Brasil, cujo **resultado** aqui se verifique, ainda que o pagamento seja feito por residente no exterior. [...] (grifo nosso)

A lei complementar fez uma restrição severa, sendo de se questionar sua constitucionalidade.

6; Constitucionalidade do parágrafo único do art. 2º da L. C. 116/2003

Melhor seria em termos econômicos que a Constituição da República simplesmente desonerasse a exportação, mas não foi isso que aconteceu, preferindo o legislador constitucional delegar à lei complementar essa desoneração.

Como visto, o Supremo Tribunal Federal entendeu que a questão é infraconstitucional e, por tudo isso, se pode dizer que a lei não é inconstitucional, mas a interpretação muito restritiva pode frustrar o objetivo do constituinte e assim não será conforme à Constituição.

7. Requisitos para o reconhecimento da isenção.

O Código Tributário Nacional dispõe:

Art. 111. Interpreta-se literalmente a legislação tributária que disponha sobre: [...]

II - outorga de isenção; [...]

Essa regra impõe uma interpretação restritiva, mas não autoriza a criação de exigências não previstas pela lei, pois o Direito Tributário rege-se pelo princípio da estrita legalidade.

No nosso caso, o art. 2º, I, e parágrafo único da Lei Complementar nº 116, de 31 de julho de 2003, prevê quais são os requisitos legais:

1. Que haja exportação de serviço;
2. Que o serviço se destine ao exterior do Brasil;
3. Que o serviço seja desenvolvido no Brasil; e
4. Que o resultado se verifique fora do Brasil.

O citado parágrafo único esclarece que o simples fato de o serviço ser pago por residente no exterior não caracteriza a exportação.

O resultado deve se dar fora do Brasil, mas nada impede que o resultado se produza parcialmente no exterior, caso em que apenas sobre essa parte haverá a isenção.[184]

Da mesma forma não há exigência legal de que o prestador do serviço seja estabelecido no Brasil, pois pode ocorrer de uma empresa ou pessoa estrangeira desenvolver um serviço aqui e exportá-lo e o fato de ser estrangeira não a exclui do benefício.[185]

Por fim, quem faz o pagamento e onde reside ou é estabelecido não é legalmente relevante.[186]

A verdadeira dificuldade gira em torno da expressão "resultado" e seu significado.

8. O que se entende como sendo "resultado" do serviço.

A contratação de um serviço gera uma obrigação que, com relação ao seu fim, pode ser classificada em três tipos: de meio, de resultado e de garantia.

A obrigação de meio consiste no compromisso do devedor de realizar uma atividade usando para isso toda a sua diligência e técnica, mas, sem o compromisso de atingir um fim. Nesse caso, realizada a atividade estará cumprida a obrigação. Esse é o caso, por exemplo, dos advogados e médicos que não têm como prometer resultados, mas apenas a sua atividade, assim, mesmo sem obter êxito, esses profissionais cumprem a sua obrigação e devem ser remunerados por isso. [187]

A obrigação de resultado exige por seu turno que o objetivo do contrato seja alcançado para que ela seja considerada cumprida. O contrato de transporte é o exemplo mais usado, pois nele o transportador promete, mesmo que tacitamente, que levará a pessoa ou coisa transportada incólume até o seu destino. [188]

Por fim, há a obrigação de garantia que consiste na atividade tendente a eliminar um risco que exista para o credor e a *"simples assunção do risco do devedor da garantia representa, por si só, o adimplemento da obrigação."*[189] O exemplo é o da empresa de segurança cujo compromisso consiste em realizar os meios necessários para evitar o risco contra o patrimônio e as pessoas protegidos. Pode-se dizer que essa também é uma obrigação de meio.

Um serviço objetivando uma obrigação de resultado como previsto no Direito Civil normalmente passa pelas seguintes etapas:

1. Contratação;
2. Desenvolvimento;
3. Conclusão;
4. Disponibilização ao cliente;
5. Aceitação do serviço pelo cliente (não recusa o serviço por defeito dele, mas o aceita, se recusar o serviço pode ter que ser feito novamente. Essa etapa é normalmente tácita); e
6. Fruição.

A contratação não é o resultado nos termos da Lei Complementar nº 116, de 31 de julho de 2003, pois é possível cancelar o pedido e até não se aceitar o que for produzido pelo serviço por defeito do produto.

O desenvolvimento do serviço também não é o seu resultado para fins tributários e nem mesmo a sua conclusão, pois ninguém paga por um serviço ainda não recebido.

Dessa forma, a disponibilização do produto ao cliente é essencial, mas ainda também não é o resultado tributário, pois se pode entender que o produto apresentado não é o que foi contratado.

A aceitação sim pode ser considerada o momento em que o resultado nos moldes da citada lei complementar foi atingido, não sendo necessária a fruição, pois ela pode não ocorrer por decisão do contratante como, por exemplo, um projeto de engenharia que não é levado à produção.

Esse exemplo funciona para as obrigações de resultado nos termos do Direito Civil, mas não para as obrigações de meio ou de garantia, cujas etapas seriam:

1. Contratação;
2. Desenvolvimento – disponibilização – aceitação – fruição (ocorrem quase que ao mesmo tempo); e
3. Conclusão do serviço = serviço disponibilizado, aceito e fruído.

Como não há um "resultado" contratado, mas sim uma atividade meio a atividade em si é o resultado e nela se confunde a disponibilização, aceitação e fruição.

Com esses esclarecimentos pode-se agora tratar dos serviços de gestão e consultoria relativo a valores mobiliários.

9. O serviço de gestão ou administração **de carteiras de valores mobiliários**.

Esse serviço se enquadra no item 10.02 da lista de serviços da Lei Complementar 116/2003 e é regulado pela Instrução CVM nº 558, de 26 de março de 2015 com as alterações introduzidas pelas Instruções CVM nº 593/17 E 597/18. [190]

Nos termos do art. 2º desta instrução para que alguém exerça a atividade de administração de carteiras de valores mobiliários deve antes obter autorização da CVM.

A atividade em si é descrita no art. 1º da Instrução:

Art. 1º A administração de carteiras de valores mobiliários é o exercício profissional de atividades relacionadas, direta ou indiretamente, ao funcionamento, à manutenção e à gestão de uma carteira de valores mobiliários, incluindo a aplicação de recursos financeiros no mercado de valores mobiliários por conta do investidor. (grifo nosso)

Assim, nos termos da norma, cabe ao administrador de carteiras de valores mobiliários exercer atividades diretas ou indiretamente relativas:

1. Ao funcionamento da carteira
2. À manutenção da carteira
3. À gestão da carteira
4. À aplicação de recursos financeiros no mercado de valores mobiliários por conta do investidor
5. À consultoria para o investidor
6. Etc.

Resta agora analisar a questão do que se entende como sendo o resultado dessas atividades conforme o entendimento jurisprudencial.

10 Jurisprudência sobre gestão.

A seguinte decisão ao que tudo indica entendeu a fruição como sendo o resultado do serviço:

Porém, conclui que a impetrante presta serviços de **gestão de fundos de investimentos de carteira de título e valores mobiliários** em favor de tomadores estrangeiros, como se pode verificar de toda documentação acostadas nos autos, principalmente, o Contrato de gestão de Investimentos entre Constellation Investimento e Participações Ltda. e Constellation Fund SPC, devidamente traduzido por tradutor juramentado (1º volume do anexo I apensados nos autos, a partir da fls. 69), bem como as Notas Fiscais de prestação serviços eletrônicas (fls. 25 e 31/52).

Essa prestação de serviço a tomadores estrangeiros, **cujo resultado se verifica no estrangeiro,** é uma das espécies de exportação de serviços. Logo, isento de tributação de ISSQN. Deduz-se que a intenção do legislador foi criar uma norma, não só antielisiva, mas também que tornasse o produto nacional mais competitivo no mercado internacional.[191] (grifo nosso)

Em uma situação em que o serviço era de gestão e consultoria foi decidido:

A autora recolhe o ISSQN sobre a receita auferida com a prestação destes serviços. No entanto, parte desta receita advém de contratos celebrados com clientes estrangeiros, os quais confiam à autora a **administração de suas respectivas carteiras de investimento no Brasil.** Em outras palavras, a autora **exporta os serviços de assessoria e consultoria financeira e de gestão de carteira de investimentos a clientes domiciliados no exterior.**

Assim, muito embora os serviços prestados pela autora para os clientes estrangeiros sejam executados através do estabelecimento da autora situado no Município de São Paulo, o seu **resultado se verifica no exterior**, ficando caracterizada, assim, verdadeira hipótese de exportação de serviços". [...]

DECLARAÇÃO DE VOTO CONVERGENTE

[...]

Malgrado os serviços prestados pela autora aos clientes estrangeiros tenham sido realizados no Brasil, o **resultado desses serviços se verifica no exterior**.

Dessa forma não poderia tal serviço ser tributado em face da isenção de tributação prevista no inciso I do art. 2º da Lei Complementar n. 116/2003, que prevê a isenção do ISS sobre as exportações de serviços para o exterior.

Com efeito a Lei Complementar n. 116/03 estabelece como condição para que haja a exportação de serviços desenvolvidos no Brasil que o resultado da atividade não se verifique dentro no território, mas sim no país estrangeiro, tal como restou configurado na hipótese dos autos. [...]

Um dos exemplos utilizados pelos citados Juristas é bastante esclarecedor:

"... Um investidor residente nos Estados Unidos contrata uma empresa que desempenha trabalhos de análise econômico-financeira do País, realizando projeções e traçando panoramas da economia brasileira.

Com base no relatório recebido e com as perspectivas de crescimento do País, o investidor-contratante resolve investir no Brasil no setor de óleo e gás pelos próximos cinco anos. Onde se verifica o resultado do serviço?

"E se, de outra forma, as informações traçadas no relatório são desanimadoras, e o mesmo investidor se decide por investir na China, no desenvolvimento de fábricas de bicicletas, onde se verifica o resultado do serviço de consultoria financeira?

"A resposta é a mesma para ambas as situações: nos Estados Unidos, onde se encontra o verdadeiro beneficiário da prestação, e não no Brasil."

A referida resposta se fundamenta no fato de que o serviço de consultoria e ou pesquisa forneceu elementos para que a empresa no exterior pudesse tomar sua decisão, portanto, o resultado imediato, sem qualquer sombra de dúvidas, se deu no exterior, a consequência do relatório é que se deu no Brasil, caso a sociedade estrangeira tenha optado em aqui investir.

Conforme o entendimento do i. doutrinadores acima citados, se a intenção da lei complementar fosse considerar para fins de caracterização da exportação do serviço todo e qualquer resultado dele decorrente, a qualquer tempo realizada, a isenção seria completamente sem efeito. [...]

Roberto Martins de Souza

Terceiro Juiz[192] (grifo nosso)

Aparentemente essa decisão se baseou mais na consultoria, inerente à gestão como dito acima, do que na gestão em si, não ficando claro o motivo de ter entendido que ocorreu exportação.

Por outro lado, parte da jurisprudência tem negado a isenção entendendo que o resultado é o rendimento e esse ocorre no Brasil:

Nesse sentido, podemos aferir que a atividade da autora no caso sub judice envolve o recebimento de capitais provenientes
de seus clientes no exterior, para serem por ela administrados no município
de São Paulo, mediante a realização de compra e venda de títulos e valores mobiliários, cujo **resultado** dos serviços, qual seja, o **rendimento**
desses capitais, ocorre em território nacional, [...]¹⁹³ (grifo nosso)

Em outra decisão constou que o rendimento considerado como resultado pode ser positivo ou negativo:

Por mais que se considerem os argumentos expendidos pela impetrante, no sentido de procurar distinguir o resultado do serviço de gestão dos rendimentos dos capitais geridos, não se consegue vislumbrar em que medida tais serviços se enquadrariam como exportação, hipótese de exclusão do ISS prevista no art. 2º, inciso I, da Lei Complementar nº 116/2003, **uma vez que o resultado do serviço em si, independentemente de ser positivo ou negativo quanto aos rendimentos obtidos, aperfeiçoa-se no território nacional**, com regramento do Banco Central do Brasil e não necessariamente no exterior onde haveria apenas a sua remessa para mera fruição (lucro ou prejuízo), daí a distinção feita pelo legislador quanto a exigência da exceção à regra que é da incidência do ISS.¹⁹⁴ (grifo nosso)

Em um caso a atividade foi ressaltada:

Como vê, o Fundo de Investimento em Participação é completamente voltado para prospectar o potencial de setores nacionais, assumindo participação no desenvolvimento das atividades, para, ao futuro, extrair os lucros provenientes dessa atividade. De certo, os resultados são alcançados no Brasil, e não no exterior, de acordo com o conceito de resultado para efeito de caracterização de exportação de serviço ao exterior. Tal conceito, mesmo se entendido por fruição de um bem, não permitiria a almejada isenção prevista na Lei Complementar 116, art. 2º, I e parágrafo único.[195]

No mesmo caminho outra decisão esclareceu a importância da atividade:

O **resultado do serviço consiste nas aplicações** efetivadas pela prestadora de serviço, restando saber o local em que ocorre e não o resultado dessas aplicações, pois isso não depende de quem presta o serviço.

Observo que o **resultado não é o lucro, nem o prejuízo e nem a neutralidade da aplicação ou investimento**. Com efeito, ninguém contrata para ter prejuízo ou neutralidade e, por outro lado, o lucro não há como ser prometido. Daí se pode concluir que **o resultado é a aplicação ou a atividade financeira feita aqui**, sendo **a obrigação contratada uma obrigação de meio e não de resultado que se completa por si mesma**, independentemente do que vier a acontecer depois.[196] (grifo nosso)

Como se vê nessa decisão a atividade financeira em si é o resultado, aí incluídas as aplicações ou investimentos, pois se trata de uma obrigação de meio e não de resultado nos termos da lei civil.

Dessa forma, caso essa atividade ocorra aqui com investimentos feitos aqui se deve entender que não houve exportação de serviço.

11. O serviço de **consultoria de valores mobiliários**.

O serviço de consultoria no mercado mobiliário tem sua regulamentação na Instrução CVM nº 592, de 17 de novembro de 2017[197] e previsão no item 17.20 da Lei Complementar 116/2003 (Consultoria e assessoria econômica ou financeira).

A atividade é bem detalhada na instrução que dispõe:

Art. 1º Para os efeitos desta Instrução, considera-se consultoria de valores mobiliários a **prestação dos serviços de orientação, recomendação e aconselhamento,** de forma profissional, independente e individualizada, **sobre investimentos** no mercado de valores mobiliários, cuja adoção e implementação sejam exclusivas do cliente.

§ 1º A prestação de serviço de que trata o caput pode se dar por meio de uma ou mais das seguintes formas de orientação, recomendação e aconselhamento:

I – sobre classes de ativos e valores mobiliários;

II – sobre títulos e valores mobiliários específicos;

III – sobre prestadores de serviços no âmbito do mercado de valores mobiliários; e

IV – sobre outros aspectos relacionados às atividades abarcadas pelo caput. (grifo nosso)

A instrução esclarece que na atividade de gestão está incluída a consultoria, sem que caracterize isso o serviço separado de consultoria:

Art. 1º § 4º Os agentes autônomos de investimento, gerentes de investimentos de instituições financeiras e outras pessoas que atuem na distribuição de valores mobiliários podem prestar informações sobre os produtos oferecidos e sobre os serviços prestados pela instituição integrante do sistema de distribuição de valores mobiliários pela qual trabalhem ou tenham sido contratados, sem configurar a atividade de que trata o caput.

§ 5º A prestação de informações a que se refere o § 4º circunscreve-se às atividades de suporte e orientação **inerentes** à relação comercial com os clientes. (grifo nosso)

Isso é importante porque nos processos normalmente se alega que o serviço prestado é de administração de investimentos e consultoria, mas, como vimos, não se pode considerar dois serviços separados, pois a consultoria é inerente à administração.

A jurisprudência entende da mesma forma:

De sorte que a autora atua como intermediadora, realizando, em suma, a compra e venda de títulos e valores mobiliários em nome da tomadora, **além de prestar consultoria financeira.**[198] (grifo nosso)

Convém analisar agora a jurisprudência que trata especificamente da consultoria.

12. Jurisprudência sobre consultoria.

Há decisões que negaram haver exportação no caso:

Assim, verifica-se que o objeto social da apelante é bem amplo e inclui os serviços nos quais foram objetos de cobrança de ISS: análises, exames, pesquisas, compilação, fornecimento de informações e coletas de dados (fls. 116/125).

Ademais, a autora não juntou documento hábil que comprovasse a exportação de serviços, pelo contrário, entende-se que a empresa fornece vários serviços em território brasileiro. E naqueles serviços em que autora exporta, não houve prova de que houve exclusiva utilização em território estrangeiro, especificamente naqueles que incidiram o ISS. Outrossim, a análise das provas foi prejudicada pela falta de tradução em vários documentos.

Cabe destacar que no contrato de prestação de serviços com a tomadora estrangeira, não **há nenhuma cláusula de exclusividade na fruição do serviço**, sendo que a Cláusula Sexta do contrato deixa **clara a independência da autora** (fl. 432):

"Cláusula Sexta do Relacionamento entre as Partes 6.1. No cumprimento de suas obrigações e deveres estabelecidos neste instrumento, cada uma das partes será definitivamente considerada como contratada independente e como não estando sob o controle e supervisão das outra Parte contratante, não devendo nenhuma disposição deste Contrato ser interpretada de modo a criar qualquer representação, parceria ou joint venture entre a Receptora e a Prestadora ou suas Coligadas. [...]"

Assim, não se provou que o resultado do serviço se deu fora do território brasileiro, **apesar da tomadora de serviços ser estrangeira**.[199] (grifo nosso)

Aqui houve um problema relativo à falta de documentação ou de tradução, mas não se pode concordar com algumas das conclusões chegadas no V. Acórdão.

A exigência da exclusividade de utilização dos serviços de consultoria em território estrangeiro não é uma exigência legal, como se viu acima e nem o fato de haver independência aí interfere, pois, se não houvesse essa independência se poderá estar de frente a uma prestação de autosserviço que descaracterizaria a incidência do ISS.

Em outro caso foi reconhecida a existência de uma falsa consultoria:

Da detida análise do contrato e de seus aditamentos, é possível extrair elementos que afastam a alegação da autora de que suas atividades se enquadram em serviços de consultoria e/ou assessoria financeira prestado em favor da tomadora estrangeira.

[...]

No caso, verifica-se que as atividades desenvolvidas pela autora no "Contrato de Representação Comercial" referem-se a agenciamento e captação de clientes para a concessão de linhas de crédito concedida pelo "Banco".

Importante destacar que a realização de tais atividades, bem como seu resultado, ocorrem no território nacional, havendo até mesmo a custódia de documentos no caixa forte da autora, conforme destacado acima.

Ocorre que esses serviços fazem parte de um universo de outros serviços mais, qual seja, de uma atividade mais ampla que na essência é o agenciamento de clientes e captação de clientes.

Assim, as atividades desenvolvidas pela autora no contrato ora analisado também se enquadram no item 10.02 da lista de serviços da Lei Complementar Federal nº. 116/2003 e da Lei Complementar Municipal nº. 13.701/2003, bem como os serviços são desenvolvidos no Brasil e cujo resultado de tais serviços ocorre no território nacional, devendo-se manter os autos de infração nº. 66.611.750 e 66.620.562 em sua integralidade. [200] (grifo nosso)

O problema aqui era que o serviço não era de consultoria, mas sim de representação cuja obrigação é de meio e a atividade se desenvolvia inteiramente em território nacional.

Nesse outro caso foi entendido que o fato de a consultoria ser relativa ao mercado brasileiro descaracterizaria a exportação:

No caso dos autos, pelos documentos acostados, verifica-se que a apelante foi contratada por empresa estrangeira para prestar consultoria financeira **a respeito do mercado brasileiro**. Portanto, constata-se que os **serviços foram prestados em território nacional**.

Ademais, como bem decidiu o magistrado:

"Contudo, ao contrário do defendido pela requerente, o resultado das referidas consultorias também não se deram no exterior, posto que, embora a decisão a respeito do investimento seja tomada em país estrangeiro, o negócio jurídico se efetiva no Brasil, isto é, a alienação ou aquisição de ativos ou valores mobiliários, com base no serviço prestado pela autora, dá-se em território nacional, onde, como bem afirmado pela ré, "surge um direito de propriedade ou um direito obrigacional em favor do tomador", não havendo, portanto, que se falar em exportação de serviço." [201] (grifo nosso)

Ocorre que contratar uma empresa aqui para dar consultoria a respeito da economia de outro país que não o Brasil não faria sentido, pois o fato de a empresa estar aqui indica a sua capacidade de prestar informações sobre a economia local e não estrangeira.

Também, o resultado da consultoria não é a "*a alienação ou aquisição de ativos ou valores mobiliários*", pois, com base na consultoria, se pode decidir por não investir e aí não haverá alienação e nem aquisição de ativos.

Essas exigências na verdade inviabilizariam a exportação do serviço de consultoria, pois alguém no exterior só contrataria alguém daqui para dar informações a respeito do Brasil e então decidir investir aqui ou não.

Esse outro acórdão foi no sentido de que como a empresa prestadora do serviço se localizava em território nacional não haveria exportação:

Competência tributária fixação pelo **local da prestação do serviço** Entendimento consolidado pela Jurisprudência: Conforme consolidado pela Jurisprudência, desde a vigência do art. 12 do Decreto-lei n. 406/68 a competência tributária para cobrança de ISS já era fixada pelo local da prestação do serviço, **que é onde ocorreu o fato gerador do tributo.**

EXPORTAÇÃO DE SERVIÇO. NÃO CONFIGURAÇÃO. - ISS - Serviços de consultoria Contratação por empresa estabelecida no exterior - Exportação de serviços – Não configuração - Serviço desenvolvido e concluído dentro do território nacional - Inteligência do art. 2º, parágrafo único, da LC nº 116/03 Precedentes do STJ: De acordo com o STJ, não configura exportação de serviço o trabalho contratado por empresa sediada no exterior, se este é desenvolvido e concluído dentro do território nacional. RECURSO NÃO PROVIDO. [202] (grifo nosso)

O raciocínio é o mesmo do caso anterior, ressaltando-se que o fato de o prestador do serviço estar em território nacional é que torna sua consultoria atrativa para o tomador estrangeiro e exigir que ele estivesse fora não faz sentido e inviabiliza a exoneração prometida constitucionalmente.

Por outro lado, vários outros julgados entenderam que havia exportação de serviço:

Assim, verifica-se que não incide ISS nas exportações de serviços, desde que os mesmos sejam desenvolvidos no Brasil e não produzam nenhum resultado no território brasileiro. É o que se dá na espécie, pois como se percebe dos documentos juntados, os serviços prestados pela autora, ora apelada, **referem-se a transmissão de informações, objeto de consultoria, para a empresa contratante (SAM, que possui sede em Sea Meadow House, Ilhas Virgens Britânicas, fls. 31), que decidirá como utilizará as informações da consultoria realizada. Ou seja, o serviço é desenvolvido no Brasil, mas seu resultado se verifica apenas no exterior.**[203] (grifo nosso)

O que se diz aqui é que o objetivo da consultoria é permitir uma tomada de decisão e essa ocorre no exterior, mas aí se pode objetar que essa decisão é feita pelo tomador do serviço e não pelo prestador e, portanto, não faz parte do serviço.

Nesse que segue a exportação foi admitida considerando-se a natureza das atividades e a utilidade prática pretendida:

Sustentou a apelante que seu serviço desenvolve-se pela avaliação de oportunidades de investimento no País e transmissão dessas informações à empresa estrangeira (Carlyle Investment Management LLC CIM, sediada nos Estados Unidos da América). Assim, é remunerada pelo trabalho desenvolvido e não por possível investimento futuro no Brasil, encerrando sua atuação com a prestação das informações sobre oportunidades de negócios, que nada diz respeito ao investimento em si. [...]

Frise-se que a supracitada Lei Complementar nº 116/03 estabelece como condição para que haja exportação de serviços desenvolvidos no Brasil, que o resultado da atividade contratada não se verifique dentro do País, sendo que o termo "resultado", conforme destacado no parágrafo único do art. 2º, deve ser compreendido como consequência, efeito, seguimento.

Assim, no caso dos autos, os efeitos decorrentes dos serviços exportados operam-se no exterior, **diante da natureza das atividades** abrangidas pelo contrato de consultoria, bem como em razão de sua **utilidade prática**.[204] (grifo nosso)

O que se percebe é que o que se contrata numa consultoria é uma obrigação de resultado nos termos da lei civil, ou seja, a utilidade prática é o relatório que é produzido e encaminhado ao cliente no exterior.

No exterior, portanto, há a disponibilização do serviço e sua aceitação pelo cliente e, portanto, no caso de consultoria o resultado ocorre fora do Brasil, há exportação de serviço e, por isso, cabe a isenção.

Conclusões.

Neste texto se viu que a origem constitucional da exoneração da exportação de serviço de pagar o Imposto Sobre Serviço de Qualquer Natureza.

Constatou-se que se trata de uma isenção e que tem relevante importância no incentivo às exportações e, por consequência, no enriquecimento e desenvolvimento do Brasil.

O regramento infraconstitucional foi tratado, concluindo-se pela sua constitucionalidade.

Concluiu-se que os requisitos legais para a concessão da isenção são apenas os previstos no art. 2º, I, e parágrafo único da Lei Complementar nº 116, de 31 de julho de 2003:

1. Que haja exportação de serviço;
2. Que o serviço se destine ao exterior do Brasil;
3. Que o serviço seja desenvolvido no Brasil; e

4. Que o resultado se verifique fora do Brasil.

Outros requisitos não podem ser considerados por falta de amparo legal.

Na discussão do que se entende por resultado foi possível ver que no serviço se contrata obrigações de meio, resultado (como o entende o Direito Civil) e garantia (que na verdade se confunde com a obrigação de meio).

Analisando-se essas obrigações se percebeu que na obrigação de meio ou de garantia o resultado em termos tributários é a atividade em si, pois não se pode prometer um resultado nos termos da lei civil nesse tipo de obrigação.

Já a obrigação de resultado no sentido civil tem como resultado tributário um fim ou objetivo que deve ser entregue ao contratante credor do serviço.

Discutiu-se então o serviço de gestão, dentro do qual a consultoria é inerente, e sua jurisprudência para se concluir que o resultado tributário no caso é a atividade em si, assim, se a gestão se dá no Brasil não há exportação de serviço.

O mesmo foi feito com o serviço de consultoria concluindo-se que nesse caso o resultado em termos tributários é a aceitação do relatório apresentado pelo credor do serviço localizado no exterior, razão pela qual o resultado ocorre no exterior, há exportação de serviço e, por isso, isenção.

ISS EM CONFLITO - A INTERPRETAÇÃO DA LISTA DE SERVIÇOS

Eutálio José Porto[205]

Introdução

A arte de interpretar fatos de uma forma geral implica estar munido de um conjunto de valores oriundos de uma determinada forma de pensar, sendo certo afirmar que esses valores são forjados na mente humana em razão do processo civilizatório no qual o cidadão encontra-se inserido. No Ocidente esses valores foram construídos ao longo dos séculos, cuja fonte mais remota encontra-se na civilização grega que, por isso, tem seus feitos cultuados até os dias atuais e seus filósofos reverenciados por todos, sendo marca desse modelo, por exemplo, a democracia, a dialética, a lei como regra de convivência forjada pela razão humana. Os gregos marcaram a Antiguidade porque romperam com os mitos para inaugurar a era da razão e da ciência, fizeram o que se chama modernamente de revolução do logos.

Na sequência novos pensamentos foram incorporados a esse modelo, insculpidos pela *praxis* e pela lei romana assim como pela fusão com o cristianismo, que quebrou a rigidez humana para enaltecer a paz e o amor como formas de conexão e relacionamento social e interpessoal.

Mas o modelo contemporâneo, sem romper com a tradição, foi moldado pelo liberalismo, marcado pelo avanço da burguesia que culminou com as revoluções inglesa, americana e francesa, afastando o personalismo monárquico, clerical e senhorial, para ancorar a segurança das relações nas instituições, com o fortalecimento, por isso, do Estado e da lei.

A lei passa a ser fruto da vontade geral e modeladora da nova ordem social e econômica submetendo todos a seus comandos, tornando o Estado o seu guardião para dar a ela validade, vigência e eficácia, exigir seu cumprimento e punir os transgressores.

Sucintamente, dentro desses alicerces, estão os valores que formam o raciocínio para a interpretação, pois quando se lê a norma deve ter-se em mente qual a área que ela abrange e quais os paradigmas que ela traz para balizar a sua aplicação.

A aplicação de normas de conteúdo tributário difere da de outros ramos do direito, porque cada um tem seus princípios básicos que norteiam o critério de interpretação. Fundamentalmente, no Direito Tributário tudo deve estar estritamente insculpido na lei, já no direito privado as pessoas têm maior elasticidade para definir suas obrigações, que, por sua vez, podem estar previstas em normas particulares expressas em um contrato.

Em outros termos, em matéria tributária, a interpretação se faz pela tipificação do fato pela norma e deve o Poder Público pautar sua conduta dentro dos alicerces legais. O lançamento tributário é ato que exige vínculo legal não sendo ato discricionário do administrator. Por isso, a interpretação no campo do direito público, num primeiro momento, leva sempre em conta que todos os atos administrativos gozam da presunção de legalidade assim como na execução fiscal a certidão de dívida ativa goza da presunção de certeza e liquidez.

Esse critério de interpretação, que traz uma vantagem preliminar para o Poder Público, exige, por sua vez, do contribuinte, uma forte reação para desconstituir um lançamento tributário, mediante prova estreme de dúvida, apta a demonstrar que o ato administrativo, seja do ponto de vista fático, seja do ponto de vista jurídico, está em desacordo com a lei, pois, caso contrário, a presunção deverá prevalecer diante de uma prova fraca ou de um argumento inconsistente.

1. A tipologia dos serviços e sua evolução

Feitas essas observações e adentrando na interpretação do ISS, um primeiro ponto a observar é que a atividade relacionada à prestação de serviços evoluiu bastante nos últimos anos sendo um dos setores que mais cresceu dentro do mercado, pois o que antes estava restrito, para efeito de tributação, a apenas algumas atividades profissionais, hoje observa-se que existem serviços prestados por bancos, grandes empresas de informática nacionais e multinacionais, que estão vinculados ao campo da exportação e importação, programas de computação, *streaming* etc.

A ampliação do campo do serviço faz com que muitas vezes ele esbarre em outras atividades, como locação, produção, comercialização etc., exigindo do intérprete não só um estudo profundo de cada ramo do mercado como também de aspectos técnicos para realizar o correto enquadramento.

Nos últimos anos têm sido cada vez mais frequentes as discussões envolvendo o ISS, pois o setor de serviço tem ampliado no mercado e foi o que mais cresceu, fazendo com que houvesse uma reforma completa no Decreto-lei n. 406, de 1968 com a entrada em vigor da Lei Complementar n. 116, de 2003, com larga ampliação da tipologia dos serviços.

Os municípios também ficaram mais atentos a esse tipo de arrecadação, porque o ISS passou a ser uma importante fonte de receita, tendo, com isso, ampliado a fiscalização e modificado a legislação local para adaptarem-se ao crescimento do mercado de serviços com o surgimento de grandes empresas neste setor.

Os dados apontam que os serviços respondem por mais da metade do PIB, gerando milhões de empregos. Para se ter uma ideia do crescimento basta comparar a evolução dos dados ao longo dos anos, pois em 1950 o setor de serviços ocupava 26,4% do total de empregos, passando para 39,1% em 1973 e atualmente estima-se que 70% dos trabalhadores atua na área de serviços, pois houve redução na indústria e comércio, que foi compensada pela área de serviços, justificando, com isso, a sua condição de responsável por mais de 50% do PIB.[206]

O que caracteriza este setor é o fato de ser heterogêneo atuando em diversas frentes do mercado abrangendo a área de transporte, construção civil, informática, bancos e até mesmo a indústria tem ampliado suas atividades passando a depender muito mais dos serviços do que do comércio. Sem contar que muitas atividades antes desenvolvidas pela indústria sofreram um processo de terceirização, delegando para empresas de prestação de serviços o que antes era realizado diretamente por elas.

A ampliação da atividade e sua heterogeneidade são facilmente observadas pela lista de serviços anexa à Lei Complementar n. 116/03, fazendo inclusive com que o Instituto de Geografia e Estatística – IBGE acompanhe rotineiramente a atividade mediante uma sistemática própria que denominou de Pesquisa Anual de Serviços (PAS).

Essa pesquisa tem contribuído para mapear o avanço da atividade no mercado. Segundo dados do IBGE, somente em 2014 constatou-se que estavam em operação "1.332.260 empresas cuja atividade principal pertencia ao âmbito dos serviços não financeiros, que totalizaram R$ 1,4 trilhão em receita operacional líquida, ocuparam 13 milhões de pessoas e pagaram R$ 289,7 bilhões de reais em salários, retiradas e outras remunerações. O setor de serviços despendeu, em 2014, uma proporção de 49,1% do valor adicionado sob a forma de gastos com pessoal, com os encargos representando 30,0% do total destes gastos."[207]

2. Definições abertas da lei

Sendo a heterogeneidade uma marca dos serviços, a própria lei não consegue precisar sua tipologia e com isso agrega várias atividades em uma mesma descrição, por isso a norma traz definições abertas deixando para o intérprete, à luz do caso concreto, colmatar o comando, ou seja, colocar dentro de um mesmo item outras atividades semelhantes que não estejam expressamente descritas.

Veja, por exemplo, o item 01 da lista anexa à Lei Complementar n. 116/03, que descreve nove tipos de serviços vinculados à informática, mas que não se esgotam no elenco mencionado, pois, o próprio *caput* do item diz que são passíveis de tributação "serviços de informática e congêneres". O que implica dizer que o item, a despeito de uma farta descrição, ainda deixa margem para que outras atividades sejam agregadas a ele, desde que entendidas como congêneres.

A palavra congênere é a que mais aparece na lista de serviços. Mas além dela outras também existem, ficando a cargo do intérprete a sua definição, como as expressões: "de qualquer espécie" (item 5.06); "outros resíduos quaisquer (item 7.09); "contratos quaisquer" (item 10.02); "eventos de qualquer natureza" (item 12.17); "em geral" (item 14.11); "ordens de crédito e similares, por qualquer meio ou processo" e "pagamentos e similares, inclusive entre contas em geral" (item 5.16) etc.

Com isso, observa-se que são várias as atividades que o legislador deixou ao intérprete o poder de agregar outros serviços não especificados na lista, mas que podem constituir fato gerador do ISS desde que correlatos. O que implica dizer que a lista é rígida na sua condição vertical, mas pode ser dilatada em sua horizontalidade, permitindo incluir serviços, à luz da interpretação, desde que guardem similitude com os já descritos, não podendo, porém, o intérprete instituir novos serviços que não estejam previstos.

Nesse sentido, a jurisprudência do STJ, no julgamento do Recurso Especial Repetitivo nº 1.111.234/PR, "firmou o entendimento de que é taxativa a Lista de Serviços anexa ao Decreto-lei n. 406/68, posteriormente substituída pela LC 116/2003, para efeito de incidência de Imposto sobre Serviços, contudo, admite a ampliação dos itens ali existentes, no caso em que forem apresentados com outra nomenclatura."[208]

Em outra decisão, ainda sob égide do Decreto-lei n. 406/68 o STJ entendeu pela possibilidade de interpretação extensiva, fundado exatamente no recurso supramencionado, que fixou o entendimento da Primeira Seção, no sentido de que "embora taxativa a Lista de Serviços anexa ao Decreto-Lei n. 406/1968, para efeito de incidência de ISS, admite-se o emprego da interpretação extensiva para serviços congêneres, independentemente da nomenclatura adotada."[209]

3. Atividades que se misturam com o serviço - Locação

Ainda há de se observar, à luz do caso concreto, situações que em princípio estariam fora do alcance do ISS, mas que dependendo da forma como a atividade é exercida ela pode caracterizar serviço, como é o caso da locação. Quando se aluga um bem, seja uma retroescavadeira, um guindaste, um trator ou qualquer veículo, se ele for locado com o condutor não se pode dizer que existe locação, mas sim prestação de serviço. Existindo uma linha muito tênue entre uma atividade e outra.

É o caso concreto que irá permitir definir entre uma situação e outra, como por exemplo, ocorreu na Apelação nº 1012235-86.2016.8.26.0562 do Tribunal de Justiça de São Paulo, em que se entendeu pela complexidade da atividade que envolvia "tanto uma obrigação de dar (locação dos guindastes etc.) quanto uma obrigação de fazer (cessão da mão-de-obra especializada em sua operação)", circunstância em que foi afastada a aplicação da Súmula 31 do STF, que não autoriza a cobrança de ISS sobre locação, para determinar a incidência, sagrando-se vencedora a Fazenda Pública Municipal.[210]

Outro caso similar, mas com decisão diferente, ocorreu na apelação nº 1003436-78.2014.8.26.0609, do mesmo Tribunal, em que a empresa cindiu os contratos, ou seja, firmou um para mão de obra e outro para locação, situação em que o ISS recaiu apenas sobre a mão de obra.

Nesse caso concreto entendeu-se que houve uma contratação mista "de locação de bens móveis (caminhão, escavadeira, retroescavadeira, entre outras), com fornecimento de mão de obra (operadores das máquinas)". Mas restou provado que houve cisão no "preço recebido". Por isso afastou-se a "incidência do imposto sobre o valor da locação dos bens móveis, conforme Súmula Vinculante editada pelo C. STF" e determinou-se a "incidência sobre o preço referente à mão de obra fornecida, considerada a alíquota de 2%" que estava prevista na lei.[211]

4. Sociedades de profissão regulamentada

Sutilezas também são observadas na interpretação dos serviços prestados por sociedades profissionais, pois essa situação envolve a conjugação de três normas, sendo o § 3º do art. 9º do Decreto-lei n. 406/68, o Código Civil e a Lei Complementar n. 116/03.

Com relação ao primeiro dispositivo, ou seja, o § 3º do art. 9º do Decreto-lei n. 406/68, já restou assentado na jurisprudência que ele ainda persiste, não tendo, a Lei Complementar n. 116/03, o revogado, o que implica dizer que a antiga sociedade civil de prestação de serviços ainda mantém o privilégio de continuar pagando o imposto calculado sobre a pessoa do sócio e empregado e não sobre o faturamento da sociedade.

Mas o Código Civil de 2002 modificou a tipologia das sociedades e o que antes era sociedade civil passou a ser sociedade simples, deixando claro que é considerado "empresário quem exerce profissionalmente atividade econômica organizada para a produção ou a circulação de bens ou de serviços" (art. 966) - caso em que a sociedade será considerada empresária, excluindo da condição de "empresário quem exerce profissão intelectual, de natureza científica, literária ou artística, ainda com o concurso de auxiliares ou colaboradores, salvo se o exercício da profissão constituir elemento de empresa" (art. 966, parágrafo único) - caso em que a sociedade será considerada simples, cujo contrato social não é registrado na Junta Comercial, ou seja, no Registro Público de Empresas Mercantis (arts. 982 e 967 CC), devendo, a sociedade, "requerer a inscrição do contrato social no Registro Civil das Pessoas Jurídicas do local de sua sede." (art. 998 CC).

Esse segundo tipo equivale à antiga sociedade civil e se enquadra nos termos do § 3º do art. 9º do Decreto-lei n. 406/68, cuja forma de tributação será calculada "em relação a cada profissional habilitado, sócio, empregado ou não, que preste serviços em nome da sociedade, embora assumindo responsabilidade pessoal, nos termos da lei aplicável." (Redação dada pela Lei Complementar nº 56, de 1987)

Mas o detalhe é que esse tipo societário, para fins de recolhimento de ISS nesta condição, não pode adotar a forma limitada, porque na "sociedade limitada, a responsabilidade de cada sócio é restrita ao valor de suas quotas, mas todos respondem solidariamente pela integralização do capital social" (art. 1.052 do

CC). Enquanto na sociedade que não adota a forma limitada a responsabilidade recai sobre a pessoa dos sócios.

Em outras palavras, a sociedade simples não pode se organizar sob a forma de sociedade limitada, porque neste caso a responsabilidade vai até o limite do capital social, enquanto no caso da sociedade simples pura a responsabilidade recai diretamente sob a pessoa do sócio.

Por isso, a sutileza aqui é que a sociedade simples, que tem como finalidade essencial a atividade intelectual, de natureza literária, científica ou artística (art. 966, parágrafo único, do CC), para ficar fora do alcance da tributação do ISS, não pode ser limitada e nem demonstrar ter estrutura empresarial, o que a descaracteriza para efeito de tributação.

Quando da entrada em vigor do Código Civil de 2002 houve a reformulação do contrato social e muitas sociedades de prestação de serviços não se atentaram para esse detalhe e mantiveram o contrato social na forma limitada e mesmo os novos contratos sociais também insistiram nessa condição, fixando-se apenas na natureza da atividade e não no tipo de sociedade, motivando, com isso, a tributação sobre o faturamento.

Quando as sociedades começaram a ser tributadas sobre o faturamento e não sob a forma contida no § 3º do art. 9º do Decreto-lei n. 406/68, houve discussão se este artigo não teria sido revogado pela Lei Complementar n. 116/03, mas a jurisprudência entendeu pela sua manutenção no ordenamento jurídico, interpretando-a em consonância com o novo Código Civil de 2002, no sentido de que a sociedade de profissão regulamentada poderia continuar sendo tributada em relação a cada profissional habilitado, sócio, empregado ou não, porém, a organização societária não poderia ser sob a forma limitada porque desnaturava a condição fiscal.

Veja, como exemplo, os termos constantes na apelação civil nº 1010727-08.2016.8.26.0077, que tratou- de um caso em que a autora fora constituída na forma de sociedade simples limitada com todos sócios exercendo a mesma atividade profissional, cujo objeto social era prestação de serviços médicos.

No exame do contrato social identificou-se que havia uma cláusula que definia a responsabilidade dos sócios na condição limitada ao valor da respectiva participação no capital social, nos termos do artigo 1.052 do Código Civil Brasileiro, em que todos respondiam solidariamente pela integralização do capital social.

Com isso e em razão da opção da constituição da sociedade na forma limitada, não foi possível reconhecer o benefício fiscal estipulado no § 3º do art. 9º do Decreto-lei n. 406/68, ou seja, o tributo recaiu sobre o faturamento, que é maior.

O STJ, em decisão da lavra do Min. Mauro Campbell Marques, ao analisar casos de serviços prestados pelas sociedades limitadas, entendeu que essas não se enquadram nos termos do § 3º do art. 9º do Decreto-lei n. 406/68, em razão dos sócios não assumirem responsabilidade pessoal, consoante os termos da ementa que segue transcrita:

"Tratando-se de serviços prestados por sociedades, desde que o serviço se enquadre no rol previsto no § 3º do artigo referido, há autorização legal para fruição do tratamento privilegiado, devendo o imposto ser "calculado em relação a cada profissional habilitado, sócio, empregado ou não, que preste serviços em nome da sociedade, embora assumindo responsabilidade pessoal, nos termos da lei aplicável". A sociedade simples, constituída sob a forma de sociedade limitada, não pode usufruir do tratamento privilegiado, porquanto nela o sócio não assume responsabilidade pessoal, tendo em vista que sua responsabilidade é limitada à participação no capital social, não obstante todos os sócios respondam solidariamente pela integralização do capital social. Assim, "a alíquota fixa do ISS somente é devida às sociedades unipessoais integradas por profissionais que atuam com responsabilidade pessoal, não alcançando as sociedades empresariais, como as sociedades por quotas, cuja responsabilidade é limitada ao capital social." (AgRg no Ag 1.349.283/RO, 2ª Turma, Rel. Min. Humberto Martins, DJe de 14.12.2010)" (grifos nossos)212

Por mais que a sociedade simples revista-se de todas as condições para ser enquadrada na tributação em *relação a cada profissional habilitado, sócio, empregado ou não*, sua forma de organização sob a condição limitada faz com que a responsabilidade de cada sócio seja restrita ao valor de suas quotas e, com isso, a tributação ocorra sobre o faturamento.

Esse posicionamento é reafirmado em outras oportunidades, conforme se verifica da decisão da Primeira Seção do STJ no sentido de que "'o tratamento privilegiado previsto no art. 9º, §§ 1º e 3º, do Decreto-lei n. 406/68 somente é aplicável às sociedades uniprofissionais que tenham por objeto a prestação de serviço especializado, com responsabilidade pessoal dos sócios e sem caráter empresarial. Por tais razões, o benefício não se estende à sociedade limitada, sobretudo porque nessa espécie societária a responsabilidade do sócio é limitada ao capital social' (AgRg nos EREsp 1.182.817/RJ, Rel. Ministro Mauro Campbell Marques, Primeira Seção, julgado em 22/8/2012, DJe 29/8/2012)."213

Uma situação inversa pode ocorrer também com a sociedade que, por suas características, mesmo se organizada sob a forma de sociedade simples pura, ou seja, que não utilize a forma limitada, pode ser tributada sobre o faturamento por possuir natureza empresarial, ou seja, se ela se estruturar com filiais, empregados, distribuição de lucros e pró-labore, dentre outros elementos, desnaturando sua condição de beneficiária de um modelo de lançamento mais favorável, mesmo se revestindo das condições formais para obter o privilégio.

Em outros termos, a condição tributária não pode atender apenas para o aspecto formal da sociedade, mas também para o fático. Quando se perde essa qualidade passa para o regime normal, repita-se, mesmo se tratando de sociedade simples pura e não se organizando na forma limitada, a sua estrutura física pode descaracterizá-la e colocá-la sob o crivo da tributação sobre o faturamento, ocorrendo neste caso a desnaturalização para feito de tributação do ISS.

Isso porque, não se pode interpretar literalmente o dispositivo acima sem uma conexão com a realidade fática, pois levaria à conclusão de que basta a sociedade ser uniprofissional e de prestação de serviço e organizada sob a forma de sociedade simples pura, para ter acesso ao enquadramento tributário mais privilegiado.

Ocorre que a jurisprudência, inclusive aquela advinda do STJ, estabelece alguns requisitos, sem os quais a sociedade estará obrigada a recolher o ISS com base na sistemática geral, vale dizer, sobre o valor do seu faturamento. Esses requisitos são verificados à luz da prova dos autos em que a sociedade uniprofissional de prestação de serviço revele ter caráter empresarial.

Essas circunstâncias são tipicamente de base interpretativa, pois a lei nada diz a este respeito, tratando-se, por isso, de uma construção jurisprudencial que somente é possível inferir pela análise dos fatos, pois mesmo que a sociedade tenha todas as características de uma sociedade que, pela sua constituição, possa fazer jus ao enquadramento diferenciado, porém, por uma interpretação teleológica pode se chegar a outra conclusão que contrarie a formatação jurídica dada à sociedade.

Com isso, a organização jurídica da sociedade lhe garante um tipo de tributação, mas a realidade fática modifica esse critério. Com isso, sem desnaturar a sua forma de organização ou sem desconstituir a personalidade jurídica a vantagem tributária é retirada.

O STJ, nos autos do Resp n. 1.189.561, ao examinar acórdão do Tribunal de Justiça do Paraná, relatou um caso em que a esta corte entendeu que não era justo nem razoável "conceder o benefício da tributação por alíquota fixa do ISSQN a sociedade que, embora formada exclusivamente por contadores, desenvolve suas atividades com caráter genuinamente empresarial, apresentando complexa estrutura organizacional e vultoso faturamento anual, além da previsão contratual de pró-labore e divisão de lucros."

E em outra decisão o relator Benedito Gonçalves, citando o entendimento do Ministro Hamilton de Carvalho, fez constar no acórdão que: "As sociedades uniprofissionais somente têm direito ao cálculo diferenciado do ISS, previsto no artigo 9º, parágrafo 3º, do Decreto-Lei nº 406/68, quando os serviços são prestados em caráter personalíssimo e, assim, prestados no próprio nome dos profissionais habilitados ou sócios, sob sua total e exclusiva responsabilidade pessoal e sem estrutura ou intuito empresarial" (EREsp 866.286/ES, Rel. Min. Hamilton Carvalhido, Primeira Seção, julgado em 29.9.2010, DJe 20.10.2010)."[214]

5. Conflito sobre o local da Prestação de Serviço

As definições legais no tocante ao local do pagamento do ISS, mesmo que o legislador tenha se esforçado para colocar fim às dúvidas, sendo mais preciso ao indicar o local para o recolhimento do imposto, não raro frequentam os litígios nos tribunais.

O artigo 3º da Lei Complementar n. 116/03 indicou como regra geral que o imposto deverá ser pago (i) no "local do estabelecimento prestador ou, na falta do estabelecimento, no local do domicílio do prestador", e, como exceção, (ii) no local em que o serviço é prestado, fazendo constar expressamente quais os tipos de serviços cujo tributo deve ser pago no local em que for prestado, conforme consta nos incisos I a XXV.

Para ficar mais claro ainda, o legislador definiu no artigo 4º que estabelecimento prestador é "onde o contribuinte desenvolva a atividade de prestar serviços, de modo permanente ou temporário, e que configure unidade econômica ou profissional, sendo irrelevantes para caracterizá-lo as denominações de sede, filial, agência, posto de atendimento, sucursal, escritório de representação ou contato ou quaisquer outras que venham a ser utilizadas."

Com isso, quais são então as questões levadas ao judiciário que carecem de interpretação? Os casos de construção civil têm sido os mais corriqueiros, uma vez que o art. 3º da Lei Complementar n. 116/03 excetua como local do pagamento os serviços descritos nos itens 7.02 e 7.19, mas a obra contempla outras etapas que não estão incluídas nestes dois itens, ficando de fora, por exemplo, o item 7.03, que trata da "elaboração de planos diretores, estudos de viabilidade, estudos organizacionais e outros, relacionados com obras e serviços de engenharia; elaboração de anteprojetos, projetos básicos e projetos executivos para trabalhos de engenharia."

O que implica dizer que a parte referente ao estudo e projeto de engenharia não necessariamente é realizada no mesmo local da obra. Por isso o legislador diferenciou a fase de projeto da execução como duas etapas e dois serviços distintos, o que de fato pode acontecer, considerando que existem empresas que somente fazem o projeto e outras que o executam e, com isso, o pagamento pode ocorrer na sede da empresa e outra parte no local da execução, considerando que o projeto pode ser feito em qualquer local, mas a obra não.

Mas quando as duas atividades são exercidas pela mesma empresa, sendo esta encarregada da elaboração do projeto e da execução cujo contrato envolve uma totalidade dos serviços, a jurisprudência não tem separado as etapas, pois considera que a obra é uma universalidade, aplicando o seguinte entendimento: "Em se tratando de construção civil, diferentemente, antes ou depois da lei complementar, o imposto é devido no local da construção (art. 12, letra "b" do DL 406/68 e art. 3º, da LC 116/2003). 3. Mesmo estabeleça o contrato diversas etapas da obra de construção, muitas das quais realizadas fora da obra e em município diverso, onde esteja a sede da prestadora, considera-se a obra como uma universalidade, sem divisão das etapas de execução para efeito de recolhimento do ISS."215

Outra questão polêmica que não envolve as exceções, mas a regra geral do art. 3º, e que deixou muitos municípios sem o recolhimento do ISS foi a decisão do STJ sobre arredamento mercantil, fazendo com que muitos tivessem que anular as infrações e os lançamentos antes efetuados. Isso porque a decisão considerou que o local do pagamento não seria o local em que o contrato fora firmado, mesmo que a instituição financeira tenha representação ou agência no local, afastando com isso as definições do art. 4º da Lei Complementar n. 116/03, para determinar que o recolhimento seja efetuado na sede da instituição, tendo considerado este local o núcleo apto à aprovação do contrato, independentemente da agência ou escritório que a empresa possua no município.

Nos exatos termos da decisão do STJ, ficou assentado que, no caso de *leasing*, por ser um contrato complexo, considera-se que "a concessão do financiamento é o núcleo do serviço na operação de leasing financeiro, à luz do entendimento do STF. O serviço ocorre no local onde se toma a decisão acerca da aprovação do financiamento, onde se concentra o poder decisório, onde se situa a direção geral da instituição. O fato gerador não se confunde com a venda do bem objeto do leasing financeiro, já que o núcleo do serviço prestado é o financiamento. Irrelevante o local da celebração do contrato, da entrega do bem ou de outras atividades preparatórias e auxiliares à perfectibilização da relação jurídica, a qual só ocorre efetivamente com a aprovação da proposta pela instituição financeira."216

Com isso, mesmo que a instituição financeira tenha uma agência no município nos exatos termos do art. 4º, e que tudo tenha sido feito sob o acompanhamento da gerência e o contrato tenha sido assinado no local, deve ser considerado para efeito de pagamento (do ISS) o local em que presumivelmente é aprovado o financiamento.

Porém, modernamente, todos esses contratos são realizados via internet e muitos deles não passam por uma análise, pois o que define a aprovação é o cadastro do cliente e algumas vezes sua relação com a instituição, que também não é uma condição necessária. De modo que não é uma pessoa, uma diretoria que recebe as informações e bate um carimbo de aprovado. Muitos cadastros são inclusive pré-aprovados, ou seja, desde que o contratante atenda a certos requisitos a aprovação é imediata o que é feito a qualquer hora em qualquer dia, inclusive no sábado.

Outra questão também não rara envolvendo o local da prestação de serviço diz respeito aos navios que ficam na bacia de um determinado município prestando serviços por longos meses de perfuração de petróleo ou gás natural ou outras atividades, constituindo verdadeiras unidades móveis com corpo técnico e pessoal local para administração dos serviços, mas o faturamento é realizado por outro município em que se localiza a sede fixa da empresa em terra firme.

Nesse caso é possível considerar o navio como unidade econômica apta a transferir para o local onde se encontra ancorado o pagamento do imposto, situação que não há previsão específica da lei, mas da mesma forma que pode se considerar um escritório, ainda que temporário, como local do estabelecimento prestador, um navio também pode ser enquadrado nestas mesmas condições, porque para efeito de tributação o mar territorial é uma extensão do território municipal.

Os municípios, visando ter controle sobre as atividades realizadas em seu território e considerando que a regra geral é que o imposto seja pago no local do estabelecimento prestador, independentemente do local da sua realização, passaram a exigir um cadastro de empresas localizadas em outros municípios, mas que prestam serviços dentro de sua extensão territorial, objetivando, com isso, controlar as atividades realizadas por empresas que estão fora do seu domínio e jurisdição.217 As empresas que possuem este cadastro acabam evitando problema com a fiscalização municipal e desobrigam o tomador do serviço de realizar o desconto do ISS na fonte, na condição de responsável tributário.

Para isso a empresa deve demonstrar estreme de dúvida que não possui nenhuma unidade no local em que o serviço está sendo prestado, o que possibilita de forma segura o recolhimento do tributo em sua sede, pois qualquer unidade que exista no local da prestação do serviço, independentemente da infraestrutura pode ser considerada para efeito de recolhimento do imposto em razão do alargamento do conceito de local realizado pelo art. 4º da Lei Complementar n. 116/03.

Outra discussão é no tocante às praças de pedágios cujas concessionárias têm insistido que o cálculo do ISS deve levar em conta a totalidade da rodovia. Porém a norma além de afastar o fato gerador onde ocorre a arrecadação, ou seja, onde estão localizadas as praças de pedágio, determinou que o pagamento leve em consideração a extensão da rodovia explorada.

Mesmo que este cálculo demande uma dificuldade maior, pois, deverá ser levado com conta cada trecho da rodovia fazendo a divisão do quanto arrecadado neste trecho para todos os municípios, o fato é que o § 2º do art. 3º não dá margem para outra interpretação na forma como pretendem as concessionárias, pois o texto da lei é expresso ao dizer que: "No caso dos serviços a que se refere o subitem 22.01 da lista anexa, considera-se ocorrido o fato gerador e devido o imposto em cada Município em cujo território haja extensão de rodovia explorada".

E nesse sentido têm sido as decisões das câmaras especializadas do Tribunal de Justiça de São Paulo nos casos em que as empresas concessionárias pretendem a "apuração com base na arrecadação de todo o sistema rodoviário, e não apenas na que resulta do trecho da rodovia que serve o Município-exequente." Para essa pretensão, a Corte de Justiça estadual tem sido contrária, sob o fundamento de que o critério defendido no pedido é incompatível com os termos do § 2º do art. 3º da Lei Complementar n. 116/03, conforme indicam os precedentes.[218]

Essa questão do local do pagamento é o principal ponto de conflito entre os municípios, o que, não raro, coloca o contribuinte em condição de fragilidade perante o ente federativo municipal, na medida em que muitas vezes se paga em um local e vem o outro município pretendendo receber o mesmo imposto, cujo principal argumento é exatamente a disputa pelo recolhimento focado no local da prestação ou da realização da atividade.

Isso implica dizer que o contribuinte deve tomar todos os cuidados na hora de eleger o local do pagamento do imposto, já que a fiscalização é realizada posteriormente, pelo município que se achava no direito de receber o imposto.

A disputa quanto ao local implica aumento de arrecadação, por isso, há sempre a busca pelos municípios de tentar privilegiar o local da prestação, o que, a propósito, deveria ser a regra geral e não a exceção, pois o correto é pagar onde o serviço foi prestado e, assim, acaba-se com a disputa. Pois, bastaria o contribuinte indicar que o serviço foi realizado em determinado local ou para determinada empresa localizada em determinada cidade que seria suficiente para se estabelecer o local do pagamento.

Ainda para tentar amenizar essa disputa, a Lei Complementar n. 157/16 realizou modificações nas exceções do § 3º, alterando alguns dos incisos e agregando outros, como é o caso dos incisos XXIII, XXIV e XXXV, que indicaram como devido o imposto no local do domicílio do tomador para os serviços descritos nos subitens 4.22, 4.23 e 5.09; assim como no caso dos serviços prestados pelas administradoras de cartão de crédito ou débito e demais descritos no subitem 15.01; e os serviços dos subitens 10.04 e 15.09.

Mas se isso resolveu parcialmente a disputa entre os municípios, o que seria o mais lógico, já que indica o local do tomador como apto a receber o pagamento do imposto, por outro lado criou um problema administrativo para as empresas prestadoras do serviço, que, por serem de âmbito nacional, teriam de controlar os gastos realizados em cada município para efetuar o recolhimento.

Essa complicação já vinha sendo discutida desde a fase de aprovação da lei, cujo projeto chegou a ser vetado pelo Presidente da República, que teve o veto derrubado pelo Legislativo, e tão logo entrou em vigor foi questionada no Supremo Tribunal Federal, que suspendeu seus efeitos liminarmente.

Interessante notar que o questionamento não fora fundado numa explícita inconstitucionalidade, mas na dificuldade de aplicação da lei, conforme se infere da decisão da ADI 5835, tomada pelo Ministro Alexandre de Moraes, que utilizou como fundamento para suspender a aplicação da lei a necessidade de especificar o "conceito de tomador de serviços", sem o qual além de gerar "insegurança jurídica" ainda pode acarretar "dupla tributação".

Também traz como elemento de cognição sumária precedente da Suprema Corte, que já invalidou "norma geral de direito tributário, com fundamento na dificuldade de sua aplicação, que teria fomentado conflitos de competência entre unidades federadas."219

Ampara ainda a decisão no fato de que a norma, face aos diversos regulamentos no âmbito municipal, poderá gerar dificuldade quando da aplicação, pois pode acirrar "os conflitos de competência entre unidades federadas e gerando forte abalo no princípio constitucional da segurança jurídica, comprometendo, inclusive, a regularidade da atividade econômica, com consequente desrespeito à própria razão de existência do artigo 146 da Constituição Federal."

Com isso, é possível observar que na disputa pelo ISS os municípios estão constantemente buscando formas de trazer para dentro de seu domínio fiscal a cobrança do imposto, criando alternativas legais para se vincularem ao fato gerador, seja em razão da localização da prestação do serviço, seja em razão do tomador ou do prestador. E nessa disputa fica o contribuinte com a insegurança jurídica decorrente do litígio entre os entes tributantes.

6. Conflito entre o Simples Nacional e as sociedades de serviços

Há um aparente conflito entre o art. 9º, § 3º, do Decreto-lei n. 406/68 e a Lei Complementar n. 123/06, que instituiu o Simples Nacional. A primeira regra, como aqui já fora mencionado, atribui tratamento diferenciado para algumas empresas que prestam serviço sob a forma de trabalho pessoa, cujo pagamento não ocorre sobre o faturamento, mas "sobre cada profissional habilitado, sócio, empregado ou não, que preste serviços em nome da sociedade."

Porém essas sociedades de prestação de serviço submetidas aos termos da regra do art. 9º, § 3º, também podem fazer uso dos benefícios da Lei Complementar n. 123/06, ou seja, Simples Nacional, ficando sujeitas a um modelo de pagamento diferenciado que engloba todos os tributos, dentre eles o ISS.

A forma de cálculo dos tributos incide sobre o faturamento total, cuja alíquota será aquela indicada na Lei Complementar n. 123/06, o que implica dizer que não se aplica mais o § 3º do art. 9º do Decreto-lei n. 406/68. Essas sociedades, ao aderirem ao Simples Nacional, pagam o imposto sobre o faturamento e, com isso, o ISS que faz parte da tributação fica maior do que pagariam se este fosse calculado mediante alíquota fixa-.

A tributação do Simples Nacional, a despeito de ser mais vantajosa no aspecto geral, é desvantajosa no tocante ao ISS e, com isso, não raro surgem demandas de sociedades de prestação de serviços sob a forma de trabalho pessoal que querem continuar no Simples Nacional, mas excluírem de sua base de cálculo geral o ISS.

Nesses casos, o entendimento adotado é no sentido de que a adesão ao Simples Nacional implica renúncia à forma de pagamento prevista no § 3º do art. 9º do Decreto-lei n. 406/68, sob pena de descaracterizar o sistema do Simples Nacional, que foi criado exatamente para facilitar a forma de tributação e cuja opção é livre. O fatiamento das contribuições aderindo apenas no que for conveniente não se adéqua à finalidade da lei.

O art. 1º da Lei Complementar n. 123/06, ao estabelecer as diretrizes diferenciadas às microempresas e empresas de pequeno porte, buscou facilitar a "apuração e recolhimento dos impostos e contribuições da União, dos Estados, do Distrito Federal e dos Municípios" instituindo, para isso, um regime único de arrecadação próprio que inclui também as obrigações acessórias.

O art. 13, por seu turno, diz que o Simples Nacional implica o recolhimento mensal, mediante a utilização de um documento único de arrecadação que inclui os impostos e contribuições mencionados, citando expressamente o Imposto sobre Serviços de Qualquer Natureza – ISS (inciso VIII).

Com isso, quem adere ao Simples Nacional, regulado pela Lei Complementar n. 123/06, renuncia ao pagamento do ISS na forma indicada no § 3º do art. 9º do Decreto-lei n. 406/68, pois, é inviável o fracionamento da lei, contrariando sua teleologia, o que ao invés de facilitar o pagamento acabaria complicando, pois ou se adere ao conjunto ou se mantém na forma convencional, nesse sentido vem se firmando a jurisprudência.

"Pretensão de recolhimento do tributo com base na alíquota fixa e anual prevista no Decreto-lei nº 406/68 - Impossibilidade – Prevalência das regras previstas no art. 18, § 3º, inciso III da Lei

Complementar nº 123/2006 - O regime de tributação pelo Simples Nacional é uma opção do contribuinte - Impossibilidade do contribuinte ser tributado por regime misto, com o objetivo de extrair o que é mais benéfico de cada um deles - Precedentes deste Eg. Tribunal de Justiça - Sentença mantida – Recurso não provido."220

O Serviço Farmacêutico - ISS ou ICMS?

Como é cediço, a Lei Complementar n. 116/03 alargou consideravelmente o rol de serviços sujeitos ao ISS, gerando, em muitos casos, pendências judicias para delimitar a abrangência da norma, como é o caso do item 4.07 da lista, que incluiu os serviços farmacêuticos, envolvendo diretamente as atividades exercidas pelas farmácias de manipulação.

Esse fato vem gerando controvérsias, já que as empresas farmacêuticas de manipulação entendem que estão fora do alcance do ISS, mas a jurisprudência do STJ reconheceu que a atividade de manipulação de medicamentos por farmácias é alcançada pelo imposto, consoante voto de relatoria do Min. Herman Benjamin que fixou o entendimento de que: " [...] Os serviços prestados por farmácias de manipulação, que preparam e fornecem medicamentos sob encomenda, submetem-se à exclusiva incidência do ISS (item 4.07 da lista anexa à LC 116/2003)."221

Mas em razão do número de demandas existentes, o STF reconheceu a existência de repercussão geral no RE 605.552/RS, ainda pendente de julgamento, cuja ementa segue transcrita:

"I[...]Tributário. ISS. ICMS. Farmácias de manipulação. Fornecimento de medicamentos manipulados. Hipótese de incidência. Repercussão geral. 1. Os fatos geradores do ISS e do ICMS nas operações mistas de manipulação e fornecimento de medicamentos por farmácias de manipulação dão margem a inúmeros conflitos por sobreposição de âmbitos de incidência. Trata-se, portanto, de matéria de grande densidade constitucional. 2. Repercussão geral reconhecida".[222]

Diante dessa incerteza, algumas farmácias de manipulação deixaram de recolher o imposto ou depositaram em juízo para evitarem riscos futuros. Em razão da inadimplência de umas ou da previdência de outras a Lei Complementar n. 147/14, que alterou alguns dispositivos da Lei Complementar n. 123/2006 (Simples Nacional), dispôs o seguinte:

"Art. 13. Ficam convalidados os atos referentes à apuração e ao recolhimento dos impostos e contribuições da União, dos Estados, do Distrito Federal e dos Municípios mediante regime previsto na Lei Complementar nº 123, de 14 de dezembro de 2006, e alterações posteriores, inclusive em relação às obrigações acessórias, pelas empresas que desenvolveram as atividades de comercialização de medicamentos produzidos por manipulação de fórmulas magistrais, até a data de publicação desta Lei Complementar."

Diante disso, muitas empresas têm entendido que esta convalidação implica a eliminação de todo o débito anterior caracterizando uma remissão, não podendo mais ser exigido o tributo em relação ao passado. Em outros termos, quem nada pagou ou quem pagou certo ou errado ou quem depositou estaria fora do alcance da tributação após a publicação da lei.[223]

Porém, algumas decisões têm afastado esta tese, pois este entendimento não encontra respaldo, uma vez que as empresas farmacêuticas de manipulação de medicamentos não podem se esquivar do pagamento do ISS ao "acenar com os dizeres do art. 13 da

Lei Complementar nº 147/2014, ao pretexto de que a edição desse texto constitui fato superveniente a interferir no resultado da demanda, por convalidar os atos de apuração e recolhimento do ISSQN devido aos Municípios por empresas dedicadas à comercialização de medicamentos produzidos por manipulação de fórmulas."

Ao fundamentar a decisão o relator diz que a bem da verdade "a teor do que dispõe o art. 146, I da CR, pode a lei complementar dispor sobre conflitos de competência em matéria tributária. Nesse sentido, seria difícil questionar a conformidade da citada LC nº 147/2014 à Constituição quando oferece interpretação segundo a qual a referida atividade sujeita-se apenas ao recolhimento do ISSQN (inciso VII do § 4º do art. 18 da LC nº 123/2006, acrescentado pela LC nº 147/2014)."

Mas a despeito disso, ressalta-se que esse dispositivo, "todavia, exorbita o alcance do mencionado inciso I do art. 146 da Constituição, pois a ser interpretado como pretende a recorrente estaria a conceder, na prática, autêntica remissão, a qual, no entanto, como ensina ROQUE ANTONIO CARRAZZA, "só pode ser concedida por lei da pessoa política tributante" ("Curso de Direito Constitucional Tributário", 27ª ed., 2011, Malheiros, pág. 990)."[224]

Como se vê essa polêmica ainda não terminou, pois além de existir controvérsia sobre o enquadramento das farmácias de manipulação quanto ao pagamento se de ISS ou de ICMS, ainda existe a convalidação não muito bem explicada da Lei Complementar n. 146/14, que certamente será objeto de questionamento tão logo o STF decida para que lado deve caminhar a tributação, se para o estado ou para os municípios, que, certamente, sendo qualquer um deles, não irá concordar com a convalidação do art. 13 e, com isso, devem buscar o que deixaram de receber, salvo se o STF também já definir, por arrastamento, essa polêmica, o que seria útil para todos.

A controvertida base de cálculo das agências de publicidade

Com certa frequência também ocorrem controvérsias envolvendo as agências de publicidades, que pela natureza da atividade acabam por centralizar todos os recursos a serem gastos, que vão desde a produção, confecção de material, filmagens, pagamento dos diversos veículos de comunicação que farão a veiculação da publicidade etc. Inclui também nesta conta o pagamento de terceiros subcontratados para desenvolverem a peça publicitária, tais como pesquisas de mercado, produtores, artistas, equipamentos etc.

Em geral as agências de publicidade impugnam a base de cálculo sob o argumento de que o serviço, especificamente, encontra-se restrito a criação e/ou agenciamento e que para que se realize é necessário contar com a atividade de terceiros, e que ela apenas repassa o valor pago pelo cliente, não podendo ser incluída a totalidade na base de cálculo.

Pela análise de casos concretos levados aos tribunais verifica-se que, de fato, são diversas as atividades desenvolvidas pelas agências de publicidade, porém os contratos muitas vezes são realizados pela totalidade, ficando a agência de publicidade responsável pelo pagamento ou adiantamento do valor, o que torna difícil o fatiamento da base de cálculo.

Dentre as situações analisadas encontram-se contratos que incluem prestação de serviços de propaganda, publicidade e jornalismo, bem como a criação, planejamento, organização, produção de campanhas publicitárias, peças a serem veiculadas nas mais diversas mídias, além de agenciamento de serviços de publicidade, locação de espaços, comercialização de material publicitário etc.[225]

Em um caso relatado pelo STJ, ficou consignada a existência de receitas advindas de três diferentes atividades sendo elas: "a) Os serviços de publicidade propriamente ditos, tais como a criação de anúncios televisivos, de rádio, 'outdoors' e impressos, criação de 'gingles', símbolos distintivos, promoção de vendas, planejamento da comunicação mercadológica, controle de resultados e, sobretudo, a preparação da estratégia de 'marketing' ou elaboração do plano de propaganda que abrange, certamente, todas as demais atividades citadas; b) As chamadas comissões, auferidas dos veículos de divulgação, devidas exclusivamente às agências e aos corretores de propaganda, e que consistem em percentuais sobre o custo líquido da veiculação; c) Taxa de agenciamento, que é percentual sobre o valor dos serviços não executados diretamente pelas agências de propaganda, mas por terceiros previamente aprovados pelo cliente, tanto relativamente ao preço como ao prestador do serviço em si."

Nesse caso ficou esclarecido ainda que houve a contratação de serviços com terceiros cujos valores foram adiantados pela agência mediante reembolso tendo, porém, cobrado uma taxa de agenciamento que não estaria incluída na base de cálculo.[226]

Mesmo considerando a diversidade da atividade, não há na regra geral do ISS, ou seja, a Lei Complementar n. 116/03, qualquer autorização legal que permita ao intérprete, à luz do seu entendimento ou da sua discricionariedade, excluir da base de cálculo valores que considere fora da prestação do serviço, determinando o pagamento de uns e excluindo o de outros.

A regra geral contida no *caput* do artigo 7º é clara ao dizer que a base de cálculo do imposto é o preço do serviço, não fazendo qualquer exceção, salvo, como mencionado, aquela prevista no § 2º, inciso I, que abrange os serviços descritos nos itens 7.02 e 7.05.

No tocante ao serviço de propaganda e publicidade encontra-se descrita no item 17.06 da lista anexa à Lei Complementar n. 116/03, que inclui na atividade a "promoção de vendas, planejamento de campanhas ou sistemas de publicidade, elaboração de desenhos, textos e demais materiais publicitários."

Ou seja, mesmo que não se esgote nas atividades expressamente previstas, o item ainda amplia a possibilidade de inclusão de outros materiais publicitários. Dessa forma a jurisprudência dos tribunais, em regra, não tem admitido qualquer tipo de abatimento mantendo a incidência pela totalidade.

Tome-se como exemplo a decisão do Tribunal de Justiça de São Paulo, por sua 15ª Câmara de Direito Público, em demanda envolvendo uma situação tal qual a ora tratada, em que restou consignado no acórdão que as exceções previstas na LC 116/2003 somente dizem respeito aos serviços ligados à construção civil não sendo extensivas quando se trata de "serviços de publicidade e propaganda, assessoria de comunicações, criação, produção de campanhas publicitárias com fornecimento de materiais."

Concluiu a turma julgadora "pela incidência do ISSQN sobre a receita bruta auferida da autora, à evidência de que essa tributação recai sobre as despesas que fazem parte da prestação dos serviços para os quais foi contratada (despesas do prestador de serviço)."[227]

Em contrapartida, a outra conclusão chegou o Tribunal de Pernambuco em um caso que, a despeito de ter sido levado ao STJ, este não o apreciou por envolver matéria probatória e exame de lei municipal. Porém constou do relato da Corte Superior, em caso envolvendo o município de Recife, que, a despeito da lei municipal à época dos fatos não ter feito qualquer referência à exclusão de valores da base de cálculo, entendeu-se que seria justo limitá-la para manter apenas os serviços que estivessem genuinamente relacionados à atividade precípua da empresa, pois "não poderia ser considerada como o montante da receita bruta, abrangendo a totalidade das entradas sem deduções, porquanto tal soma extrapola o preço do serviço efetivamente prestado."

Entendeu a corte estadual que as deduções devem atender "a lógica da justiça tributária" independentemente da "lei de regência da época dos fatos" ser ou não "específica". Isso porque foi "intenção do legislador de excluir da base de cálculo do imposto quaisquer valores que não são apropriados pelos prestadores (produção externa)."

Asseverou-se que os valores, a despeito de terem ingressado na empresa, não integraram o seu patrimônio e poder-se-ia constituir "uma verdadeira injustiça a tributação de contribuinte referente à importância que se constitui em mera circulação contábil, sem qualquer incorporação efetiva à riqueza do sujeito passivo da obrigação tributária, com ofensa aos princípios da legalidade, da personalização e da capacidade contributiva."

Por fim, destacou a decisão que "a incidência do imposto sobre a totalidade das entradas, incluindo as que não constituem preço do serviço prestado, acarretaria inegável bitributação, porquanto sobre os serviços prestados por terceiro, em tese, há tributação pelo mesmo imposto, o que não se pode admitir."

Esse caso, a despeito de ter subido ao Superior Tribunal de Justiça como agravo em Recurso Especial, seu exame restou prejudicado sob o fundamento de que o Tribunal estadual, "ao dirimir a matéria acerca da cobrança do ISS, firmou o entendimento de que as restrições impostas na Lei Municipal 15.563/91, ao regulamentar a matéria tratada no Decreto-Lei 406/68, não ferem os princípios constitucionais de competência. 2. Portanto, não merece prosperar a irresignação da agravante, uma vez que, para se aferir a procedência de suas alegações, seria necessário proceder à interpretação de norma local. 3. O exame de normas de caráter local é inviável na via do recurso especial, em virtude da vedação prevista na Súmula 280 do STF, segundo a qual, "por ofensa a direito local, não cabe recurso extraordinário".[228]

De forma que a definição da base de cálculo, por mais que justificada a pretensão das empresas de publicidade que acabam centralizando diversas atividades que não estão dentro do seu escopo, não é papel do Poder Judiciário, que tem sua atribuição limitada, mesmo diante do alargamento do poder de intepretação, não podendo definir discricionariamente o que deve entrar na base de cálculo, sobretudo em matéria tributária cuja interpretação é restrita. Essa atribuição é do Poder Legislativo municipal.

7. O art. 166 e sua aplicação à repetição de indébitos do ISS

Uma das dificuldades na repetição de indébito envolvendo o ISS diz respeito à necessidade de comprovação do quanto disposto no art. 166 do CTN. Isso porque, o contribuinte deve demostrar estreme de dúvida que assumiu o encargo pelo pagamento do tributo, ou então, tendo transferido para o tomador do serviço, estar autorizado de forma expressa para pleitear a importância em seu favor.

A polêmica quanto à aplicabilidade ou não deste artigo no tocante ao ISS já está devidamente pacificada pela jurisprudência, que considerou o caráter híbrido deste imposto, em especial, porque se o tributo incide sobre o faturamento há a possibilidade de o prestador do serviço ter repassado o encargo ao tomador e, nesse caso, há a necessidade de que tanto o contrato de prestação de serviços quanto os demais documentos demonstrem que, em verdade, fora o prestador que efetivou o pagamento.

O caráter dicotômico do ISS é pelo fato dele poder ser exigido tanto de forma direta ou indireta, mas a restituição deverá ser verificada sempre em razão do caso concreto para definir a aplicação ou não do art. 166, porque se ele é pago sobre o faturamento aplica-se o art. 166, se o lançamento é sobre cada profissional, cujo valor é fixo, não se aplica esse dispositivo. Nesse sentido a Corte Superior "pacificou entendimento, em recurso repetitivo, de que o ISS pode ser caracterizado como tributo direto ou indireto. Nessa última hipótese, a legitimidade para pleitear a repetição do indébito depende de prova de que o sujeito passivo tributário assumiu o encargo financeiro ou, no caso de tê-lo transferido a terceiro, de que se encontra por este expressamente autorizado a recebê-la (art.166 do CTN) (REsp 1.131.476/RS, Rel. Ministro Luiz Fux, Primeira, Seção, DJe 1º/2/2010)."[229]

Ultrapassada esta questão, sobre a aplicação do art. 166 do CTN quando se tratar de tributação indireta, ou seja, sobre o faturamento, resta então examinar a controvérsia no que diz respeito à necessidade ou não da Fazenda Pública impugnar o pedido alegando ausência dos requisitos do art. 166 do CTN, ou se o juiz pode conhecer de ofício.

Alguns julgados firmam-se no sentido de que é necessária a impugnação expressa por parte da Fazenda Pública, pois caso contrário presume-se que aceitou os termos da repetição ficando, com isso, a parte legitimada para ingressar com a ação.

Porém, consolidou-se o entendimento de que o requisito do art. 166 do CTN, por estar diretamente vinculado às condições da ação, pode ser conhecido de ofício pelo juiz. O que implica dizer que, em toda repetição de indébito que não seja de tributo direito, deve o juiz independentemente da impugnação, determinar que a parte emende a inicial para que comprove o cumprimento do art. 166 e se não o fizer decretar a extinção da ação.

O Superior Tribunal de Justiça, ao enfrentar o tema, entendeu que o dispositivo legal ora em comento (art. 166 do CTN) deixa claro "que o pedido de restituição é o ressarcimento por um recolhimento indevido," e, por isso, não goza de "legitimidade aquele que, embora tenha pago o tributo, não tenha suportado o respectivo ônus econômico." Por isso é que o "art. 166 do CTN disciplina quem detém legitimidade ativa para a postular a repetição de tributo indireto."

A ausência de legitimidade ativa é matéria de ordem pública que, por ser uma das condições da ação, é "cognoscível a qualquer tempo e grau, sendo insuscetível de preclusão nas instâncias ordinárias. Ressalte-se que, em se tratando de matéria de ordem pública, pode ser alegada na instância ordinária a qualquer tempo, podendo inclusive ser conhecida de ofício."230

Diante disso deve a parte incumbir-se de fazer a prova no ato do ingresso da ação. Mas se assim não o fizer e também não havendo impugnação e sendo julgada sem essa discussão, poderia a turma julgadora decidir de plano essa matéria? Ou deveriam ser devolvidos os autos à vara de origem para possibilitar a juntada dos documentos que comprovem o cumprimento do art. 166 do CTN?

O artigo 10 do Código de Processo Civil responde a pergunta ao determinar que não pode o juiz "decidir, em grau algum de jurisdição, com base em fundamento a respeito do qual não se tenha dado às partes oportunidade de se manifestar, ainda que se trate de matéria sobre a qual deva decidir de ofício."

Com isso, se a matéria não foi abordada na instância de origem deve na segunda instância permitir que a prova seja feita, porque o art. 932 do CPC no parágrafo único diz que antes do recurso ser considerado inadmissível, "o relator concederá o prazo de 5 (cinco) dias ao recorrente para que seja sanado vício ou complementada a documentação exigível. E complementando, o art. 933 diz que caso o relator constate "a ocorrência de fato superveniente à decisão recorrida ou a existência de questão apreciável de ofício ainda não examinada que devam ser considerados no julgamento do recurso, intimará as partes para que se manifestem no prazo de 5 (cinco) dias."

Para arrematar qualquer dúvida, o art. 938, no § 3º, permite que sendo reconhecida pelo relator a necessidade de produção de prova, "converterá o julgamento em diligência, que se realizará no tribunal ou em primeiro grau de jurisdição, decidindo-se o recurso após a conclusão da instrução."

De modo que se a questão chegou à segunda instância sem a prova do cumprimento do art. 166 do CTN deve ser aberto prazo para a sua realização, antes do processo ser extinto. Isso também deve ocorrer na primeira instância, cabendo ao juiz da mesma forma dar o cumprimento a este dispositivo por tratar-se de condição da ação, matéria, portanto, de ordem pública que pode ser conhecida de ofício.

Superada essa fase, ou seja, comprovando o contribuinte ter assumido o encargo ou estar autorizado a requerer a repetição, outro problema que pode surgir diz respeito ao fato da necessidade ou não da parte juntar com a inicial toda a documentação que torne possível comprovar o recolhimento indevido e já indicar o *quantum debeatur*, ou se poderia isso ser deixado para a fase de liquidação de sentença.

O entendimento do Superior Tribunal de Justiça a esse respeito indica que tratando-se de repetição do indébito pode a prova ser produzida na fase de cognição do processo, "postergando-se a apuração do quantum debeatur para a liquidação da sentença (Precedente do STJ: REsp 923.150/PR, Rel. Ministra Eliana Calmon, Segunda Turma, julgado em 16.08.2007, DJ29.08.2007)."[231]

Em outro caso, em sede de decisão sujeita ao regime dos recursos repetitivos, ficou assentado que: "1. De acordo com a jurisprudência pacífica do STJ, em ação de repetição de indébito, no Município de Londrina, os documentos indispensáveis mencionados pelo art. 283 do CPC são aqueles hábeis a comprovar a legitimidade ativa ad causam do contribuinte que arcou com o pagamento indevido da exação. Dessa forma, conclui-se desnecessária, para fins de reconhecer o direito alegado pelo autor, a juntada de todos os comprovantes de recolhimento do tributo, providência que deverá ser levada a termo, quando da apuração do montante que se pretende restituir, em sede de liquidação do título executivo judicial-" [232]

O que pode ocorrer nesses casos é que se o processo tramitar sem essa prova e o autor sagrar-se vencedor é possível que na fase de liquidação de sentença não consiga provar a exatidão do recolhimento ou que os documentos não sejam firmes a ponto de viabilizar a repetição. Com isso, terá uma declaração favorável, mas não conseguirá repetir por ausência de prova. A cautela indica que os documentos devem ser juntados de plano evidenciando o recolhimento deixando apenas a apuração para o final do processo.

Considerações finais

A organização contábil, a boa administração dos serviços e uma boa produção de prova podem contribuir quando do enquadramento da atividade para fins de lançamento ou eventual repetição do indébito, pois é necessário que o contrato seja bem definido e especifique a responsabilidade do tomador e do prestador e que quando da expedição da nota fiscal haja correspondência exata do item no qual esteja enquadrado o serviço e o local em que deva ser pago.

Em outros termos, antes de prestar o serviço é necessário verificar as consequências no campo tributário, porque, como se viu, pode existir conflito com relação ao local do pagamento em razão da ampliação do conceito de sede e ainda existem algumas atividades cujo pagamento do imposto é realizado no local da prestação do serviço. E ainda um mesmo serviço pode caracterizar duas formas de pagamento, por isso há de ser partilhado o contrato e definidas suas etapas.

Uma prova bem produzida facilita significativamente a intepretação, pois considerando que as atividades são deveras heterogêneas, impossível ao intérprete conhecer todas elas, já que cada uma tem sua peculiaridade.

PLATAFORMAS DE MARKETPLACE QUE APROXIMAM USUÁRIOS E MOTORISTAS E IMPOSTOS SOBRE O CONSUMO – O CASO UBER[233]

Alberto Macedo[234]

1. Introdução

A disruptividade tem sido a tônica na era da Economia Digital, onde tradicionais modelos de negócio estruturados de longa data para o comércio de bens e serviços têm sido reestruturados, potencializando, em escala mundial, esse comércio, pelo surgimento de aplicativos utilizados no âmbito da internet, aliado a um grande avanço na velocidade e capacidade de transmissão de dados pela internet, e na capacidade de armazenamento e processamento de uma imensa quantidade de dados.

Entre outros, há os aplicativos que aproximam demandantes e ofertantes de serviço de transporte privado, contidos em plataformas de marketplace como Uber, 99Pop, Cab-fi, e afins (doravante referenciadas pela mais popular de todas, a Uber). É modelo de negócio que apresenta uma estrutura triangular, envolvendo o marketplace (Uber), o motorista e o usuário.

As marketplaces são empresas de comércio eletrônico que, por meio de suas plataformas eletrônicas centralizadas no âmbito da internet, aproximam compradores e vendedores, para a venda de bens ou serviços. Não há que confundir marketplace com e-commerce.

Enquanto no e-commerce a empresa vende seus próprios bens ou serviços, no marketplace a empresa aproxima a venda de bens ou serviços de terceiros.

O presente trabalho pretende enfrentar a questão sobre se as marketplaces envolvidos com transporte privado prestam serviço de transporte, serviço de intermediação ou outro serviço; e também, se prestam serviço somente para o usuário, somente para o motorista ou para ambos. Tudo isso para fins de correto enquadramento tributário dos impostos sobre o consumo nas relações jurídicas envolvidas na estrutura de marketplace, no tocante a critérios material e espacial e base de cálculo do Imposto sobre Serviços de Qualquer Natureza – ISS[235] e do ICMS-Transporte[236].

Para tal desiderato, um dos pontos fundamentais a serem enfrentados é o correto enquadramento das relações de trabalho que envolvem esses atores, basicamente se o motorista é empregado do marketplace ou apenas um profissional autônomo.

2. Relação de Emprego como Espécie do Gênero Relação de Trabalho

Em que pese o entendimento inicial aqui exposto, de que a Uber é uma marketplace que aproxima prestadores de serviço de transporte privado a usuários que demandam tais serviços, há alguns entendimentos, ainda isolados, na Justiça do Trabalho e no Ministério Público do Trabalho, no Brasil, e no exterior[237], que têm enquadrado o serviço prestado pela Uber como serviço de transporte ao usuário.

Em relação aos julgados no exterior referenciados, não servem de parâmetro. Na Inglaterra, o reenquadramento de um contrato de trabalhador autônomo para um empregado é feito pelos juízes valendo-se de critérios mais de dependência econômica do que de subordinação jurídica. Na decisão do Tribunal de Justiça da União Europeia, por sua vez, o Advogado-Geral Maciej Szpunar, em seu parecer, entende que a Uber presta um serviço de transporte, do ponto de vista econômico, mas destaca que não abordou a qualificação da relação jurídica de trabalho entre a Uber e os motoristas, por ser um aspecto sujeito ao direito nacional de cada país[238].

No caso do Brasil, a definição da relação jurídica de trabalho entre a Uber e o motorista é fundamental para fins de definição de quais serviços ali são prestados.

Cabe, então, repisar quais são os elementos necessário para que se caracterize uma relação de emprego. Eles estão presentes nos artigos 2º e 3º da Consolidação das Leis do Trabalho (CLT) (Decreto-Lei nº 5.452, de 01.05.1943):

Art. 2º Considera-se empregador, a empresa, individual ou coletiva, que, assumindo os riscos da atividade econômica, admite, assalaria e dirige a prestação pessoal de serviços.

Art. 3º. Considera-se empregado toda pessoa física que prestar serviços de natureza não eventual a empregador, sob a dependência deste e mediante salário.

Assim, para que se caracterize o vínculo empregatício, cinco elementos devem estar presentes: (i) pessoa física; (ii) pessoalidade; (iii) habitualidade; (iv) onerosidade; (v) subordinação.

Para ser empregado, há que ser pessoa física. Não é possível que haja empregado pessoa jurídica. O caráter protetivo do direito do trabalho alcança o ser humano, pessoa natural, e sua vida, saúde, integridade física e lazer[239].

A pessoalidade prevista no art.2º da CLT revela que o contrato de trabalho é voltado para pessoa específica, ou seja, é *intuitu personae*. Assim, tem o empregador o direito de contar com pessoa determinada e específica, e não outra; e se o empregado quiser se fazer substituir, deve ter autorização do empregador.[240]

A habitualidade, por sua vez, estará presente quando o trabalho for executado de forma não eventual, constante, regular, permanente. Não necessariamente há que haver um trabalho diário, mas ele tem que ser de frequência regular.

Para distinguir o empregado do trabalhador eventual, utilizam-se alguns critérios que caracterizam este último. O trabalhador eventual: (i) é admitido numa empresa para evento específico; (ii) é contratado para atividades não coincidentes com os fins principais da empresa; (iii) é trabalhador ocasional, esporádico; e, por fim, (iv) não se fixa, juridicamente, a uma fonte de trabalho.[241]

O trabalhador eventual é um trabalhador subordinado, um subordinado de curta duração, sendo isso o que o distingue do trabalhador autônomo.[242] Exemplo clássico é o da diarista.

Quanto à onerosidade, esta se revela no pagamento do salário do empregado. O trabalho voluntário, regulado pela Lei nº 9.608, de 18.02.1998, não caracteriza relação de emprego, pois é exercido de forma não remunerada[243].

Por fim, a subordinação pressupõe a dependência do empregado perante o empregador, a limitação contratual da autonomia da vontade do empregado, estando este submetido às ordens e ao controle do empregador, enfim, ao seu poder de direção. A subordinação é o critério que divide dois grandes grupos de trabalhadores: os empregados e os autônomos. Como elementos caracterizadores da subordinação, podemos citar que nela: (i) o empregador pode: (i.1) dar ordens de serviço; (i.2) dizer ao empregado como ele deve trabalhar; (i.3) definir o horário de trabalho; (i.4) definir o local de trabalho; e que (ii) o empregado trabalha por conta alheia.[244]

Por sua vez, os elementos caracterizadores da autonomia são: (i) ausência de subordinação às ordens de serviço de outrem, trabalhando como e quando quiser; (ii) autônomo trabalhando por conta própria; (iii) autônomo suportando os riscos da atividade; e (iv) ao autônomo pertencem os instrumentos de trabalho.[245]

Obviamente, conforme o caso concreto, esses elementos estarão mais ou menos presentes. Como afirma AMAURI MASCARO NASCIMENTO:

Quanto maior o número e a irrefutabilidade jurídica das ordens de serviço, mais clara estará a subordinação. Quanto menor o número de ordens, mais obscura será. Pode ocorrer uma zona cinzenta de difícil diagnóstico.[246]

Mas nos parece que um fator se destaca perante os demais, o que influenciará nossas argumentações mais adiante: a submissão ao cumprimento de horário. Sim, porque este critério é a porta de entrada para todos os demais. Se o motorista entra e sai do aplicativo, ou simplesmente não o liga, pelo tempo que bem entender, o tempo que estiver desligado não poderá, por óbvio, estar sujeito a regras que eventualmente delimitem sua autonomia de vontade. Percebamos que a principal autonomia da vontade do motorista, e a mais relevante, é justamente entrar ou não no aplicativo, particularmente se não se sofre qualquer limitação ou punição da Uber por isso.

O legislador, recentemente, explicitou a figura do autônomo exclusivo, trazida no art.442-B[247], CLT, pela Lei nº 13.467/2017, o que reforça a ideia de ausência de subordinação ainda que o autônomo apresente certa exclusividade perante quem lhe contrate.

Aqui, cabe, a nosso ver, interpretação que harmonize esse dispositivo com o art.3º, CLT, a respeito da subordinação, pois há que se afastar o efetivo trabalho autônomo de uma autonomia simulada. Mas para que se fale em autonomia simulada, fundamental é que, na situação fática apresentada, além dos demais elementos da relação de emprego, a subordinação esteja efetivamente caracterizada.

Outro tipo de relação de trabalho é a de trabalho avulso, onde o trabalhador portuário ganha destaque, regulada pelas Leis nº 9.719, de 27.11.1998, 12.023, de 27.08.2009, e 12.815, de 05.06.2013, em que basicamente há curta duração dos serviços prestados e a remuneração é paga por rateio feito pelo sindicato.[248]

Inclusive a falta de necessidade de compromisso temporal mínimo que caracteriza a relação entre motorista e Uber, pode enquadrar aquele na classe dos trabalhadores eventuais, podendo haver uma frequência esporádica.

Resta claro, então, que trabalho não é sinônimo de emprego, havendo uma relação de espécie e gênero entre este e aquele.

3. O Direito Tributário e os Contratos

Apesar de o Direito Tributário não se prender à formalidade dos contratos para verificar a natureza das atividades potencialmente tributáveis, salvo quando o fato gerador de um imposto for uma situação jurídica[249], é inegável, ainda mais quando o Direito Constitucional Tributário brasileiro traçou de forma mais detalhada, diferentemente de outros países, as materialidades dos impostos ali previstos, que os contratos constituem-se como provas relevantes das relações negociais que surgem entre pessoas envolvidas em atividades tributáveis.

Assim, de início, há que se respeitar o valor trazido pelas formas contratuais estabelecidas, ou acordadas, entre ambas as partes, na aplicação do princípio da autonomia da vontade. Sim, porque, ao cabo de qualquer desentendimento sobre questões envolvendo as atividades no contexto de uma estrutura de marketplace, é sobre os contratos, que fazem lei entre as partes, que os aplicadores do direito – entre eles os juízes – debruçar-se-ão para buscar as relações jurídicas ali formalizadas.

Entretanto, importante salientar que o Direito Tributário considerará a relação contratual formalizada desde que ela não tenha sido descaracterizada, por força de aplicação da lei. O Direito Tributário se debruçará, portanto, sobre a relação contratual efetivamente caracterizada, não se podendo afirmar, por exemplo, que, numa situação se aplica o contrato de prestação de serviço, e, nesta mesma situação, ao mesmo tempo, para fins trabalhistas, aplica-se o contrato de trabalho de emprego.

O contrato de trabalho de emprego, em dado momento histórico, se desprendeu do contrato de prestação de serviços, havendo verdadeira relação de excludência entre um e outro, onde o *discrímen* é justamente a subordinação. Nesse sentido, NANCY ANDRIGHI, SIDNEI BENETI e VERA ANDRIGHI ensinam:

Algumas situações típicas de prestação de serviço afastaram-se do âmbito puro do direito civil. De início, do contrato de prestação de serviço isolou-se o contrato individual de trabalho, regido pela

Consolidação das Leis do Trabalho. Os conflitos decorrentes do contrato individual do trabalho são da competência da Justiça do Trabalho.

[...]

Critério distintivo seguro para a identificação de regência do contrato pela legislação trabalhista é o da subordinação hierárquica. Como explica Jorge Lages Salomo, são 'excluídas [da prestação de serviços] todas as atividades realizadas com subordinação hierárquica (dependência econômica) e com continuidade (não eventual). Portanto, uma pessoa física que realiza serviços com as características de subordinação hierárquica e continuidade, será considerada empregada para os fins do art.3º da CLT e estará amparada pela legislação trabalhista."[250],[251],[252]

Considerando o exposto acima, vamos nos debruçar então sobre os modelos contratuais da Uber perante os motoristas e perante os usuários, e, posteriormente, analisar se a desconsideração desses modelos contratuais pela Justiça do Trabalho e pelo Ministério Público do Trabalho, para considerar haver ali relação de emprego entre a Uber e os motoristas, são procedentes ou não.

4. O Modelo Contratual da Uber, Como Exemplo

As marketplaces, em regra, trabalham com modelos de contratos por adesão. O Código de Defesa do Consumidor – CDC (Lei nº 8.078, de 11.09.1990) define, em seu art.54, contrato de adesão como sendo "aquele cujas cláusulas tenham sido aprovadas pela autoridade competente ou estabelecidas unilateralmente pelo fornecedor de produtos ou serviços, sem que o consumidor possa discutir ou modificar substancialmente seu conteúdo". Esta característica influenciará na análise da natureza jurídica dos serviços prestados nessa estrutura negocial, conforme veremos a seguir.

Nos links https://www.uber.com/legal/business/international/pt/[253] e https://www.uber.com/legal/terms/br/[254], encontram-se, respectivamente, o contrato de adesão entre a Uber e o motorista (denominado "Cliente"), e o contrato de adesão entre a Uber e o usuário (em regra, passageiro, mas podendo ser também adquirente de uma mercadoria transportada pelo motorista, como no Uber Eats). Este último contrato é denominado "Termos de uso [...]" que "regem seu [usuário] acesso e uso, como pessoa física, dentro do Brasil, de aplicativos, sítios de Internet, conteúdos, bens e também serviços (os 'Serviços') disponibilizados pela Uber do Brasil Tecnologia Ltda."

Nesses contratos, estão previstos os seguintes serviços, pontualmente considerados:

(i) da Uber para o motorista ("Cliente"):[255]

(i.1) "Cobrança do Cliente", que consiste em um processo eletrônico de cobrança oferecido pela Uber ao motorista, para cobrar os valores do usuário;

(i.2) "Serviços Uber", "plataforma de tecnologia da Uber que, quando usada em combinação com o Aplicativo Uber, permite que usuários solicitem sob demanda transporte terrestre ou outros serviços de prestadores de serviços independentes"; e

(i.3) "Aplicativo Uber", "aplicativo móvel ou rede móvel da Uber (m.uber.com) exigidos para uso dos Serviços Uber"; e

(ii) da Uber para o usuário:[256]

(ii.1) "Serviços", numa "plataforma de tecnologia que permite ao(às) Usuário(as) de aplicativos móveis [...] providenciar e programar Serviços de transporte e/ou logística e/ou compra de certos bens com terceiros provedores independentes desses Serviços"[257]. Esses "Serviços", no contrato com o motorista, são denominados "Serviços Uber"; e

(ii.2) outorga de licença limitada ao usuário para acesso e uso de aplicativos em seu dispositivo pessoal, exclusivamente para:

(ii.2.1) "acesso e uso dos Aplicativos em seu dispositivo pessoal, exclusivamente para o seu uso dos Serviços" (ou seja, serviços de intermediação); e

(ii.2.2) "acesso e uso de qualquer conteúdo, informação e material correlato que possa ser disponibilizado por meio dos Serviços, em cada caso, para seu uso pessoal, nunca comercial". Essa outorga de licença corresponde ao serviço "Aplicativo Uber", constante no contrato com o motorista.

Resumindo: os pontualmente considerados "Serviços Uber" e "Aplicativo Uber" são serviços oferecidos pela Uber para ambas as partes intermediadas, motorista e usuário, enquanto o serviço "Cobrança Uber" é oferecido ao motorista.

Além disso, a expressão "que, [...], permite que usuários solicitem sob demanda transporte terrestre [...]", na definição do conceito de "Serviços Uber", no contrato da Uber com o motorista; e a expressão "[...], que permite ao(às) Usuário(as) de aplicativos móveis [...] providenciar e programar Serviços de transporte [...]", no contrato da Uber com o usuário, deixam claro que os serviços ali pontualmente considerados só têm relevância e importância, inclusive o serviço de cobrança, porque utilizados para a consecução do serviço de intermediação.

Portanto, a intermediação é o serviço-mor, o serviço que, sob seu guarda-chuva, abarca todos os serviços pontualmente listados acima, sendo que as suas pontas da intermediação, usuário e motorista, são contratantes desse serviço de intermediação.

Reforçando, em que pese a licença de uso supracitada obviamente ter um valor, ela faz parte de um pacote maior que é o serviço de intermediação, funcionando apenas como uma ferramenta, atividade meio, para propiciar essa intermediação, não tendo uma razão de ser per si.

A Uber também aufere uma vantagem cada vez mais em voga na economia moderna: os dados do cliente. Estes não são monetizados enquanto transferidos, mas com certeza entram no cômputo de vantagens que a Uber adquire a partir do usuário na sua relação com este. O trecho da subcláusula "CONTEÚDO FORNECIDO PELO(A) USUÁRIO(A)", que está inserida na cláusula "3. O USO DOS SERVIÇOS", do contrato da Uber com o usuário confirma isso. Apesar de o conteúdo do usuário fornecido à Uber continuar sendo de posse do usuário, a Uber adquire o direito, em nível mundial, não só de usá-lo, mas também de explorá-lo: "Qualquer Conteúdo de Usuário(a) fornecido por você [usuário] permanece de sua propriedade. Contudo, ao fornecer Conteúdo de Usuário(a) para a Uber, você outorga a Uber e suas afiliadas uma licença em nível mundial, perpétua, irrevogável, transferível, isenta de royalties, e com direito a sublicenciar, usar, copiar, modificar, criar obras derivadas, distribuir, publicar, exibir, executar em público e, de qualquer outro modo, explorar esse Conteúdo de Usuário(a) em todos os formatos e canais de distribuição hoje conhecidos ou desenvolvidos no futuro (inclusive em conexão com os Serviços e com os negócios da Uber e em sites e Serviços de terceiros), sem ulterior aviso a você ou seu consentimento, e sem necessidade de pagamento a você ou a qualquer outra pessoa ou entidade."[258]

Sem entrar no mérito da validade dessa cláusula quanto à amplitude de direitos sobre os dados do usuário que são conferidos à Uber, não há como negar que tais direitos deveriam entrar na equação para a definição dos valores a serem cobrados pela Uber, não só perante o usuário, mas também perante o motorista.

Aliás, isso é inclusive objeto de reivindicação recorrente pelos motoristas norte-americanos, que alegam não serem remunerados pelos dados que geram para a Uber enquanto estão dirigindo sem passageiros, apesar de esses dados possuírem alto valor de mercado.[259]

Para concluir este tópico, a Uber prevê em seu contrato, expressamente, em letras garrafais, que "OS SERVIÇOS UBER SÃO UMA PLATAFORMA DE TECNOLOGIA QUE PERMITE ACESSO A SOLICITAÇÃO DE TRANSPORTE TERRESTRE 'SOB DEMANDA' OU OUTRO SERVIÇOS PRESTADO POR PRESTADORES DE SERVIÇO INDEPENDENTES [...]", e que "[...] A UBER NÃO É FORNECEDORA DE BENS, NÃO PRESTA SERVIÇOS DE TRANSPORTE OU LOGÍSTICA, NEM FUNCIONA COMO TRANSPORTADORA, E QUE TODOS ESSES SERVIÇOS DE TRANSPORTE OU LOGÍSTICA SÃO PRESTADOS POR PRESTADORES TERCEIROS INDEPENDENTES QUE NÃO SÃO EMPREGADOS(AS) E NEM REPRESENTANTES DA UBER, NEM DE QUALQUER DE SUAS AFILIADAS"[260].

Esta cláusula procura resumir bem o que a Uber faz: serviço de intermediação (plataforma de tecnologia que permite a alguém solicitar um serviço de transporte); e o que a Uber não faz: serviço de transporte.

Mas, veremos a seguir que essa cláusula não impressionou alguns juízes da Justiça do Trabalho e membros do Ministério Público do Trabalho, que a descaracterizaram para entender haver relação de emprego entre a Uber e o motorista.

5. Análise de Julgado da Justiça do Trabalho e de Relatório do Ministério Público do Trabalho

Feita a análise dos contratos envolvendo Uber e motoristas e Uber e usuários, analisemos agora decisão judicial ocorrida recentemente no Tribunal Regional do Trabalho da 2ª Região, no Processo nº 1000123-89.2017.5.02.0038 (RO), com origem na 38.ª Vara do Trabalho de São Paulo, e cuja Relatora foi a Desembargadora Beatriz de Lima Pereira (doravante denominada decisão do TRT-2).[261]

Na análise da referida decisão, assim como na abordagem do trabalho de MISKULIN, BIANCHI e MARQUES[262], também nos debruçaremos sobre relatório do Grupo de Estudos Uber (GE Uber), constituído no âmbito da CONAFRET (Coordenadoria Nacional de Combate às Fraudes nas Relações de Trabalho), uma das coordenadorias do Ministério Público do Trabalho (MPT)[263], analisando os argumentos ali postos que sustentaram o entendimento de que há relação empregatícia entre a Uber e os motoristas.

Na decisão do TRT-2, o Tribunal reverteu decisão de Primeira Instância, conferindo ao recorrente o reconhecimento de existência de relação empregatícia entre a Uber[264] e ele.

5.1. Licenciamento de Software – ou Exploração de Plataforma Tecnológica – Como Atividade Meio da Atividade Fim Intermediação

Segundo o voto vencedor, a Uber defende que sua "atividade principal é a exploração de plataforma tecnológica, e que nessa perspectiva os motoristas atuam como parceiros, consubstanciando o que hoje se denomina economia compartilhada."[265]

Na verdade, essa exploração de plataforma tecnológica ocorre por intermédio de uma licença de uso de aplicativo, cedida tanto para o motorista, quanto para o usuário, mas essa utilização não tem um fim em si mesma, mas apenas como única finalidade, aproximar aquele que necessita de um serviço de transporte particular (ou de um transporte de bens) e aquele que pode oferecer esse serviço, como expusemos em tópico anterior, ou seja, um serviço de intermediação, o qual abarca os serviços pontualmente considerados de cobrança e de licença de uso do aplicativo.

O fato de a Uber afirmar, nos autos do processo, que sua atividade é a exploração de plataforma tecnológica, não focando que se trata de prestação de serviço de intermediação, englobando serviço de cobrança e licenciamento de uso de aplicativo, induziu, ao nosso ver, o tribunal ao erro, levando-o a contrapor a afirmação da Uber dizendo que "Se se tratasse de mera ferramenta eletrônica, por certo as demandadas [empresas Uber] não sugeririam o preço do serviço de transporte a ser prestado e sobre o valor sugerido estabeleceriam o percentual a si destinado".[266]

Sim, porque a Uber querer passar uma ideia de que presta serviço relacionado a informática (licenciamento de software) vai ensejar um *non sense*, qual seja, uma empresa de informática querer definir o preço do serviço de transporte prestado pelo motorista, e atrelar a ele um percentual para sua remuneração.

Apesar de na atividade da Uber haver o licenciamento de um aplicativo – o próprio contrato prevê isso expressamente[267] – isso não quer dizer que o serviço que a Uber presta seja de licenciamento de software. O licenciamento de uso do aplicativo Uber se apresenta aqui como uma atividade meio para a atividade principal, que é o serviço de intermediação. Não que o licenciamento não tenha custo (e, portanto, ajuda a compor o preço final do Serviço Uber), mas ele não tem uma finalidade per si, mas somente a de possibilitar a prestação do serviço de intermediação, este sim, o serviço pelo qual se paga.

Na verdade, há uma confusão, infelizmente não tão incomum, entre licenciar um software para alguém, de forma onerosa, para fins não específicos, e se valer do licenciamento de um software, aplicativo (e também dos serviços de internet e de telecomunicação[268]), para prestar outro serviço.

A primeira hipótese ocorre quando a empresa que licencia o software não o licencia como meio para a prestação de outro serviço, mas sim para fruição, pelo usuário, das funcionalidades que esse software apresenta. Exemplo, o Office365, da Microsoft. Na segunda hipótese, de forma distinta, uma empresa pode, para conseguir prestar outro serviço, valer-se do serviço de licenciamento de software. É o que acontece com a Uber, em que o licenciamento do software per si não tem relevância, mas é meio necessário (juntamente com os serviços de internet e de telecomunicação) para a aproximação do usuário ao motorista, para que este lhe preste o serviço de transporte. Então, o serviço que o licenciamento de software representa, bem como o serviço de internet e o de telecomunicações, é acessório, apenas servindo de suporte para o serviço principal, qual seja, o de intermediação.

Da mesma forma, também são acessórios os serviços de licenciamento de software, dos respectivos aplicativos, de internet e de telecomunicações, em relação aos serviços de intermediação: (i) do AirBnb, que intermedeiam potenciais prestadores de serviços de hotelaria ou de locação de imóveis e potenciais usuários, hóspedes ou locatários; (ii) do Trivago, que intermedeia sites de reserva de vagas em hotéis e potenciais utilizadores desses sites; (iii) do Booking.com, que intermedeia hotéis e potenciais hóspedes, e (iv) do Happn, que intermedeia duas pessoas que se interessaram uma pela outra, para potencial relacionamento.

5.2. Marketplace e Direito do Consumidor

Aduz ainda a decisão do TRT-2 que a Uber contrata seguro de acidentes pessoais em favor dos usuários do serviço de transporte, o que revelaria que a Uber assume a responsabilidade pela integridade física dos usuários[269].

Na verdade, as salvaguardas que a Uber toma para evitar sua responsabilização futura, como no caso de assumir o ônus de seguro contra acidente com os usuários, não decorrem do reconhecimento de uma relação empregatícia, mas sim do conhecimento do caráter protecionista do Direito do Consumidor, em que a Uber, em que pese não manter relação empregatícia com os motoristas, prefere, por sua posição de força no mercado – dada a hipossuficiência de seus clientes, usuário e motorista – assumir esse ônus, para evitar demandas futuras, que desgastariam sua imagem.

De fato, nessa linha, há que se lembrar que o usuário do serviço de transporte prestado pelo motorista também é, necessariamente, usuário do serviço de intermediação oferecido pela Uber, através de sua plataforma eletrônica. E como não há a prestação de um serviço sem o outro, essa situação atrai a aplicação do parágrafo único do art.7º do CDC[270], por serem tais serviços conexos. Responde, pois, solidariamente a Uber, parte mais forte das relações, pela reparação de danos causados ao consumidor, ainda que tais danos tenham sido causados pelo motorista.

E esta responsabilidade é objetiva, distintamente do regime privatista do Código Civil, não demandando apuração e verificação de culpa ou dolo. Mas a Uber, após indenizar o consumidor, pode se voltar para o motorista (o outro responsável solidário), para repartir ou ressarcir os gastos com a reparação dos danos.[271]

5.3. O Marketplace de Intermediação de Serviço de Transporte Privado é Economia Compartilhada

Procura a decisão do TRT-2 desconstruir a afirmação da Uber de que se trataria de economia compartilhada, afirmando que o fato de a empresa ter lucros consideráveis e submeter os motoristas a longas e excessivas jornadas de trabalho precárias a descaracterizaria como exemplo de economia compartilhada.[272]

De fato, há na literatura críticas à busca, por parte de certas empresas, de "pegar carona" na moda de algo moderno para se auto intitularem como de economia compartilhada, sem na verdade sê-lo.[273]

MISKULIN, BIANCHI e MARQUES seguem essa linha, e afirmam que Blablacar[274] e AirBnb[275] estariam muito mais para economia compartilhada do que Uber. Afirmam que no AirBnb, além de o locador do imóvel não se submeter a longas e excessivas jornadas de trabalho e poder negociar diretamente com o potencial locatário, aproximaria um mercado que sempre existiu, ainda que em menor quantidade e formato distinto, e que a Uber, de forma diversa, teria criado uma demanda por motoristas, e precisa, constantemente criar sua oferta e demanda.[276]

O que nos parece é que há um equívoco sobre quais pessoas se espera que participem de um compartilhamento de bens, bem como sobre quais bens hão de ser compartilhados, no modelo de economia compartilhada.

Assim como no Blablacar, o veículo é o bem compartilhado entre aquele que é proprietário do carro e aqueles que querem uma carona; no caso da Uber e afins, o bem compartilhado também é o veículo, mas não a ser compartilhado entre a Uber e o motorista, e sim entre o motorista e os potenciais passageiros. Da mesma forma, no AirBnb, em vez do automóvel, o bem compartilhado é o bem imóvel, ou parte dele, e o compartilhamento se dá entre o locador e os potenciais locatários, e não entre o locador e o AirBnb.

Portanto, não é objeto do conceito de economia compartilhada o quantum de lucro cada um dos agentes do marketplace aufere em relação ao "lucro total", não havendo que se falar em compartilhamento do lucro do negócio. Não é esse o elemento definitório da economia compartilhada, havendo sim que se verificar quais bens ou serviços são objeto de compartilhamento.

Então, a Uber representa sim uma economia compartilhada, dado que o bem (automóvel), além de ser compartilhado, propicia um ganho remuneratório pelo seu compartilhamento.

Mas, na verdade, ser ou não uma economia compartilhada não afasta a necessidade de verificar quais elementos estão presentes na relação entre Uber e motoristas, a fim de caracteriza-la como uma relação de intermediação (sendo o motorista um autônomo, ou mesmo um avulso), ou uma relação de emprego.

Quanto aos elementos da relação de emprego, a decisão judicial tratou da seguinte forma.

5.4. Habitualidade

Em relação à habitualidade, a decisão do TRT-2 afirma que documentos juntados aos autos provam, de forma clara, que no período de 14.07.2015 a 14.06.2015, o trabalho de motorista foi realizado de forma habitual pelo demandante.

A par dos elementos pessoa física, pessoalidade e onerosidade, a habitualidade fática não é suficiente para caracterizar o vínculo de emprego.

A total faculdade de o motorista poder entrar e sair do aplicativo quando bem entender, e por quantas vezes quiser, não precisando avisar que vai sair, depois voltar três dias depois, depois sair de novo; ou, por exemplo, resolver, a total talante seu, sem qualquer necessidade de avisar a Uber, trabalhar um dia sim e dois não; ou ainda trabalhar só nos finais de semana, à noite, torna a rotina de trabalho do motorista totalmente ocasional. Isso não caracteriza habitualidade jurídica (onde há a prévia estipulação entre as partes, de um horário a ser cumprido, ainda que à distância) e, por conseguinte, conforme veremos mais adiante, subordinação.

5.5. Onerosidade

Com relação à onerosidade, a decisão do TRT-2 entende que ainda que a remuneração não seja paga propriamente pela Uber, ela pode ser considerada salário, afirmando que "o que o empregador proporciona ao empregado não é estritamente a paga pelos serviços prestados, mas a oportunidade de ganho"[277].

Na verdade, a onerosidade não é um critério de *discrimen* entre a relação de emprego e a intermediação. Tanto que essa oportunidade de ganho surge seja entendendo-se a Uber como empregadora, seja entendendo-a como intermediadora. E a forma de pagamento será exatamente a mesma, qual seja, a Uber recebendo o valor integral do usuário, ficando com sua comissão, e repassando o restante para o motorista.

A decisão do TRT-2 segue fazendo uma inadequada comparação, *data venia*, da oportunidade de ganho do motorista com a oportunidade de ganho que os garçons têm com as gorjetas, ao afirmar que os garçons "pouco percebem diretamente do empregador, mas ganham quantias expressivas a título de gorjetas". Afirma ainda que "em certos casos, os garçons não se importam com o valor do salário pago diretamente pelo empregador, pois a parte substancial de seu ganho resulta das gorjetas pagas por terceiros".[278]

Há uma contradição aqui. Utilizar, por analogia, a atividade do garçom, que pode ter gorjetas em valores variados, com a atividade do motorista, cujo valor do serviço de transporte não pode ser variado, desqualifica o argumento, utilizado anteriormente pela decisão do TRT-2 de que a falta de liberalidade do motorista na definição do preço do transporte ajudaria a qualificar a relação do motorista com a Uber como empregatícia.

Outro elemento relativo à onerosidade que a decisão judicial dá a entender que caracterizaria relação de emprego é o fato de a Uber concentrar, em seu poder, os valores pagos pelo usuário, para depois repassá-los ao motorista.

A receita paga pelo usuário não é integralmente pelo serviço de transporte. Parte é receita do Uber, pelos serviços que presta a ambos os intermediados, e parte (a maior parte, em regra, 75%) é receita do motorista, que a Uber recolhe em nome do motorista, e depois lhe repassa, como facilitadora de pagamento.

Esse é o modelo de pagamento das marketplaces em geral. Ele simplifica sobremaneira as liquidações nessa relação triangular que há entre a marketplace e os seus intermediados: usuário e motorista. Simplifica porque as marketplaces atuam também como facilitadores de pagamento, podendo ser subcredenciadoras[279], recebendo não só seu valor de intermediação, mas também o valor devido ao motorista a título de transporte, repassando-o a este posteriormente.

O Banco Central regulamentou as subcredenciadoras por preocupação com o risco sistêmico ocasionado pelo grande volume de recursos que passa pelas mãos das marketplaces e que não são receita própria delas.

O próprio Banco Central, em seu site "Perguntas e Respostas"[280], afirma que as "marketplaces", sendo "empresas de comércio eletrônico, que aproximam compradores e vendedores por meio de plataformas centralizadas para a venda de produtos ou serviços", podem atuar "também como subcredenciadores, recebendo e repassando os pagamentos aos vendedores, depois de extrair sua remuneração".

Então, a Uber pode ser enquadrada como subcredenciadora (como PayPal, Moip etc.). Ela habilita o motorista (usuário final na definição do inciso VIII do art.2º do Regulamento Anexo à Circular nº 3.682, de 04.11.2013, inciso VIII este inserido pela Circular nº 3886, de 26 de março de 2018, do Banco Central), recebedor dos recursos cujo pagamento, feito pelo passageiro usuário[281], por intermédio de cartão (instrumento de pagamento[282]), a Uber intermedeia.

No arranjo de pagamento[283] cartões, cuja instituidora do arranjo[284] é a Bandeira (Ex.: VISA, Mastercard), participam ainda, entre outros: (i) as emissoras de cartões, que podem ser instituições financeiras, as quais emitem cartões para os portadores de cartão, e prestam serviços para estes; (ii) as credenciadoras (Ex.: Cielo e Rede), que credenciam estabelecimento para utilizar o sistema de cartões, capturam dados para transmissão à Bandeira e controlam extrato da conta do lojista; e, se houver, (iii) as subcredenciadoras, que, no caso de cartões, realizam intermediação de pagamento, não realizando as atividades de uma credenciadora.

Numa corrida que envolve um motorista em que se utiliza a Uber, não é o motorista que é tido como "lojista" (estabelecimento credenciado), mas sim a própria Uber. É como se a "maquininha virtual" (onde seria passado o cartão) fosse da Uber. Tanto isso é verdade que quando utilizamos, como passageiros, os Serviços Uber, utilizando cartão de crédito, na nossa fatura do cartão vem o nome da Uber como estabelecimento, e não o do motorista. Deste valor que cai na conta da Uber, o valor total da corrida menos o percentual da Uber será entregue ao motorista, como sua receita[285].

Assim, o fluxo de pagamento com cartão de crédito da corrida segue, de forma simplificada, o seguinte iter: 1º) o passageiro, com seu número de cartão registrado no cadastro da Uber, paga o valor da corrida; 2º) na data de vencimento do cartão, o valor sai da conta bancária do passageiro; 3º) deste valor, antes de chegar nas mãos da Uber, são descontadas as taxas cobradas pelo emissor do cartão, pela credenciadora e pela bandeira; 4º) do valor que sai da conta bancária do passageiro, também, a Uber ficará com seu percentual; e 5º) o restante será destinado ao motorista.

Este é um iter lógico, mas sabe-se que a Uber remunera o motorista numa frequência maior que a mensal. Então, se a Uber remunera o motorista semanalmente, está, na verdade, adiantando-lhe recursos, vindo a compensar o correspondente valor por ocasião do recebimento dos valores do passageiro.

Então, o fato de a Uber, como marketplace, receber integralmente o valor pago pelo usuário, para depois repassar ao motorista o valor relativo a seu serviço, apenas decorre de um modelo de negócio no contexto do arranjo de pagamento cartões, e não necessariamente por conta de qualquer vínculo de emprego.

5.6. Pessoalidade

No tocante à pessoalidade, argumenta a decisão do TRT-2 que o fato de o motorista ter de constar no cadastro da Uber, importando, assim, quem está conduzindo o veículo, confere pessoalidade à relação.[286]

Sem problema, dado que a pessoalidade não é elemento principal de *discrímen* entre o trabalhador autônomo e o empregado.

De fato, nessa nova atividade econômica disruptiva, a marketplace, por toda a estrutura tecnológica que lhe dá suporte, só consegue prestar os serviços que compõem o serviço-mor intermediação – serviço de cobrança eletrônica (serviço de intermediação de pagamento) e licenciamento de um aplicativo – com o cadastramento daqueles que dessa plataforma eletrônica valer-se-ão para usufruir desses serviços.

Mas o fato de um trabalhador autônomo ter de se cadastrar nos registros da empresa intermediadora não é suficiente para torna-lo empregado dessa empresa que exige o cadastro.

5.7. Subordinação

5.7.1. Análise Fática

A decisão do TRT-2 afirma que a relação entre a Uber e os motoristas não é um modelo clássico de subordinação, e que, a depender do caso concreto, poderá não se configurar o vínculo empregatício, mormente quando a prestação de serviço se der de forma efetivamente eventual.[287] Ou seja, a premissa posta é de que, assim como o caso concreto julgado apresentou habitualidade e subordinação fáticas, essas poderiam não ocorrer para a mesma empresa em outros casos.

Portanto, a decisão do TRT-2 vai no sentido de que a caracterização da não eventualidade necessariamente deve abordar o passado, e não o futuro, verificando-se a habitualidade fática (por exemplo, o motorista ter atuado numa frequência totalmente constante na prestação de seus serviços, em que pese não ser obrigado a isso), e consequente subordinação.

Nosso entendimento, conforme exposto ao longo do presente trabalho, vai em sentido diverso, pelo qual como não há habitualidade jurídica no caso da Uber, consubstanciada na necessidade de cumprimento mínimo de horários, consequentemente não há subordinação jurídica, em que pese possam estar presentes alguns elementos de controle enquanto *on line* no aplicativo, e rodando, o motorista.

5.7.2. Elementos de Subordinação Gerais Trazidos pela Decisão do TRT-2 e pelo Relatório do GE Uber

Os seguintes elementos foram utilizados como caracterizadores de subordinação no caso da Uber, na decisão do TRT-2 e no relatório do GE Uber:

(i) o valor a ser cobrado do usuário é sugerido pela Uber, e ainda que o motorista ofereça desconto ao usuário, o percentual considerado receita da Uber mantém-se inalterado.[288]

A fixidez na definição dos valores não é elemento que contribui para a caracterização de uma relação empregatícia, mas apenas uma característica de um contrato de adesão, consubstanciado numa economia de massa, da qual decorre a padronização contratual, tema sob a égide do Direito de Consumidor. Nesse sentido, ensina NUNES:

[...] o contrato de adesão é típico das sociedades de massa, construídas a partir de um modo de produção. O crescimento da sociedade de consumo, com sua produção em série, estandardizada, homogeneizada, a contratação de operários em massa, especializadíssimos, o implemento da robótica, informática etc., exigiu a utilização dos contratos-formulário, impressos com cláusulas prefixadas para regular a distribuição e venda dos produtos e serviços de massa.

São contratos que acompanham a produção. Ambos – produção e contratos – são decididos unilateralmente e postos à disposição do consumidor, que só tem como alternativa, caso queira ou precise adquirir o produto ou o serviço oferecido, aderir às disposições pré-estipuladas.[289]

Assim, nas atividades empresariais de oferecimento de produtos e serviços em massa, não é relevante para fins de caracterização de relação empregatícia, e nem viável operacionalmente, a falta de autonomia em relação à definição de valor.

Além disso, após avença contratual entre Uber e motorista (ainda que por adesão), em que se define o percentual da comissão a que a Uber terá direito, não pode uma liberalidade do motorista em conceder desconto ao usuário afetar a outra parte, que já definiu seu preço (percentual do valor da corrida) a partir dos custos previamente calculados de sua atividade.

E por fim, seria até pior financeiramente para os motoristas um pagamento em valor fixo, pois teriam que fazer mais corridas para cobrir seus custos. Basta imaginar o motorista ganhando o mesmo valor fazendo uma corrida cujo valor total seja de oito reais, e uma corrida cujo valor total seja de duzentos reais[290].

(ii) A Uber se valeria de "mecanismos indiretos para obter o seu intento de disponibilidade máxima do motorista às necessidades dos usuários por elas atendidos". Atingir a meta de 45 clientes por semana[291]

O incentivo citado não infirma o fato de que o motorista pode ficar *off line* quanto tempo quiser. Ficando muito tempo *off line*, e não atingindo a meta por conta disso, não enseja uma punição para o motorista, apenas ele não receberá o incentivo. Natural numa política de bônus, dado que a Uber visa o lucro, e para tal deve buscar aumentar o número de usuários e de motoristas.

(iii) Possibilidade de punição à luz da taxa de cancelamento, ou seja, percentual de corridas solicitadas pelo usuário, aceitas pelo motorista, mas depois canceladas pelo mesmo motorista antes de ele alcançar o usuário para embarque. O motorista pode ser cortado se apresentar um número elevado de cancelamentos.

Cabe ressaltar que não se confundem dois fatos: uma coisa é o motorista ficar muito tempo *off line*; outra coisa, bem distinta, é o motorista estar rodando, aceitar solicitações de corrida, e logo em seguida cancelar o aceite. Logicamente, esse comportamento – diferentemente de ficar *off line* muito tempo – deve ser coibido contratualmente, pois depõe contra a qualidade dos serviços como um todo, mas tal coibição vale mesmo numa relação contratual não empregatícia.

(iv) O mecanismo de avaliação dos motoristas feita por milhares de usuários caracterizar-se-ia como uma forma de controle difuso do serviço prestado e uma inédita técnica de vigilância da força de trabalho, gerenciada pela Uber, com a necessidade de manutenção de uma média mínima para se evitar a exclusão do motorista. Existência, por parte da Uber, de controles contínuos, ordens quanto à forma de prestação de serviço e treinamento.[292]

Esse mecanismo é um indicador de medição de qualidade que pode estar presente em qualquer contrato, inclusive nos de adesão que se apresentam no modelo das marketplace, e não um indicador de existência de subordinação. Não é só na relação empregatícia que se espera de uma parte um serviço de qualidade, prevendo-se contratualmente consequências jurídicas para essa falta de qualidade.

(v) Construções, trazidas no Relatório do GE Uber, do modelo organizacional da cibernética: (v.1) direção por objetivos, onde há avaliação da realização dos objetivos, "onipresentes nos dispositivos de governança"; (v.2) "Aqueles que seguem a programação recebem premiações, na forma de bonificações e prêmios; aqueles que não se adaptarem aos comandos e objetivos, são cortados ou punidos"; (v.3) "[...] os trabalhos devem ser permanentemente inseguros - e a insegurança deve estar inculcada na mente das pessoas - para que o controle possa ser realizado da forma mais eficiente, e os objetivos melhor alcançados. A ideia é da mobilização total: os trabalhadores devem estar disponíveis a todo momento"; (v.4) "[...] métodos e técnicas de avaliação dos trabalhadores, não somente em relação à quantificação dos objetivos, mas também são construídos dispositivos de análise qualitativa do trabalho realizado"; (v.5) relação entre trabalhador e empresa denominada "relação de aliança", com uma "refeudalização das relações", onde "o liame da aliança implica em um engajamento ainda maior da pessoa do trabalhador, pois ao invés de se fixar em obedecer mecanicamente a ordens dadas em tempo e lugar anteriormente fixados, [...]", deve o trabalhador se mobilizar "totalmente para a realização dos objetos que lhe são consignados e se submeter aos processos de avaliação de sua performance"; e (v.6) "[...] crescimento da influência da empresa na vida pessoal do trabalhador" . Pessoa passa a ser, ao mesmo tempo, objeto e sujeito do contrato de trabalho;

(v.7) "desestabilização dos quadros espaços-temporais de execução do trabalho e a autonomia programada conduzem não a uma redução, mas a um aumento do engajamento da pessoa do trabalhador".[293]

Todos esses argumentos, a nosso ver, não se sustentam quando se constata um simples fato na relação entre a Uber e o motorista: a ausência de controle, pela empresa, do tempo de trabalho do motorista. É bem verdade que, enquanto atuando de forma ativa na atividade, o motorista está sujeito a um controle de qualidade constante, e, se não cumprir requisitos mínimos de qualidade, pode ser excluído da relação, mas é total a liberalidade dele em definir em quais momentos ficará sujeito a essa relação, não tendo que dar satisfação à empresa a respeito disso.

5.7.3. Não Aceitação, pela Decisão do TRT-2, e pelo Relatório do GE Uber, da Constatação de que o Motorista Pode Ficar Off Line Quando Quiser

Nos autos do processo, a Uber afirmou "que o motorista pode ficar ilimitadamente *off line* e recusar solicitações de modo ilimitado"[294], como prova da ausência de relação de emprego. Mas a decisão judicial afirmou que essa alegação "não condiz com a necessidade empresarial e com a realidade vivenciada na relação empresa/motorista/usuário", e que se ela fosse verdadeira, "o próprio empreendimento estaria fadado ao insucesso, pois as empresas correriam o risco evidente de, em relação a determinados locais e horários, não dispor de um único motorista para atender o usuário"[295].

Aqui está o calcanhar de Aquiles da linha argumentativa que defende a existência de relação de emprego entre Uber e motorista. É verdadeira a afirmação feita pela Uber, bastando conversarmos, nas corridas que solicitamos no dia a dia nas ruas, com os motoristas que utilizam o Serviço Uber, para comprovar isso. O que a decisão judicial não captou, *data venia*, é que o serviço de intermediação por meio de plataforma de marketplace é bem sucedido não porque o Uber impõe regras mínimas de carga horaria de trabalho, fixando período de trabalho mínimo diário para os motoristas ou algo assim. Não. Ele é bem sucedido, dentre outros motivos, porque, adquirida a confiança no serviço por milhares de motoristas, essa possibilidade de o motorista poder ficar *off line* quando quiser é compensada pela possibilidade de milhares de outros motoristas ficarem *on line* naquele mesmo horário, mitigando-se em muito o risco de, em determinados locais e horários, usuários não encontrarem um motorista que seja à disposição.

Cabe também a crítica, respeitosa, ao exposto no Relatório do GE Uber, onde o Ministério Público do Trabalho (MPT) afirma:

"[...] de um lado, restitui-se ao trabalhador certa esfera de sua autonomia na realização da prestação; de outro, essa liberdade é impedida pela programação, pela só e mera existência do algoritmo: os trabalhadores não devem seguir mais ordens, mas sim a 'regras do programa' e estar disponíveis todo o tempo. Uma vez programados, não agem livremente, mas exprimem reações esperadas e inescapáveis.

Assim, a autonomia concedida é uma 'autonomia na subordinação'. Desta forma, na análise da existência da subordinação, deve ser dada ênfase não à tradicional forma de subordinação – na sua dimensão de ordens diretas – mas na verificação da existência de meios telemáticos de comando, controle e supervisão, conforme o parágrafo único do art.6º da Consolidação das Leis do Trabalho."[296]

Primeiro, cabe destacar que não procede a afirmação de que os trabalhadores devem "estar disponíveis todo o tempo". Tal afirmação não conhece a realidade da atividade, conforme já expusemos acima.

E segundo, não é correto afirmar, *data venia*, que o art.6º da CLT, com a alteração trazida pela Lei nº 12.551, de 15.12.2011, alterou as características do elemento subordinação. Pelo contrário, essa alteração reafirma o conceito de subordinação de longa data presente no ordenamento.

Transcrevamos o dispositivo:

Art. 6º - Não se distingue entre o trabalho realizado no estabelecimento do empregador, o executado no domicílio do empregado e o realizado a distância, desde que estejam caracterizados os pressupostos da relação de emprego. (Redação dada pela Lei nº 12.551, de 2011)

Parágrafo único. Os meios telemáticos e informatizados de comando, controle e supervisão se equiparam, para fins de subordinação jurídica, aos meios pessoais e diretos de comando, controle e supervisão do trabalho alheio. (Incluído pela Lei nº 12.551, de 2011)

O conceito de subordinação permanece incólume. Claro perceber isso quando, no *caput* do art.6º, lê-se a expressão "desde que estejam caracterizados os pressupostos da relação de emprego". Assim, tanto faz que o trabalho seja realizado no estabelecimento do empregador ou à distância. Se mantidos os pressupostos da relação de emprego, inclusive a subordinação, haverá o vínculo empregatício.

O parágrafo único do mesmo dispositivo também reafirma a subordinação jurídica como até então era, tanto faz se os meios de comando, controle e supervisão são os pessoais e diretos, ou os telemáticos e informatizados.

Dessa forma, ainda que se valendo de avanços tecnológicos que hoje permitem que as relações de trabalho se deem em massa, à distância e de forma mais dinâmica, ainda assim, temos que, na análise do objeto, perquirir se estão presentes os cinco elementos da relação de emprego.

5.7.4. Viés Protetivo do Direito do Trabalho Desconsiderando a Previsão Legal

O relatório do GE Uber externa a preocupação da precarização dos direitos trabalhistas, dado que as condições de trabalho mais flexibilizadas favorecem mais os usuários do serviço de transporte do que os motoristas, bem como registra a dificuldade prática de se enquadrar essas formas de trabalho como relação de emprego.[297]

A indispensabilidade de trabalhar os conceitos do direito do trabalho em favor da proteção ao trabalhador, como marco civilizatório mínimo de direitos essenciais à manutenção da dignidade da pessoa humana não pode descambar para um ativismo judicial por parte dos tribunais, travestindo institutos jurídicos de características que a lei não lhes confere. Nesse sentido, a subordinação pode ser efetuada a distância, com as facilidades que a tecnologia hoje oferece, mas não pode prescindir do vínculo temporal (habitualidade jurídica), como exaustivamente defendido no presente trabalho.

Citando SUPIOT, o relatório do GE Uber aponta que, no regime fordista, apresenta-se bem clara a colocação do tempo do trabalhador à disposição do empregador, em troca de remuneração (ainda que quantificado seu salário por sua produção). E, então, transpõe para novo regime, em que a organização do trabalho se daria agora pela programação por comandos. Nesse novo modelo, afirma restituir-se ao trabalhador certa autonomia, numa denominada "direção por objetivos", onde:

"'A partir da programação, da estipulação de regras e comandos preordenados e mutáveis pelo seu programador, ao trabalhador é incumbida a capacidade de reagir em tempo real aos sinais que lhe são emitidos para realizar os objetivos assinalados pelo programa. Os trabalhadores, nesse novo modelo, devem estar mobilizados e disponíveis à realização dos objetivos que lhe são consignados...'"[298].

SUPIOT, na busca de se repensar as formas de proteção social à luz das novas formas de relação de trabalho que surgem por conta do avanço da tecnologia, propôs a seguinte classificação, em comissão por ele coordenada: (i) status de autônomo; (ii) status de empregado; e (iii) status de trabalhadores que se posicionam numa classificação intermediária. Esta classificação chegou a ser corroborada na França, no *Madelin Act of February 1994*, que estabeleceu a presunção de não-empregado assalariado aos trabalhadores registrados sob a seguridade social como autônomos, desde que afastada a figura do falso autônomo[299].

Mas importante notar que novas classificações como esta não podem decorrer somente de doutrina e jurisprudência, ignorando a lei posta, onde a subordinação não prescinde, além do controle, da disponibilidade do tempo do empregado para o empregador, por períodos definidos, sem a possibilidade de o empregado decidir livremente quando quiser atuar.

Enfim, conforme expusemos acima, parece-nos que a habitualidade, assim como a subordinação, deve ser analisada não só sobre o aspecto fático (estavam os trabalhadores comparecendo em frequência regular?), mas também sobre o aspecto jurídico-formal (eram os trabalhadores obrigados a cumprir essa frequência regular?). Isso porque a estruturação do negócio por parte da empresa de marketplace seria bem diferente caso houvesse previsibilidade de horário determinado de trabalho dos motoristas, o que não há.

A habitualidade anda de mãos dadas com a subordinação. Sim, porque se o trabalhador cumpre aquela frequência regular de trabalho se quiser, não tendo que dar qualquer satisfação à outra parte, e podendo sair da relação e voltar para ela sem qualquer restrição, então, ainda que tenha decidido trabalhar de segunda a sexta por um ano (e a condição de liberalidade não tenha sido afastada com o tempo), então, há uma habitualidade fática, mas não formal, jurídica.

A subordinação, como elemento do vínculo empregatício, continua pressupondo comando, controle e supervisão. Isso está claro no parágrafo único do art.6º da CLT, em que esse comando, controle e supervisão podem se dar tanto por meios telemáticos e informatizados, quanto por meios pessoais e diretos.

E a flexibilização, propiciada em regra pelos avanços da tecnologia, para manter a subordinação, deve estar num contexto de prestação de contas periódicas de metas estipuladas (exemplos claros são os trabalhos *home office*, ou teletrabalhos, em que o empregado precisa comparecer ao estabelecimento de vez em quando, para prestar contas), e não num contexto em que há total liberdade do motorista em definir os dias em que quiser trabalhar, inclusive podendo mudar de ideia sobre se vai trabalhar ou não, a cada dia.

6. Profissional-Parceiro

Na análise do caso concreto, para a verificação da existência ou não de relação de emprego, não há que se descurar da realidade na qual devem estar presentes os elementos que caracterizam o vínculo empregatício, à luz da redação hoje vigente da CLT, ainda que uma lei específica queira negá-lo.

Nesse sentido, ANA FRAZÃO bem pontua a tentativa do legislador de impingir com criação legal as pseudo-parcerias, com o intuito de, por meio de leis, tentar impedir o reconhecimento de relações de trabalho subordinado[300].

Caso emblemático é a Lei nº 13.352, de 27.10.2016, que "altera a Lei no 12.592, de 18 de janeiro 2012, para dispor sobre o contrato de parceria entre os profissionais que exercem as atividades de Cabeleireiro, Barbeiro, Esteticista, Manicure, Pedicure, Depilador e Maquiador e pessoas jurídicas registradas como salão de beleza".

Ali, em verdadeira afronta à proteção constitucional dos direitos do trabalhador (art.7º, Constituição de 1988), quis o legislador legitimar uma relação de parceria entre o profissional de beleza e o salão de beleza, desnaturando uma relação de emprego (o que certamente será contestado na Justiça do Trabalho). Pelo teor dos dispositivos ali previstos, no limite, o salão de beleza teria como objeto, como atividade fim, não mais prestar serviços relacionados a tratamento de beleza das pessoas, mas sim "alugar bens móveis e utensílios para o desempenho das atividades de serviços de beleza" e "prestar serviços de gestão, de apoio administrativo, de escritório, de cobrança e de recebimentos de valores transitórios recebidos de clientes das atividades de serviços de beleza", deixando-se a atividade de prestação de serviços de beleza ao profissional-parceiro, conforme previsão do §4º do art.1º-A da Lei nº 12.592, de 18.01.2012, inserido este artigo pela Lei nº 13.352/2016.

Procura a referida lei (Lei nº 13.352/2016) mudar a essência da atividade com base em uma mera formalização documental, inserindo o art. 1º-C na Lei nº 12.592, de 18 de janeiro de 2012:

Art. 1º-C Configurar-se-á vínculo empregatício entre a pessoa jurídica do salão-parceiro e o profissional-parceiro quando: I - não existir contrato de parceria formalizado na forma descrita nesta Lei; [...],

Demonstrando que a substância da relação é sim empregatícia.

Afinal, a empresa, personificada na pessoa jurídica do salão de beleza, presta serviços de cuidados pessoais e estética aos seus clientes, sendo a mão de obra do profissional envolvido nessa atividade um custo operacional cujo valor compõe o preço do serviço pago pelo cliente, pago à empresa, e não ao profissional-parceiro.

Não nos apressemos em, aqui, estabelecer um paralelo entre nossas críticas à relação legal (mas, a nosso ver, inconstitucional) criada entre salão-parceiro e profissional-parceiro e a relação fática entre a Uber e os motoristas.

Isso porque na relação salão – profissional de beleza, este cumpre não só ordens e submete-se à gestão e controle do salão, mas também é instado a cumprir escalas de horário (que consubstanciam), dado que cada profissional tem seu horário de atendimento, para que os clientes, quando quiserem, possam agendar sua ida. Estão aí todos os elementos que constituem o elemento-mor subordinação.

De modo distinto, na relação Uber – motorista, apesar de haver razoável controle, externado, entre outros aspectos, pela avaliação constante do serviço do motorista, avaliação esta alimentada pelo usuário e gerida pela Uber, não há o menor controle, por parte da Uber, dos horários de trabalho dos motoristas, tendo estes total liberdade para utilizar o aplicativo, quando bem entenderem.

7. Enquadramento Tributário

7.1. Critérios Materiais e Espaciais do ISS, do ICMS e do IPI

Construído o terreno do correto enquadramento contratual das atividades relacionadas às marketplaces que aproximam demandantes e demandados de serviço de transporte privado, seguem-se as decorrências de âmbito tributário, no tocante a impostos sobre o consumo.

O serviço prestado pela Uber é o de intermediação, enquadrando-se na incidência do ISS. O enquadramento mais correto na lista de serviços anexa à Lei Complementar nº 116, de 31.07.2003, é o do subitem 10.02 – Agenciamento, corretagem ou intermediação de títulos em geral, valores mobiliários e contratos quaisquer. O ISS é devido ao Município onde houver estabelecimento prestador do Uber, estabelecimento a partir do qual se presta o serviço de intermediação[301].

O serviço prestado pelo motorista é o de transporte. Se a corrida se iniciar e terminar no mesmo Município (transporte intramunicipal), a incidência é do ISS (16.02 - Outros serviços de transporte de natureza municipal. - incluído pela Lei Complementar nº 157, de 29.12.2016), devido o imposto ao Município onde executado o transporte (art.3º, XIX, LC 116/2003). Mas se iniciar e terminar em Municípios diversos, a possibilidade de incidência é do ICMS, sendo este devido ao Estado onde iniciada a prestação do serviço de transporte (art.11, II, 'a', LC 87, de 13.09.1996).

7.2. Bases de Cálculo

A qualidade que a Uber se confere, no contrato, de agente limitado de cobrança em nome do motorista (Prestador Terceiro) procura deixar claro que, apesar de a Uber receber o montante total do usuário, não pertence à Uber a parcela daquele montante referente ao serviço de transporte, não se considerando, portanto, como receita[302] da Uber, mas sim quantia cobrada em nome de terceiro, e que portanto deverá ser repassada ao titular de direito dessa receita, o motorista.

Nesse sentido, uma corrida hipotética que custou cem reais para o usuário, havendo taxa de intermediação de vinte e cinco por cento em favor da Uber, vai ensejar base de cálculo de ISS no serviço de intermediação de vinte e cinco reais, e base de cálculo de ISS ou ICMS, conforme o serviço de transporte privado seja intramunicipal ou intermunicipal, respectivamente, de setenta e cinco reais.

8. Uber Sem Motorista – O Futuro Alterando a Natureza Jurídica da Atividade

Notícias sobre testes realizados pela Uber para, no futuro próximo, possuir veículos sem motoristas, são bem conhecidas,[303] o que vem sendo tratado também por empresas como a Google[304] e a

Tesla[305]. A venda de veículos autônomos pelas montadoras também é tendência de mercado.[306]

Só cabe aqui diferenciar, para efeitos de incidência de impostos sobre consumo, as atividades das montadoras – que, em vendendo veículos autônomos, sujeitar-se-ão aí ao ICMS e ao IPI[307] (este último, considerando que sejam as produtoras, e não revendedoras dos veículos) – das atividades de empresas como Uber que, passando a operar seus próprios veículos, sem motorista, aí sim prestarão, sem sombra de dúvidas, serviço de transporte.

Ocorre aqui o caminho inverso ao que costuma ocorrer no mercado. Em vez de o modelo de negócio começar concentrado, onde a empresa presta todo o serviço de transporte, para depois terceirizar a atividade; o modelo surgiu de forma "terceirizada", a ponto de não haver vínculo empregatício entre a empresa e o "terceirizado", para depois, com o avanço ainda maior da tecnologia, permitir-se a concentração da atividade numa única pessoa, a própria Uber.

9. Conclusões

Fundamental, para se chegar a um correto entendimento sobre quais impostos sobre consumo incidem nas operações realizadas no âmbito de marketplace envolvido com transporte de passageiros é definir quais serviços são ali prestados. E para se chegar a uma resposta a respeito, é necessário descobrir o correto enquadramento das relações de trabalho que envolvem os atores dessa marketplace, particularmente se o motorista é empregado da Uber ou profissional autônomo ou avulso.

Nesse sentido, à luz dos modelos contratuais e da própria notoriedade de algumas características que envolvem a relação Uber –

motorista, particularmente a ausência de qualquer necessidade de o motorista se manter *on line* no aplicativo ou rodando por tempo determinado, não é possível o seu enquadramento como empregado, por ausência de habitualidade jurídica e subordinação jurídica.

Assim, o serviço que a Uber e marketplaces similares prestam é o de intermediação. A exploração, pela Uber, de plataforma tecnológica por intermédio de uma licença de uso de aplicativo, cedida tanto para o motorista quanto para o usuário, bem como o serviço de cobrança (intermediação de pagamento) para o motorista, não têm um fim em si mesmos, mas, como única finalidade, aproximar aquele que necessita de um serviço de transporte privado daquele que pode oferecer esse serviço.

O motorista, por sua vez, presta o serviço de transporte privado, seja de passageiros, seja de bens.

Incide, pois o ISS no serviço de intermediação, devido o imposto ao Município onde houver estabelecimento prestador do Uber, estabelecimento a partir do qual se presta o serviço de intermediação.

No serviço de transporte prestado pelo motorista, se a corrida se iniciar e terminar no mesmo Município (transporte intramunicipal), a incidência é do ISS, devido o imposto ao Município onde executado o transporte. Mas se se iniciar e terminar em Municípios diversos, a possibilidade de incidência é do ICMS, sendo devido o imposto para o Estado onde iniciada a prestação do serviço de transporte.

Quanto à base de cálculo, uma corrida hipotética que custou cem reais para o usuário, havendo taxa de intermediação de vinte e cinco por cento em favor da Uber, vai ensejar base de cálculo de ISS no serviço de intermediação de vinte e cinco reais, e base de cálculo de setenta e cinco reais, de ISS ou ICMS, conforme o serviço de transporte privado seja intramunicipal ou intermunicipal, respectivamente.

ISS E CONTRATOS DE FRANQUIA: BREVES COMENTÁRIOS À LUZ DA JURISPRUDÊNCIA

Matheus Cherulli Alcântara Viana[308]

Introdução

O leitor que habita os grandes centros urbanos provavelmente se recorda da "febre das paletas mexicanas", ocorrida nos anos de 2013 e 2014, quando, em poucos meses, um produto até então desconhecido do público brasileiro alcançou um nível de distribuição tal, e com tamanha diversidade em termos de proposta ao consumidor, que tomou boa parte do mercado de sorvetes.

Da mesma forma, não é difícil constatar uma certa padronização nas lojas disponíveis nos centros de compras (*Shopping Centers*) de todo o país: hoje, é comum que os clientes procurem diretamente a loja X ou a loja Y, de sua preferência, sequer perdendo tempo em consultar a lista de varejistas de dado setor ao adentrar os referidos centros.

Os dois exemplos acima, por mais simplórios que sejam, servem ao propósito de ilustrar um fenômeno que não passa despercebido: a popularização do contrato de franquia.

Os números da Associação Brasileira de *Franchising*, o setor de franquias movimentou no agregado do ano de 2017 cerca de R$ 163 milhões, contando com crescimento de 8% em relação ao ano anterior. Tais números trazem ao leitor uma noção da importância do referido mercado, especialmente quando se tem em conta que o Produto Interno Bruto do Brasil cresceu meros 1% no mesmo período.

Sem que pretendamos aprofundar o estudo do mercado em si considerado, tarefa essa que escapa à nossa qualificação, não é difícil verificar que os números indicam uma tendência à adoção desse modelo de negócios quando o futuro empreendedor, sobretudo o varejista, pretende ingressar no mercado.

O contrato de franquia tem origem[309] na prática comercial norte-americana, sendo a primeira experiência do gênero normalmente atribuída à empresa *Singer Sewing Machine*, já nos idos de 1860. Com o intuito de incrementar sua rede de distribuição, teria passado a empresa a credenciar agentes, que contariam com a possibilidade de uso da marca, com o fornecimento dos produtos, além de outras vantagens, como a experiência com campanhas publicitárias de âmbito nacional, utilização de aparato técnico e vendas, etc.

Tudo isso com uma característica que até hoje caracteriza o contrato, qual seja, a ausência de investimentos diretos pelo franqueador na abertura e manutenção do ponto de venda. Ou seja, os franqueados estabelecem as franquias com recursos próprios, contando com o *know how* acumulado pela franqueadora, e daí passam a comercializar os produtos da última, em uma relação que, ao menos à primeira vista, minimiza os riscos tanto de franqueadores quanto de franqueados. É, portanto, e antes de qualquer coisa, um modelo de negócio[310].

É de se notar, logo de início, que o contrato de franquia é umbilicalmente ligado à marca do franqueador. Da atratividade da marca frente ao consumidor decorre boa parte do magnetismo exercido pelo mercado de franquias. E não sem motivo, diga-se. Basta ao leitor que se pergunte quantos anos demoraria – ou mesmo se o sonho seria viável – para que seja desenvolvida, digamos, uma rede internacional de venda de hambúrgueres?

Deixando de lado tais aspectos, o presente artigo se destina a tratar, à luz da legislação de regência e da atual jurisprudência sobre a matéria, da eventual incidência do imposto sobre serviços de qualquer natureza (ISS) sobre as remunerações decorrentes do contrato de franquia. O tema, pensamos, possui peculiar relevância tendo em conta o quanto já se argumentou anteriormente, notadamente quando nos recordamos que o referido imposto, de competência municipal, carrega consigo um grande número de inconsistências que findam nas mãos do Poder Judiciário.

1. O contrato (sistema) de franquia na lei n° 8.955/94

O contrato de franquia é típico, disciplinado pela Lei n° 8.955, de 15 de dezembro de 1994. Ali, logo no artigo 2°, é possível encontrar a seguinte definição, que pedimos licença para transcrever pela sua utilidade ao longo do capítulo:

Art. 2° Franquia empresarial é o sistema pelo qual um franqueador cede ao franqueado o direito de uso de marca ou patente, associado ao direito de distribuição exclusiva ou semi-exclusiva de produtos ou serviços e, eventualmente, também ao direito de uso de tecnologia de implantação e administração de negócio ou sistema operacional desenvolvidos ou detidos pelo franqueador, mediante remuneração direta ou indireta, sem que, no entanto, fique caracterizado vínculo empregatício.

Da própria definição é possível, como compete à boa técnica legislativa, extrair os principais elementos a caracterizar o contrato.

Primeiro, temos que a franquia empresarial é um *sistema*. A escolha do termo é bastante apropriada, vez que, de fato, é possível inferir claramente que, ao menos aos olhos do legislador, franquia é apenas aquela relação jurídica obrigacional constituída de acordo com os termos da legislação de regência, sob pena de desnaturação da própria relação contratual[311].

Como acontece em outros contratos típicos, como nos de representação comercial, distribuição, etc., o legislador, por assim dizer, exclui a possibilidade de que seja interpretado como configurador de outras relações jurídicas (i.e. relação de emprego) entre as partes, com a condicionante de que as "regras do jogo" sejam seguidas com a devida atenção.

Daí se tratar de um sistema, um conjunto de regras, instituições, organizadas e concatenadas de tal forma a denotar uma noção de interdependência. Uma vez desnaturado, permite ao intérprete inferir se tratar de outra espécie de relação, que foge aos contornos e, portanto, às eventuais proteções, que a disciplina do sistema lhe oferece.

Na mesma linha, e como mencionamos anteriormente, a própria criação do modelo de franquia, ainda em suas raízes norte-americanas, operava de modo que alguém (franqueador) concedia a outrem (franqueado) certos direitos do qual é titular, especialmente os direitos de uso de marca e de distribuição de seus produtos e/ou serviços.

E aqui cabe um breve aparte. Isso porque ao nos referirmos a "direitos de titularidade do franqueador" não se está aqui a afirmar que o franqueador deva necessariamente ter a propriedade da marca em questão, especialmente tendo em conta que o próprio artigo 3º, III, da lei de franquias estabelece que deve o franqueador a indicação de quem seja o proprietário das marcas e patentes envolvidas no negócio. Ou seja, nada impede, *prima facie*, que a franquia seja estabelecida sob a égide de um sublicenciamento.

Da conjugação de ao menos esses dois direitos, podemos avançar no estudo de um eventual contrato de franquia. Ao revés, concedidos de forma isolada, tanto a cessão de direito de uso de marca quanto a cessão de direito de distribuição tendem a caracterizar relações jurídicas diversas que, por não serem disciplinadas tipicamente pelo legislador – tal qual ocorre na franquia - hão de ser interpretadas de acordo com outros elementos a fim de definir a natureza jurídica das referidas obrigações[312].

Certo é que não há relação de franquia sem que a cessão de ao menos tais direitos esteja presente, com a peculiaridade que, no caso do direito à distribuição, pode ele ser conferido de forma exclusiva ou semi-exclusiva.

Outros direitos que sejam cedidos ao franqueador não fazem parte, necessariamente, de um típico sistema de franquia, embora tal situação seja frequente por razões negociais. São os casos da cessão de *direito de uso de tecnologia de implantação e administração de negócio ou sistema operacional desenvolvidos ou detidos pelo franqueador*.

Pode inclusive englobar outras obrigações, por parte do franqueador, como supervisão de rede; orientação, treinamento, auxílio na análise e escolha do ponto onde será instalada a franquia e outros, todas assumidas no âmbito do *sistema* representado pelo *negócio jurídico franquia*.[313]

Feitas tais considerações, finalmente chegamos à remuneração decorrente de um sistema de franquia, que normalmente é composta de ao menos dois elementos: (a) a taxa de franquia e (b) os *royalties*.

A taxa de franquia é usualmente tratada como o "preço" da franquia, e é tida como a retribuição ao franqueador pela cessão de seu nome e know-how, a fim de recuperar o capital investido no empreendimento[314].

A lei de franquias faz referência à "taxa inicial", ou "taxa de franquia e de caução", estabelecendo não só a legalidade da cobrança, mas também reconhecendo que, na franquia, há mais que o licenciamento de uma marca, que demanda a adequada remuneração. Outras "taxas", sendo a mais comum a "taxa de publicidade", podem ser cobradas periodicamente, já que pode existir um maior ou menor envolvimento do franqueador no desenvolvimento da própria marca e do mercado, atividades essas que revertem ao franqueado.

A cobrança de *royalties* periódicos também faz parte de um sistema de franquia, sendo a remuneração tipicamente devida pelo licenciamento de diretos, tal qual ocorre no sistema de franquia. Note-se que a lei de franquias não estabelece a forma de cálculo dos *royalties*, nada impedindo que sejam eles estabelecidos como valores fixos ou percentuais sobre a receita do franqueado, por exemplo.

É importante ressaltar que toda a remuneração típica de um sistema de franquia, em realidade, decorre da cessão de direitos. Graficamente, poderíamos estabelecer a seguinte relação:

O mesmo não se pode dizer, por exemplo, de serviços que sejam oferecidos ao franqueado, como poderia ser o caso de serviços de gestão empresarial e consultoria financeira, por exemplo, que sendo ou não estipulados no contrato de franquia, por possuírem natureza distinta, hão de ter seus reflexos jurídicos e tributários analisados conforme o caso.

2. Franquia e a Lei Complementar nº 116/03

Até a edição da Lei Complementar nº 116/03, não havia no rol de serviços aplicável à disciplina do Decreto-lei nº 406/68, mesmo com a Lei Complementar nº 56/87, qualquer menção à atividade de franquia em si, mas tão somente à intermediação do contrato de franquia, tendo sido fixado o entendimento, ao se tratar das franquias da Empresa Brasileira de Correios e Telégrafos, no sentido que, ausente expressa previsão legal, atentaria à legalidade a pretensão de exigência do ISS sobre a atividade[315].

Tal situação foi alterada com a edição da Lei Complementar nº 116/03, que estabelece as regras gerais do imposto sobre serviços (ISS). Ali são delineados os principais aspectos do imposto, como a base de cálculo, local de pagamento do tributo, contribuintes e responsáveis, dentre outras.

Como tradicionalmente ocorre no âmbito do imposto, tratou o legislador de estabelecer, em anexo à própria lei, uma lista de serviços tributáveis, dentre os quais existem duas menções à *franquia*:

10 – Serviços de intermediação e congêneres.

10.04 – Agenciamento, corretagem ou intermediação de contratos de arrendamento mercantil (leasing), de franquia (franchising) e de faturização (factoring).

17 – Serviços de apoio técnico, administrativo, jurídico, contábil, comercial e congêneres.

17.08 – Franquia (franchising).

Quanto ao primeiro, e considerando a descrição do item no qual o subitem 10.04 foi inserido, é possível afirmar com segurança tratar-se de atividade efetuada por terceiros, em relação de intermediação, tal qual já ocorria sob a égide da Lei Complementar nº 56/87. Ou seja, é o caso de prestação de serviço de intermediação, onde um terceiro une o franqueador e o franqueado, e de tal relação decorre remuneração, normalmente denominada de comissão.

O subitem 17.08, por outro lado, é um tanto mais problemático. A uma porque o item 17 engloba uma plêiade de serviços dos mais variados, que vão desde serviços de cessão de mão-de-obra até serviços de consultoria. A duas porque, ao simplesmente descrever o conteúdo do "serviço" como "franquia", é intuitivo que se considere que qualquer remuneração decorrente de um contrato de franquia estaria sujeita ao imposto municipal.

Uma das principais críticas à Lei Complementar nº 116/03 decorre justamente da ausência de definição legal do conteúdo, para fins de incidência tributária, do que viria a ser um serviço, problema esse que, justiça seja feita, a Lei Complementar nº 116/03 herdou de seu diploma legal antecessor, o Decreto-lei nº 406/68, que contava com sistemática similar. Tampouco o Código Civil de 2002 oferece qualquer definição do conteúdo da palavra "serviço", limitando-se a tratar do meio de sua contratação e demais obrigações correlatas.

É esperado do Direito que ele seja dinâmico. Os institutos que o formam são objeto de constante reinterpretação, buscando atribuir coerência do ordenamento com o mundo dos fatos, e por isso cabe revisitar de tempos em tempos determinados institutos com o objetivo de aperfeiçoá-lo.

Esse aperfeiçoamento muitas vezes é reconhecido de forma expressa pelo legislador, que edita novas normas que virão em substituição ou complementação às anteriores. Muitas vezes, tais alterações serão incorporadas suavemente ao ordenamento, i.e. porque inexistia regime jurídico próprio ou porque a complementação trazida pelo legislador vem expor comando já identificado pela sociedade. Mas, por vezes, ocorre de um instituto ser objeto de reinterpretação sem que haja qualquer modificação legislativa direta da norma.

Uma explicação para esse fenômeno encontra guarida na teoria dos tipos. De forma genérica, os tipos são contrapostos aos conceitos, sendo que os últimos possuem a pretensão de descrever determinada realidade, com todos os seus contornos, estabelecendo assim de forma clara as fronteiras do que se inclui, e do que se afasta, da própria descrição. Os tipos, por outro lado, trazem em seu bojo as características "tipicamente" encontradas na descrição, configurando uma aproximação sujeita à evolução sem que com isso seja esvaziado seu conteúdo.

A nosso ver, o embate em torno do termo "serviços" possui raízes justamente no fato de nem o legislador e nem o contribuinte terem realizado uma abordagem conceitual, e sim tipológica, ao definir o fato gerador do imposto, o que é evidenciado pelo não estabelecimento na própria lei dos contornos que se pretendeu dar ao termo para fins de incidência do imposto sobre serviços.

A adoção de um ou outro rol de premissas para a extração de seu significado é perfeitamente normal, e poderia ser eliminada, ao menos em tese, apenas quando o legislador resolver substituir a abordagem tipológica pela conceitual, pela descrição total daquilo que pretende que se compreenda do termo. Não tendo sido essa a opção, também não haveria conflito imediato entre as normas ordinariamente postas para fins de tributação pelo imposto sobre serviços de "signos de riqueza" que não correspondam, em linguagem vulgar, a serviços.

Trata-se a definição do conteúdo do termo "serviços" de questão antiga, por demais debatida. Não pretendemos aqui esgotar o histórico legislativo e jurisprudencial acerca do tema, mas julgamos necessário traçar um breve apanhado do quanto sucedeu em torno da discussão.

Lembramos que o imposto sobre serviços foi ancorado no antigo "imposto sobre indústrias e profissões"[316], que, coexistindo com o "imposto sobre vendas e consignações", incidia, dentre outros, sobre a locação de bens móveis.

A distinção tradicionalmente aceita quando da criação do imposto sobre serviços, com o advento do Decreto-lei nº 406/68, que tratava tanto do ISS quanto do ICM, era muito mais ligada ao direito transferido: havendo a transferência de "bens materiais", estaríamos diante de fato gerador do ICM (circulação de mercadoria), enquanto que as transferências de "bens imateriais", estariam ligadas ao ISS que, ainda, abarcava os serviços constituídos em "trabalho", com disciplina na lei civil.

Em se tratando os direitos de "bens incorpóreos", então, sempre que houvesse a transferência de direitos não atrelados à transferência de um bem corpóreo, teríamos então a incidência do ISS. Era o que comumente se chamava de "conceito econômico de serviços", em distinção ao "conceito civil de serviços", que somente albergaria os serviços decorrentes do trabalho humano.

Essa interpretação prevaleceu nas instâncias superiores até o ano de 2000, quando o Pleno do Supremo Tribunal Federal, em divergência inaugurada pelo Ministro Marco Aurélio Melo, veio a modifica-la[317].

No *leading case*, que tratava da incidência do imposto sobre a atividade de locação de guindastes, a tese vencedora, por apertada maioria de votos, firmou o entendimento no sentido que o vocábulo "serviço" é umbilicalmente vinculado às obrigações de fazer, condizentes com ações humanas (ou esforço humano), em contraposição às obrigações de dar, que prescindem de tal característica, sendo até hoje essa a orientação da Corte Suprema[318]. Inclusive, o referido julgamento constou da mensagem de veto presidencial ao subitem 3.01 da lista de serviços (locação de bens móveis) constante daquele projeto que viria a ser convertido na Lei Complementar nº 116/03, servindo de indicativo à adoção da teoria pelo legislador infraconstitucional.

A referida interpretação é sobremaneira atrelada à utilização dos conceitos decorrentes do Direito Civil, como é de fácil verificação. Prestigia, com méritos, o artigo 110 do Código Tributário Nacional, cuja aplicação é tão negligenciada na jurisprudência pátria.

Assim sendo, podemos inferir ao menos duas conclusões.

A primeira é que o simples fato de dado negócio jurídico ser inserido no rol de serviços constante da Lei Complementar nº 116/03 não implica, necessariamente, sua subsunção ao conceito de serviço e, portanto, nada impede que o Poder Judiciário venha a reconhecer a sua intributabilidade.

A segunda, é que, se não há serviço, assim entendido como obrigação de fazer, em contratos de cessão temporária de bens móveis (locação), no mesmo sentido não haveria de existir serviço na cessão temporária de direitos. Isso porque o *leading case* ao qual nos reportamos superou exatamente a distinção entre bens corpóreos e bens incorpóreos para fins de determinação do conteúdo semântico do vocábulo serviço e, é forçoso reconhecer, nada mais são os direitos que bens incorpóreos.

Pois bem. Feita essa não tão breve digressão, voltamos à questão: incide ISS sobre os "serviços de franquia"? À luz do quanto já se enunciou, a resposta tende a ser negativa, tendo em conta que estaríamos diante de receita (preço do serviço, bem que se diga) advinda da exploração de um direito, consubstanciado na cessão com contrapartida em no pagamento de *royalties*.

No entanto, como veremos no tópico seguinte, a jurisprudência não chega a ser remansosa sobre o assunto.

3. ISS, franquias e a jurisprudência

Conforme tratamos anteriormente, a remuneração tipicamente estabelecida ao contrato de franquia é relacionada a diversas espécies de cessão de direitos. Ao mesmo tempo, temos a previsão, na lista anexa à Lei Complementar nº 116/03, da incidência do ISS sobre "franquias" e a jurisprudência firmada[319] a partir do RE 116.121/SP no sentido da indissociabilidade do conceito de serviços das obrigações de fazer, consistentes em atividades decorrentes da ação humana.

No âmbito do Tribunal de Justiça do Estado de São Paulo, o assunto parece estar pacificado desde o julgamento, em 19 de Maio de 2010, pelo Órgão Especial, do Incidente de Inconstitucionalidade nº 994.06.045400-3, relatado pelo Desembargador José Roberto Berdran e decidido por unanimidade.

No julgamento, após repassar a noção firmada pelo Supremo Tribunal Federal, e que aqui já se comentou, a respeito da caracterização do conceito de prestação de serviços como obrigação de fazer, e reconhecendo que as diversas obrigações (de dar, fazer e não fazer) que compõem um negócio jurídico de franquia nada mais são que atividades-meio[320] para a atividade-fim "franquia", votou o Desembargador Relator no sentido que:

Disso deflui que a natureza híbrida do contrato de franquia envolve uma série de relações jurídicas entre franqueador e franqueado, num contrato de natureza complexa, não uma mera obrigação de fazer, mas, sim, uma gama variada de obrigações recíprocas, afastando-se do puro conceito constitucional de "serviços" (art. 156, III).

Em outras palavras, na franquia, o franqueado tem acesso à marca e ao sistema de negócio do franqueador (know how), envolvendo, pois, obrigação de dar, e não de fazer, esta típica da prestação de serviços. Os de suporte e assistência técnica eventualmente coexistentes na franquia, a traduzir obrigação de meio, não descaracterizam a sua essencial e principal natureza jurídica, que é a obrigação de dar.

Para além disso, em seu voto o Desembargador Eros Picelli, após analisar a definição insculpida no artigo 2º da Lei de Franquias, afirma:

O conceito acima caracteriza o contrato de franquia, portanto, como de natureza mista, que combina tanto a cessão de uso de marca ou patente, como a distribuição de produtos ou serviços.

Quer dizer que a relação jurídica que se estabelece entre franqueador e franqueado não guarda a mínima aproximação com prestação de serviços.

A afirmação não afasta a possibilidade de ser considerado serviço o agenciamento, a corretagem ou a intermediação do contrato de franquia. O que se afirma, por convicção, é que a franquia, na relação franqueador-franqueado, não é serviço.

A decisão proferida no incidente de inconstitucionalidade, a nosso ver, e considerando o quanto se expôs sobre as características do sistema de franquia, não merece qualquer reparo quando se leva em conta o conceito firmado pelo STF a respeito da abrangência semântica do termo "serviços".

Convém reconhecer superada a ideia que o contrato na franquia em verdade se trataria de uma série de contratos coligados, ao menos para fins de determinação de incidência tributária. Não bastasse a já consagrada distinção entre atividade-meio e atividade-fim, temos aqui uma questão de ordem prática, consistente no fato de a remuneração decorrente do contrato, de mais a mais, se reportar a todo um plexo de obrigações estabelecido pelo sistema de franquia. Plexo esse, diga-se, muitíssimo ligado à cessão dos direitos envolvida na relação comercial.

De fato, a opção do legislador por estabelecer relação típica ao contrato de franquia – o que, diga-se, não era impositivo, vez que já prática consagrada quando da edição da Lei de Franquias – cuidou de englobar como um híbrido de diversas atividades a relação obrigacional entre franqueador e franqueado. Para além disso, não podemos olvidar do fato de, essencialmente, a relação de franquia se estabelecer em torno da cessão de direitos, quer de uso de marca, quer de distribuição exclusiva (ou semi-exclusiva) de produtos ou serviços.

Daí decorre a remuneração do contrato de franquia (*royalties*), que girando ao redor da direitos, e não de serviços nos termos da jurisprudência firmada pelo Supremo Tribunal Federal, implicaria simplesmente na impossibilidade técnica da inclusão de tais signos de riqueza na órbita do imposto sobre serviços.

Contudo, temos de reconhecer que essa posição não é adotada pela totalidade dos Tribunais de Justiça. Unicamente a título de exemplo, colacionamos abaixo acórdão recente do Tribunal de Justiça do Rio Grande do Sul:

PROCESSUAL CIVIL. EMBARGOS DE DECLARAÇÃO. CONTRADIÇÃO. INEXISTÊNCIA. CONTEXTO-FÁTICO JURÍDICO. ISS. CONTRATO DE FRANQUIA. INCIDÊNCIA. LEI COMPLEMENTAR Nº 118/03. LISTA ANEXA, SUBITEM 17.08. Ausente o pretenso vício decisório, uma vez que as questões ventiladas pelas partes, assente na prova dos autos e no entendimento segundo o qual possível a incidência do ISS sobre contratos de franquia, a contar da vigência da LC nº 116/03, em face do previsto no subitem 17.08 da sua lista Anexa, descabida pretensão no sentido de desfigurar a natureza da contratação, apartando a cessão de direitos de uso de marca e de imagem relativamente ao plexo de serviços que compõem o contrato de franquia, de modo a excluir a incidência do imposto previsto no art. 156, III, CF/88, desmerece provimento o recurso. (Embargos de Declaração Nº 70075480749, Vigésima Primeira Câmara Cível, Tribunal de Justiça do RS, Relator: Armínio José Abreu Lima da Rosa, Julgado em 08/11/2017)

O voto proferido pelo Desembargador Relator no caso em questão toma por base o julgamento proferido no âmbito do Superior Tribunal de Justiça por ocasião do REsp 1.131.872/SC, em 09/12/09, sob o rito dos recursos repetitivos e com relatoria do Ministro Luiz Fux. Nele ancorado, infirma o Desembargador Relator que se trata de matéria já pacificada no Superior Tribunal de Justiça, assim justificando a possibilidade de incidência do ISS sobre contratos de franquia.

Acontece que, salvo melhor juízo, o repetitivo em questão trata de situação bastante diversa. Ali, analisava-se a possibilidade de incidência do ISS sobre os serviços de coleta e remessa[321] de correspondências prestados pelas franqueadas da Empresa Brasileira de Correios e Telégrafos, classificados no subitem 26.01 da lista anexa à Lei Complementar nº 116/03. Vejamos:

Noticiam os autos que a recorrida ajuizou ação, objetivando a anulação de crédito tributário relativo ao ISS, porquanto, como titular de estabelecimento franqueado dos Correios, não prestaria serviços sujeitos à incidência dessa exação.

[...]

Cinge-se a questão controvertida à incidência ou não do ISS sobre serviços prestados por empresa franqueada que realizou atividade postal e telemática, no período compreendido ainda sob a égide da LC 56/87.

Note-se que não se estava a debater "a incidência do ISS sobre o serviço de franquia", e sim a "incidência do ISS sobre os serviços prestados por uma franquia". A diferença é nítida e fundamental. Porém, e aqui podemos apenas especular, parece ter havido confusão entre dois tipos de litígio diferentes.

A primeira, e que estamos cá a comentar, trata da não incidência do ISS sobre franquias, ou melhor, sobre a remuneração paga pelo franqueado ao franqueador.

A segunda, referente unicamente às franqueadas da Empresa Brasileira de Correios e Telégrafos (EBCT), lidava com uma superada tese de imunidade constitucional, por se tratar a EBCT de empresa pública federal e, ainda, da eventual não incidência sobre os serviços postais prestados por suas franqueadas.

Tais serviços, antes da edição da Lei Complementar nº 116/03, também não constavam da lista de serviços e, portanto, a razão de decidir pela intributabilidade das referidas operações era a mesma: ofensa ao princípio da legalidade. Sobrevindo a nova legislação, tal serviço (remessa, entrega de documentos, etc.) foi expressamente incluído na lista anexa à Lei Complementar, e com isso, superadas questões relativas à imunidade - que aqui não abordaremos-, realmente não havia motivo para que tais atividades não fossem tratadas como serviços sujeitos ao imposto. É dizer, o serviço de coleta, remessa, etc. de correspondências de fato constitui uma obrigação de fazer, consistente no transporte e entrega das correspondências.

Ocorre que, por motivos que não conhecemos, embora o voto do Ministro Relator comece delimitando o tema aos serviços postais, em dado momento realiza verdadeiro salto e passa a lidar com a questão de fundo como se lidasse com a franquia em si, e não com os serviços prestados pelos franqueados. O mesmo tom foi seguido na ementa.

Assim, como a Empresa Brasileira de Correios e Telégrafos opera em regime de franquias, parece ter se propagado a ideia que o repetitivo em questão tratava da incidência sobre franquias em geral, o que não só não parece corresponder ao conteúdo do acórdão em si, mas também finda por gerar insegurança jurídica, ou seja, justificada está a necessidade de consolidação da jurisprudência pelos Tribunais Superiores.

Em realidade, o *leading case* pós edição da Lei Complementar nº 116/03 no Superior Tribunal de Justiça sobre o tema das franquias empresariais – ou melhor dizendo, para que não reste dúvidas, a incidência do ISS sobre os *royalties* e taxas de franquias regidas pela Lei de Franquias - foi o REsp nº 885.530-RJ, também de relatoria do Ministro Luiz Fux, que fez consignar o seguinte:

[...] 11. Os Itens 10 e 17, da Lista de Serviços anexa à Lei Complementar 116/2003, elencam, como serviços tributáveis pelo ISS, o agenciamento, corretagem ou intermediação de contratos de leasing, de franchising e de factoring (Subitem 10.04), bem como a franquia (Subitem 17.08). 12. A mera inserção da operação de franquia no rol de serviços constantes da lista anexa à Lei Complementar 116/2003 não possui o condão de transmudar a natureza jurídica complexa do instituto, composto por um plexo indissociável de obrigações de dar, de fazer e de não fazer. 13. Destarte, revela-se inarredável que a operação de franquia não constitui prestação de serviço (obrigação de fazer), escapando, portanto, da esfera da tributação do ISS pelos municípios. [...]

No entanto, o caso deixou de ser decidido em seu mérito por conta de entenderem os ministros tratar-se de matéria constitucional, e que, portanto, teria sua análise resguardada ao Supremo Tribunal de Federal. O caso foi então remetido ao STF, onde foi enquadrado como matéria de repercussão geral e ainda hoje aguarda voto do relator Ministro Gilmar Mendes.

Por outro lado, na ausência de decisão final do tema pelo Supremo Tribunal Federal, proliferam no Superior Tribunal de Justiça decisões no sentido da incidência do ISS sobre os contratos de franquia. Tais decisões, com efeito, têm analisado a questão tão somente pelo enfoque da legalidade[322]: estando a franquia incluída em subitem da lista anexa à Lei Complementar nº 116/03, logo, caberia a incidência do imposto. Quando muito, invocam os acórdãos novamente o malfadado REsp 1.131.872/SC.

Digno de nota que até a declaração de repercussão geral em torno do tema, o Supremo Tribunal Federal entendia de forma consistente[323] que a análise do tema era cingida a matéria infraconstitucional. Enquanto aguardamos o resultado do julgamento em sede de repercussão geral, contudo, outra decisão chama bastante a atenção e, ao menos, indica a direção que tende a ser seguida pelo Supremo Tribunal Federal.

É que no julgamento do RE 925.038/PE, ocorrido em 30/03/2016, a segunda turma do Supremo Tribunal Federal, em decisão unânime de relatoria da Ministra Carmen Lúcia decidiu no sentido de serem inalcançáveis pelo imposto sobre serviços os *royalties* decorrentes da cessão de direitos de uso de marcas, tendo inclusive feito referência à consolidada jurisprudência da Corte sobe a não incidência de ISS sobre a atividade de locação de bens móveis.

Dessa forma, seria de se esperar que o desfecho da celeuma envolvendo a incidência do ISS sobre contratos seja no sentido de confirmar a não incidência.

Conclusão

Conforme pretendemos expor ao longo do presente trabalho, o contrato de franquia, ou melhor, o *sistema de franquia*, possui características próprias, assim definidas pelo legislador.

Não há como negar a existência de uma multiplicidade de deveres e obrigações recíprocos estabelecidos no âmbito de uma relação dessa natureza, que facilmente poderiam ser associados à existência conjugada (ou coligada, como tende a classificar a doutrina civil) de diversas relações jurídicas distintas: distribuição, representação comercial, cessão de direito de uso de marca, consultoria, dentre outros.

Daí, não chega a causar espanto que a jurisprudência apresente divergências significativas.

O Superior Tribunal de Justiça parece ter adotado o caminho mais simples, reafirmando a jurisprudência clássica da Corte no sentido de caracterizar como serviços aquelas atividades que constem das listas anexas à legislação de regência do imposto, atualmente, a Lei Complementar nº 116/03.

Porém, ao mesmo tempo, o REsp nº 885.530-RJ de relatoria do então Ministro do STJ, Luiz Fux, hoje Ministro do Supremo Tribunal Federal, embora não tenha decidido o mérito da questão, deixou, entrelinhas, o indicativo que a questão tenderia a ser analisada a partir da jurisprudência formada a partir do ano 2000, quando se firmou o entendimento atual sobre o conceito de serviço para fins de incidência do ISS.

Contudo, após mais de uma década de aguardo por uma decisão definitiva, em sede de repercussão geral, o Supremo Tribunal Federal ainda não se posicionou sobre o tema. Nesse vácuo jurisprudencial, o Superior Tribunal de Justiça assumiu postura mais legalista, limitando-se a afirmar que, se há vício na Lei Complementar nº 116/03, é ele de índole constitucional. E, a reboque, reafirmou a possibilidade de inserção da atividade de "franquias" como serviço tributável.

Embora não seja possível, naturalmente, afirmar qual a decisão final sobre o tema, é um alento que no julgamento do RE 925.038/PE, suficientemente recente, tenha se reafirmado a posição no sentido da não inclusão dos *royalties* no âmbito de incidência do imposto sobre serviços. Tal decisão parece reafirmar categoricamente que, ao menos na segunda turma do Supremo Tribunal Federal, hoje existe certo consenso em torno da impossibilidade de alcance, pelo ISS, dos *royalties*.

O principal motivo para tal afirmação reside no fato de o julgamento ter sido pautado pela discussão em torno da caracterização das obrigações de fazer, e apenas delas, como aptas a serem incluídas no aspecto material do imposto. E não parece haver motivo para uma "reinterpretação dinâmica" sobre o tema: lembremos que não houve modificação nos institutos privados a fundamentar uma releitura da Constituição Federal a partir do artigo 110 do Código Tributário Nacional.

A nosso ver, nem mesmo o ritmo de evolução tecnológica, que pressiona os Municípios a buscar fazer incidir o imposto sobre formas negociais mais "modernas", que consistem basicamente em sucessivas cessões de direitos, amplamente pautadas por programas de computador, utilidades direcionadas por algoritmos, é suficiente a que o entendimento sobre o tema seja revisto.

Ora, se é necessário que o Direito seja dinâmico, também é urgente que se promova a segurança jurídica. Nada impede que o sistema tributário brasileiro seja modificado para a inclusão de novas materialidades, mas a premissa fundamental do Estado de Direito é que o processo legislativo seja seguido à risca.

Merece destaque a posição corajosa do Tribunal de Justiça do Estado de São Paulo sobre o tema, que não só não se furtou a analisar o mérito da questão, como tem buscado manter um elevado grau de coerência com a jurisprudência pré-estabelecida.

Nesse particular, urge refletir sobre uma eventual mudança da jurisprudência, especialmente caso o Supremo Tribunal Federal venha a decidir pela possibilidade de incidência do imposto sobre serviços no caso: qual justificativa existiria, então, para que outras cessões de direitos, tal qual o aluguel de bens móveis, não pudesse ser alcançado pelo imposto municipal? Bastaria uma nova alteração à Lei Complementar nº 116/03 para que a incidência fosse reincorporada ao sistema tributário brasileiro, após ter sido seguidamente rechaçada pela jurisprudência pátria.

Somos da opinião que a modificação do atual conceito de serviços consolidado na jurisprudência, que pode ocorrer a partir de uma mudança de entendimento no que concerne os royalties decorrentes da franquia, pode abrir uma verdadeira caixa de pandora.

AS ALTERAÇÕES INTRODUZIDAS PELA LEI COMPLEMENTAR 157/2016 E A AUTONOMIA MUNICIPAL

Mônica de Almeida Magalhães Serrano[324]

Forma do estado brasileiro: federalismo

A Constituição de um País acaba por desenhar a estrutura e a organização do Estado, além de fixar as garantias e direitos individuais do cidadão. Nesse sentido, além de assegurar os direitos fundamentais dos indivíduos, a Constituição brasileira de 1988 delimita a forma e sistema de Governo, como igualmente a forma de Estado.

Verifica-se ter sido adotado no Brasil como formas de Governo e Estado, respectivamente, a República e a Federação, além do regime presidencialista e a democracia como regime político (art.1º CF), o que é corroborado com o artigo 18 da CF/88, que explicita a organização político-administrativa do País através da União, Estados, Distrito Federal e Municípios como entes autônomos.

O federalismo no Brasil foi implementado a nível constitucional desde 1891, sendo certo que sob a égide da Constituição Federal de 1824 o País tinha um desenho de Estado Unitário. Mas, mesmo quando adotado posteriormente o Federalismo e expressamente pela Constituição Federal de 1891, tal forma de Estado se descaracterizou sob as Constituições outorgadas de 1937 e de 1967, com o fortalecimento do poder da União. Finalmente, com a CF de 1988, resgatou-se o federalismo nos moldes modernos, como nos alerta Flávio Martins Alves Nunes Júnior:

Com o advento da Constituição de 1988, houve substancial alteração do Federalismo brasileiro. Primeiramente, considerou a Federação como sendo cláusula pétrea (art.60, §4º, I, CF), bem como implantou novamente um *Federalismo cooperativo*, ampliando-se consideravelmente o rol das competências comuns e concorrentes aos entes federativos, para que pudessem atuar de conjunta, e não mais isolada. Outrossim, implantou um *Federalismo trinário ou de segundo grau*, na medida em que foram considerados entes federativos a União, os Estados (e o Distrito Federal) e também os Municípios. Todavia, embora considerado ente federativo sob o aspecto formal, o Município não participa diretamente do Congresso Nacional, motivo pelo qual alguns negam seu caráter de ente federativo sob o aspecto material. Aos Estados, a competência continuou sendo residual.[325]

Assim, adotou-se no Brasil uma Federação por desagregação[326], com três níveis de poder, exercidos com autonomia, ou quatro, como preferem Luiz Alberto David Araújo e Vidal Serrano Nunes Júnior:

O federalismo brasileiro reúne em seu interior quatro entidades federativas – a União, os Estados, o Distrito Federal e os Municípios -, todas dotadas de autonomia, assim entendida a capacidade de autodeterminação dentro de um rol de competências constitucionalmente definidas [327]

Em que pese o anômalo o desenho federativo brasileiro, os Municípios possuem autonomia e integram a Federação, por mais que não possuam poder constituinte derivado. Regina Helena Costa, em tal ponto, destaca:

> Recorde-se que a forma federativa de Estado constitui cláusula pétrea, a teor do art.60, §4º, I, CR. Daí que o teor do princípio federativo complementa-se com o conteúdo do princípio da autonomia municipal [328]

É possível detectar que, em decorrência da forma federativa, cada ente possui competências próprias, elencadas na Constituição Federal (artigos 21, 22 e 25), além de competências comuns e concorrentes, o que se aplica, igualmente à seara tributária.

2. Competência tributária atribuída aos municípios e delimitação do ISSQN

O sistema tributário possui desenho rígido, com atribuição pela Constituição Federal de competências aos entes políticos para instituir tributos. Nesse sentido, ensina Aires F. Arreto:

> O plexo de normas constitucionais outorgativas de competências tributárias forma um sistema que se peculiariza pela a) minúcia e exaustividade no traçado do âmbito dessa outorga, b) privatividade e c) rigidez das competências tributárias outorgadas a cada qual [329]

No tocante aos impostos, a competência é enumerada de acordo com o artigo 153 (competência da União), artigo 155 (competência dos Estados e Distrito Federal) e artigo 156 (competência dos Municípios),todos da Constituição Federal, como também residual, cabendo à União instituir, através de lei complementar, outros impostos nos limites e condições previstas no art.154 e incisos da CF/88. [330]

Em relação às taxas a competência é expressa e decorrente, respectivamente, em razão do exercício de poder de polícia ou pela utilização, efetiva ou potencial de serviços públicos específicos e divisíveis, prestados ao contribuinte ou postos a sua disposição (art.145, II, CF).

Importa acrescentar, ainda, as contribuições de melhoria e as decorrentes do art. 149 e 149-A (competência dos Municípios e Distrito Federal), como também os empréstimos compulsórios (art. 148, e incisos, CF).

Na seara do Município, cuja importância se destaca para o desenrolar do presente estudo, o âmbito de sua competência tributária é relativa ao Imposto sobre Propriedade Predial e Territorial Urbana – IPTU, Imposto sobre Transmissão Inter Vivos de Bens Imóveis e de direitos reais sobre imóveis – ITBI, e Impostos sobre Serviços de Qualquer Natureza – ISSQN, além de taxas e contribuições.

Didática, em tal ponto, Regina Helena Costa:

Quanto aos Municípios, sua competência inclui *três impostos* (Propriedade Predial e Territorial Urbana; Transmissão *Inter Vivos* de Bens Imóveis; e Serviços de Qualquer Natureza).

Em matéria de *taxas e contribuições de melhoria*, a mesma disciplina é aplicável às demais pessoas políticas. No que tange às contribuições, compete-lhes, igualmente, a mencionada *contribuição previdenciária*, exigível de seus servidores (art.149, § 1º, CR).

Ainda, estão legitimados os Municípios a instituir a *contribuição para o custeio do serviço de iluminação pública* (art.149-A, CR), figura introduzida pela EC n.39, de 2002 [331]

A competência do Município para instituir Impostos sobre Serviços de Qualquer Natureza – ISSQN, é disciplinada pelo art.156 da CF, com a exclusão dos serviços compreendidos no artigo 155, II, da CF (competência estadual – ICMS), e impõe à Lei Complementar a fixação de alíquotas máximas e mínimas, a exclusão das exportações de serviços para o exterior de sua incidência, e a regulamentação da forma e as condições como isenções, incentivos e benefícios fiscais serão concedidos e revogados (art.156, § 3º, e incisos I a III, da CF).

Naturalmente, devem ser excluídos do âmbito de serviço tributável pelos Municípios os serviços públicos, posto que vedado instituir impostos sobre patrimônio, renda ou serviços entre as pessoas políticas (imunidade recíproca) [332]. Igualmente, devem ser desconsiderados, para tanto, as relações sujeitas à lei trabalhista ou lei especial ou os serviços gratuitos.[333]

Como bem define Aires F. Barreto "serviço tributável é o desempenho de atividade economicamente apreciável, produtiva de utilidade para outrem, porém sem subordinação, sob regime de direito privado, com fito de remuneração".[334]

O Município, portanto, possui competência para tributar a prestação de serviços (ISSQN), nos limites acima descritos, ficando reservado à lei complementar o estabelecimento de normas gerais, a definição do fato gerador, base de cálculo e contribuintes, de acordo com o art. 146, III, 'a', da CF.

Assim ponderam Fernando Dias Fleury Curado e Robinson Sakiyama Barreirinhas:

"Especificamente, em relação ao ISS, cabe à lei complementar federal:

-dispor sobre conflitos de competência, especialmente entre o imposto municipal e o ICMS, como veremos mais adiante (art.146, I, da CF); definir o fato gerador, a base de cálculo e os contribuintes (art.146, III, a, da CF);-fixar as alíquotas mínimas e máximas (art.156, § 3º, I, da CF);- excluir da sua incidência exportações de serviços para o exterior (art. 156, § 3º, II, da CF); e,- regular a forma e as condições como isenções, incentivos e benefícios fiscais serão concedidos e revogados"[335]

3. Da lei complementar e alíquotas máxima e mínima do ISSQN

O ISSQN é atualmente disciplinado pela Lei Complementar 116/2003, que traça as normas gerais definidoras do fato gerador, base de cálculo e contribuinte, e que substituiu o Decreto-Lei 406/68, que havia sido recepcionado pela CF/88. É possível afirmar, portanto, que o ISSQN incidirá sobre os serviços previstos em lista anexa à Lei Complementar disciplinadora, desde que não inseridos na competência tributária estadual.

Contudo, grande controvérsia ainda é travada acerta da taxatividade ou não da lista anexa à lei complementar. Alguns autores defendem que se trata de lista taxativa e outros meramente exemplificativa. [336]

Há atualmente notória tendência a afirmar pela taxatividade da lista, mas vale anotar que, apesar de tal posicionamento, o rol que compõe a lista de serviços anexa à Lei Complementar admite interpretação extensiva, por força de entendimento exarado pelo Superior Tribunal de Justiça:

TRIBUTÁRIO SERVIÇOS BANCÁRIOS. ISS LISTA DE SERVIÇOS. TAXATIVIDADE. INTERPRETAÇÃO EXTENSIVA. 1. A jurisprudência desta Corte firmou entendimento de que é taxativa a Lista de Serviços anexa ao Decreto-lei 406/68, para efeito de incidência de ISS, admitindo-se, aos já existentes apresentados com outra nomenclatura, o emprego da interpretação extensiva para serviços congêneres. 2. Recurso especial não provido. Acórdão sujeito ao regime do art. 543-C do CPC e da Resolução STJ 08/08.[337]

Com igual entendimento o teor da Súmula n° 424:

É legítima a incidência de ISS sobre os serviços bancários congêneres da lista anexa ao DL n. 406/1968 e à LC n. 56/1987

Importa ressaltar, outrossim, que os Municípios, por meio de legislações próprias, podem prever e referendar os mesmos serviços previstos por Lei Complementar ou até mesmo diminuir o seu âmbito de instituição, mas não podem inovar à regulamentação havida ou desrespeitá-la.

Deve ser objeto da Lei Complementar, ademais, a fixação de alíquotas máximas e mínimas para esse imposto (art.156, § 3°, I da CF).

Em tal ponto, a Emenda Constitucional 37/2002 incluiu o art.88, II, ao Ato das Disposições Constitucionais Transitórias (ADCT), estabelecendo a alíquota mínima de 2% para o ISS, exceto para os serviços previstos nos itens 32, 33 e 34 da Lista Anexa ao Decreto-Lei 406/68, até que a Lei Complementar regulamentasse o disposto no art.156, incisos I e III do parágrafo 3°.

Contudo, a Lei Complementar 116/2003 definiu tão somente a alíquota máxima, determinando-a no patamar de cinco por cento (5%), mas restou omissa quanto à alíquota mínima e as condições de concessão de incentivos fiscais.

A Emenda Constitucional 37/2002, por sua vez, incluiu o art.88 ao Ato das Disposições Constitucionais Transitórias – ADCT, fixando a alíquota mínima ao ISSQN no percentual de dois por cento (2%), com exceção dos serviços relativos aos itens 32, 33 e 34 da lista de serviços anexa ao Decreto-lei 406/68, como também vedou a possibilidade de concessão de isenções ou benefícios fiscais que pudessem resultar de forma direta ou indireta na redução da alíquota mínima determinada.

4. Da lei complementar 157/16: inovações

A Lei Complementar 157/16 trouxe várias inovações e incluiu o art.8-1 à Lei Complementar 116/2003, estabelecendo a alíquota mínima do ISSQN de dois por cento (2%), mas também vedou a possibilidade de concessão de isenções, incentivos ou benefícios tributários ou financeiros, inclusive de redução de base de cálculo ou de crédito presumido ou outorgado, ou sob qualquer outra forma que resulte em carga tributária menor que a decorrente da alíquota mínima, com exceção dos serviços previstos nos itens 7.02, 7.05 e 16.01 da lista anexa à Lei 116/2003.[338]

Pode-se afirmar ser salutar à preservação do equilíbrio entre os entes federados a fixação de alíquota mínima para fins de incidência do ISSQN, até mesmo porque a inexistência de qualquer regulação pode levar a distorções econômicas, que só fomentam a denominada guerra fiscal, com práticas competitivas muitas vezes exacerbadas.

Guerra fiscal, em tal sentido, pode ser conceituada como "o litígio entre as unidades de uma federação consistente na concessão, de forma unilateral, de benefícios fiscais".[339]

Nesse sentido, muitos Estados buscam atrair empresas para o seu âmbito territorial, por meio de incentivos fiscais, com o intuito de fomentar o comércio e desenvolvimento industrial de regiões, muitas vezes mais distantes e com mínimo poder econômico. Contudo, nem sempre essa política de redução de tributo proporciona uma real eficácia desenvolvimentista.

Em muitas situações ocorre estabelecimentos fictícios ou mero deslocamento físico empresarial com o fito de diminuir o impacto da tributação, o que nem sempre possibilita desenvolvimento ou vantagens à entidade federativa concedente do benefício. Concretamente, a empresa deslocada pode simplesmente manter sua atuação e captação de clientes fora do âmbito da entidade concedente do benefício.

Assim é que se mostra bastante razoável a fixação de alíquota mínima para o ISSQN, nos moldes estabelecidos pela nova Lei Complementar, a seguir fixação já existente pela EC 37/2002, muito embora alguns autores entendam que o estabelecimento de alíquotas mínimas, ainda que previstas para evitar a guerra fiscal entre os Municípios, fere o princípio da autonomia municipal, tal qual Aires F. Barreto.[340]

No âmbito dos Estados, há igualmente regulação de isenções, incentivos ou benefícios fiscais, que se viabilizam, para fins de redução do ICMS, por meio de convênios celebrados e aprovados pelo Confaz, com unanimidade dos entes federados, de acordo com a Lei Complementar 24/75, mas com modificações a partir da Lei Complementar 160/2017, que dispõe sobre a remissão de créditos tributários relacionados a benefícios fiscais concedidos de forma irregular e novo quórum de votação.

Assim, não se verifica qualquer ofensa à autonomia municipal a fixação da alíquota mínima de ISSQN pela LC 157/16, que se faz salutar, até mesmo para preservar a autonomia dos entes federados.

Como bem afirma Paulo Ayres Barreto, "a prescrição em questão visa a assegurar a uniformidade da base de cálculo do ISS nos municípios brasileiros, vedando a concessão de benefícios fiscais que acabem por burlar a prescrição de alíquota mínima do tributo (2%) de forma indireta. Trata-se de concretização da função de coordenação da legislação complementar. Nesse caso, busca-se restringir a competição fiscal entre municípios".[341]

Nesse diapasão, o STF já considerou inconstitucional legislação municipal que concedeu benefício que resultou indiretamente, na redução da alíquota mínima estabelecida no artigo 88 do ADCT.[342]

Mas por outro lado, a nova LC 157/16 veda a instituição de quaisquer benefícios fiscais, relativamente ao ISSQN, e realmente parece ultrapassar os limites constitucionais, invadindo a autonomia municipal, como também o próprio âmago do federalismo.

Efetivamente, cabe ao Município avaliar o interesse na concessão de incentivos ou benefícios fiscais perante algumas circunstâncias ou especificidades locais.

No mesmo sentido, entendimento firmado por Betina Treiger Grupenmacher:

Não há dúvidas de que o legislador complementar buscou dar plena efetividade às medidas implementadas, apenando rigorosamente aqueles que descumprirem as novas regras por ele criadas, no entanto cremos que algumas de tais limitações são excessivas e inconstitucionais por agredirem o exercício pleno da competência tributária municipal.

O legislador complementar, ao vedar, terminantemente, a possibilidade de concessão de incentivos e benefícios fiscais, excedeu a prerrogativa que lhe atribuiu o constituinte derivado, por meio da EC 3/93, que estabeleceu que lei complementar poderia regular a forma e condições como isenções, incentivos e benefícios fiscais seriam concedidos e revogados, ou seja, a Constituição Federal não proíbe de forma definitiva a concessão de incentivos e benefícios fiscais, apenas estabelece a possibilidade de que a lei complementar os regule, pois pela dicção do art.156, § 3o, inciso III, há autorização para redução da carga tributária, desde que seja objeto de disciplina pela lei complementar.[343]

Realmente, a nova Lei Complementar fere a autonomia municipal e a forma de Estado federativa, pois a Constituição Federal não veda quaisquer isenções e/ou benefícios fiscais, cabendo aos

Municípios dirimir se há interesse público para tanto e em que condições, cabendo à lei complementar apenas regulamentar a forma como se daria a concessão de incentivos, não sendo possível eliminar totalmente essa possibilidade, na forma do artigo 156, § 3º, da Constituição Federal.

Mas a Lei Complementar 157/2016, em lugar de estabelecer a forma e condições para a concessão de incentivos fiscais, veda tal possibilidade.

Inclusive, a legislação já é bastante rigorosa para a concessão de benefícios fiscais, tanto que os Municípios devem observar rigorosamente a Lei de Responsabilidade Fiscal (LRF) que dispõe, através do artigo 14, que a renúncia de receita deverá estar acompanhada de estimativa do impacto orçamentário-financeiro no exercício de vigência e nos dois seguintes, além de atender a pelo menos uma das condições impostas pelo dispositivo legal, tal como estar acompanhada de medidas de compensação.

A Lei Complementar 157/2016 prevê, ainda, que a legislação municipal que estabelecer incentivos que resulte em alíquota do ISSQN menor que o mínimo previsto (2%) será considerada nula, gerando, inclusive, para o prestador do serviço perante o Município ou o Distrito Federal que não respeitar as disposições deste artigo, o direito à restituição do valor efetivamente pago do Imposto sobre Serviços de Qualquer Natureza calculado sob a égide da lei nula, de acordo com o artigo 2º e parágrafos da citada legislação.

A nova legislação, além da nulidade, cria nova modalidade de improbidade administrativa, ampliando o rol constante da Lei 8.429/92, que continha basicamente três modalidades: a) atos que importam enriquecimento ilícito (artigo 9º); b) atos que causam lesão ao erário (artigo 10) e, c) atos que atentam contra os princípios da administração pública (artigo 11):

Art. 10-A. Constitui ato de improbidade administrativa qualquer **ação ou omissão** para **conceder, aplicar ou manter benefício financeiro ou tributário** contrário ao que dispõem o caput e o § 1º do art. 8º-A da Lei Complementar nº 116, de 31 de julho de 2003

Desta feita, a ação ou omissão da qual resultar a concessão, aplicação ou manutenção de benefício financeiro ou tributário em patamar abaixo de 2% configurará ato de improbidade e no tocante às sanções para a nova tipificação de ato ímprobo, incluiu-se o inciso IV no art. 12 da Lei de Improbidade Administrativa, ficando prevista, assim, a perda da função pública, a suspensão dos direitos políticos de 5 (cinco) a 8 (oito) anos, como também multa civil de até 3 (três) vezes o valor do benefício financeiro ou tributário concedido.

Vale lembrar que para a caracterização do ato de improbidade deve estar presente a demonstração do elemento subjetivo doloso na conduta do responsável, apesar de merecer questionamento essa nova modalidade de ato ímprobo.

Com efeito, caracteriza como ímprobo ato municipal que conceda benefício fiscal que desrespeite a legislação e especificamente ao ISSQN. Ocorre que não há nada similar em relação aos demais entes federados, demonstrando se tratar de sanção desproporcional.

Vale trazer à tona ponderação de Andrei Pitten Velloso sobre tal questão:

Trata-se de sanções draconianas, que seriam improváveis no âmbito estadual – e impensáveis no federal –, evidenciando descaso para com a autonomia municipal e, em particular, com os governantes dos Municípios. Cogitar-se-ia, por exemplo, de cassar os direitos políticos de governadores que simplesmente mantiveram benefícios unilaterais do ICMS, no contexto da guerra fiscal entre Estados?

Verifica-se afronta ao postulado da razoabilidade e à autonomia municipal, em particular, na configuração de ato de improbidade administrativa pela mera omissão em revogar benefícios financeiros ou tributários. Como podem Prefeitos e Vereadores perder a sua função pública e os seus direitos políticos, além de ter de arcar com multa de até o triplo dos benefícios vigentes, por mera inação?

Essas sanções irrazoáveis consubstanciam forma indireta de o Congresso Nacional aprovar medida que, sem dúvida alguma, não se insere entre as suas competências constitucionais: a revogação de benefícios fiscais e financeiros concedidos pelos Municípios.

Trata-se de sanções draconianas, que seriam improváveis no âmbito estadual – e impensáveis no federal –, evidenciando descaso para com a autonomia municipal e, em particular, com os governantes dos Municípios. Cogitar-se-ia, por exemplo, de cassar os direitos políticos de governadores que simplesmente mantiveram benefícios unilaterais do ICMS, no contexto da guerra fiscal entre Estados?

Verifica-se afronta ao postulado da razoabilidade e à autonomia municipal, em particular, na configuração de ato de improbidade administrativa pela mera omissão em revogar benefícios financeiros ou tributários. Como podem Prefeitos e Vereadores perder a sua função pública e os seus direitos políticos, além de ter de arcar com multa de até o triplo dos benefícios vigentes, por mera inação?

Essas sanções irrazoáveis consubstanciam forma indireta de o Congresso Nacional aprovar medida que, sem dúvida alguma, não se insere entre as suas competências constitucionais: a revogação de benefícios fiscais e financeiros concedidos pelos Municípios. [344]

De toda forma, as inovações trazidas pela LC 157/2016 acabaram por suscitar muitas polêmicas, inclusive com suspensão parcial determinada pelo Ministro Alexandre de Moraes do Supremo Tribunal Federal no bojo da ADI 5835, relativamente aos dispositivos relativos ao ISS sobre serviços de plano de saúde, leasing, cartão de crédito/débito e outros.[345]

Conclusões

A Lei Complementar 157/2016 tem por cerne evitar ou minimizar a guerra fiscal entre os Municípios, tratando com maior rigor a concessão de benefícios irregulares e abaixo do mínimo legal, o que merece louvor. Contudo, a nova legislação traz pontos polêmicos, tendo, inclusive, apresentado novos serviços sobre os quais deve incidir o ISSQN, l como os serviços de streaming de dados, música e vídeo.

Ademais, a legislação veda absolutamente a concessão de incentivos, o que parece contrariar o quanto disposto no artigo 156, § 3º, da Constituição Federal, que determina a regulamentação da forma e condições de incentivos e não a sua proibição, além da criação de nova modalidade de ato de improbidade, que demonstra, num primeiro momento, ser desproporcional, valendo observar que não há regra similar em relação aos demais entes federados.

PARTE III – ICMS: PROBLEMAS TRATADOS NA JURISPRUDÊNCIA.

ICMS E O PRINCÍPIO DA NÃO-CUMULATIVIDADE

Andressa Guimarães Torquato Fernandes[346]

Introdução

O presente artigo tem por objetivo analisar o princípio da não-cumulatividade e sua aplicação ao Imposto sobre Circulação de Mercadorias e Serviços de Transporte Interestadual, Intermunicipal e de Comunicação, popularmente conhecido no Brasil pela sigla *ICMS*.

Para tanto, inicialmente iremos abordar a circulação de mercadorias como fato gerador, para, em seguida, verificar a origem dessa tributação, caracterizada, em seus primeiros anos, pela cumulatividade das incidências tributárias na cadeia produtiva dos bens transacionados no mercado.

Serão apontados os efeitos econômicos da chamada tributação em cascata e a solução implementada na França, que pela primeira vez instituiu um imposto não-cumulativo sobre o valor agregado, tributando no âmbito de uma cadeia produtiva apenas o valor que viesse a ser agregado em cada etapa, funcionando tal sistemática por meio de uma operação de débito e crédito.

Referida sistemática influenciou o modelo tributário brasileiro, cuja tributação do consumo era levada a cabo por um tributo cumulativo, chamado Imposto sobre Vendas e Consignações, o qual veio a ser substituído por meio da Emenda Constitucional n. 18/1965, que implementou o Imposto sobre Circulação de Mercadorias (ICM), marcado pela não-cumulatividade.

Por fim, analisar-se-á o regime jurídico do ICMS instituído pela Constituição Federal de 1988, abordando-se a distinção entre tributos monofásicos e plurifásicos, as técnicas para apuração da não-cumulatividade, e, por fim, os conceitos de crédito físico e crédito financeiro.

1 Por que a não-cumulatividade? considerações sobre a sua origem no ICMS.

1.1 A circulação de mercadorias como fato gerador

Conforme é notório entre os estudiosos do Direito Tributário, há dois princípios que representam os pilares deste ramo de estudo: o princípio da legalidade, segundo o qual qualquer instituição de tributo ou sua majoração deve ser feita por meio de lei em sentido estrito, e o princípio da capacidade contributiva, que, grosso modo, assevera que devem contribuir para as despesas do Estado apenas aqueles que têm condições econômicas para tanto, na medida das suas possibilidades.

O princípio da capacidade contributiva pode ser visto sob o seu aspecto objetivo e subjetivo, conforme preceitua Luis Eduardo Schoueri (2011).

O princípio da capacidade contributiva subjetiva busca identificar aspectos pessoais do contribuinte, no intuito de auferir sua capacidade de contribuir para as despesas do Estado. Ou seja, leva em conta a identificação e conhecimento de características do contribuinte individualmente considerado, para que se leve a cabo a tributação sobre ele incidente.

No que tange ao princípio da capacidade contributiva objetiva, visa-se perquirir se a hipótese de incidência ou fato gerador em abstrato, eleito pelo legislador, espelha, por si só, capacidade contributiva. Explique-se: sabendo que todo fato gerador recai sobre uma ação praticada pelo ser humano, pode o legislador eleger como fato gerador de um tributo a ação de respirar ou andar, por exemplo? Todo aquele que respire, no Estado brasileiro, no dia 01 de janeiro, está sujeito ao pagamento de um imposto per capita arrecadado pela União no valor de 500 reais, arrecadado até o último dia útil de março.

Por que esse tributo parece absurdo? Porque o fato escolhido como suficiente para colocar o cidadão na posição de contribuinte – o ato de respirar – não espelha qualquer capacidade de contribuir para as despesas do Estado.

Portanto, a própria escolha do fato gerador pelo Estado deve obedecer ao princípio da capacidade contributiva objetiva, a medida em que deve espelhar uma demonstração de riqueza, como por exemplo, temos no Imposto de Renda: auferir renda; no Impostos sobre Circulação de Mercadorias e Serviços de Transporte e Comunicação: o de circular mercadoria. Nesse sentido, um primeiro ponto a ser considerado acerca do ICMS é que a circulação de mercadoria é tributada via imposto sobre o valor agregado, chamado no Brasil de ICMS, porque se entende que o ato de circular mercadoria espelha capacidade de contribuir para as despesas do Estado.

Sendo assim, não só o Brasil, mas diversos outros países, tributam a circulação de mercadorias e serviços.

1.2 A tributação cumulativa e seus efeitos econômicos

Como surgiu a ideia de tributar a circulação de mercadorias e serviços nos moldes atuais?

Até meados do Século XX a tributação que incidia sobre as vendas de produtos e serviços realizados pelas empresas se dava sobre a receita auferida a partir de todas as transações mercantis realizadas pela empresa, seja direcionada para outra empresa, seja destinada a consumidor final, isto é, incidia sobre o seu faturamento.

Exemplo disso era o famoso Alcabala, o qual, conforme explica André Mendes Moreira, constituía-se em um tributo exigido pela "Espanha medieval em suas colônias, que incidia sobre todas as transações mercantis com alíquotas que chegavam a 14% (quatorze por cento), sem qualquer possibilidade de dedução do tributo pago nas operações anteriores" (2009, p. 52).

Na verdade, a tributação do faturamento ou receitas das vendas já existia desde a antiguidade grega, egípcia e romana. (Ver Turnover Taxes - International Bureau of Fiscal Documentation, Amsterdam, 1966).

Apesar dos seus inconvenientes, esse tributo se espalhou por todo o mundo, dada a sua simplicidade. Embora com percentuais menores do que o mencionado na Alcabala, era cobrado em diversos países europeus, e tinha como grande fator de ineficiência o fato de propiciar a chamada tributação em cascata.

A tributação em cascata possui um efeito perverso na economia por induzir a verticalização das empresas. A sua problemática era "tão patente que A. SMITH, já no século XVIII, creditou à Alcabala a culpa pelo declínio econômico do império espanhol" (MOREIRA, 2009, p. 52-53). De fato, a tributação multifásica cumulativa desencoraja a livre organização dos agentes do mercado (que, para evitar várias incidências sobre o mesmo produto, tendem a se verticalizar) e incita a sonegação, devido ao seu ônus excessivo.

Visando corrigir esse problema inerente à tributação sobre a receita, e propiciar a retomada do crescimento econômico da Europa, arrasada pela Segunda Guerra Mundial, o economista Carl Friedrich VON SIEMENS, propôs a substituição do *turnover tax* por um imposto sobre o valor agregado, feita inicialmente ao governo alemão em 1918 porém somente implementada em 1954, na França (MOREIRA, 2009).

1.3 A solução francesa

Em 10 de abril de 1954 a França adotou pela primeira vez um Imposto sobre o Valor Agregado nos moldes do que hoje se adota como imposto sobre valor agregado, por meio do qual se tributa não o valor de venda das mercadorias em cada fase do processo produtivo, mas apenas o seu valor acrescido, ou seja, o valor que foi agregado em cada etapa do processo produtivo, tornando indiferente o número de etapas da cadeia, fomentando com isso a especialização das empresas e a desconcentração econômica, utilizando-se, para tanto, uma sistemática de débitos e créditos.

1.4 A adoção pela Comunidade Europeia

Como relata Sérgio Vasques sobre o Turnover Tax anteriormente adotado em Portugal (chamado imposto de transações), esse incidia apenas sobre o produtor, o industrial ou os chamados grossistas, aqueles que operavam venda em atacado (2013).

O varejo não era tributado ante a grande dificuldade e custo para a realização dessa fiscalização, dada a sua pulverização, dificuldade essa experimentadas pelos países que tentaram tributar o consumo de artigos de luxo. Sobre esse tema, é interessante que na Áustria, uma forma de se verificar se a peruca, considerada artigo de luxo tinha sido tributada, era o fato dos fiscais pedirem para que as pessoas levantassem suas perucas para verificar se estava com o selo comprobatório de que o tributo havia sido pago (SCHOUERI, 2011).

O novo mecanismo tributário tornou-se, desde cedo, um sucesso, explica André Mendes Moreira: "Em 1962, o Relatório NEUMARK (um dos maiores influenciadores da tributação europeia) recomendou a adoção do IVA pelos países do Mercado Comum Europeu, o que passou a ocorrer a partir do final da década de 1960. O relatório afirmou que a incidência sobre o valor acrescido viabiliza a liberdade de circulação de mercadorias e serviços, um dos princípios basilares do Tratado de Roma" (2009, p. 47). O autor complementa sua explicação, enumerando diversas vantagens do imposto sobre o valor agregado, dentre as quais destacamos: (i) o mecanismo de abatimento do tributo pago na etapa anterior gera uma fiscalização cruzada entre os próprios contribuintes; (ii) o fato do IVA ser um tributo neutro, uma vez que o ônus tributário independe do número de operações); bem como aponta que, (iii) "para o comércio internacional, as vantagens são expressivas: a exportação pode ser efetivamente desonerada (o método de apuração em comento permite a devolução ao exportador)" (2009, p. 48).

1.5 O modelo americano

Os Estados Unidos da América seguiram modelo diverso ao europeu, adotando o Retail sales tax, um tributo monofásico cobrado apenas no consumo. Com isso, toda a transação de mercadoria incorrida na cadeia produtiva não é tributada, incidindo a tributação, apenas, no último elo da cadeia, ou seja, na venda direta ao consumidor final. Para efeito de comparação, a alíquota mais alta cobrada no país é a do Estado da Califórnia, de 7,25%, a qual, com a alíquota adicional cobrada pelas cidades, pode chegar a 11% sobre o valor do bem consumido.

2 Evolução na legislação brasileira

2.1 O Imposto sobre Vendas e Consignações (IVC)

Atualmente, o Brasil tributa a circulação de mercadorias no país sob um regime não-cumulativo, por meio de uma sistemática de débito e crédito, na linha da tributação sobre o valor agregado instituído pelo modelo europeu. Trata-se de um tributo de competência estadual, denominado Imposto sobre a Circulação de Mercadorias e Serviços de Transporte Interestadual, Intermunicipal e de Transporte, previsto na Constituição Federal de 1988. Contudo, o seu antecedente, assim como no restante do mundo, constituía-se em um tributo de natureza cumulativa, o Imposto sobre Vendas e Consignações (IVC), introduzido no ordenamento jurídico brasileiro por meio da Constituição de 1934, em seu artigo 8º, nos seguintes termos:

CF, 1934: Art. 8º - Também compete privativamente aos Estados:

I - decretar impostos sobre: e) vendas e consignações efetuadas por comerciantes e produtores, inclusive os industriais, ficando isenta a primeira operação do pequeno produtor, como tal definido na lei estadual;

Referido tributo, de natureza cumulativa, possuía natureza mercantil, de modo que cada venda efetuada no âmbito da cadeia produtiva, desde o produtor (exceto o pequeno produtor) até o consumidor final, representava um fato gerador distinto, sendo a sua base de cálculo, em cada uma das etapas, o preço total da mercadoria.

2.2 O ICM – Emenda Constitucional n. 18/1965

A Emenda Constitucional n. 18, de 01 de dezembro de 1965, que alterou a Constituição Federal de 1946, introduziu no ordenamento jurídico pátrio o Imposto sobre Circulação de Mercadorias (ICM), substituindo com isso o IVC. Tal tributo representou uma inovação ao modelo anterior na medida em que era não cumulativo, incidindo, portanto, apenas sobre o valor agregado em cada etapa da cadeia, não em todo o preço da mercadoria. Dispunha o seguinte:

Art. 12. Compete aos Estados o impôsto sôbre operações relativas à circulação de mercadorias, realizadas por comerciantes, industriais e produtores.

[...]

§ 2º O impôsto é não-cumulativo, abatendo-se, em cada operação, nos têrmos do disposto em lei complementar, o montante cobrado nas anteriores, pelo mesmo ou por outro Estado, e não incidirá sôbre a venda a varejo, diretamente ao consumidor, de gêneros de primeira necessidade, definidos como tais por ato do Poder Executivo Estadual.

Destaque-se que incidia sobre as vendas varejistas também, somente não incidindo como previsto na CF, dos gêneros de primeira necessidade, definidos por ato do Poder Executivo. Após, em 1966, o dispositivo foi regulado pelo Código Tributário Nacional.

Contudo, até então, diversas mercadorias não se sujeitavam à tributação por meio do ICM, mas à incidência dos "impostos únicos", de competência federal, que abrangiam combustíveis e lubrificantes, minerais, energia elétrica e os serviços de comunicação. Posteriormente, o legislador constituinte de 1988, visando o aperfeiçoamento do sistema tributário, incluiu tais produtos no campo de incidência do que veio a ser chamado de ICMS, já que este foi construído sob um regime não cumulativo.

2.3 A não-cumulatividade na CF 1988

Dando um salto para a CF de 1988, o fato gerador do imposto foi sensivelmente ampliado. Determina a CF de 1988 no seu artigo 155, o seguinte:

Art. 155. Compete aos Estados e ao Distrito Federal instituir impostos sobre:

II - operações relativas à circulação de mercadorias e sobre prestações de serviços de transporte interestadual e intermunicipal e de comunicação, ainda que as operações e as prestações se iniciem no exterior;

§ 2º O imposto previsto no inciso II atenderá ao seguinte:

I - será não-cumulativo, compensando-se o que for devido em cada operação relativa à circulação de mercadorias ou prestação de serviços com o montante cobrado nas anteriores pelo mesmo ou outro Estado ou pelo Distrito Federal;

II - a isenção ou não-incidência, salvo determinação em contrário da legislação:

a) não implicará crédito para compensação com o montante devido nas operações ou prestações seguintes;

b) acarretará a anulação do crédito relativo às operações anteriores;

Roque Antonio Carrazza, ao analisar o ICMS na Constituição, ensina que este tributo alberga pelo menos cinco impostos diferentes, a saber:

a) o imposto sobre operações mercantis (operações relativas à circulação de mercadorias), que, de algum modo, compreende o que nasce da entrada de mercadorias importadas do exterior; b) o imposto sobre serviços de transporte interestadual e intermunicipal; c) o imposto sobre serviços de comunicação; d) o imposto sobre produção, importação, circulação, distribuição ou consumo de lubrificantes e combustíveis líquidos e gasosos e de energia elétrica; e e) o imposto sobre extração, circulação, distribuição ou consumo de minerais. Dizemos diferentes, porque estes tributos têm hipóteses de incidência e bases de cálculo diferentes. Há, pois, pelo menos cinco núcleos distintos de incidência do ICMS (2006).

Posto isso, tem-se que o princípio da não-cumulatividade aplica-se, quando cabível, nos cinco fatos geradores mencionados, reunidos sob a sigla ICMS.

Mas por que *quando cabível*? Não seria o caso de se aplicar sempre? Perceba-se que para que se fale em não-cumulatividade, faz-se necessário estar diante de um tributo plurifásico, ou seja, não se aplica o princípio da não-cumulatividade em um tributo monofásico, e, por vezes, o ICMS pode se dar sobre operações monofásicas.

Adiante, buscar-se-á elucidar a diferença entre monofasia e plurifasia.

2.4 Tributos Monofásicos e Plurifásicos

Como mencionado anteriormente, o sistema de não-cumulatividade dos tributos incidentes sobre a circulação de mercadorias tem por objetivo evitar a sua incidência em cascata ao longo da cadeia produtiva. Portanto, nesta sistemática, pressupõe-se que para o fornecimento de um determinado bem, antes de chegar ao consumidor final, tenha ele passado por diversas operações mercantis sucessivas, até chegar ao consumidor final. Desse modo, a cada compra e venda no âmbito da cadeia produtiva, pratica-se o fato gerador do ICMS, verificando-se, assim, uma incidência plurifásica. Tome-se como exemplo a fabricação do pneu de um automóvel: (i) o tributo irá incidir sobre o produtor rural que vendeu o látex para a indústria de beneficiamento da borracha; (ii) sobre a venda dessa borracha beneficiada para a indústria de pneu; (iii) sobre a venda do pneu para a fabricante de automóvel; e assim sucessivamente, até chegar ao consumidor final, incidindo em cada qual não sobre o preço total da mercadoria, mas apenas sobre o valor agregado.

Entretanto, há de se questionar: e quando o imposto não incide em todas as etapas da cadeia produtiva, mas apenas em uma dessas etapas? É isso que ocorre, por exemplo, no caso do retail sales tax, mencionado anteriormente, que incide apenas na venda para o consumidor final. Porque não faz sentido falar em não-cumulatividade nesse modelo? Ora, porque não há tributação em cascata. Embora fisicamente haja uma cadeia produtiva para a produção do bem, o tributo não incide em toda a cadeia produtiva, mas apenas em uma única fase dessa cadeia, que no caso de retail sales tax é a venda a consumidor final, por isso é chamado de monofásico.

É o que acontece no Brasil, por exemplo, com a energia elétrica, que por disposição constitucional incide apenas em uma única fase da cadeia produtiva, no seu consumo, sendo, portanto, um tributo monofásico, não se falando em tributação da produção de energia elétrica, da transmissão, ou da distribuição, de modo que o tributo grava apenas o seu consumo pelo consumidor final[1].

2.5 Técnicas para apuração da não-cumulatividade

Como dissemos, o Imposto sobre o Valor Agregado é utilizado em praticamente todo o mundo, sendo inerente ao seu funcionamento a não-cumulatividade do tributo, que se opera pela técnica de compensação de créditos nos débitos seguintes do imposto.

Essa compensação de créditos apurados anteriormente na cadeia com os débitos seguintes, pode se dar de duas maneiras distintas: por meio da técnica chamada *basis on basis*, adotada unicamente no Japão, no qual o abatimento dos créditos se dá sobre a base de cálculo do tributo; ou pela técnica chamada *tax on tax*, adotada em todo o mundo, inclusive no Brasil, chamada de imposto-contra-imposto, no qual o imposto pago nas etapas anteriores da cadeia ensejam uma diminuição no total do imposto a ser pago na etapa seguinte da cadeia.

Sobre o funcionamento da técnica *tax on tax*, é importante mencionar que via de regra ela não se opera produto a produto, mas período a período. Como assim?

André Mendes Moreira explica que o Imposto sobre o valor agregado admite a utilização de duas sistemáticas para o abatimento do imposto pago nas etapas anteriores: "a dedução produto a produto (em que se vincula o crédito à mercadoria adquirida) e a compensação por período (na qual os débitos oriundos das saídas em determinado lapso temporal são cotejados com os créditos das entradas geradoras de crédito ocorridas nesse mesmo período) (2009, p. 56)".

O autor exemplifica essa operação, explicando que:

em uma exação apurada por produto, o crédito referente à aquisição de mercadoria para revenda somente será dedutível do débito gerado quando de sua saída do estabelecimento comprador. Inexistirá crédito a aproveitar se o bem não for alienado. Outrossim, ocorrendo a venda, caso o débito na saída seja inferior ao crédito da entrada, o montante deste que sobejar será indedutível (afinal, não haverá com o que se compensar o crédito). São conseqüências lógicas do sistema de apuração por produto (2009, p. 56).

Adiante, aduz que: "já o cálculo por período de tempo pressupõe a contabilização de todos os créditos oriundos da entrada de bens em determinada competência. E o controle, também de forma unificada, dos débitos gerados pelas saídas tributadas nesse mesmo período" (2009, p. 56).

No Brasil, a regra nas operações de ICMS é a adoção de um período mensal de apuração. É dessa forma que se encontra previsto no artigo 254 do Regulamento ICMS do Estado de São Paulo (Decreto n. 45.490/2000).

Na Jurisprudência, o tema encontra-se atualmente pacificado, após julgamento paradigmático pelo STF, cujo relator foi o Ministro Marco Aurélio, que pacificou a adoção do regime de tributação por período do Brasil.

Veja-se trechos do Acórdão:

Ementa: ICM – PRINCÍPIO DA NÃO-CUMULATIVIDADE – ATOS SUCESSIVOS DE CIRCULAÇÃO DE MERCADORIAS. O princípio da não-cumulatividade é observado sem especificidade, prescindindo da vinculação a uma certa mercadoria. Considera-se o sistema de conta-corrente em que lançados créditos e débitos (Recurso Extraordinário n. 161.257-6/SP – 16/12/1997).

ACÓRDÃO

"[...] Conforme consta do relatório, a ora Recorrente produz e comercializa herbicidas, para cuja fabricação adquire certos produtos, nos quais incide o Imposto sobre Circulação de Mercadorias e Serviços, o mesmo não acontecendo, em face de isenção, quanto aos herbicidas já fabricados. [...]

Consigne-se, inicialmente, que o princípio da não-cumulatividade, a consubstanciar garantia constitucional do contribuinte, é observado de forma global, ou seja, não diz respeito, em si, à mesma mercadoria. A razão é muito simples: a não ser assim, dificilmente ter-se-iam parâmetros objetivos para chegar-se à viabilização efetiva do tributo porquanto na maioria das vezes dá-se a modificação do produto, já que uma certa mercadoria ingressa no estabelecimento, para, mediante a industrialização, dar ensejo ao surgimento de outra diversa, processo este no qual se consome aquela inicialmente adquirida. Por isso mesmo, o modo de observância do importante princípio mencionado está na existência de uma conta de créditos e débitos, a ensejar acerto em épocas próprias.

[...]

Vale dizer que o afastamento do crédito apenas restou previsto, em sede constitucional, como cabia, quando a isenção diz respeito não à circulação subsequente, mas, à anterior".

Embora o artigo 26 da LC 87/96 autorize a opção pelo contribuinte da técnica de abatimento de crédito produto a produto, esta pela sua pouca utilização, encontra-se em franco desuso, conforme ensina André Mendes Moreira (2009).

2.6 O direito ao crédito. Que crédito? Crédito físico x crédito financeiro

Visto a forma como é apurado o crédito do ICMS para que de fato se aplique o princípio da não-cumulatividade, passa-se a uma segunda etapa na qual se busca compreender: o que dá direito a crédito? Será que todos os bens adquiridos pela empresa conferem direito de crédito? Ou será que apenas os bens que serão utilizados no processo produtivo, ou nele transformados, dando origem a novos produtos, poderão gerar tal direito? E a graxa utilizada para o funcionamento das máquinas? E as máquinas utilizadas para a fabricação do bem? E o copo do cafezinho? A resma de papel utilizado no escritório da fábrica? Observe-se que quando uma empresa compra todos esses bens, ela está pagando ICMS por eles, mas, será que todo o ICMS pago em todos esses bens gera direito a crédito para a empresa adquirente, e pode ser deduzido na saída de suas mercadorias?

Para a resposta a tais questionamentos, deve-se observar dois importantes conceitos para o estudo da não-cumulatividade: o conceito de crédito físico e de crédito financeiro.

(I) Por crédito financeiro, compreendem-se aqueles que permitem ampla dedução dos investimentos em ativo imobilizado, insumos e, ainda, em bens de uso e consumo (que são empregados de forma indireta no processo produtivo da empresa, sendo consumidos em suas atividades diárias); (MOREIRA, 2009, p. 55)

(II) Por crédito físico, entende-se aquele que somente reconhece o crédito das matérias-primas e dos intitulados *bens intermediários* (insumos que se consomem no processo produtivo, mesmo não se agregando fisicamente ao produto final) (MOREIRA, 2009, p.56).

Conforme explica André Mendes Moreira, "nos países europeus adota-se o modelo de crédito financeiro, pois toda aquisição tributada gera direito ao abatimento – exceto se os bens forem alheios à atividade empresarial". (2009, p.56).

O autor elucida ainda que no Brasil, "a legislação de regência do ICM (e, depois, do ICMS) sempre se orientou pelo crédito físico. Autorizava-se o abatimento do imposto incidente sobre os insumos que, utilizados no processo industrial, fossem consumidos e transformados em mercadorias". Com a promulgação da Lei Complementar n. 87 de 13 de setembro de 1996, conhecida como Lei Kandir, o rol de bens capazes de gerar direito a crédito de ICMS para aproveitamento nas operações seguintes foi ampliado. Incluiu-se a possibilidade de dedução do ICMS suportado na compra de bens do ativo imobilizado, bem como, outorgou-se o direito a "crédito na aquisição de mercadorias para uso e consumo, em que pese tê-lo diferido no tempo (e, até o presente momento, não ter sido implementado, por sucessivas postergações do seu *dies a quo*)[2]. (MOREIRA, 2009, p.56).

O tema acerca dos itens que conferem ou não direito a crédito de ICMS não é pacífico, quer na jurisprudência administrativa, quer na jurisprudência firmada na esfera judicial.

Interessante estudo desenvolvida pelo Núcleo de Estudos Fiscais da Fundação Getúlio Vargas, acerca da jurisprudência do Tribunal de Impostos e Taxas do Estado de São Paulo concluiu que "o Estado de São Paulo possui interpretações restritivas em relação à possibilidade de creditamento em situações diversas, muitas vezes em sentido oposto ao conferido pelos contribuintes na apropriação dos créditos" (2018). Ainda de acordo com a pesquisa:

Dentro do macro tema pesquisado "Direito ao crédito de ICMS", identificamos algumas situações nas quais embora o crédito seja permitido pela legislação de regência, há questões fáticas distintas que suscitam discussões jurídicas diversas, merecendo destaque os seguintes subitens: (i) aquisições de fornecedor declarado inidôneo; (ii) direito ao crédito de ICMS nas aquisições de produtos intermediários; (iii) operações envolvendo ativo imobilizado; (iv) operações com diferimento; e (v) operações envolvendo energia elétrica, serviços de comunicação e combustíveis".

Ainda na esteira de tais controvérsias jurisprudenciais, cabe citar trecho de acórdão proferido recentemente pelo Ministro Dias Toffoli, que restringe o aproveitamento de crédito decorrente da aquisição dos chamados bens intermediários, ou seja, aqueles que sem se integrar ao produto final, são consumidos no processo produtivo. Veja-se:

Agravo regimental no recurso extraordinário. Tributário. ICMS Aquisição de produtos intermediários. Regime de crédito físico. Não integrantes do produto final. Creditamento. Impossibilidade. Ausência de ofensa ao princípio da não cumulatividade.

1. Não há incidência no caso em tela dos enunciados das Súmulas 279, 282, 356, 283, 284 e 287 do Supremo Tribunal Federal.

2. A aquisição de produtos intermediários, sujeitos ao regime de crédito físico, aplicados no processo produtivo que não integram fisicamente o produto final não gera direito ao crédito de ICMS.

3. O princípio constitucional da não cumulatividade é uma garantia do emprego de técnica escritural que evite a sobreposição de incidências, sendo que as minúcias desse sistema e o contencioso que daí se origina repousam na esfera da legalidade.

4. Agravo regimental não provido, com imposição de multa de 2% (art. 1.021, § 4o, do CPC).

5. Majoração da verba honorária em valor equivalente a 10% (dez por cento) do total daquela já fixada (art. 85, §§ 2o, 3o e 11, do CPC), observada a eventual concessão do benefício de gratuidade da justiça. (AG.REG. NO RECURSO EXTRAORDINÁRIO 689.001 RIO GRANDE DO SUL. Relator Min. Dias Toffoli. Segunda Turma. 06/02/2018).

Perceba-se que a recente decisão, proferida em 06 de fevereiro de 2018, restringe o aproveitamento de crédito de ICMS para bens intermediários, não distinguindo, para fins de aproveitamento ou não: (i) bens intermediários que não integram o produto final, mas são consumidos no processo produtivo, dos (ii) bens intermediários que não integram o produto final e **não** são consumidos no processo produtivo. A decisão trata ambas as situações como sinônimas, e adota postura mais restritiva sobre o tema.

3. CONCLUSÕES

O tema da não-cumulatividade é, sem dúvida, um dos mais sensíveis no que toca à tributação sobre a circulação de mercadorias. Como visto, foi esta justamente a característica que deu o tônus das reformas por que passou esse tributo em meados do século XX, rompendo com uma sistemática de tributação cumulativa, incidente sobre o faturamento, que havia sido estabelecida há milênios.

Buscou-se demonstrar os aspectos mais relevantes acerca do princípio da não-cumulatividade, pelo que se abordou o regime jurídico do ICMS instituído pela Constituição Federal de 1988, evidenciando-se a plurifasia como elemento inerente a um sistema de tributação cumulativa sobre o consumo, as técnicas para apuração da não-cumulatividade, e, por fim, debateu-se acerca das aquisições que geram ou não direito a crédito, por meio da análise dos conceitos de crédito físico e crédito financeiro, verificando-se que no Brasil, apesar de ter sido ensaiada a aderência ao modelo de crédito financeiro, em virtude de sucessivas protelações legislativas, adota-se ainda, na prática, a sistemática do crédito físico.

O modelo atual de tributação sobre o consumo, não só no Brasil, mas também em todo o mundo, assim como o princípio da não-cumulatividade que o informa, ainda são objeto de contínuas reformas na legislação tributária visando simplificar este tributo, o qual gera importantes custos para a economia, dada a complexidade de se adequar as exigências da fiscalização. Futuras alterações na sistemática atual caminham agora no sentido de simplificar a tributação sobre o valor agregado, utilizando a tecnologia como um mecanismo para coibir eventuais fraudes, assegurando com isso ganho de competitividade para aqueles que efetivamente cumprem com suas obrigações fiscais.

O SIMPLES NACIONAL E O ICMS

Heliana Maria Coutinho Hess[347]

1- Conceito e noções básicas

O artigo 146, III, letra "d" e parágrafo único (incluído pela EC 42/2003) estabelece que deva ser dispensado tratamento tributário diferenciado e único de arrecadação de impostos por cada Ente Federado para o sistema que abrange as microempresas (ME) e empresas de pequeno porte (EPP). Este sistema é opcional para o contribuinte e o enquadramento diferenciado deverá ser regulamentado por cada Estado, dentro dos limites de sua competência. A arrecadação será unificada e centralizada e a distribuição da parcela de recursos será imediata e realizada por meio de cadastro nacional único de contribuinte para arrecadação e fiscalização dos tributos.

Todos os Entes Federados (União, Estados, Distrito Federal e Municípios) são participantes deste sistema unificado e sistematizado de arrecadação de impostos e obrigações acessórias. Os tributos abrangidos são: IRPJ, CSLL, PIS/PASEP, CONFINS, IPI, ICMS, ISS, e a CONTRIBUIÇÃO PARA A SEGURIDADE SOCIAL a cargo da pessoa jurídica (CPP), por meio de documento único de arrecadação – DAS.

A Lei Complementar nº 123 de 14/12/2006 instituiu o estatuto nacional da Microempresa e Empresa de Pequeno Porte e as normas para a apuração e recolhimento dos impostos discriminados em Anexos. A arrecadação e a fiscalização podem ser compartilhadas pelos Entes Federados, adotando cadastro nacional único de contribuintes.

Até o presente momento, o conceito de Microempresa (ME) e Empresa de Pequeno Porte (EPP) tem como parâmetros três critérios, segundo Edmilson de Oliveira Lima, para a definição do conceito de micro e pequenas empresas, são utilizadas o critério da *independência da propriedade e da administração (critério 1), da administração personalizada (critério 2) e da pequena parcela de mercado (critério 3), mais próximos da Resolução 59/1998 do Mercosul.*[348]

Acrescento mais um critério, simplificação de arrecadação anual para a definição da política pública dispensada à ME e EPP da LC 123/2006.

O conceito inserido no artigo 3º da citada LC dispõe que consideram-se microempresas ou empresas de Pequeno porte a sociedade empresária, a sociedade simples, a empresa individual de responsabilidade limitada e o empresário a que se refere o artigo 966 do Código Civil, registrados no Registro de Empresas Mercantis ou no Registro Civil de Pessoas Jurídicas, conforme o caso, desde que para as micro empresas aufira para cada ano-calendário receita bruta igual ou inferior a R$ 360.000,00 e para as Empresas de Pequeno Porte o montante superior a R$ 360,000,00 e igual ou inferior a R$ 4.800.000,00 (LC 155/206 alterou os critérios do artigo 3º da LC 123/06). Neste sentido, receita Bruta deve ser considerada pelo Produto da venda de bens e serviços nas operações de conta própria, o preço dos serviços prestados e o resultado nas operações em conta atividade, e frações meses.

Porém, há limites da LC 123/2006 (§4º, I a XI do artigo 3º) para o tratamento diferenciado jurídico e tributário, excluindo o empresário com capital participante de outra pessoa jurídica, que tenha filial, sucursal ou agência ou representação no País ou de outra pessoa jurídica com sede no exterior; pessoa física com capital em outra empresa que recebe o tratamento jurídico diferenciado; o titular ou sócio participe com mais de 10% do capital de outra empresa com tratamento diferenciado; titular administrador ou equiparado de outra pessoa jurídica com fins lucrativos, desde que a receita bruta global ultrapasse o limite acima de R$ 4.800.000,00; banco ou financiadora de investimento e de desenvolvimento, sociedade de crédito e financiamento em geral; resultante de cisão ou outra forma de desmembramento de pessoa jurídica que tenha ocorrido em cinco anos calendários anteriores; sociedade por ações ou de cooperativa de crédito e sócios com relação pessoal, subordinação ou habitualidade.

Estas restrições têm como objetivo manter o capital e a gestão da ME e EPP dentro de um sistema de políticas públicas de investimento e benefícios fiscais para os empreendedores de pequeno porte, com competitividade no mercado interno, visando não permitir fraudes por meio de empresas com capital acima dos limites, beneficiando-se do sistema único simplificado de arrecadação de impostos.

Por essa razão, o controle por meio do registro da documentação, instituída pela Lei Complementar 147 de 7/8/2014 no registro de pessoa jurídica, tem como objetivo a manutenção do tratamento diferenciado e favorecido, visando facilitar a fiscalização e arrecadação mensal e anual.

O enquadramento único e nacional no Sistema Único do Simples Nacional (SUSN via on line), o qual estabelece um Cadastro Simplificado com Base Nacional, visando o compartilhamento de informações e autonomia na definição das regras para cumprimento de exigências para cada Ente Federado, o registro de atos constitutivos e alterações independem de regularidade de obrigações tributárias, previdenciárias e trabalhistas do empresário e dos sócios e administradores, bem como a dispensa de certidões criminais, prova de quitação de tributos ou contribuição.

A *gestão conjunta* e *nacional* unificada para o Simples Nacional conta com o apoio para a formulação de políticas públicas de incentivo e desenvolvimento, fiscalização e organização de Comitês Gestores e fóruns permanentes: O *Comitê Gestor do Simples Nacional* (CGSN) vinculado ao Ministério da Fazenda, conta com 2 representantes de cada Ente federado para tratar da tributação. O *Fórum Permanente das Microempresas e Empresas de Pequeno Porte*, para tratar de assuntos gerais e políticas públicas de gestão e desenvolvimento da MEI e EPP e o *Comitê para Gestão da Rede Nacional para Simplificação do Registro e Legalização* de Empresas e Negócios (CGSIM), com o objetivo de legalização dos empresários e das empresas MEI e EPP.

2- Parcelamento e investidores-anjos

O parcelamento convencional (60 meses) está sempre disponível, um pedido por ano-calendário (seis tributos federais e um estadual ICMS e municipal ISS). Porém, não há parcelamento de multa e juros que incidem sobre a dívida total, para o pagamento da CDA inscrita em cadastro de inadimplentes e por meio de ajuizamento de ação, no âmbito da respectiva competência jurisdicional federal ou estadual, dependente de cada natureza do tributo.

Considerando o ano-calendário a condição específica para o IRPJ é a entrega da declaração Anual (até maio do ano subsequente), somente por meio digital no cadastro do formulário da receita "DASN – SIMEI" e para ingressar neste sistema não pode a empresa da ME e EPP ter débitos fiscais pendentes de pagamento no ano-calendário anterior.

Embora, parece ser favorável este sistema, a contratação de contadoria especializada encarece o custo das Microempresas individuais (MEI), que participam desta categoria, e que somente podem contar com um único empregado para ajudar na produção e comercialização de produtos e serviços, com o encarecimento dos custos para o pequeno empresário artesanal ou rural.

Para o ano de 2016 até final de 2017, foram notificadas cerca de 550 mil empresas para a exclusão por débitos tributários de arrecadação, sem possibilidade de dar continuidade no simples nacional. Esta desqualificação intensa no ano de 2017 de MEs e EPPs deve-se a fiscalização conjunta e unificada do CGSIM em análise de dados no sistema virtual de fiscalização e arrecadação, antes de entrar em vigor a LC155/17 para o ano calendário 2018/2019[349].

Logicamente, após a regularização dos débitos, a ME e EPP podem ser novamente reenquadradas, solicitando nova opção no *Portal do Simples Nacional até 31 de janeiro do ano subsequente*, com pagamento à vista com desconto ou o parcelamento da primeira parcela e 60 meses de pagamento.

Novidade no sistema simples é a possibilidade de investimento para as ME e EPP do denominado "Investidor- anjo", por meio de aporte de recursos, os quais não entram no capital social da empresa para fins de contabilidade e de impostos. Objetivo é o fomento para inovação, maquinaria, software/hardware, investimentos de RH, com vigência de 7 anos. O *investidor-anjo* pode ser uma pessoa física jurídica ou fundo de investimento que tem como principal objetivo contribuir com aporte de recursos, mas não tem o poder de gestão, somente o sócio ou sócios regulares podem exercer e cumprir o objeto social da empresa.

O investidor-anjo tem limitações sobre a gerência da empresa, pois está impedido de gerenciar ou votar nas deliberações ou administrar a empresa, somente pode fiscalizar os atos dos outros sócios, conforme o estatuto social da empresa. A remuneração será em 50% dos lucros auferidos pela distribuição de resultados no ano, por um prazo não superior a 5 anos, que são contabilizados por escrituração contábil digital – *ECD*. Os resgates ou remuneração dos aportes são feitos após o período de 2 anos ou em prazo superior, estabelecidos no contrato social da empresa (artigo 1031 do Código Civil/2002).

Os direitos do *investidor-anjo* na ME e EPP são distintos do sócio oculto do direito civil, porque o aporte poderá ser transferido para terceiros, com o consentimento dos sócios, não implicando que este terceiro tenha que interferir nos objetivos da empesa. A IN nº 1719 da RF disciplinou a tributação (percentuais) sobre a retirada dos aportes e lucros auferidos na distribuição. A emissão e titularidade dos aportes não impedem a fruição do Simples Nacional (se ultrapassar o valor, não perde a condição). O *investidor-anjo* tem preferência na aquisição das cotas da empresa.

3- Novos limites da Lei Complementar 155/2016 e o recolhimento do ICMS

O recolhimento do ICMS para as ME e EPP é diferenciado, exonerando contribuinte de se creditar na cadeia subsequente para abater o crédito recolhido na origem. A regra geral para o recolhimento é da LC87/1996, sendo a alíquota diferenciada para cada Estado, sobre a base de cálculo do imposto para se chegar ao valor devido. As alíquotas são seletivas e diferenciadas para cada operação. Nos termos da LC 87/96, o fato gerador ocorrerá nas saídas e entradas de mercadorias de um estabelecimento da mesma pessoa jurídica ou de outra, mas sempre com a circulação da mercadoria ou da prestação de serviços, com o recolhimento do ICMS, que será creditado na revenda.

Na atual cadeia, o ICMS deverá sofrer variações de alíquotas e para o sistema do simples nacional, foram estabelecidos para o ano-calendário de 2018, novos limites para o simples Nacional, que passaram do limite de R$ 3,6 milhões para R$ 4,8 milhões/ano no mercado interno e mais R$ 4,8 milhões em exportação. Porém, o limite máximo para o ICMS e ISS no simples Nacional permanece em R$ 3,6 milhões/ano-calendário. Entretanto, para os Estados com até 1% do PIB Nacional podem ser adotados "sublimites" de R$ 1,8 milhão/ano (art.3º, 13-A, 19 e 20 da LC 123/06).

Assim, para o ano-base 2017 para calendário 2018, até R$ 3.600.000,00 permanece sob as regras do Simples Nacional, do percentual de R$ 3.600.00,00 a R$ 4.320.000,00 se não ultrapassar 20% poderá continuar a recolher de forma diferenciada, mas se ultrapassar os 20% sobre este montante deverá pedir a exclusão e o recolhimento do ICMS cairá na regra norma regulamentada pelo respectivo Estado. Ou seja, ficará impedido de recolher o ICMS e o ISS em 2018 do valor de R$ 4.320.000,00 a R$ 4.800.000,00 (acima de 20%) Obrigada a solicitar a exclusão do SN a partir do mês seguinte ao do excesso ou retroativamente, se abriu em 2017.

Porém, a cada início de ano-calendário (janeiro), observa-se a receita bruta do ano anterior (até o limite R$ 4.800.000,00) para verificar o aporte do ano-calendário. Durante o ano-calendário, para verificar se a empresa permanecerá, durante o exercício, se for até 20%, permanece como EPP até o final do ano-Calendário, se ultrapassar 20%, deixa de se enquadrar como EPP no mês subsequente do excesso para fins de recolhimento de impostos ICMS no simples nacional.

Vê-se que, embora a receita tenha tido a intenção de beneficiar a ME e a EPP, a contabilização para o recolhimento dos tributos, ficou muito mais "complexa" de contabilização do que "simplificada" para as empresas. Por isso, muitas empresas preferem deixar o sistema do simples nacional para o enquadramento no sistema normal.

Aponta esta incoerência, Maurício Alvarez da Silva e Júlio César Zanluca,[350]

"Ao invés do tratamento jurídico diferenciado, continua-se a criar dificuldades administrativas e financeiras para a empresa de pequeno porte. A complexidade da legislação do Simples Nacional, por si só, já é uma afronta à Carta Magna. Não bastasse o exposto, quero citar a sujeição dessas empresas ao regime de substituição tributária do ICMS. Neste regime, por exemplo, uma pequena indústria que se enquadre na condição de substituta tributária é obrigada a calcular e recolher do ICMS por toda a cadeia comercial, ou seja, deve projetar o valor que será cobrado do consumidor final e calcular o ICMS, recolhendo-o antecipadamente. Por exemplo, a indústria "X" efetua com a Comercial "Y" uma operação sujeita a substituição tributária no valor de R$ 10.000,00. O preço estimado de venda ao consumidor final será acrescido de margem agregada de 40%. Estes dados à indústria calcularão e recolherão o seguinte valor de ICMS na condição de substituta tributária:

- Valor de venda da indústria: R$ 10.000,00
- Margem Agregada pelo comerciante: R$ 4.000,00
-Valor de venda do comerciante: R$ 14.000,00

- ICMS a ser recolhido pela indústria na condição de substituta tributária ((R$ 14.000,00 – R$ 10.000,00 x 18%)) =R$ 720,00. Este valor será recalculado e recolhido à parte do Simples Nacional pela empresa industrial, sendo adicionado na nota fiscal de venda para repasse ao seu cliente. "Porém, se o cliente não pagar a conta o comerciante amargará um prejuízo na cadeia anterior de recolhimento e também no custo final"

E de se ressaltar que recolhimento do tributo do ICMS já começa para o microempresário com incertezas e incoerências na cadeia de substituição.

Outro importante fator que deverá ser considerado para o recolhimento dos tributos é o possível desenquadramento do simples nacional. Os limites proporcionais de 1/12 para cada mês, a partir da data de abertura no CNPJ. Assim por exemplo se ocorreu lucro de R$ 2,4 milhões no mercado interno e R$ 2,4 milhões no mercado de exportação, poderá ser excluída no ano-calendário subsequente. O excesso será analisado no início do ano, em janeiro, no caso de excesso até 20% sobre o valor limite.

Importante ponto a ser ressaltado é o recolhimento de diferencial de alíquotas de uma Estado para outra da federação, o que gera para o simples nacional muitas dificuldades de ser creditado do valor na cadeia de produtores e fornecedores.

A LC 123/06, artigo 13, §1º impõe o recolhimento do valor da diferença entre a alíquota interna e a interestadual, nas aquisições de outros Estados, conforme suas regras específicas para as alíquotas. O fato gerador do ICMS é à entrada da mercadoria no estabelecimento oriundo de outro Estado, com a imposição de recolhimento da diferença, sem poder se creditar sobre este valor, pelo recolhimento do tributo pela tabela do simples nacional. Circunstância que, na maioria das vezes, não compensa porque onera a carga tributária da ME e EPP, na cadeia de substituição tributária.

Neste sentido, exemplificam Verônica Cruz e Cristiane Roos[351]

Mediante o exposto, fica claro que o estabelecimento optante do regime deverá efetuar o pagamento da diferença de carga tributária entre a operação interestadual e a interna em qualquer aquisição que efetuar de outra Unidade da Federação que houver a diferença de alíquotas entre as federações. Assim, exaustivamente enfatizamos que o estabelecimento contribuinte do ICMS optante do Simples Nacional deverá efetuar o pagamento da diferença de carga tributária entre a operação interna e a interestadual nas aquisições interestaduais de: a) material de uso ou consumo; b) ativo permanente; c) mercadoria para comercialização; d) mercadoria para industrialização. Portanto, como qualquer outra empresa independente de sua forma de tributação, as empresas optantes pelo Simples Nacional estão obrigadas a recolher o valor do imposto ICMS conforme for à diferença apresentada entre os diferentes estados. A grande discussão entre as empresas do regime simplificado e os estados de suas jurisdições é o fato, da obrigatoriedade do recolhimento do diferencial do ICMS nas transições entre os Estados com divergência entre as alíquotas impostas, sem o direito ao crédito do imposto pago.

Portanto, a importância de sempre contabilizar o valor bruto do lucro e abater todas as despesas mensais para manter o limite mensal e anual, evitando a exclusão do sistema do simples nacional. Fator que requer constante observância do micro e pequeno empreendedor na balança de auferir lucros no mercado interno, em relação à concorrentes maiores, que dispõem de maior possibilidade de diminuir o custo de produção pela grande compra de insumos.

4- Tabelas de atividades e anexos

Existem atualmente seis (6) TABELAS OU ANEXOS PARA as atividades e tributação:

Anexo I: venda de mercadorias (comércio)

Anexo II: indústria

Anexo III: serviços (variável por faturamento com fator "R" = despesas com folha de pagamento – RH/CLT)

Anexo IV: serviços

Anexo V :serviços

Anexo VI: serviços (variável, depende o fator "R")

Depende da faixa, no total de 6 faixas e alíquotas, conforme o faturamento bruto de cada empresa e valores a deduzir das tabelas.

A fórmula utilizada será: Valor total do faturamento x a alíquota nominal – valor a deduzir /divide pelo faturamento total para a alíquota real/efetiva (e variável: fator "R", menos de 28% para anexo V e mais de 28% vai anexo III (alíquota menor e mais vantajoso para o SN).

Cálculo da Alíquota é estabelecido nas regras do artigo. 18 da LC123/06:

O valor devido mensalmente será determinado mediante alíquotas efetivas calculadas a partir de alíquotas das Tabelas dos Anexos I a V da LC123/06

Para a determinação da *ALÍQUOTA NOMINAL* o sujeito passivo utiliza-se da receita bruta nos doze meses anteriores (RBT12)

Para a Alíquota *EFETIVA* é o resultado da multiplicação da Alíquota Nominal x a Alíquota com a dedução de percentual do imposto (PD) dos anexos I a V neste formula:

RBT12XALIQ-PD,   em   que:
RBT12

Os percentuais efetivos de cada tributo serão calculados a partir da alíquota efetiva, multiplicada pelo percentual de repartição constantes dos ANEXOS I a V da Lei Complementar 123/2006 para os fatos geradores descritos no artigo 13, VII e XIII da LC 123/06, letras "A – H"

Por exemplo, seguindo a TABELA ou ANEXO I – **Comércio**

Receita Bruta em 12 meses – Ex. Receita Bruta de faturamento em jan./18 R$ 50,00 e Fev. /18 R$ 200, 000 = R$ 250,00 x 7.30% = R$ 18,250 – menos o valor a deduzir R$ 5.940 = R$ 12.310 dividido por R$ 250,000 = 4,92% é a alíquota efetiva, que será rateada por percentuais dos impostos da tabela para o objeto social

Tributação do ICMS (*substituição*)

Substituição Tributária LC 87/96, artigo 8, §5º dispõe que o imposto a ser pago por substituição tributária corresponderá à diferença entre o valor resultante da aplicação da alíquota prevista para as operações ou prestações internas do Estado de destino sobre a respectiva base de cálculo e o valor do imposto devido pela operação ou prestação do substituto. Deverá ser observado o falto gerador do ICMS, descrito no artigo 13, §1, alínea "a" e Resolução CGSN 94/2011, artigo 5º, inciso X letras A (substituição), G e H (antecipação tributária).

O cálculo da alíquota da antecipação do ICMS é a diferença apurada entre a alíquota interna e a interestadual do ICMS calculada com base na alíquota das pessoas jurídicas não optantes pelo Simples Nacional (LC 123/06, art. 13, §3º).

Para exemplificar, uma cadeia de substituição ou recolhimento antecipado:

VALOR DA OPERAÇÃO PRÓPRIA = R$ 1000,00

MVA (margem valor agregado) = 45%

alíquota interna = 20%

dedução = R$ 1000,00 x 20% = 200,00 (*fictício* dedução subsequente)

Imposto retido = {(1000,00 x (45%) x 20%} – 200,00

Imposto retido + R$ 290,00 – R$ 200,00

Imposto retido a recolher = *R$ 90,00*

Obs. não acrescenta o IPI porque é SN e deve ser seguida a regra de Entrada de Janeiro de cada ano-calendário, considerando a receita bruta do ano anterior (RBAA).

Fevereiro a Dezembro de cada ano calendário Receita Bruta do ano anterior

No Site do SIMPLES NACIONAL encontram-se tabelas para o preenchimento dos valores de despesas e lucros para a alíquota efetiva mensal e anual, denominado de DASN-SIMEI: http://www8.receita.fazenda.gov.br/simplesnacional/.

O preenchimento de declaração de impostos a serem recolhidos mensal e anual está na Resolução CGSN Nº 4/2007 como abaixo observado:

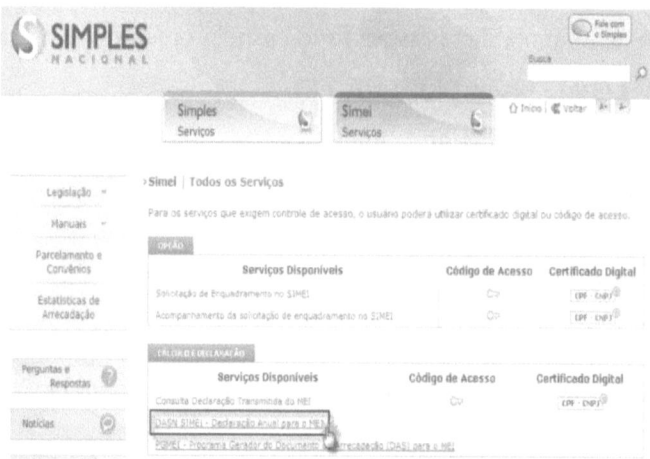

5- Auto regularização ou malha fiscal e aquisições públicas.

Algumas notas sobre a fiscalização ou malha fiscal do simples nacional para o recolhimento dos respectivos tributos.

A competência para fiscalizar as obrigações principais e acessórias sujeitas ao simples nacional e as tabelas e anexos é mútua e conjunta entre as Fazendas Públicas da União, Estados e Municípios das ME e EPP para planejamento e execução de procedimentos fiscais ou preparatórios (cruzamento de dados, artigo 33 da LC 123/06).

As autoridades têm a competência de lançar os respectivos tributos, descritos no artigo 13, I a VIII, apurados do Simples Nacional, relativamente a todos os estabelecimentos da empresa, independente do Ente Federado instituidor.

A contribuição para a Seguridade social, se houver empregados e a prestação de serviços pela ME ou EPP caberá a Secretaria da Receita Federal do Brasil e poderá ser lançado de ofício pelo órgão fiscalizador.

Se houver omissão de receita, além do descadastramento a que está sujeita a ME ou EPP, aplicar-se-á a presunção de omissão de receita das legislações de regência dos impostos e contribuições incluídos no simples nacional.

Os acréscimos de juros e multas são devidos para o IRPJ e em relação ao ICMS e ao ISS. A falta de comunicação quando obrigatória a exclusão da empresa, gerará multa de 10% do total dos impostos e contribuições devidos, no mês que anteceder o início dos efeitos da exclusão. Caberá também, em caso de delitos, a aplicação da legislação penal ao titular ou sócio da pessoa jurídica.

A falta de declaração de imposto de renda no prazo, implica na intimação do contribuinte para as necessárias explicações, com a possibilidade de imposição de multar de 2% ao mês calendário, limitada até 20% do valor bruto.

Além disso, a falta de informação ou comunicação implicará em procedimento de notificação prévia para a autorregularização das ME e EPP, antes do procedimento administrativo para a cobrança (art.34 da LC 123/06)

O procedimento administrativo fiscal está descrito no artigo 39 da LC123/06, em cada Ente federativo e o Município, poderá atribuir a competência ao Estado, onde se localiza. A intimação será por meio eletrônico dos atos do contencioso administrativo.

Em relação ao processo judicial (artigo 41 LC123/06) a competência originária é da Procuradoria da Fazenda Nacional, que poderá delegar por convênio, a inscrição da dívida ativa e a cobrança dos respectivos tributos nos Estados respectivos. Os mandados de segurança são de competência do Estado, DF ou Município, dependendo do tipo de tributo a ser cobrado.

O acesso ao mercado interno e externo (artigo 42-49 LC123/06) será feito por meio de aquisições públicas, com regularização fiscal, trabalhista e previdenciária. Nos certames devem ser apresentados todos os documentos regularizados, e mesmo que haja ações trabalhistas contra a empresa, não será motivo de desclassificação, porquanto há preferência no certame para a participação da ME e EPP (artigo 44) como forma de incentivo aos mercados e crescimento. O desempata se dará por meio de critérios objetivos descritos no artigo 45 e 46 da LC123/06. Para o mercado externo será simplificado o procedimento de habilitação, licenciamento e despacho aduaneiro e câmbio.

Quanto às obrigações de segurança e medicina e obrigações trabalhistas (artigos 50/54 LC123/06) serão feitos por meio de consórcios para segurança e medicina do trabalho e facilitação de *perfil profissiográfico profissional* (PPP), mas sempre com a anotação de dados na CTPS do empregado contratado.

O estimo ao associativismo entre as ME e EPP é fomentado pela lei por meio de sociedades de "propósito específico" (art.56) para a compra de produtos e prestação de serviços, com o fim de reduzir custos.

O desenvolvimento econômico, social e de políticas públicas das ME e EPP tem sido objeto de largo debate e de incentivos fiscais por meio do sistema de tecnologia da informação[352], podendo ser utilizada para prestação de serviços a forma de terceirização do trabalho (Lei 13.429/2017).

6- Jurisprudência nos tribunais, nos juizados especiais e repercussão geral no STF

Ao final para trazer alguns apontamentos sobre a atual jurisprudência dos Tribunais sobre as questões mais relevantes do Simples Nacional e dos tributos, trago à colação a jurisprudência mais recente.

O Enquadramento das MEI e EPP na qualidade de pessoa jurídica no polo ativo, legitimidade ativa processual, em ações no sistema dos Juizados Especiais foi firmado em recente jurisprudência no sistema de Uniformização de Jurisprudência do Tribunal de Justiça de São Paulo:

Pedido de Uniformização de Jurisprudência na Turma de Uniformização em Acórdão Representativo de Controvérsia/Paradigma nº 0000051-51.2017.8.26.9011, relatoria Heliana Hess, publicado em 24/5/2018:

UNIFORMIZAÇÃO DE JURISPRUDÊNCIA-LEGITIMIDADE ATIVA DE MICROEMPRESAS E EMPRESAS DE PEQUENO PORTE NO SISTEMA DOS JUIZADOS ESPECIAIS – INTELIGÊNCIA DO ARTIGO 74 DA LEI COMPLEMENTAR nº 123/2006 – DOU PROVIMENTO – CASSO ACÓRDÃO – DETERMINO A CONTINUIDADE DO PROCESSO NO JUIZADO DE ORIGEM

Há jurisprudência firmada sobre recolhimento do ICMS pelo Simples Nacional, em processo administrativo fiscal e sua validade:

APELAÇÃO Nº 1001176-82.2015.8.26.0127, relatora Vera Angrisani, 2ª Câmara de Direito Público/ DOE 28/3/2018:

DECLARATÓRIA. Débitos de ICMS. Empresa optante pelo SIMPLES Nacional. Suposto erro no lançamento, eis que o montante exigido a título de ICMS corresponderia ao valor da receita bruta declarada. Documentos juntados aos autos que indicam que o protesto levado a efeito pelo Fisco baseou-se na declaração do próprio contribuinte. Inexistência de comprovantes de pagamento. CDA's que não ostentam vícios. Questão que deve ser solucionada, se o caso, por meio de declaração retificadora ou em sede de embargos. Sentença reformada. Remessa necessária e apelo da FESP conhecidos e providos.

Apelação Cível nº 0005399-31.2012.8.26.0150, rel. Marrey Uint, 3ª Câmara de Direito Público (DOE 7/3/17):

Anulatória de débito fiscal Levantamento fiscal com base em informações de administradora de cartões de crédito/débito - Inexistência de quebra de sigilo bancário - Procedimento administrativo legítimo com observância do contraditório e ampla defesa - Auto de infração válido - Verificada a prática reiterada de sonegação fiscal implicando em exclusão do regime SIMPLES - Lei Complementar nº 123/2006 - Legalidade Sentença de improcedência confirmada - Recurso não provido.

Muitos julgados das Câmaras de Direito Público referentes à recente discussão sobre o recolhimento do ICMS e ISS por farmácias de manipulação em operação mista de produção e prestação de serviços:

APELAÇÃO CÍVEL Nº 3014160-46.2013.8.26.0576 Relator: Paulo Barcellos Gatti, 4ª Câmara, DOE 30/12/2017

APELAÇÃO AÇÃO ORDINÁRIA ATIVIDADES DESENVOLVIDAS PELA FARMÁCIA DE MANIPULAÇÃO DISCUSSÃO ACERCA DO TRIBUTO DEVIDO ICMS OU ISS

Preliminares: Ausência de impugnação específica dos capítulos do julgado ofensa à regra da dialeticidade recursal, que inviabiliza o conhecimento integral do apelo da Fazenda Estadual - Inconstitucionalidade do artigo 13 da Lei Complementar nº 147/2014 Descabimento Aptidão constitucional conferida à lei complementar para dirimir conflitos de competência, em matéria tributária, entre a União, os Estados, o Distrito Federal e os Municípios, nos termos do art. 146, I, da CF/88 Caráter interpretativo da LC nº 147/2014. Mérito: Pretensão inicial voltada ao esclarecimento da subsunção da atividade desempenhada pela autora (farmácia de manipulação) ao fato gerador do ICMS ou do ISS, ressalvado que, prestigiado o imposto estadual, deveria ser levantado o numerário depositado referente ao suposto débito tributário decorrente do não recolhimento de ISS ou, ao contrário, a conversão do depósito em renda do Município, acompanhada de autorização para compensação ou restituição dos valores pagos ao Estado Operação reconhecidamente mista Incidência de ISS sobre o serviço agregado compreendido na Lista de Serviços anexa à Lei Complementar nº 116/2003 e incidência de ICMS sobre os serviços agregados que não compõem a referida lista - Convalidação dos pagamentos efetuados ao Estado de São Paulo até 07.08.2014, consoante o disposto no art. 13 da Lei Complementar nº 147/2014 Sentença mantida, por fundamento diverso Recurso da Fazenda Estadual conhecido em parte e, nesta, desprovido e recurso da Municipalidade desprovido.

AÇÃO ANULATÓRIA ISS - Insurgência da autora contra auto de infração lavrado devido à ausência de recolhimento de ISS Cabimento - Superveniência da LC 147/14, que convalidou o recolhimento do ICMS sobre as atividades de comercialização de medicamentos manipulados - Fato que deve ser considerado pelo magistrado (art.493 do NCPC) - Anulação do auto de infração que se impõe - Sentença reformada - Recurso provido ApelaçãoNº0054752-42.2012.8.26.0602.Relator: Wanderley José Federighi, 18 ª Câmara, DOE 08 de fevereiro de 2018

Os atuais TEMAS EM REPERCUSSÃO GERAL – SUSPENSÃO:

TEMA 517 – REXT.970.821/RS – REPERCUSSÃO GERAL, MIN EDSON FACHIN, DOE 14/11/2017Recurso extraordinário em que se discute, à luz dos artigos 146-A e 155, § 2º, da Constituição Federal, a possibilidade, ou não, da aplicação da metodologia de cálculo denominada diferencial de alíquota de ICMS à empresa optante pelo SIMPLES NACIONAL, em face de possível usurpação de competência da União e do princípio da não-cumulatividade.

"TRIBUTÁRIO. IMPOSTO SOBRE CIRCULAÇÃO DE MERCADORIAS E PRESTAÇÃO DE SERVIÇOS DE

COMUNICAÇÃO E DE TRANSPORTE INTERMUNICIPAL E INTERESTADUAL. APLICAÇÃO DE METODOLOGIA DE CÁLCULO CONHECIDA COMO DIFERENCIAL DE ALÍQUOTA À EMPRESA OPTANTE PELO SIMPLES NACIONAL. ALEGADAS USURPAÇÃO DA COMPETÊNCIA DA UNIÃO PARA ESTABELECER O TRATAMENTO FAVORECIDO DAS MICRO E DAS PEQUENAS EMPRESAS (ART. 146-A DA CONSTITUIÇÃO) E DA REGRA DA NÃO-CUMULATIVIDADE (ART. 155, § 2º DA CONSTITUIÇÃO). ENCAMINHAMENTO DE PROPOSTA PELA EXISTÊNCIA DE REPERCUSSÃO GERAL.

OUTROS TEMAS EM REPERCUSSÃO GERAL: STF: TEMA 176 ICMS e energia elétrica, TEMA 490- Creditamento de outro ente federação diferencial de alíquota; TJSP: TEMA S0986 ICMS - Energia TUSD-TUST operação monofásica.

7 - Conclusão:

A mudança da Constituição Federal introduzida pela EC 42/2003, artigo 146, III, letra "d", deu início ao tratamento diferenciado e único e centralizado por via digital de arrecadação de impostos, com alíquotas distribuídas para os impostos federais, estaduais e municipais para as microempresas (ME), incluindo a individuais (MEI) e as empresas de pequeno porte (EPP), opcional para o contribuinte, com enquadramento diferenciado em cada Estado da Federação, mas com Comitê Gestor unificado e fiscalizador com participação de Entes Federados, visando facilitar o desenvolvimento de as políticas públicas de integração do sistema simples nacional.

A Lei Complementar de regência, LC 123/2006, que estabeleceu o Estatuto Nacional da Micro e Pequena Empresa também regulamentou o cadastro nacional único de contribuinte e de arrecadação e fiscalização, nominou os tributos e as alíquotas diferenciadas, conforme os diferentes ANEXOS de comércio, indústria e serviços para as diferentes categorias de microempreendedores e empresários de pequeno porte. Estabeleceu critérios de fiscalização, arrecadação, meios de incentivo e acesso à licitação pública, com incentivo de sistema de tecnologia de informação para as ME e EPP. A lei Complementar 147/2014 estabeleceu critérios para facilitar o registro, e a forma de instrumentalização eletrônica de dados para facilitar o acesso as informações e evitar fraudes por meio da fiscalização eletrônica. Por fim, a Lei Complementar 155/2016 alterou alguns artigos e limites do lucro obtido anualmente, aumentando o valor da receita bruta anual e estabeleceu as novas alíquotas dos ANEXOS I a VI dos respectivos tributos de prestação de serviços, comércio e indústria.

O ICMS como principal tributo de circulação de mercadoria e serviços entre os Entes Federados e a complexidade da substituição tributária, com diferenças de alíquotas entre os Estados, por meio de creditamento e abatimento é analisado no contexto do artigo mais detalhadamente.

Há pontos positivos no recolhimento unificado, porém, há também complexidade e incongruências em razão da guerra fiscal de menor alíquota e recolhimento em substituição tributária.

A arrecadação e a fiscalização, bem como o acesso aos mercados por meio de incentivos e preferência das micro e empresas de pequeno porte nas licitações públicas tem sido ponto alto para o desenvolvimento de políticas públicas de integração do sistema do simples nacional. A segurança e medicina do trabalho e as regras trabalhistas são mais flexibilizadas, podendo ser utilizada a terceirização. Os incentivos à credito e para exportação são beneficiados por simplificação da burocracia aduaneira e de obtenção de crédito e financiamento.

Por fim, a atual jurisprudência no sistema dos Juizados Especiais, com a uniformização da legitimidade ativa e passiva nas ações cíveis e de execução de títulos judiciais e extrajudiciais é um ponto positivo para facilitar o acesso à justiça. A jurisprudência dos tribunais sobre os limites e validade de dados em processos administrativos. O STF tem julgado e fixado temas referentes ao ICMS em repercussão geral e precedentes sobre o diferencia de alíquotas entre os Estados e sobre o recolhimento na base de cálculo em operação de energia elétrica.

A melhor política de desenvolvimento econômico de nosso país passa pelo incentivo, a desburocratização e o beneficiamento das micro e pequenas empresas para gerar mercado e melhores condições de trabalho flexibilizado e ativo, lucro por meio de incentivos fiscais e creditícios para a produção de bens e prestação de serviços para os empreendedores de pequeno porte, concorreram no mercado interno, com chances de exportação.

Enfim, pretendi com este artigo abrir o debate sobre as políticas públicas econômicas e fiscais, mais desburocratizadas e céleres, necessárias para o novo empreendedorismo em nosso país.

A SUBSTITUIÇÃO TRIBUTÁRIA NO ICMS: PROBLEMAS (NÃO) RESOLVIDOS PELO RE 593.849

Paulo Victor Vieira da Rocha[353]

1. A estrutura do regime de substituição tributária até a ADI 1.851

Poucos regimes de tributação na história do Brasil despertam debates tão numerosos e tão duradouros. Para se ter ideia da dimensão desta afirmação, o regramento de que se trata neste trabalho é objeto de discussões que remontam, pelo menos, a meados dos anos oitenta.[354] Em tentativa de se encerrarem os debates sobre a constitucionalidade deste tipo de regra, inseriu-se no texto constitucional dispositivo prevendo-o expressamente (EC n. 3/1993).

Os debates não se encerraram, sequer arrefeceram. Afinal, o então inserido parágrafo 7º do art. 150 da Constituição de 1988, tinha texto cuja interpretação admitia tranquilamente dois sentidos, afinal texto e norma jurídica não se confundem, sendo essa o resultado da interpretação daquele[355]. Trata-se de exemplo prático típico do pensamento de autores como Eros Grau[356], para quem muitos dispositivos legais admitem duas ou mais interpretações e o trabalho que se impõe a quem defende uma dessas possibilidades interpretativas não é demonstrar que a alternativa à sua tese é errada e correta é a tese própria, mas sim que essa última é a melhor interpretação.

É claro que há sim algumas interpretações de alguns dispositivos legais (ou constitucionais) que são erradas, simplesmente não cabem nos limites linguísticos do texto interpretado. Mas isso é questão, em geral, simples. O que torna casos difíceis é o fato de se estar diante de duas interpretações possíveis e, portanto, corretas. Mas, claro, se o Direito é exercício de razão prática (para definir-se o que deve ser feito)[357], sempre será preciso que os órgãos que têm a última palavra sobre a interpretação (tribunais) escolham "a melhor". Daí porque o ministro afirma ser o direito uma prudência (jurisprudência) e não uma ciência (nega o também professor a existência de uma "jurisciência").[358]

Voltando-se ao problema, o art. 150, § 7º, CF/88, ao autorizar que o legislador instituísse regimes nos quais um contribuinte fosse responsável pelo recolhimento do imposto correspondente a fatos geradores futuros e praticados por terceiros, prescreveu que a devolução do imposto assim recolhido fosse imediata e preferencialmente devolvida, caso não ocorresse "o fato gerador presumido".

O problema era o sentido e alcance da expressão "não ocorrência do fato gerador". Ilustre-se a questão pela perspectiva do ICMS, imposto no qual este trabalho concentrará seu enfoque e que é, de fato, o campo impositivo no qual este tipo de regramento mais é utilizado pelo legislador. O ICMS é imposto que, em regra, incide sobre as mais diversas etapas do ciclo de circulação de mercadorias, desde a primeira operação, praticada pelo fabricante ou importador de um bem, até a última delas praticada pelo varejista em direção ao consumidor final daquela mercadoria.

Além de plurifásico, tal imposto deve ser, em certa medida, por disposição constitucional expressa, não cumulativo. Seu modelo de não cumulatividade é aquele chamado de "imposto contra imposto" no qual o montante devido por um contribuinte em função da venda que ele pratica deve ser diminuído no montante do imposto pago nas etapas anteriores. Dito em outra ordem, o imposto que o fabricante destaca na nota fiscal que emite ao vender para um distribuidor será descontado do montante do qual o distribuidor será devedor ao revender aquela mercadoria ao varejista, e assim sucessivamente.

Assim, pensando-se num imposto hipotético e uniforme de 10% sobre as operações mercantis, se uma mercadoria é vendida pelo fabricante por 20 reais e ele destaca 2 reais na sua nota fiscal, o distribuidor que dele adquire se creditará desses 2 reais. Quando este mesmo distribuidor revender esta mercadoria a um varejista por 30 reais, ele deverá destacar na sua nota fiscal de venda 3 reais de imposto. Tal distribuidor terá contra si, portanto, um débito de 3 reais, mas também um crédito de 2 reais (imposto pago na etapa anterior pelo fabricante) e, portanto, um saldo a pagar de 1 real.

O imposto não se terá acumulado na cadeia. Pois, se, de um lado o distribuidor terá recolhido 2 reais de imposto embutidos no preço que pagou ao fabricante (20 reais incluíram os 2 reais de imposto) ele, agora devedor de 3 reais, apenas pagará a diferença entre o imposto nesse momento devido (pela operação própria desse distribuidor) e aquele já pago por ocasião da aquisição. O modelo pode ser assim ilustrado.

Tributação plurifásica "padrão"

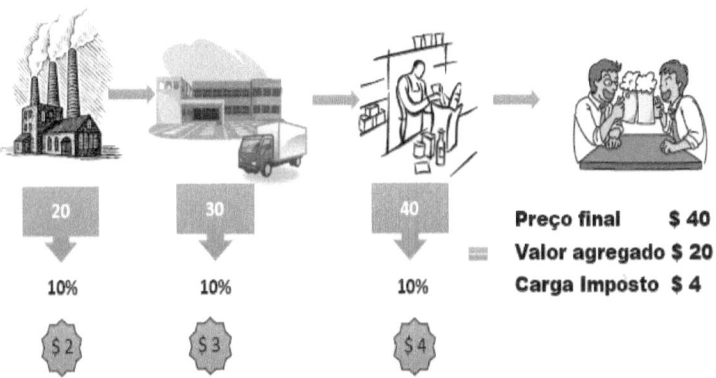

Esta descrição introdutória corresponde a um sistema de apuração e cobrança do imposto "ordinário", aqui entendido como "sem substituição tributária". Agora, é preciso descrever o funcionamento da apuração e cobrança do imposto em regime de substituição tributária, especialmente aquela referente a fato gerador presumido, um fato futuro cuja ocorrência é, como dito, presumida, ou seja, o fato gerador presumido é uma operação mercantil tributável que se presume que vai ocorrer, pelo simples fato de que quem, no presente, adquire uma mercadoria, o faz com o intuito de a revender, pense-se no exemplo de um distribuidor de bebidas que adquire cervejas do fabricante.

É, neste caso, bastante razoável presumir-se que as cervejas vendidas pelo fabricante ao distribuidor (primeiro fato gerador) serão por esse último revendidas (segundo fato gerador). Assim, a ocorrência do primeiro fato gerador faz instaurar-se a presunção de ocorrência futura do segundo fato gerador, e assim sucessivamente. Com efeito, o contribuinte que pratica o primeiro fato gerador (fabricante), além do seu próprio imposto terá responsabilidade pelo recolhimento do imposto incidente sobre os próximos fatos geradores, aqueles, no exemplo, praticados pelo distribuidor e o varejista, sucessivamente. Ele apurará e recolhera, como contribuinte, o imposto pela sua própria venda e também, como substituto tributário, o imposto devido pelas vendas futura e presumidamente praticadas pelo distribuidor e pelo varejista.

É bastante difícil, contudo, saber-se no presente qual o valor dessas operações que, futuras, ainda não ocorreram. E como o imposto em questão tem como base de cálculo o "valor da operação", é preciso fazer-se uma estimativa desses valores. Assim, o fabricante recolherá o seu imposto próprio com base no valor efetivamente praticado por ele, mas, o imposto devido pelas operações futuras (por substituição tributária) ele recolherá com base em estimativas.

Há algumas formas de proceder a tais estimativas, previstas pela Lei Complementar 87/96, em seu art. 8º, em cumprimento ao determinado pela Constituição (art. 155, § 2º, XII), segundo o qual, cabe à lei complementar dispor sobre substituição tributária. Provavelmente, a mais praticada dessas formas de estimativa de valores é aquela baseada em margem de valor agregado (MVA). Trata-se de valor resultante de cálculos aritméticos com vistas a atingir-se a média ponderada de preços ao consumidor final.

Assim, o art. 8º, § 4º, LC 87/96, determina que por meio da apuração dessa média, chega-se ao percentual representativo da margem de valor agregado a uma determinada mercadoria desde o fabricante até o consumidor final. Em exemplo bastante singelo, chega-se a uma média de preço de venda a consumidor final de 100 reais. Ora, se o preço médio praticado pelos fabricantes desse produto é de 50 reais, significa que se agregam mais 50 reais no ciclo dessa mercadoria, entre as operações do distribuidor e do varejista. A margem de valor agregado *para este produto*, portanto, prevista na legislação, será de 100%.

Dessa forma, quando um fabricante vender uma mercadoria por 50 reais, o imposto por ele devido será calculado por meio da aplicação da alíquota sobre esses 50 reais. Para facilitar o exemplo, imagine-se que este preço já inclui os custos de frete e seguro (do contrário, ele teria que acrescer esses valores ao preço antes da operação aritmética seguinte). Para apurar o imposto que deverá recolher por substituição tributária, esse fabricante aplicará uma margem de 100% sobre o seu próprio preço e, assim, chegará uma base de cálculo de 100 reais. Sobre ela ele aplicará a alíquota incidente sobre aquela mercadoria. O valor resultante dessa aplicação da alíquota sobre a base de cálculo da substituição tributária menos o valor do imposto próprio do fabricante representará o imposto devido por ele como substituto tributário.

Este ICMS incide sobre as próximas operações (futuras), mas ele deve ser antecipadamente recolhido pelo fabricante. Portanto, esse último cobrará, juntamente com o preço, o chamado ICMS-ST. Recorra-se, novamente ao exemplo de um fabricante que venda a um distribuidor uma determinada mercadoria por 20 reais. Em hipotético imposto uniforme de 10%, o fabricante deverá recolher, como seu próprio imposto, 2 reais. Por outro lado, ele deverá aplicar uma MVA de 100% sobre os 20 reais e, assim, chegará uma base de cálculo do ICMS-ST que será de 40 reais. Aplicando a alíquota de 10% sobre essa última base ele chegará o montante de 4 reais.

Como dito, o ICMS-ST corresponderá a esses 4 reais diminuídos do imposto próprio do substituto (o fabricante), que, no caso, terá sido de 2 reais. Em resumo, o ICMS devido a título próprio pelo fabricante (como contribuinte) será de 2 reais e o ICMS devido também por ele, mas como substituto tributário será de mais 2 reais. Ele (fabricante) cobrará do distribuidor, além do preço (20 reais) os 2 reais de imposto que deverá recolher como substituto. Esta cobrança antecipada do imposto já na pessoa do fabricante tornará as próximas operações todas antecipadamente (já) tributadas. Distribuidor e varejista, portanto, quando praticarem seus respectivos fatos geradores já estarão liberados do recolhimento do imposto, que – frise-se – é devido, mas já terá sido recolhido. Veja-se a ilustração:

Substituição tributária "para frente"

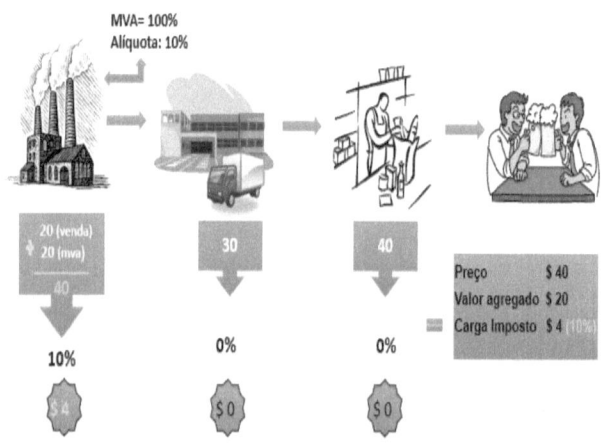

A imagem acima sinaliza que o regime ora retratado funciona perfeitamente quando o preço final efetivamente praticado pelo varejista for igual àquele constante da presunção. Perceba-se que com a técnica de não cumulatividade adotada pelo sistema constitucional brasileiro, o imposto que onera a mercadoria é o mesmo com (imagem 2) ou sem (imagem 1) regime de substituição. Em ambos os casos, o imposto é de 4 reais, ou seja, 10% do valor pelo qual a mercadoria é vendida ao consumidor final.

O problema é que na vida real os preços efetivamente praticados tendem a ser diferentes a média que terá conformado a MVA. A depender do setor da economia ou até da região geográfica, os valores efetivamente praticados por aqueles que vendem ao consumidor final (e, portanto, praticam o último fato gerador presumido) podem ser muito diversos daquele valor que serviu de base de cálculo a partir da MVA.

Em situações tais, o imposto se torna regressivo. E quanto maior a diferença entre presunção e preço efetivamente praticado, mais regressivo se tornará o tributo. Por isso já defendi com bastante ênfase que o regime de substituição tributária, embora traga inúmeras vantagens, não pode ser adotado em setores da economia com grande variação de preços.[359] Alguns exemplos ilustrativos serão dados à frente, quando se chegar aos problemas do regime tal qual interpretado até 2016.

Tomando-se como parâmetro o exemplo já utilizado (base de cálculo do ICMS-ST de 40 reais), perceba-se a distorção quando um produto a mercadoria é vendida ao consumidor final por 60 reais.

ICMS com substituição tributária

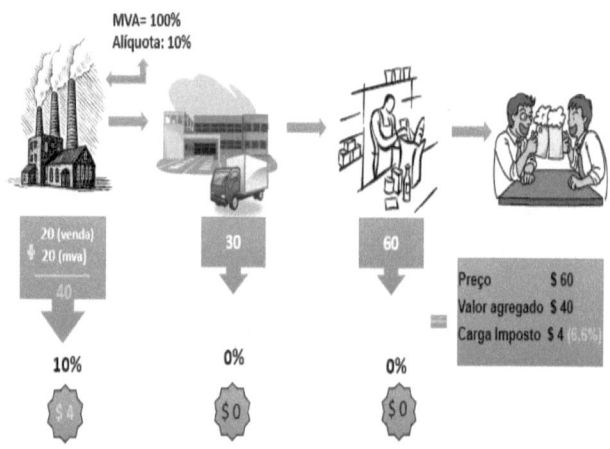

Nesse caso, o imposto foi recolhido antecipadamente por 4 reais, com base em MVA resultante da média ponderada de preços ao consumidor final; presumiu-se que a mercadoria seria vendida por 40 reais. No entanto, se em um local sofisticado em um bairro nobre da cidade, aquela mercadoria for comercializada por 60 reais, com imposto no montante de 4 reais ela terá sido onerada com carga de 6,6%, inferior à carga média (10% correspondentes à alíquota fixada em lei para o imposto, como se ilustra acima.

Mas o contrário pode ocorrer. Para isso, pense-se agora na mesma mercadoria, já tributada antecipadamente em 4 reais, ser revendida por um comércio muito simples em um bairro periférico e simples da cidade ao preço de 35 reais. Sua carga tributária (4 reais) corresponderá a 11,42% do preço efetivamente praticado, resultando, assim maior que os 10% de alíquota fixados para aquele produto, senão vejamos:

ICMS com substituição tributária

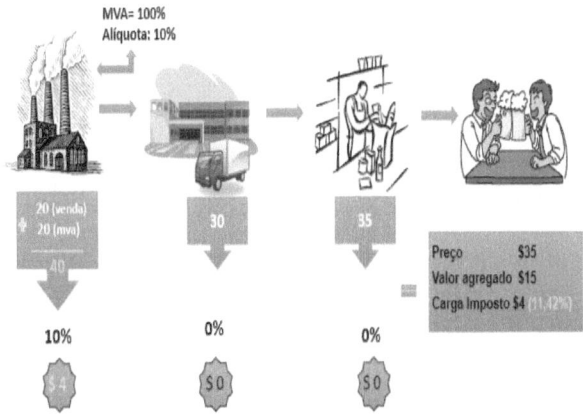

Esses problemas não foram muito explorados nas discussões judiciais que se travaram até 2002. Eles serão melhor discutidos à frente. Aqui apenas se os menciona para compreensão do contexto em que se decidiu a questão no passado. Por que, na verdade, outros argumentos foram mais explorados, como o do princípio da legalidade e da capacidade contributiva. Esse último, porém, não por meio de uma leitura que levasse às evidências da regressividade do imposto que aqui se expôs. Esses argumentos visavam a sustentar que a interpretação correta do art. 150, § 7º, CF/88 era a de que "não ocorrência do fato gerador" significava (além da própria não ocorrência da venda em si) a prática de operações por preços inferiores aos presumidos (como base de cálculo).

Em suma, contribuintes sustentavam que se o fato gerador presumido era uma venda ocorrida por determinado valor (40 reais, no exemplo), uma venda praticada por valor inferior (35 reais, por exemplo) significava não ocorrência do fato gerador presumido, afinal, repita-se, presumiu-se não apenas uma venda, mas uma venda por 40 reais.

De outro lado, os estados sustentavam que o fato gerador presumido é a operação relativa à circulação de mercadorias em si e, portanto, não ocorrer o fato gerador significava não ocorrer e venda em si. Segundo este raciocínio, quando uma venda ocorre, ainda que por valor diverso do presumido, ela perfaz o fato gerador, já que o fato gerador do imposto é a operação mercantil em si. Assim, ocorrida a operação, seria inegável a "ocorrência do fato gerador presumido".

O Supremo Tribunal Federal, seguindo a linha já sinalizada em alguns precedentes[360], decidiu na ADI 1.851 AL pela prevalência dessa segunda interpretação, defendida pelos estados-membros. Assim, o regime de substituição tributária instituído e praticado no Brasil se apoiava na seguinte premissa: o fato gerador presumido, no que se refere à base de cálculo, é definitivo (em típico exemplo de base de cálculo *prae-numerando*[361]. Recolhido o imposto em determinado montante, tornava-se, *em princípio (e apenas em princípio, isso é fundamental, como será demonstrado)*, irrelevante o valor efetivamente praticado na venda ao consumidor final.

Os regimes de substituição tributária "para frente" adotados no Brasil, especialmente no âmbito do ICMS, sempre tinham seguido esta lógica e ela se confirmou em 2002, como julgamento da ADI 1.851 pelo STF. No entanto, para considerar este tipo de regime de estimativas definitivas abstratamente válido, aquele tribunal fixou uma série de premissas que, não obstante fossem extremamente relevantes, foram esquecidas ou ignoradas ao longo dos anos pelos Estados e, de certo modo, até pelos contribuintes. Elas merecem atenção e, por isso, serão exploradas, ainda que sinteticamente, no próximo tópico.

2. A justificação do regime em 2002

Como dito, o STF fixou uma série de premissas para adotar a interpretação de que a base de cálculo nos regimes de substituição tributária *podia* ser definitiva. Tais premissas são de enorme relevância, pois condicionam a própria conclusão alcançada pela corte e restringem seu alcance. Com efeito, o STF em 2002 não deu um "cheque em branco" para os estados-membros fazerem o que quisessem em regimes de substituição tributária por fato gerador presumido.[362] Além disso, é indispensável a observação do mesmo autor de que o STF não tinha julgado nenhum regime de substituição tributária para frente concreto.[363] Aquela corte apenas decidira que, abstratamente, não tornava per se inconstitucional um regime de substituição tributária o fato de ele se apoiar em bases de cálculo presumidas definitivas.

Mas não parece que tenha sido isso que os atores envolvidos com o ICMS entenderam. Estados passaram a praticar as mais inimagináveis arbitrariedades e contribuintes, em sua maioria, passaram a, simplesmente, aceita-las e a elas se adaptar, custasse o que custasse. Em um país onde litígios em matéria tributária ocupam maciçamente os tribunais (quando não dominam suas pautas), é de se estranhar que justamente em relação a um dos temas com maior volume de arbitrariedades, contribuintes tenham se quedado silentes. A hipótese provisória de trabalho que se assume aqui é a de que, simplesmente, a jurisprudência do STF foi mal interpretada.

É por isso que este tópico do trabalho se dedica a explorar, posto que brevemente, a jurisprudência firmada em 2002 com o julgamento da ADI 1.851, especialmente, sua fundamentação e os consequentes requisitos que aquela decisão indiretamente impôs a regimes de substituição tributária. Sim, pois, a partir do momento em que um tribunal dizia que, "levando em conta" uma série de circunstâncias presentes em regimes de substituição tributária daquele momento, não era inválido (só por isso) um regime que se apoiasse em estimativas de valores definitivas, significa dizer que a tributação apoiada em valores estimados definitivamente *só* era válida por força daquelas circunstâncias. É por isso que já defendi que o controle de restrições a princípios constitucionais (no caso o da capacidade contributiva) deve ser reconstruído a partir da jurisprudência de forma circunstancial.[364]

Passando ao exame da jurisprudência (e até pelos limites deste trabalho), é possível focar no acórdão da ADI 1.851, já que ali se discutiram praticamente todas as questões que à época eram levantadas em torno da substituição tributária. Embora seja bastante desaconselhável que se analise jurisprudência no Brasil apenas se restringindo à ementa do acórdão, é interessante começar por ela. Ali já se veem delineados alguns dos pontos primordiais para o deslinde da questão pelo STF – que, repita-se – restringia-se a decidir se o regime *poderia* (e não se deveria) se fundar em bases de cálculo que fossem estimativas definitivas.

Em outros termos, o que se tinha que decidir naquele momento, no fundo, era se o fato gerador presumido não ocorrido era apenas a operação mercantil não ocorrida ou também a operação que, embora ocorrida, fosse praticada por valores inferiores àqueles assumidos na base de cálculo do imposto recolhido antecipadamente, ou ainda: um comerciante que vendesse por valor inferior ao que formatara a base de cálculo do ICMS-ST teria ou não praticado o fato gerador *presumido*?

O primeiro ponto a ser salientado naquela ementa é a afirmação da estrutura gradual do princípio da capacidade contributiva, no sentido de que o imposto deve ser graduado, na maior medida possível, segundo a capacidade econômica do contribuinte.[365] Se, de um lado o STF admitiu que este direito fundamental do contribuinte se sujeitava a mitigações, ele também delineou que elas deveriam ser as menores possíveis (aplicação de princípios sob o método do controle de proporcionalidade). É o fez ao afirmar, como uma de suas razões de decidir, que a base de cálculo naquele regime, definida por lei complementar, se aproximava "ao máximo possível" da realidade.[366] Essa afirmação é de extrema relevância para que se evidenciem mais à frente abusos cometidos por diversos estados-membros, praticando bases de cálculo sem qualquer relação dita realidade.

Além disso, o mesmo trecho ora analisado confirma o que se afirmou acima, no sentido de que o STF em 2002 não julgou nenhum regime de substituição tributária concretamente considerado. Ele fez ali referência às definições de base de cálculo constantes na Lei Complementar 87/96, que, como se sabe, não institui tributo algum[367], tampouco regimes de substituição tributária, senão lhe traça as normas gerais, visando à uniformidade nacional[368].

Por outro lado, a mesma ementa já anuncia argumentos que serão aprofundados no corpo do acórdão e que serviram de justificação, segundo o STF, para a mitigação ao princípio da capacidade contributiva ora analisada. Fala-se em "redução, a um só tempo, da máquina fiscal e da evasão fiscal a dimensões mínimas", o que pode ser traduzido como justificações baseadas na praticabilidade da tributação e no combate à evasão[369].

Não se pode deixar de observar que o conceito de praticabilidade adotado pelo STF em 2002 talvez seja bastante questionável, já que o associa à "comodidade, economia, eficiência e celeridade" das "atividades de tributação e arrecadação". Ora, se a praticabilidade (assim como o combate à evasão) são fins intermediários a um fim último de realizar o princípio da capacidade contributiva como bem coletivo[370], ela não dá margem alguma a que se persiga a mera "comodidade" da arrecadação e fiscalização de tributos, como se tornar cômoda atividade da administração tributária fosse um fim constitucional.

A praticabilidade e o combate à evasão são simplesmente fins que que viabilizam que as regras de impostos não só contemplem na maior medida possível a capacidade contributiva de cada um como também sejam aplicadas na maior medida possível ao maior número possível de indivíduos (um estado de coisas que não pode ser fruído individualmente, daí sua categorização lógico-jurídica como bem coletivo).[371] Comodidade pode promover sim muito conforto aos agentes de fiscalização e arrecadação, mas não um tal estado de coisas de tributação conforme a capacidade contributiva. Ao contrário, uma das formas mais cômodas de se arrecadarem tributos é instituir um único tributo, fixo, por cabeça sobre os cidadãos (*pool tax*), cuja contrariedade em relação ao princípio da capacidade contributiva é manifesta.

Essa criticável menção feita pela ementa do acórdão analisado, contudo, não impede afirmar-se que o regime de substituição tributária justificava sua mitigação ao princípio da capacidade contributiva a partir do fomento à praticabilidade e do combate à evasão. De fato, a substituição tributária, tal qual praticada naqueles tempos, fomentava bastante essas finalidades públicas (que não se confundem em nada com comodidade); e isso pode ser percebido por meio de considerações bastante breves e singelas.

Pense-se que naqueles tempos este era um regime adotado em setores específicos da economia, setores marcados por enormes dificuldades de fiscalização. Essa dificuldade implicava não apenas amplas possibilidades de sonegação como também um custo enorme para a movimentar a máquina administrativa, de forma bastante ineficiente, pois era preciso gastar muitos recursos financeiros e humanos para fiscalizar pequenos contribuintes que, portanto, não geravam muitos impostos aos cofres públicos. O exemplo clássico é do dos bares.

É bastante fácil imaginar que fiscalizar todos os bares do Brasil seja tarefa bastante trabalhosa e que deva gerar (proporcionalmente ao número de contribuintes) arrecadação de valores não muito expressivos. Amplie-se a perspectiva do problema pensando na tributação de bebidas alcoólicas e tendo-se em mente que à fiscalização de todos os bares dever-se-á somar a de todos restaurantes, lanchonetes, supermercados, mercearias e até ambulantes. Por outro lado, é importante lembrar que naqueles tempos não se pensava ainda no hoje pujante mercado das cervejarias, inclusive as milhares de (assim-chamadas) "micro cervejarias". Não, naquela época deveriam existir cerca de meia dúzia de fabricantes de cerveja no Brasil, dois ou três deles muito maiores que todos os demais juntos e detentores de enorme fatia do mercado consumidor.

Ora, concentrar a sujeição passiva e, portanto, arrecadação e fiscalização nesta "meia-dúzia" de contribuintes era medida altamente promotora de praticabilidade da tributação e sua eficiência (no sentido mais estrito de produzir mais com o mínimo possível). Esta era a praticabilidade que os regimes de substituição tributária "para frente" fomentavam na década de noventa e que o STF enxergou em 2002 quando pacificou seu entendimento sobre a matéria, que, repita-se, exaustivamente, era: decidir se as bases de cálculo *poderiam* ser definitivas e, portanto, se um regime de substituição tributária qualquer seria inconstitucional pelo simples fato de tais bases serem definitivas.

Frise-se, ainda: definiu-se naquela época se o legislador *poderia* instituir regimes sobre tais bases e não se a adoção delas era obrigatória. Além disso, julgou-se o regime em termos de "normas gerais", tais quais estabelecidas em lei complementar com pretensão de uniformidade nacional em matéria de sujeição passiva. Como dito, contudo, a leitura que se parece ter feito daquele acórdão era a de que o STF teria dado um "cheque em branco" para o legislador de cada ente político, especialmente, o dos estados, em matéria de ICMS, para fazerem o que bem entendessem.

Iniciou-se um ciclo de instituições de regimes de substituição tributária que causariam espécie a qualquer um que as contrastassem com aqueles parâmetros fixados pelo STF na ADI 1.851. Chegou-se a ponto de instituir substituição tributária sem as figuras de substituto e substituído, ou melhor, de um recolhimento por um substituto que não substitui ninguém – na melhor das hipóteses, substitui-se a si mesmo.

Como esses abusos, ainda permanecem, em boa parte não resolvidos, eles serão brevemente mencionados na seção do trabalho dedicada à exposição dos problemas resolvidos e os não resolvidos pelo novo entendimento adotado pelo STF em 2016. Por ora, serão demonstrados alguns problemas do regime definido a partir da ADI 1.851, em 2002.

3. Os problemas do regime definido em 2002

Como dito no tópico anterior, a substituição tributária autorizada em termos gerais pelo STF, na medida em que era usada em 2002, parecia bastante justificável, assim como o eram os regimes de substituição tributária concretamente instituídos pelos estados-membros em matéria de ICMS. Tal justificação se apoiava no inegável fomento à praticabilidade da tributação e ao combate à sonegação.

Ainda assim, referidos regramentos apresentavam alguns inegáveis problemas, especialmente relacionados às restrições a direitos fundamentais inseridos no contexto da ordem tributária (como o princípio da igualdade baseado na capacidade contributiva) e também insertos na ordem econômica, como o princípio da livre-concorrência. Com efeito, este tópico pretende evidenciar porque os regimes de substituição tributária necessariamente, restringem, em alguma medida, o princípio da livre-concorrência e o da capacidade contributiva.

É que sendo aquelas regras baseadas em presunções absolutas no que se refere à base de cálculo, elas – só por isso – apresentam potencial para tornar o próprio imposto regressivo e distorcido em relação à concorrência. Isso porque, de acordo com tais regimes, quanto menor a manifestação de capacidade contributiva (valor das operações), menor será a alíquota real do imposto. Basta voltar ao exemplo da bebida cuja base de cálculo para recolhimento antecipado do imposto por substituição tributária seja de R$ 40,00 (quarenta reais). Em um imposto hipotético de 10%, ele será antecipadamente recolhido no montante de R$ 4,00 (quatro reais). Caso a venda ao consumidor seja praticada pelos R$ 40,00 presumidos, o imposto corresponderá a 10% da operação. Voltando-se à primeira ilustração:

Substituição tributária "para frente"

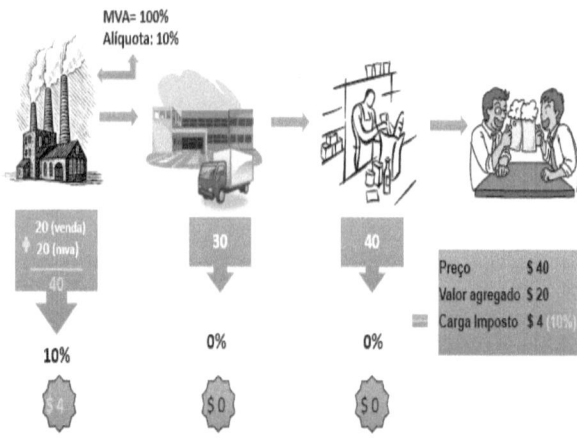

No entanto, alterando-se a hipótese para aquela em que a mesma bebida seja vendida ao consumidor final, em um bairro nobre, por R$ 60,00 (sessenta reais), aquele mesmo imposto antecipado no montante de R$ 4,00 (quatro reais) representará 6,6% do valor da operação. Perceba-se que seja pela ótica do vendedor, seja pela do comprador (tributação da renda consumida) a manifestação de capacidade contributiva foi 50% maior em uma venda por R$ 60,00 (sessenta reais); e sua carga tributária, contudo, caiu cerca de 30%, de 10% para 6,6%. Voltando-se à segunda ilustração:

ICMS com substituição tributária

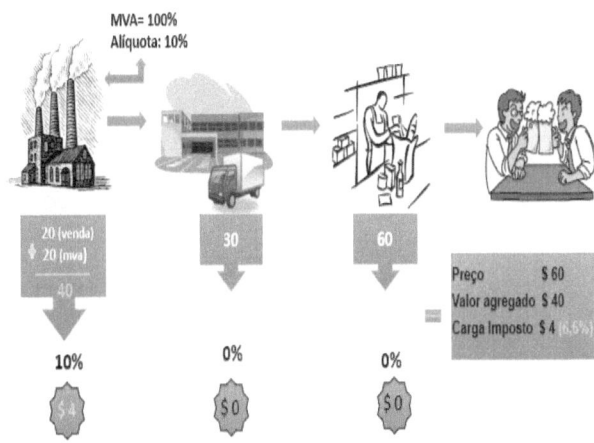

A regressividade do imposto, se já não estiver clara, fica ainda mais evidente caso se tome uma terceira hipótese exemplificativa. Basta pensar na venda a consumidor final, praticada, em região mais periférica, por R$ 35,00 (trinta e cinco reais), portanto, abaixo dos R$ 40,00 (quarenta reais que serviram de presunção). Agora, vê-se que a carga tributária dos mesmos R$ 4,00 (quatro reais) já recolhidos antecipadamente representa mais que a alíquota nominal do imposto, de 10%. Isso porque sobre os R$ 35,00 (trinta e cinco reais) os R$ 4,00 (quatro reais) recolhidos representarão uma carga de 11,42%. Portanto, para uma manifestação de capacidade contributiva 12,5% menor, ter-se-á uma carga tributária cerca de 14% maior que a alíquota nominal do imposto. Voltando-se à terceira ilustração:

ICMS com substituição tributária

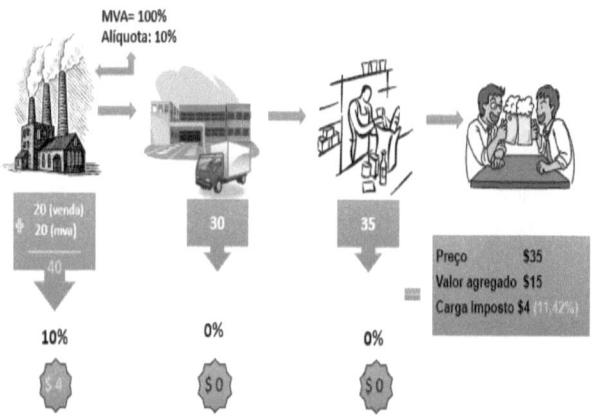

Além disso, os mesmos exemplos novamente trazidos acima mostram um belo potencial do regime em questão para distorcer a livre-concorrência, desestimulando-se a eficiência, na medida em que independentemente de um agente ser extremamente eficiente, conseguir ter custos menores e praticar preços inferiores à média, ele pagará impostos "como se estivesse na média" e, do mesmo modo, independentemente de um outro determinado agente ser extremamente ineficiente, ter custos altos e praticar preços superiores, ele também pagará impostos, "como se estivesse na média".

Este tipo de problema teria que ser marginal em cada regime de substituição tributária concretamente considerado, sob pena de ele restringir desproporcionalmente os princípios da capacidade contributiva[372] e da livre-concorrência[373]. Além disso, também deveriam ser afastados, por desproporcionais 77(inadequados, mais precisamente) os regimes de substituição tributária que não reduzissem drasticamente o universo de contribuintes a serem fiscalizados.[374]

Do mesmo modo desproporcionais (por desnecessidade) tenderiam a ser os regimes de substituição tributária que incidissem em casos cuja ocorrência do fato gerador presumido era duvidosa, afinal, uma das premissas assumidas pelo STF em 2002 para decidir que o imposto poderia ser cobrado antecipadamente e sua base de cálculo poderia ser definitiva era a aplicação do regime somente sobre casos em que a ocorrência do fato gerador presumido fosse "quase uma certeza".[375]

Em síntese, o que se tem até aqui é que: 1) o STF não tinha julgado nenhum regime de substituição tributária específico e concreto; 2) ele apenas tinha decidido que a instituição desses regimes com cobrança antecipada de imposto sobre bases presumidas era constitucional; 3) essas bases *poderiam* ser definitivas. Isso tudo desde que uma série de premissas condicionantes se verificassem presentes em cada regime concretamente considerado.

Tudo levava a crer que a ausência daquelas circunstâncias em cada regime específico submetido ao Judiciário o levaria a considerar um tal regime – e só ele – inválido, por exemplo, caso se apoiasse em bases de cálculo completamente dissonantes da realidade, ou se impusesse a situações em que a própria ocorrência futura do fato gerador presumido fosse bastante duvidosa ou, ainda, sobre setores da economia em que o final do ciclo de circulação do produtor (varejo) fosse muito concentrado em grandes redes, ou o seu começo (fabricantes/importadores) fosse muito pulverizado, de modo que o regime não reduzisse drasticamente o universo de contribuintes a serem fiscalizados.[376]

As bases de cálculo serem definitivas, em princípio, não era o problema. O que chamava atenção era o completo desrespeito dos estados-membros por aquelas premissas fixadas pelo STF em 2002. Tudo leva a crer que os entes políticos entenderam mesmo que tinham um "cheque em branco" nas mãos, por exemplo, sem mencionar nenhum estado-membro específico, mas não era difícil encontrar, especialmente, após 2008, regimes de substituição tributária cujas margens de valor agregado (MVAs) não tinham base empírica alguma, ou seja, nunca se efetuou uma pesquisa de mercado para chegar a elas. Outros estados, por vezes, simplesmente replicaram as margens de outro estado, como se o mercado de um fosse igual ao mercado do outro.

Não bastasse isso, uma das realidades mais esdrúxulas que se pode citar em regimes de substituição tributária e que, provavelmente, é verificável na legislação de todos (ou quase todos) os estados da federação é a substituição tributária "de si mesmo". Em resumo, pense-se na seguinte hipótese: 1) um determinado produto está sujeito à substituição tributária internamente; 2) um determinado contribuinte, varejista, adquire tal mercadoria em operação interestadual; 3) o estado de origem da mercadoria não tem convênio celebrado com o estado de destino prevendo substituição tributária em operações interestaduais aquela mercadoria específica; 4) como o estado de destino não pode impor que o remetente da mercadoria recolha o imposto do varejista por substituição, este mesmo estado de destino cobra do contribuinte varejista o imposto próprio (do varejista) por substituição.

Em suma, o adquirente varejista deve pagar antecipadamente (quando a mercadoria entra no Estado de destino) o imposto referente à operação dele próprio (que ele ainda vai praticar). Mas, como aquela mercadoria está no regime de substituição tributária, o varejista deve recolher o imposto antecipadamente e calculado conforme as regras da substituição tributária. Ele, portanto, é o substituto tributário – pasmem – dele mesmo. Este não tem um substituto, já que o seu fornecedor não recolhe o ICMS-ST, por falta de convênio. Mas ele também não um substituído, já que é o último da cadeia e venderá para um consumidor final. É isso mesmo, o varejista é substituto tributário de si mesmo, ele recolhe "por substituição" o imposto devido por ele mesmo.

Talvez este nível de abuso tenha levado o Supremo Tribunal Federal uma solução, em 2016, que parece drástica demais. É sobre o que se falará agora.

1. A reviravolta do RE 593.849 MG: os problemas (não) resolvidos

Em sessão do dia 19/10/2016, o Supremo Tribunal Federal, por maioria de votos, decidiu rever seu posicionamento anteriormente adotado na ADI 1.851 AL. A mudança foi radical, tanto que há quem cogite (como o próprio Estado de Minas Gerais em suas razões perante o STF) que tal decisão talvez ponha, na prática, um fim ao regime em questão, por torná-lo impraticável.

Em síntese, a corte decidiu que a base de cálculo do ICMS-ST não é mais definitiva, senão provisória. Tem-se, portanto, uma presunção relativa de que o contribuinte (substituído) comercializa determinada mercadoria por um determinado valor (que serve de cálculo para o imposto ser antecipado). Mas, caso ele pratique a operação por um preço superior ao que serviu de base de cálculo, ele tem direito à restituição da diferença entre o imposto calculado com base nos valores efetivamente praticados e o imposto pago antecipadamente com base na presunção.

O efeito disso é que esses contribuintes substituídos precisarão voltar a ser fiscalizados. Isso porque eles poderão passar a, rotineiramente, pedir a restituição dessas diferenças. E pelas regras da Lei Complementar 87/96 (art. 10), se a Administração tributária não analisar esses pedidos e lhes responder em até 90 dias, será possível lançar esses valores como créditos em suas escritas fiscais. Logo, a apuração desses valores precisará ser fiscalizada, de forma muito semelhante à fiscalização da própria apuração e recolhimento de tributos por parte desses contribuintes, que se tinha que fazer em um cenário sem substituição tributária.

Aquele universo de "últimos elos" da cadeia que estavam "fora" do foco de fiscalização da administração tributária voltam fortemente a este cenário. Isso representa um grande aumento de demanda para a máquina pública. Mas não só para ela, também para os contribuintes. O sistema ficou mais complexo. Não que o regime de substituição tributária estivesse livre de complicações. Ao contrário, ele já suscitava questões de enorme complexidade, especialmente, quando envolvendo cadeias com muitas operações interestaduais. Mas tratar esses problemas não necessariamente implicava acabar com uma das principais características do regime e, assim, talvez até acabando com ele próprio.

A solução adotada pelo STF parece ter sido excessivamente drástica, radical. Mas talvez reflita um cenário de clamor da sociedade por medidas extremas e contundentes de contenção do arbítrio por parte dos estados, que, como dito, em matéria de substituição tributária, atingiram níveis alarmantes, a vista dos exemplos que já se deram acima. Merecedora de aplausos ou não, a decisão, após inúmeros incidentes processuais, como diversos embargos de declaração, transitou em julgado (em 22/2/2018). E é com ela que se precisa lidar a partir de agora, tentando deduzir seus possíveis efeitos normativos sobre questões não diretamente tratadas neste precedente. Alguns merecem destaque.

Parte dos problemas relacionados à substituição tributária podem ser considerados resolvidos com o julgamento do RE 593.849 MG. Aquele referente à regressividade da incidência e da restrição ao princípio da livre-concorrência parecem resolvidos, pois agora o imposto pago (pelo menos potencialmente e de modo geral) corresponderá ao exato valor efetivamente praticado nas operações cujo imposto é recolhido por substituição.

Diz-se "potencialmente" porque embora os contribuintes agora possam pedir a restituição, isso não quer dizer que eles terão condições e infraestrutura para o fazer, especialmente, em função dos altos níveis de complexidade que este regime atingiu nos últimos anos. Diz-se, ainda, "de um modo geral" porque há casos específicos em que a substituição tributária continua gerando enormes distorções, como nos casos em que ela incide conjuntamente com as regras do Simples Nacional.

Um outro problema resolvido é que se antes se cogitava que a instituição de regimes de substituição tributária era, em muitos casos, movida com vistas a promover sub-reptícios aumentos de carga tributária e arrecadação (por fixação de margens acima da realidade, por exemplo), hoje esse tipo de regra se presta pouco a isso, já que margens irreais gerarão, ao menos, potencialmente, muita restituição aos contribuintes substituídos.

Contudo, alguns problemas podem não estar completamente resolvidos, pelo RE 593.849 MG, ainda que se possam deduzir suas soluções deste acórdão. O primeiro deles é o chamado "imposto complementar". Quando de seus votos no julgamento do RE 593.849 MG e até durante os debates, alguns ministros afirmaram fazer-lhes sentido que, assim como os estados estariam obrigados a devolver as diferenças de imposto antecipado a maior, eles também poderiam cobrar as diferenças nos casos de imposto antecipado "a menor", ou seja, casos em que o valor efetivamente praticado pelo substituído como preço de venda forem superiores aos valores que tenham servido de base de cálculo do ICMS-ST.

Ocorre que tais afirmações (embora feitas por vários ministros) são incidentais. A questão do imposto complementar não estava em julgamento. Isso significa que ela não foi nem minimamente discutida e submetida ao contraditório, muito menos, decidida, para que se a considere "resolvida". Além disso, quando o STF vier a ser chamado a decidir essa questão, talvez até sua composição seja muito distinta e não haverá porque ministros que substituam esses que fizeram essas afirmações se sintam minimamente vinculados a tais posicionamentos, não por qualquer falta de deferência com a jurisprudência da corte, mas porque foram manifestações, como dito, meramente "incidentais", ou seja, simplesmente, não há qualquer "jurisprudência" da corte sobre isso.

O imposto complementar também suscita algumas outras questões, como a necessidade ou não de ser regulado nacionalmente por meio de lei complementar. Embora alguns estados-membros já o tenham instituído por meio de leis, a estas talvez falte eficácia em função da ausência de balizas mínimas postas nos termos do art. 146, III, da Constituição, a exigir lei complementar para normas gerais em matéria de legislação tributária, especialmente, fato gerador, base de cálculo e contribuintes dos impostos. Maior perplexidade pode causar a postura de estados que, a despeito de qualquer previsão em lei em sentido estrito, venham a dispor em regulamento sobre a respetiva cobrança.

Por outro lado, o marcante precedente ora analisado suscita questão de igual relevância e cuja solução final também caberá aos tribunais, mas que se pode dedutivamente tentar antecipar. Trata-se das questões envolvendo quem pode ser sujeito passivo do ICMS devido por substituição tributária. Pense-se na hipótese em que o adquirente de uma mercadoria em operação interestadual, ainda que varejista, seja obrigado a recolher na entrada o chamado (estranhamente) ICMS antecipado com substituição tributária.

Dispositivos que impõem esses recolhimentos (a exemplo do art. 426-A do RICMS-SP), o fazem apoiados na premissa de que caso houvesse convênio entre o estado de origem a mercadoria e o de São Paulo (destino), o imposto seria devido por substituição pelo remetente, sediado em outro estado. Como, na ausência de convênio, falta extraterritorialidade à lei de São Paulo e, assim, não se pode impor tal recolhimento ao remetente, aquilo que se pretendia exigir do remetente, se exige do destinatário.

Mas, perceba-se, o imposto em comento é relativo ao fato gerador praticado (futuramente) pelo destinatário varejista. Então se o imposto corresponde à sua própria operação, ele deveria ser "substituído". Mas, como se exige o recolhimento dele no momento da entrada ele assume a esdrúxula (para dizer o mínimo) posição de "substituo de si mesmo". É uma substituição tributária em que substituto e substituído se confundem na mesma pessoa, que é contribuinte e responsável tributário, ao mesmo tempo, pelo mesmo imposto, em um cenário que beira a prática de arte dadaísta.

E tem mais. Um possível argumento para se defender esta cobrança seria o de "equalizar" a carga tributária de contribuintes que adquirem de um estado com convênio para substituição tributária e de contribuintes que adquirem de outro sem convênio com substituição tributária. Isso porque, sem esta cobrança, quem adquirisse de estado com convênio, teria carga tributária baseada em valores médios (MVA, em geral). E quem adquirisse de estados sem convênio, teria uma carga baseada nos preços efetivamente praticados por si.

Ora, mas se a substituição não gerasse muitas distorções, essas diferenças deveriam ser ínfimas. Este argumento só poderia ser cogitado se se admitisse que o regime gerasse distorções significativas. Isso parece ser suficiente para o argumento da "equalização" ser afastado. No entanto, ele não pode sequer ser cogitado no atual cenário (pós RE 593.849). Isso porque agora os valores antecipados no regime de substituição são apenas provisórios (baseados em presunções relativas), de modo que, com substituição ou sem substituição deve-se esperar que as cargas sejam as mesmas. Isso parece tonar injustificáveis cobranças deste tipo.

Por fim, há mais um argumento, capaz de fulminar dispositivos deste jaez mesmo em cenários anteriores ao RE 593.849 MG. A substituição tributária existe (e só se justifica para isso) para retirar a sujeição passiva de um contribuinte e a atribuir a um terceiro, pelo fato de que fiscalizar o contribuinte é muito difícil ou custoso, ao passo que fiscalizar o terceiro é algo que se revela bem mais fácil e eficiente.

Em outros termos, cobra-se o imposto devido pelo varejista do seu fornecedor, porque, em tese, cobrar desse é muito mais eficiente que cobrar daquele. Os valores serem diferentes em um modelo e em outro é (ou era para ser) acidental. O que importa é poder cobrar de um (substituto) no lugar de outro (substituído). Portanto, não faz nenhum sentido cobrar o imposto por substituição daquele (substituído) que, em tese, se queria tirar do foco da fiscalização. O regime de substituição se justifica, por exemplo, para não precisar fiscalizar o varejista. Cobrar o imposto por substituição exatamente deste que se queria substituir é um contrassenso insanável. A aplicação deste tipo de regra, por exemplo, a varejistas, se torna completamente injustificável sob o prisma jurídico.

Não era sequer necessária a mudança jurisprudencial do RE 593.849 MG para que se chegasse a esta conclusão. Como dito, a ADI 1851 AL fixou uma série de requisitos para os regimes de substituição tributária, eles só não foram muito levados em conta nos últimos anos, nem pelo fisco nem pelo contribuinte. Mas a recente reviravolta deixa ainda mais estreitos os limites à imposição de tais regimes, tornando ainda mais frágeis, imposições como aquelas em que estados cobrar na entrada de operações interestaduais o ICMS-ST daquele que deveria ser o substituído.

Essas são algumas das questões que tendem a ser suscitadas a partir do novo cenário jurisprudencial instalado com o julgamento do RE 593.849 MG, especialmente, agora, a partir de seu trânsito em julgado. Parte delas, como visto, parecem, em certa medida, resolvidas diretamente por este julgado; outras, contudo, tendem a começar a aparecer agora de forma mais visível e, embora se possa vislumbrar solução adequada a elas a partir da própria jurisprudência do STF, como elas não foram objeto específico de julgamento por aquela corte, na prática precisarão ser decididas pelos demais órgãos do Poder Judiciário, a partir de novos casos concretos.

O ICMS-IMPORTAÇÃO E AS DIVERSAS MODALIDADES DE IMPORTAÇÃO (POR CONTA PRÓPRIA, POR CONTA E ORDEM E POR ENCOMENDA)

Robson Maia Lins[377]

1. Introdução

A Constituição da República é clara ao prescrever, no seu art. 155, que o Imposto sobre Operações relativas à Circulação de Mercadorias e Serviços de Transporte Interestadual e Intermunicipal e de Comunicações ("ICMS") incidirá sobre a importação de mercadorias e serviços.

Diante deste cenário, o legislador complementar (LC nº 87/96) procurou delimitar as regras para definição do momento da ocorrência do fato que dá ensejo ao pagamento do tributo nesta hipótese, bem como para delimitação dos sujeitos ativo e passivo.

A despeito disso, surgiram inúmeras discussões, especialmente quanto ao ente competente para a cobrança do tributo nas importações. A razão para tanto é o fato de que, atualmente, a importação de bens do exterior pode dar-se de três formas distintas: (i) por conta própria; (ii) por conta e ordem de terceiro; ou (iii) por encomenda.

São modalidades específicas de importação, cada qual com regulamentação própria e cuja configuração está condicionada à presença de uma série de requisitos.

Por essa razão, parece-nos especialmente relevante examinar quais as características de cada uma dessas espécies de importação, bem como o posicionamento da jurisprudência sobre o tema, de modo a determinar quem serão os sujeitos que comporão a relação jurídica tributária do ICMS-Importação. É o que faremos no presente artigo.

2. RMIT como método de análise

A linguagem prescritiva do direito posto, assim como todos os demais sistemas linguísticos, é composta por um conjunto de símbolos, ou seja, signos arbitrariamente construídos para designar determinado objeto.[378] Diante deste cenário, não há como afirmar que as palavras utilizadas no texto legislado contêm um sentido em si mesmo, sendo indispensável a atividade do intérprete na sua construção.

Diante disso, fica fácil concluir que o texto legislado – aqui entendido como conjunto de prescrições cuja finalidade é regular a conduta humana –, embora organizado segundo certos patrões – hierarquia normativa, introdução por autoridade competente etc. – não cumpre, sozinho, a função de disciplinar a vida em sociedade. Ele é apenas o ponto de partida para determinar como devemos orientar nossas condutas.

É necessário ter em mente, ainda, que a construção de significações isoladas, a partir desses comandos, também não é suficiente para que os destinatários compreendam as ordens impostas pelo direito (ou seja, o que é permitido, o que é proibido e o que é obrigatório).

Para a integral compreensão da mensagem prescritiva, não basta saber, por exemplo, qual a base de cálculo do tributo ou qual a sua alíquota. Diante dessas prescrições, logo surgem questões como: qual o fato que dá ensejo ao pagamento desse tributo e para quem devo pagá-lo?

Justamente em razão disso, Paulo de Barros Carvalho idealizou um importante método de sistematização da mensagem legislada, de modo que a compreender quais os fatos que o direito considerou passíveis de regulação, bem como as consequências que se desencadearão caso seja certificada a sua ocorrência. Trata-se da Regra-Matriz de Incidência Tributária (RMIT), na qual estão sintetizados os principais critérios para determinar os fatos que dão ensejo ao pagamento do tributo (hipótese) e em que condições surgirá tal dever (consequente).

O fato que leva à constituição da relação jurídica tributária, como assinala Paulo de Barros Carvalho, é sempre um "comportamento de pessoas, físicas ou jurídicas, condicionado por circunstâncias de espaço e tempo".[379] Por isso a determinação desse fato envolve a fixação de pelo menos três critérios:

(i) *material:* mediante um verbo acrescido de um complemento, determina qual o comportamento que gerará o dever de pagar o tributo;

(ii) *espacial:* prescreve onde esse comportamento deve ocorrer para que possa acarretar as consequências previstas na norma; e

(iii) *temporal:* fixa o momento em que se considera ocorrido esse comportamento.

O dever de pagar o tributo, ou seja, a consequência decorrente do fato, deve ser atribuído a certa pessoa, a qual, por sua vez, deve saber como quantificar o objeto dessa prestação e a quem deve prestá-la. Isso é feito por meio dos seguintes critérios:

(i) *pessoal:* fixa quem deve cumprir o dever (sujeito passivo) e quem tem o direito de exigir seu cumprimento (sujeito ativo); e

(ii) *quantitativo:* determina qual o valor a ser pago a título de tributo por meio da fixação de uma base de cálculo e de uma alíquota.

Reunidos estes critérios, teremos então a regra-matriz do tributo, a qual permitirá não somente a redução da complexidade do texto legislado, mas também o estudo detalhado de um ou mais critérios que a compõem.

3. O ICMS e a incidência sobre a importação de mercadorias e serviços

O ICMS vem genericamente previsto no art. 155, II, da Constituição da República, o qual prescreve o seguinte:

Art. 155. Compete aos Estados e ao Distrito Federal instituir impostos sobre:

II – operações relativas à circulação de mercadorias e sobre prestações de serviços de transporte interestadual e intermunicipal e de comunicação, ainda que as operações e as prestações se iniciem no exterior;

Ao examinar tal enunciado, é possível verificar que ali estão previstas pelo menos 3 (três) materialidades distintas: (i) realização de operações relativas à circulação de mercadorias; (ii) prestação de serviços de transporte interestadual e intermunicipal; e (iii) prestação de serviços de comunicação.

A parte final do dispositivo, por outro lado, deixa claro que tais operações e prestações serão tributadas ainda que se iniciem no exterior, ou seja, ainda que ocorra a importação de mercadorias ou serviços, comando este reforçado pelo § 2º do art. 155, que assim dispõe:

> Art. 155.
>
> §2º. [...]
>
> IX - incidirá também:
>
> a) sobre a entrada de bem ou mercadoria importados do exterior por pessoa física ou jurídica, ainda que não seja contribuinte habitual do imposto, qualquer que seja a sua finalidade, assim como sobre o serviço prestado no exterior, cabendo o imposto ao Estado onde estiver situado o domicílio ou o estabelecimento do destinatário da mercadoria, bem ou serviço;

Diante deste cenário, não resta dúvida de que integra o critério material desse tributo a "importação de mercadorias".

A inclusão da importação de mercadorias no critério material do ICMS, porém, gera reflexos em todos os demais critérios da RMIT, em especial no que diz respeito ao critério pessoal, uma vez que a sujeição passiva e ativa pode ser alterada a depender do tipo de importação de que estamos tratando: (i) importação por conta própria; (ii) importação por conta e ordem; ou (iii) importação por encomenda.

4. As espécies de importação

Nos termos prescritos pelo ordenamento brasileiro vigente, a importação de bens do exterior pode ser realizada (i) por conta própria; (ii) por conta e ordem de terceiro; ou (iii) por encomenda.

Essas as formas de importar mercadorias são reconhecidas e regulamentadas pela Secretaria da Receita Federal, sendo livre e perfeitamente legal a escolha entre qualquer dessas modalidades para importar mercadoria estrangeira.

A **importação "por conta própria"** consiste na operação em que a empresa importadora adquire mercadorias do exterior, fazendo-o em seu nome e sendo responsável pelo fechamento e liquidação do contrato de câmbio com recursos próprios, para, em seguida, vendê-las no mercado interno.

Nessa sistemática, a transmissão da propriedade dos bens importados dá-se entre fornecedor e importador, e, em momento subsequente, tem-se nova transmissão da titularidade, que passa do importador, ora vendedor, para o adquirente nacional. Há, efetivamente, dois contratos de compra e venda: (i) um, entre o fornecedor estrangeiro e a empresa importadora; e (ii) outro entre a empresa importadora e a pessoa brasileira que adquire o bem mediante transação interna.

Na **importação "por conta e ordem"**, por sua vez, a empresa interessada em adquirir determinado bem do exterior contrata uma prestadora de serviços, para que esta, na qualidade de importadora por conta e ordem, utilizando os recursos originários da contratante, providencie, entre outros, o despacho de importação da mercadoria em nome da empresa adquirente.

Conforme estipula o art. 1º, parágrafo único, da Instrução Normativa SRF nº 225/2002, "entende-se por importador por conta e ordem de terceiro a pessoa jurídica que promover, em seu nome, o despacho aduaneiro de importação de mercadoria adquirida por outra, em razão de contrato previamente firmado, que poderá compreender, ainda, a prestação de outros serviços relacionados com a transação comercial, como a realização de cotação de preços e a intermediação comercial".

Como se percebe, nesse caso o importador atua como mero prestador de serviço, a fim de promover o despacho aduaneiro das mercadorias adquiridas por outrem. Por esta razão, a referida Instrução Normativa (art. 3º) prescreve que:

(i) na declaração de importação (DI) deve constar o número de inscrição do adquirente no Cadastro Nacional de Pessoas Jurídicas (CNPJ);

(ii) no conhecimento de carga correspondente precisa estar consignado ou endossado ao importador contratado, dando-lhe o direito de realizar o despacho aduaneiro e retirar as mercadorias do recinto alfandegário; e

(iii) a fatura comercial deve indicar o real adquirente da mercadoria.

Nota-se, portanto, que a apesar de a pessoa que efetuou a operação "por conta e ordem de terceiros" figurar como importadora, esta não detém a propriedade dos bens importados, a qual é transferida diretamente ao comprador brasileiro.

A **importação "por encomenda"**, por sua vez, se distingue da importação por conta e ordem porque, neste caso, o importador adquire mercadorias no exterior com recursos próprios para revenda a encomendante predeterminado. Neste sentido dispõe o art. 1º da Instrução Normativa nº 634/2006:

> Art. 1º O controle aduaneiro relativo à atuação de pessoa jurídica importadora que adquire mercadorias no exterior para revenda a encomendante predeterminado será exercido conforme o estabelecido nesta Instrução Normativa.
>
> Parágrafo único. Não se considera importação por encomenda a operação realizada com recursos do encomendante, ainda que parcialmente.

A pessoa encomendante, portanto, contrata uma empresa importadora para que esta, <u>com seus próprios recursos</u>, efetue a aquisição e importação de mercadorias que, após nacionalizadas, lhe serão revendidas. Quem realiza o negócio jurídico de compra e venda no exterior e a importação é a própria importadora. A empresa encomendante passa a deter a propriedade das mercadorias, já nacionalizadas, apenas após adquiri-las do importador no mercado interno.

Para que não remanesçam dúvidas quanto às distinções entre essas diversas modalidades de importação, reproduziremos, em quadro analítico, suas principais características, até aqui apontadas:

	Importação por conta própria	Importação por conta e ordem	Importação por encomenda
Titularidade dos recursos	Importador	Encomendante	Importador
Existência de encomenda	Não	Sim	Sim

Como se vê, antes da criação das modalidades de importação por conta e ordem e importação por encomenda, não era juridicamente relevante, para fins de aplicação da legislação tributária, saber se havia ou não a prévia celebração de negócio jurídico entre o importador e o cliente nacional.

Significa dizer, o fato de a pessoa jurídica importadora, em determinados casos, saber quem seria o comprador das mercadorias no Brasil e se firmara com ele acordo formal não alterava a natureza jurídica da "importação por conta própria". Todavia, atualmente este aspecto é fundamental para a identificação da modalidade de importação e para a definição do regime jurídico tributário aplicável ao caso concreto.

Entretanto, é importante destacar que, para que se configure a importação "por conta e ordem" ou "por encomenda" não basta que haja destinatário brasileiro certo para a mercadoria importada. É necessário, ainda, verificar a titularidade dos recursos utilizados na operação, bem como a existência ou não de prévia celebração de negócio jurídico entre o importador e o encomendante.

5. ICMS e as regras para definição do sujeito passivo na importação

Em regra, o ICMS é devido ao Estado onde se localiza o estabelecimento industrial, comercial ou produtor de onde a mercadoria sai por força da operação de circulação mercantil realizada. Sujeito passivo, portanto, é aquele que vende a mercadoria e sujeito ativo é o ente onde ele está localizado

Quando, porém, estamos diante da importação de mercadorias, inverte-se essa regra, determinando-se a cobrança do ICMS no local onde se dá a "entrada", no estabelecimento do importador, das mercadorias importadas. Vejamos o que prescreve a Lei Complementar nº 87/96 a respeito do tema:

Art. 4º. [...]

Parágrafo único. É também contribuinte a pessoa física ou jurídica que, mesmo sem habitualidade ou intuito comercial:

I – importe mercadorias ou bens do exterior, qualquer que seja a sua finalidade;

[...]

Art. 11. O local da operação ou da prestação, para os efeitos da cobrança do imposto e definição do estabelecimento responsável, é:

I – tratando-se de mercadoria ou bem:

d) importado do exterior, o do estabelecimento onde ocorrer a entrada física;

e) importado do exterior, o do domicílio do adquirente, quando não estabelecido;

Como se percebe, o legislador atribui a condição de sujeito passivo àquele que adquire a mercadoria ou bem do exterior. A definição do sujeito ativo, por outro lado, está atrelada ao local do estabelecimento importador.

Diante deste cenário, e considerando as diversas modalidades de importação, bem como a diferença entre o local onde se dá o desembaraço aduaneiro, surgiram questionamentos quanto à definição dos sujeitos passivos e ativos para fins de constituição da relação jurídica relativa ao ICMS.

Roque Antônio Carrazza, ao examinar esta temática, afirma, em primeiro lugar, que é irrelevante, para fins de determinação do sujeito ativo do tributo, o local onde se dá o desembaraço aduaneiro. O ponto central para definição do sujeito competente para exigir o pagamento, no seu entendimento, é o local onde está localizado o destinatário do bem. São suas palavras:

Portanto, o ICMS-Importação é devido, sem dúvida, ao Estado-membro onde estiver localizado o destinatário da mercadoria (cf. art. 155, § 2º, IX, "a", da CF), ainda que o desembaraço aduaneiro ocorra em outra Unidade Federada. Nesta hipótese, porém, é preciso que o ingresso da mercadoria no País não se tenha efetivado por meio de outro estabelecimento. Se, pelo contrário, tal se deu, o tributo caberá a essa outra Unidade Federada.

[...]

Vai daí que não é dado ao Estado "A" considerar "entrada física", para fins de tributação por meio do ICMS-Importação, o ingresso, em estabelecimento localizado em seu território, de mercadoria proveniente do exterior, que tenha entrado no País, por meio de estabelecimento diverso, situado no Estado "B".[380]

Posicionamento semelhante é defendido pelo Supremo Tribunal Federal ("STF"), o qual, quando instado a se manifestar, também considerou a irrelevância do local onde ocorre o desembaraço aduaneiro para fins de determinação do sujeito ativo do tributo:

CONSTITUCIONAL E TRIBUTÁRIO. ART. 155, §2º, IX, DA CONSTITUIÇÃO FEDERAL. IMPOSTO SOBRE CIRCULAÇÃO DE MERCADORIA E SERVIÇOS – ICMS. OPERAÇÕES DE IMPORTAÇÃO. ESTADO APTO AO RECOLHIMENTO. LOCALIZAÇÃO DO ESTABELECIMENTO DESTINATÁRIO, INDEPENDENTEMENTE DO LOCAL DO DESEMBARAÇO ADUANEIRO. ANÁLISE DE MATÉRIA FÁTICO-PROBATÓRIA. IMPOSSIBILIDADE. SÚMULA 279 DO STF. 1. A jurisprudência do Supremo Tribunal Federal firmou-se no sentido de que **o sujeito ativo do ICMS é o Estado-membro para o qual, efetivamente, destinou-se a mercadoria importada, independentemente do local do desembaraço aduaneiro**. 2. Agravo regimental a que se nega provimento. (RE 460118 AgR-segundo, Rel. Min. TEORI ZAVASCKI, Segunda Turma, julgado em 18/02/2014, ACÓRDÃO ELETRÔNICO DJe 07-03-2014)

Agravo regimental no recurso extraordinário com agravo. ICMS. Importação indireta. Sistema FUNDAP. Destinatário jurídico do bem. Simulação. Necessidade de revolvimento de fatos e provas.

Súmula 279/STF. 1. **A Corte firmou entendimento no sentido de que o sujeito ativo da relação jurídico-tributária do ICMS na operação de importação é o estado onde estiver situado o domicílio ou o estabelecimento do destinatário jurídico da mercadoria, pouco importando onde o desembaraço aduaneiro tenha ocorrido.** 2. Para ultrapassar o entendimento firmado pelo Tribunal de origem acerca de quem é o real destinatário jurídico do bem importado seria necessário o reexame dos fatos e das provas dos autos, o que não é cabível em sede de recurso extraordinário. Incidência da Súmula nº 279/STF. Precedentes. 3. Agravo regimental não provido. A título de honorários recursais, a verba honorária já fixada deve ser acrescida do valor equivalente a 10% (dez por cento) de seu total, nos termos do art. 85, § 11, do novo Código de Processo Civil, observados os limites dos §§ 2º e 3º do citado artigo e a eventual concessão de justiça gratuita. (ARE 1009521 AgR, Relator(a): Min. DIAS TOFFOLI, Segunda Turma, julgado em 07/03/2017, PROCESSO ELETRÔNICO DJe 24-03-2017)

Como se percebe, o STF, ao examinar o tema, afirma que o relevante, para determinação do sujeito ativo (e também do passivo) é o local do estabelecimento do destinatário jurídico da mercadoria importada. Surge, então, o questionamento: quem será qualificado como destinatário jurídico quando a importação se dá "por conta e ordem" ou "por encomenda": a pessoa que operacionaliza a importação ou o destinatário final do bem?

Tomando como premissa o fato de que a lei faz referência à entrada física da mercadoria para fins de determinação dos sujeitos passivo e ativo do ICMS-Importação, Roque Antonio Carrazza afirma, categoricamente, que aquele que realiza a importação será, sempre, o sujeito passivo do tributo e, como consequência, caberá ao Estado onde ele está localizado a competência para exigir o pagamento do tributo. São suas palavras:

É certo que a modalidade de importação "por conta e ordem" afasta o contrato entre exportadores (estrangeiros) e trading, na fase de negociação do contrato de compra e venda internacional. É igualmente certo, porém, que tal circunstância não tem força jurídica bastante para retirar da trading a condição de "estabelecimento destinatário" das mercadorias, no qual estas ingressam originariamente, para daí seguirem, na operação subsequente, para o estabelecimento do adquirente final.

Por igual modo, na importação "por encomenda", a trading figura como "importadora" e adquirente da mercadoria, embora esta também se dirija ao estabelecimento do adquirente final. Neste caso, tanto quanto no anterior (da importação "por conta e ordem"), a trading, ao promover o ingresso e formalizar o desembaraço aduaneiro, realizará o fato imponível do ICMS-Importação e, por via de consequência, figurará no polo passivo da obrigação tributária correspondente.

[...]

Em ambas as hipóteses, pois, a natureza das atividades da trading não se altera, para fins de incidência do ICMS-Importação, que – tornamos a insistir – se dará no estabelecimento da entrada física da mercadoria ou do bem.[381]

Para referido autor, portanto, é irrelevante se a importação é realizada por conta própria ou por meio de terceiro (por conta e ordem ou por encomenda). Em todos os casos, o sujeito passivo é aquele que realiza a importação e o ente competente para cobrar o tributo (sujeito ativo) é aquele onde o importador está localizado.

Essa, porém, não foi a conclusão a que chegou o Superior Tribunal de Justiça ("STJ") quando instado a se manifestar sobre o tema.

Ao examinar os precedentes desta Corte Superior, verifica-se que, amparada no posicionamento do STF quando à relevância do destinatário jurídico da mercadoria para fins de cobrança do ICMS-Importação, decidiu que, no caso de importação por meio de terceiro, o tributo deve ser recolhido ao ente onde está localizado o destinatário final da mercadoria ou bem:

TRIBUTÁRIO. ICMS. IMPORTAÇÃO INDIRETA. SUJEITO ATIVO. ESTADO DE LOCALIZAÇÃO DO DESTINATÁRIO FINAL. PREMISSA FÁTICA. SÚMULA 7/STJ. 1. O Tribunal a quo manteve sentença de improcedência dos Embargos à Execução para afirmar a legalidade da cobrança de ICMS incidente na importação de bem destinado à empresa recorrente. 2. Consoante o acórdão recorrido, **a hipótese configura importação indireta**, pois, "ainda que na declaração de importação conste como importadora a empresa Itaubank Leasing S/A Arrendamento Mercantil, é possível verificar pelo exame do contrato de arrendamento mercantil celebrado entre a apelante e a empresa 'trading' que houve contratação prévia da importação pela apelante, tendo esta assumido os riscos e custos da importação" (fl. 390). 3. **De acordo com a jurisprudência do STJ, nos casos de importação indireta, o ICMS deve ser recolhido ao Estado em que se encontra localizado o destinatário final da mercadoria** (AgRg no Ag 1.429.243/MG, Rel. Ministra Eliana Calmon, Segunda Turma, DJe

28/8/2013; AgRg no AREsp 280.752/MG, Rel. Ministro Mauro Campbell Marques, Segunda Turma, DJe 28/5/2013; AgRg no REsp 1.234.952/MG, Rel. Ministro Sérgio Kukina, Primeira Turma, DJe 22/11/2016). 4. Por outro lado, o acolhimento da pretensão recursal depende do afastamento da premissa fática de que o contrato de arrendamento mercantil servira de simulação da verdadeira importação, o que encontra óbice na Súmula 7/STJ. 5. Recurso Especial parcialmente conhecido e, nessa extensão, não provido. (REsp 1655455/MG, Rel. Ministro HERMAN BENJAMIN, SEGUNDA TURMA, julgado em 06/04/2017, DJe 27/04/2017)

PROCESSUAL CIVIL E TRIBUTÁRIO. ERRO MATERIAL. NÃO-OCORRÊNCIA. ICMS. IMPORTAÇÃO INDIRETA. TRIBUTO DEVIDO NO LOCAL DO DESTINATÁRIO. ART. 535 DO CPC. OFENSA NÃO CARACTERIZADA. 1. Hipótese em que as instâncias de origem, com base na prova dos autos, aferiram que houve a chamada importação indireta, realizada pela empresa estabelecida em Minas Gerais (Cenibra) por intermediária localizada em São Paulo (a recorrente). 2. A sentença consigna que há "farta prova documental, juntada aos autos, em que se comprova a simulação de operação mercantil, caracterizando a importação indireta" (fl. 128). 3. O acórdão ratifica o entendimento, já que "os produtos importados, antes mesmo da ocorrência da operação de importação, tinham como destinatário final o Estado de Minas Gerais, sem entrarem fisicamente no estabelecimento da importadora, localizado no Estado de São Paulo, configurando, pois, importação indireta." (fl. 216). 4. Não se discute que o ICMS é devido "ao Estado onde estiver situado o domicílio ou o estabelecimento do destinatário da mercadoria, bem ou serviço", nos termos do art. 155, § 2º, IX, "a", da CF. Ademais, o **egrégio STF ratifica o entendimento de que, na importação indireta ou por intermédia pessoa, o ICMS é devido no local da destinatária efetiva (Cenibra-MG), e não no da intermediária (Voith-SP)**. 5. Tampouco há controvérsia quanto ao produto ter sido formalmente importado pela embargante (Voith). 6. A pretensão é de reexame do fato constatado pelas instâncias de origem: houve importação indireta, ou seja, o destinatário efetivo do bem é a empresa Cenibra, que realizou a importação por intermédio da Voith (embargante). 7. Incide, na hipótese, o disposto na Súmula 7/STJ. Precedentes do STJ. [...] 9. Embargos de Declaração rejeitados. (EDcl no AgRg no Ag 825.553/MG, Rel. Ministro HERMAN BENJAMIN, SEGUNDA TURMA, julgado em 19/05/2009, DJe 20/08/2009)

Sob a perspectiva do STJ, portanto, nas importações por conta e ordem e por encomenda o ICMS será devido no ente onde está localizado o encomendante, não o importador.

6. A RMIT do ICMS-Importação

Considerando o posicionamento do STJ no que diz respeito à sujeição ativa e passiva do ICMS nas importações indiretas (por conta e ordem ou por encomenda), entendemos necessária a construção de pelo menos duas regras-matrizes para este tributo, quando o fato que dá ensejo à sua cobrança é a importação de mercadorias. São elas:

RMIT – ICMS-Importação por conta própria

HIPÓTESE:

<u>Critério material</u>: importar mercadorias por conta própria

<u>Critério temporal</u>: momento do desembaraço aduaneiro

<u>Critério espacial</u>: local do estabelecimento do importador

CONSEQUENTE:

Critério pessoal: (i) sujeito passivo: importador; (ii) sujeito ativo: ente onde está localizado o estabelecimento do importador onde ocorre a entrada física da mercadoria

Critério quantitativo: (i) base de cálculo: valor da operação de importação; (ii) alíquota: variável.

RMIT – ICMS-Importação por conta e ordem ou por encomenda

HIPÓTESE:

Critério material: importar mercadorias por conta e ordem ou por encomenda

Critério temporal: momento do desembaraço aduaneiro

Critério espacial: local do estabelecimento do encomendante

CONSEQUENTE:

Critério pessoal: (i) sujeito passivo: encomendante; (ii) sujeito ativo: ente onde está localizado o estabelecimento do encomendante onde ocorre a entrada física da mercadoria

Critério quantitativo: (i) base de cálculo: valor da operação de importação; (ii) alíquota: variável.

A prevalecer, porém, o entendimento esposado por Roque Antonio Carrazza, existiria apenas uma única regra-matriz do tributo, que corresponderia à primeira mencionada, na medida em que, para referido autor, o importador é sempre o sujeito passivo do tributo e o ente competente para cobrá-lo é aquele onde está localizado o seu estabelecimento, sendo irrelevante se realizou a importação por conta própria, por conta e ordem ou por encomenda.

7. Conclusão

Conforme demonstrado nos itens precedentes, o direito brasileiro, atualmente, autoriza que a importação seja realizada por conta própria ou por meio da contratação de um terceiro, hipótese em que pode se configurar a importação por conta própria ou por encomenda.

As importações indiretas, ou seja, realizadas por meio de uma terceira pessoa, que realiza a importação, diferem principalmente no que diz respeito à titularidade dos recursos empregados na operação: enquanto na importação por conta e ordem o importador realiza a operação com recursos do encomendante, na importação por encomenda ele suporta os custos da importação, respondendo com seus recursos pelo pagamento dos valores devidos ao vendedor localizado no exterior.

Diante deste cenário, surgiram questionamentos quanto às pessoas que poderiam figurar como sujeitos ativo e passivo, no que diz respeito ao ICMS-Importação, especialmente porque a legislação, para fins de determinação das pessoas que vão figurar nos polos da relação jurídica tributária, faz referência ao "estabelecimento onde ocorrer a entrada física" da mercadoria importada (art. 11 da LC nº 87/96), sem esclarecer se o estabelecimento em questão é o do importador ou do encomendante, quando estamos diante de importações indiretas.

Embora existam posicionamentos da doutrina em sentido contrário – os quais, aliás, são plenamente aceitáveis, considerando a atual legislação sobre o tema –, fato é que, quando instados a se manifestar, o Supremo Tribunal Federal e o Superior Tribunal de

Justiça têm defendido que, para fins de determinação dos sujeitos ativo e passivo do ICMS-Importação, o que é relevante é o destinatário final da mercadoria e, portanto, o local onde está o seu estabelecimento.

Diante deste cenário, é necessário a construção de pelo menos duas regras-matrizes para o ICMS-Importação: uma para a importação por conta própria e outra para as importações indiretas (por conta e ordem e por encomenda).

Na primeira, como já destacado, o sujeito passivo do tributo será o importador e o sujeito passivo será aquele onde se localiza o seu estabelecimento para o qual são destinadas as mercadorias importadas, sendo irrelevante o local onde ocorreu o desembaraço aduaneiro.

Na segunda, porém, figurará como sujeito passivo não o importador (terceiro), mas sim o encomendante, ou seja, o destinatário final da mercadoria. O sujeito ativo, por sua vez, será o ente onde está localizado o estabelecimento do encomendante, não o estabelecimento do importador.

EMENDA CONSTITUCIONAL Nº 87/2015 – DIFERENCIAL DE ALÍQUOTAS DE ICMS (DIFAL) – NECESSIDADE DE REGULAMENTAÇÃO PRÉVIA, POR MEIO DE LEI COMPLEMENTAR – QUESTÕES CONEXAS

Roque Antonio Carrazza[382]

1. Introdução

Neste artigo, procuraremos demonstrar, ao lado de questões conexas, que a cobrança do diferencial de alíquotas (*DIFAL*) de *ICMS*, previsto na Emenda Constitucional nº 87/2015, demanda a edição de lei complementar. Ato contínuo perquiriremos se: *a)* uma vez editada tal lei complementar as unidades federadas poderão exigir o *DIFAL*, sem a necessidade de discipliná-lo por meio de lei ordinária; e, *b)* a referida lei complementar poderá convalidar eventuais inconstitucionalidades das leis ordinárias estaduais e do Distrito Federal, que já tiverem tratado do assunto.

2. O perfil constitucional do *ICMS* incidente sobre as operações mercantis, inclusive as interestaduais. O chamado *diferencial de alíquotas* (*DIFAL*)

I- A *regra-matriz* do *ICMS* incidente sobre as operações mercantis (*ICMS-operações mercantis*) encontra-se nas seguintes partes do art. 155, II, da Constituição Federal: *"Compete aos Estados e ao Distrito Federal instituir impostos sobre... operações relativas à circulação de mercadorias... ainda que as operações se iniciem no exterior"*.

Este tributo, como vemos, incide sobre a <u>realização</u> de operações relativas à circulação de mercadorias (circulação jurídico-comercial). A lei que veicular sua *hipótese de incidência* (fato gerador *in abstracto*), somente será válida se descrever uma operação relativa à circulação de mercadorias.

Convém esclarecermos, desde logo, que tal circulação só pode ser *jurídica* (e, não, meramente *física*), fenômeno que pressupõe a transferência (de uma pessoa a outra) da titularidade da mercadoria. Sem tal mudança de titularidade, não há falar em tributação por meio de *ICMS*. A ideia, abonada pela melhor doutrina (Souto Maior Borges, Geraldo Ataliba, Paulo de Barros Carvalho, Cléber Giardino etc.), encontrou ressonância no próprio Supremo Tribunal Federal.[383]

Salientamos, ainda, que a Constituição não prevê a tributação de mercadorias, por meio de *ICMS*, mas a tributação das *"operações relativas à circulação de mercadorias"*, isto é, das operações que têm mercadorias por objeto. Os termos *circulação* e *mercadorias* qualificam as operações tributadas por via de *ICMS*. Não são todas as operações jurídicas que podem ser tributadas, mas apenas as relativas à circulação de mercadorias. O *ICMS* só pode incidir sobre operações que conduzem mercadorias, mediante sucessivos contratos mercantis, dos produtores originários aos consumidores finais.

Logo, para que um ato configure *operação mercantil*, é mister que: *a)* seja regido pelo Direito Comercial; *b)* tenha sido praticado num contexto de atividades empresariais (visando, portanto, resultados econômicos); *c)* tenha por finalidade – pelo menos em linha de princípio – o lucro e, *d)* tenha por objeto uma mercadoria (bem móvel corpóreo, destinado ao comércio).

II- Dando curso ao nosso raciocínio, temos que o imposto em tela incide sobre operações com mercadorias (e, não, sobre a simples circulação de mercadorias). Somente a passagem de mercadorias de uma pessoa a outra, por força da prática de negócio jurídico, abre espaço à tributação em tela.

Assim, este *ICMS* <u>deve ter</u> por *hipótese de incidência* a operação jurídica que, praticada por comerciante, industrial ou produtor, acarreta circulação de mercadoria, isto é, transmissão de sua titularidade.

Reafirmamos que a materialidade (o núcleo) da *hipótese de incidência* do *ICMS* deve ser – porque assim o exige a Carta Constitucional – o ato de realizar operações (negócios jurídicos[384]) mercantis. O *ICMS* é, portanto, um tributo que incide sobre o negócio jurídico (realizado por comerciante, industrial, produtor ou assemelhados) ensejador da transferência da titularidade de mercadoria (*negócio jurídico mercantil*).

Como se vê, tributa-se, por meio de *ICMS*, a *obrigação* (a operação jurídica) *de dar* uma mercadoria. Nesse sentido, Pontes de Miranda, frisa que se trata de *"imposto sobre negócio jurídico bilateral, consensual... de que se irradia a circulação"*.[385]

IV- Sempre mais se confirma, pois, que a materialidade (o núcleo) da *hipótese de incidência* do *ICMS* deve ser – porque assim o exige a Carta Constitucional – o ato de realizar operações (negócios jurídicos) mercantis.

Positivamente, o *ICMS* é um tributo que incide sobre negócios jurídicos (realizados por comerciantes, industriais, produtores ou assemelhados) que implicam transferência da titularidade de mercadorias.

A matriz constitucional do *ICMS* determina que ele só pode incidir sobre operações relativas à circulação de mercadorias (direitos sobre mercadorias), promovidas espontaneamente e por meio de negócios jurídicos mercantis, por produtores, industriais e comerciantes, ou por quem lhes faça as vezes.

Do exposto, reafirmamos que o nascimento do dever de recolher *ICMS* encontra-se indissociavelmente ligado à concomitância dos seguintes pressupostos: *a)* a realização de operações (negócios jurídicos) mercantis; *b)* a circulação jurídica (transmissão da propriedade); *c)* a existência de mercadoria enquanto objeto da operação; e, *d)* o propósito de lucro imediato, com a entrega (*tradictio*) da mercadoria.

V- Em se tratando de operações interestaduais (operações jurídicas que levam a mercadoria de uma Unidade Federada a outra), o art. 155, § 2º, VII e VIII, da Constituição Federal, dispunha, em sua redação original, *verbis*:

"Art. 155 – ("omissis"): [...]

"§ 2º. O imposto previsto no inciso II atenderá ao seguinte: [...]

"VII- em relação às operações e prestações que destinem bens e serviços a consumidor final localizado em outro Estado, adotar-se-á:

"a) a alíquota interestadual, quando o destinatário for contribuinte do imposto;

"b) a alíquota interna, quando o destinatário não for contribuinte dele;

"VIII- Na hipótese da alínea 'a' do inciso anterior, caberá ao Estado da localização do destinatário o imposto correspondente à diferença entre a alíquota interna e a interestadual".

Estes dispositivos, que tratavam do diferencial de alíquotas do *ICMS* (*DIFAL*), em operações e prestações interestaduais, tinham em mira preservar a arrecadação dos Estados, quando em seus territórios estivessem localizados consumidores finais de bens ou serviços tributáveis por meio desta exação.

Realmente, não fosse isso, haveria forte desestímulo à compra de bens ou à fruição de serviços, por parte dos consumidores finais, nos próprios Estados em que estão domiciliados ou sediados. Deveras, para esses consumidores finais, seria muito mais vantajoso adquirir tais bens ou usufruir tais serviços em outras unidades federadas, já que a carga econômica representada pelo *ICMS* seria sensivelmente menor (*v.g.*, 7% ao invés de 17%, 18% ou 19%).

Va- Registramos, ainda, que a Emenda Constitucional nº 87, de 16 de abril de 2015, tratou de simplificar o assunto, evitando embates entre as unidades federadas, inclusive no que concerne às aquisições em operações interestaduais efetuadas por não contribuintes de *ICMS*, por meio não presencial (*Internet*, *telemarketing* e *showroom*).

Para tanto, esta emenda constitucional deu nova redação ao art. 155, § 2º, VII e VIII, da Lei Maior; *verbis*:

"Art. 155 ('omissis') [...]

"§ 2º. O imposto previsto no inciso II atenderá ao seguinte:

[...]

"VII – nas operações e prestações que destinem bens e serviços a consumidor final, contribuinte ou não do imposto, localizado em outro Estado, adotar-se-á a alíquota interestadual e caberá ao Estado de localização do destinatário o imposto correspondente à diferença entre a alíquota interna do Estado destinatário e a alíquota interestadual;

"VIII – a responsabilidade pelo recolhimento do imposto correspondente à diferença entre a alíquota interna e a interestadual de que trata o inciso VII será atribuída:

"a) ao destinatário, quando este for contribuinte do imposto;

"b) ao remetente, quando o destinatário não for contribuinte do imposto".

Como se nota, atualmente, nas operações ou prestações interestaduais, sempre será adotada, para o *ICMS*, a alíquota interestadual, independentemente de o consumidor final ser, ou não, contribuinte da exação.

Além disso, caberá, à Unidade Federada do destinatário da mercadoria ou do serviço, *"a diferença entre a alíquota interna do Estado destinatário e a alíquota interestadual"*.

Mais: o inc. VIII, do § 2º, do art. 155, da Constituição Federal atribuiu a responsabilidade pelo recolhimento do *ICMS*, correspondente à diferença entre a alíquota interna e a interestadual *(i)* ao destinatário, quando contribuinte do imposto e, *(ii)* ao remetente, quando o destinatário não for contribuinte do imposto.

Vb- Também a Emenda Constitucional nº 87/2015, em seu art. 2º, introduziu um art. 99, ao *Ato das Disposições Constitucionais Transitórias*, estabelecendo; *verbis*:

"Art. 99. Para efeito do disposto no inciso VII do § 2º do art. 155, no caso de operações e prestações que destinem bens e serviços a consumidor final não contribuinte localizado em outro Estado, o imposto correspondente à diferença entre a alíquota interna e a interestadual será partilhado entre os Estados de origem e de destino, na seguinte proporção:

"I- para o ano de 2015: 20% (vinte por cento) para o Estado de destino e 80% (oitenta por cento) para o Estado de origem;

"II- para o ano de 2016: 40% (quarenta por cento) para o Estado de destino e 60% (sessenta por cento) para o Estado de origem:

"III- para o ano de 2017: 60% (sessenta por cento) para o Estado de destino e 40% (quarenta por cento) para o Estado de origem;

"IV- para o ano de 2018: 80% (oitenta por cento) para o Estado de destino e 20% (vinte por cento) para o Estado de origem;

"V- a partir do ano de 2019: 100% (cem por cento) para o Estado de destino".

Vc- Lembramos que o Senado Federal pode fixar, mediante resolução, as alíquotas aplicáveis às operações e prestações interestaduais (cf. art. 155, § 2º, IV, da *CF*).

Tal resolução foi editada e outra não é, senão a de nº 22, de 19 de maio de 1989, que fixou a alíquota do *ICMS (i)* em 12%, quando as operações e prestações interestaduais se destinem a contribuintes localizados no território de pessoas políticas situadas nas Regiões Sul e Sudeste do País e, *(ii)* a partir de 1990,[386] em 7%, quando as operações e prestações interestaduais se destinem a contribuintes localizados no território de pessoas políticas situadas no Estado do Espírito Santo e nas Regiões Norte, Nordeste e Centro-Oeste do País.

Vd- Anotamos, ainda, que, agora, o *DIFAL* é sempre devido, pouco importando se o destinatário da mercadoria ou do serviço, é, ou não, contribuinte do *ICMS*.

E, até 2019, o tributo deve ser recolhido tanto no Estado de origem, quanto no de destino. A partir deste marco temporal, tudo será devido ao Estado de destino.[387]

Vejamos, agora, qual a função da lei complementar prevista no art. 146, I e III, *a*, da Constituição Federal.

3. A função da lei complementar prevista no art. 146, I e III, *a*, da Constituição Federal

I- Prescreve o art. 146, I e III, *a*, da Constituição Federal; *verbis*:

"Art. 146. Cabe à lei complementar:

"I- dispor sobre conflitos de competência, em matéria tributária, entre a União, os Estados, o Distrito Federal e os Municípios; [...]

"III- estabelecer normas gerais em matéria de legislação tributária, especialmente sobre:

"a) definição de tributos e de suas espécies, bem como, em relação aos impostos discriminados nesta Constituição, a dos respectivos fatos geradores, bases de cálculo e contribuintes".

II- A lei complementar a que alude o inc. I, do art. 146, da Constituição Federal, tem o papel de orientar a produção legislativa das pessoas políticas em matéria tributária, de modo a evitar conflitos de competência entre elas. Com isso, prestigia os princípios *federativo*, da *autonomia municipal* e da *autonomia do Distrito*

Federal, de fora a parte contribuir para que venham reforçados os direitos e garantias dos contribuintes.

É certo que a esta lei complementar não é dado redesenhar as competências tributárias outorgadas às pessoas político-constitucionais. Tem, todavia, a importante função de remarcar as linhas, por vezes tênues, que separam os campos tributários da União, de cada um dos Estados-membros, de cada um dos Municípios e do Distrito Federal.

Deveras, embora a Carta Magna tenha tido extremo cuidado ao distribuir e delimitar as competências tributárias das pessoas políticas, o fato é que nela há pontos que podem suscitar insuficiências intelectivas. É aí que há espaço para que a lei complementar explicite os relatos constitucionais, prevenindo conflitos, evitando, assim, invasões de competência tributária.

Contemplando-a, o legislador ordinário das várias pessoas políticas encontra, enquanto cria *in abstracto* tributos, melhor mapeado o caminho que a Constituição o autoriza a palmilhar. As linhas divisórias (intransponíveis) que separam os campos tributários das várias pessoas políticas já existem: foram traçadas pelas mãos cuidadosas do legislador constituinte. À lei complementar está reservada, no entanto, a missão de torná-las mais nítidas.

Diante desse quadro, temos que, em tese, os conflitos de competência, em matéria tributária, não existem, nem podem existir, já que a rígida e cuidadosa discriminação de competências tributárias, levada a cabo pela Lei das Leis, definitivamente os afastou.[388] Na prática, porém, tais conflitos podem ocorrer, pela inexata compreensão do que se encontra constitucionalmente estatuído. Em ordem a superá-los, o sistema jurídico conta com o concurso da lei complementar que ora faz nossos cuidados.

Notamos, pois, que a lei complementar prevista no art. 146, I, da Carta Magna, tem a relevante tarefa de reforçar o perfil constitucional de cada tributo, desenhando-o mais em detalhe e circunscrevendo seus exatos contornos, tudo para que, *na prática*, não surjam conflitos de competência tributária entre as pessoas políticas. Parafraseando Pontes de Miranda, podemos dizer que esta lei complementar é *"uma lei sobre leis de tributação"*.

III- Por outro lado, como acima citado, o art. 146, III, *a*, da Constituição Federal, preceitua caber à lei complementar, *"estabelecer normas gerais em matéria de legislação tributária"*.

Pelas razões já expostas, temos por certo que este dispositivo absolutamente não autoriza a lei complementar a modificar as *regras-matrizes* dos tributos, que, constitucionalmente traçadas, não podem ter seus contornos alterados por normas jurídicas de inferior hierarquia.

Evidentemente, tal inciso, com sua alínea *"a"*, deve ser entendido em perfeita harmonia com o sistema constitucional tributário, como um todo considerado.

O que estamos querendo significar é que a lei complementar que estabelecer *normas gerais em matéria de legislação tributária* – tanto quanto qualquer outra lei complementar – subordina-se à Constituição e a seus grandes princípios.

Portanto, tal lei complementar não tem a prerrogativa de buscar, nela própria, *fundamento de validade*. Muito pelo contrário, somente poderá irradiar efeitos <u>se</u> <u>e</u> <u>enquanto</u> estiver *"dentro"* da *pirâmide jurídica*, em cuja cúspide situam-se as normas constitucionais.

Esta verdade científica não pode ser contestada.

IIIa- Admitimos, num esforço de arranjo, que a lei complementar sob foco temático poderá iluminar pontos controvertidos de nosso sistema constitucional tributário, desde que não o altere, nem, muito menos, o destrua. *Não lhe é dado inovar, mas, apenas, declarar.* Para além destas augustas fronteiras, estará avocando atribuições que não lhe pertencem.

IIIb- Ainda dentro do assunto, a função desta lei complementar é meramente *declaratória*, devendo materializar, apenas, o *"propósito de explicitação"* dos fatos geradores, bases de cálculo e contribuintes dos impostos federais, estaduais e municipais. Se for além disso, será inconstitucional e os legisladores ordinários das pessoas políticas, bem como os *"operadores do Direito"*, deverão simplesmente desconsiderar seus *"comandos"* (já que desbordantes dos lindes constitucionais).

IIIc- É o caso de também deixarmos ressaltado que as conveniências arrecadatórias jamais poderão sobrepor-se ao inalienável direito dos contribuintes de serem tributados de acordo com os parâmetros constitucionais.

IV- Adiantando nosso assunto central, temos que, em matéria de *ICMS*, também cabe à lei complementar, baixar *normas gerais*, mormente para *"definir seus contribuintes"* (art. 155, § 2º, XII, *a*, da *CF*), *"disciplinar o regime de compensação do imposto"* (art. 155, § 2º, XII, *c*, da *CF*), *"fixar, para efeito de sua cobrança e definição do estabelecimento responsável, o local das operações relativas à circulação de mercadorias e das prestações de serviços"* (art. 155, §

2º, XII, *d*, da *CF*) e "*fixar a base de cálculo, de modo que o montante do imposto a integre, também na importação do exterior de bem, mercadoria ou serviço*" (art. 155, § 2º, XII, *i*, da *CF*)

Assim agremiados, podemos cuidar do nosso assunto central.

4. Reequacionamento do problema e encaminhamento de sua solução jurídica

I- Reduzindo à dimensão mais simples as questões que nos foram submetidas, indaga-se, basicamente, se os Estados-membros e o Distrito Federal estão, com respaldo no art. 24, § 3º, da Constituição Federal, e no art. 34, § 3º, do Ato das Disposições Constitucionais Transitórias, juridicamente credenciados a instituir o *DIFAL* do *ICMS*, na medida em que a União, até o presente momento, não editou, por meio de lei complementar, *normas gerais*, disciplinando o assunto.

O mesmo é propor a questão, que lhe dar resposta negativa.

Para, no entanto, não ficarmos no plano das meras alegações, vamos tratar de demonstrar a asserção, focando, em essência, os seguintes pontos: *a)* a não auto aplicabilidade dos incisos VII e VIII, do § 2º, do art. 155, da Constituição Federal; *b)* a impossibilidade jurídica de ser editada, no assunto em estudo, a lei complementar estadual veiculadora de "*normas gerais em matéria de legislação tributária*"; *c)* a não auto aplicabilidade da lei complementar nacional que vier a ser editada; e, *d)* a inconstitucionalidade do Convênio ICMS nº 93/2015.

5. Explicação necessária

I- Em nosso livro *ICMS* já sustentamos não haver necessidade da edição de uma lei complementar nacional, para disciplinar o assunto que ora faz nossos cuidados; *verbis*:

"Em que pese ao silêncio desta lei complementar [a Lei Complementar nº 87/1996] acerca da questão do 'diferencial de alíquota' nas operações interestaduais que destinem bens, para uso, consumo ou ativo fixo, a consumidor final que seja contribuinte de ICMS, temos para nós que os Estados não se encontram inibidos de, por meio de leis próprias, tratar do assunto, buscando – é bom ressaltarmos – fundamento de validade diretamente na Constituição. [...]

"Os incisos VII e VIII do § 2º do art. 155 da Carta Magna já trazem em seu bojo todos os elementos para que os Estados, com a autonomia que lhes é própria, disciplinem, no âmbito de seus respectivos territórios, o instituto do 'diferencial de alíquotas' do ICMS".[389]

Justificávamos nossa posição – de que é possível a exigência do *"diferencial de alíquota"* do *ICMS*, com base exclusivamente em lei ordinária dos Estados e do Distrito Federal –, argumentando que pensamento contrário implicaria *"subordinar uma fonte constitucional de receita do Estado à vontade do Congresso Nacional, em afronta aberta ao magno 'princípio federativo'"*.[390]

Ocorre, porém – como tantas vezes se disse –, que nada neste mundo foi suficientemente pensado, que não possa ser repensado. Sempre se pode voltar a encarar um assunto de modo renovado, ainda mais quando ele gira em torno de questões jurídicas.

Conforme acentua, com propriedade, Ernest Bloch, "tudo o que é sensato pode já ter sido sete vezes pensado. Todavia, quando foi novamente pensado, em outro tempo e lugar, não era mais o mesmo. Não apenas seu pensador, mas sobretudo aquilo a ser pensado alterou-se neste interregno". [391]

II- Foi justamente o que aconteceu conosco, em relação ao tema em pauta. Tanto isso é certo que, ao atualizarmos o supramencionado livro *ICMS*,[392] mudamos de opinião, tendo em vista as mais recentes lições doutrinárias e os precedentes jurisprudenciais, aos quais – como adiante se verá – acabamos nos curvando.

Nosso novo entendimento não deve causar mossa, pois, como apregoava Pascal, *"o homem é visivelmente feito para pensar"*.[393] E – pedimos vênia para prosseguir – pensar corretamente, na busca incessante pela verdade.

Verdade que, segundo estamos convencidos, só se alcança fazendo refulgir e, por vezes, até mesmo arder as coisas. Do contrário, isto é, permanecendo em atitude de conformismo diante do preestabelecido, não apenas ficamos inertes, como regredimos, o que, convenhamos, desserve à causa da Ciência.

Com estas considerações, sentimo-nos confortáveis para desenvolver nosso atual pensamento.

6. Da não auto aplicabilidade dos incisos VII e VIII, do § 2º, do art. 155, da Constituição Federal

I- Consoante já vimos, cabe à lei complementar a que alude o art. 146, do Texto Magno – e somente a ela – veicular *normas gerais* *em matéria de legislação tributária*, apontando, entre outros, os *sujeitos ativos e passivos* dos impostos.

Em matéria de *ICMS*, também compete à lei complementar *(i)* definir seus contribuintes, *(ii)* disciplinar o regime de compensação do imposto, *(iii)* fixar, para efeito de sua cobrança e definição do estabelecimento responsável, o local das operações ou prestações e, *(iv)* fixar a base de cálculo, de modo que o montante do imposto a integre, também na importação do exterior de bem, mercadoria ou serviço (cf. dispõem, respectivamente, as alíneas *a*, *c*, *d* e *i*, do inc. XII, do § 2º, da *CF*).

Estas ideias crescem de ponto, nas hipóteses em que duas ou mais unidades federadas estão habilitadas a exigir o *ICMS*; é o que se dá nas operações mercantis interestaduais, das quais trata o art. 155, § 2º, VII e VIII, da Constituição Federal.

Nessa hipótese, a finalidade da lei complementar – **que, diga-se de passagem, ainda não foi dada à estampa**[394] – salta aos olhos: evitar conflitos de competência entre os Estados-membros.[395]

Para que tal não ocorra – uma vez que, em razão do *princípio federativo*, a vontade legislativa de um Estado-membro não pode prevalecer sobre a de outro (a menos, é claro, que haja invasão de competência, o que não é o caso) – é que a solução do potencial conflito foi atribuída, pela Carta Magna, ao legislador complementar da União.

II- Evidentemente, em face da baixa densidade normativa do art. 155, § 2º, VII e VIII, da Constituição Federal, que não reúne condições para sozinho atuar, entremostra-se inaplicável, na espécie, o disposto no § 3º, do art. 34, do Ato das Disposições Constitucionais Transitórias (*"Promulgada a Constituição, a União, os Estados, o*

Distrito Federal e os Municípios poderão editar as leis necessárias à aplicação do sistema tributário nacional nela previsto").

Vai daí, que os Estados-membros estão impedidos de valer-se do disposto nos incisos VII e VIII, do § 2º, do art. 155, da Constituição Federal, enquanto não for editada a lei complementar nacional prevista, seja no art. 146, da Constituição da República, seja no art. 155, § 2º, XII, *a, c, d* e *i*, do mesmo Diploma Magno.

Isso para que, em face da omissão legislativa (*vacuum legis*), de um lado, não se enfraqueça a Federação, com os fatais embates entre as aludidas unidades federadas, e, de outro, se impeça a pluritributação dos contribuintes.

III- Como se vê, nosso sistema tributário inadmite que, sendo o Estado-membro, aplique diretamente o disposto no art. 155, § 2º, VII e VIII, da Constituição Federal. Pelo contrário, exige-se, para tanto, a intermediação de uma lei complementar nacional, em ordem a *(i)* dar segurança aos contribuintes e, *(ii)* evitar conflitos entre os Estados-membros.

IIIa- Melhor explicitando, a lei complementar nacional, a que aludem os arts. 146, I e III, *a*, e, 155, § 2º, XII, *a, c, d* e *i*, da Constituição Federal, não tem a função de simplesmente definir limites ou parâmetros, para que o *ICMS* venha arrecadado, pelos Estados-membros, em sintonia com o disposto no art. 155, § 2º, VII e VIII, do mesmo Diploma Magno. Pelo contrário, ela é fundamental para fixar as próprias balizas da competência tributária em questão.

A esse respeito, impende destacar que, enquanto alguns Estados-membros firmaram entendimento de que é o domicílio do contribuinte que determina se uma operação mercantil é, ou não, interestadual (caso do Estado de Pernambuco), outros fazem empenho no sentido de que, para esse fim, o que vale é local da *tradictio*, pouco importando o domicílio do adquirente (caso dos Estados de São Paulo e de Santa Catarina).

Tudo se conjuga, portanto, no sentido de que o art. 155, § 2º, VII e VIII, não é autoaplicável pelos Estados-membros, mas, pelo contrário, demanda prévia integração, por meio de lei complementar nacional.

Em outras palavras, a lei complementar em questão é que dará efetividade ao disposto no art. 155, § 2º, VII e VIII, da Constituição Federal. Deve anteceder, portanto, às leis ordinárias dos Estados-membros, que nela buscarão *fundamento de validade*.

IIIb- Conquanto, de regra, não haja necessidade de edição de lei complementar, para que a pessoa política exerça suas competências tributárias, no assunto em estudo, em que há, pelo menos em tese, a possibilidade de conflitos entre os Estados-membros, é vedado ao legislador ordinário regular livremente a matéria, como se ela fosse exclusivamente de sua alçada. É que isso fatalmente poria em risco a rigidez do sistema tributário nacional.

Portanto, para manter o harmonioso inter-relacionamento dessas unidades federadas, impõe-se que o assunto venha superiormente disciplinado pela lei complementar em tela de discussão.

IIIc- Reforçando a tese, a lei complementar nacional, nas supramencionadas situações, é imprescindível, pois sua ausência abre espaço a conflitos de competência tributária, que fatalmente levam à "*guerra fiscal*", cujos efeitos deletérios são por todos conhecidos.

Nesse sentido, aliás, já decidiu o Supremo Tribunal Federal, que "a instituição do diferencial de alíquotas depende de previsão em lei complementar", sendo que "a Lei Complementar nº 87/1996, ao cuidar do momento da consumação do fato gerador do imposto, não cogitou do diferencial de alíquota".[396]

IV- Há, como se vê, uma reserva de competência, para que uma lei complementar nacional regule o *DIFAL*, tanto o relativo a operações interestaduais em que o destinatário for contribuinte do *ICMS*, quanto àquelas em que ele não o é.

E nem poderia ser de outro modo.

Com efeito, na medida em que o *ICMS* é exigível por todos os Estados-membros, mais o Distrito Federal, <u>somente</u> uma lei de validade nacional poderia tratar do assunto.

Logo, a norma constitucional que reserva à lei complementar nacional a competência para cuidar do *diferencial de alíquotas* do *ICMS* é violada, sempre que a matéria for objeto de fonte normativa diversa (no caso, de lei ordinária estadual ou do Distrito Federal).[397]

Em suma, padecem de inconstitucionalidade material e formal as leis ordinárias estaduais (e do Distrito Federal) que, à mingua de lei complementar nacional regulando o assunto, tratam do *diferencial de alíquotas* do *ICMS*.

Mas, aqui chegados, é o caso de se indagar: na medida em que tal lei complementar nacional não foi ainda editada, podem os Estados-membros, suprir a lacuna, com apoio no art. 24, § 3º, da Constituição Federal?

Temos para nós que não, conforme passamos a demonstrar.

7. Da impossibilidade jurídica de ser editada, no caso em estudo, a lei complementar estadual

veiculadora de *"normas gerais em matéria de legislação tributária"*

I- Embora caiba à União, nos termos do já analisado art. 146, da Constituição Federal, veicular *normas gerais em matéria de legislação tributária*, para dirimir possíveis conflitos de competência, em matéria tributária, aos Estados-membros também é dado fazê-lo, em caráter suplementar, nas hipóteses dos §§ 1º, 2º, 3º e 4º, do art. 24, do mesmo Diploma Supremo.

Só para nos situarmos no assunto, o art. 24, I, da Constituição Federal permite que os Estados, tanto quanto o Distrito Federal, legislem concorrentemente sobre Direito Tributário. Estabelece este dispositivo:

"Art. 24. Compete à União, aos Estados e ao Distrito Federal legislar concorrentemente sobre:

"I – direito tributário, financeiro, penitenciário, econômico e urbanístico".[398]

E os supramencionados parágrafos estatuem:

"Art. 24 ('omissis'): [...]

"§ 1º. No âmbito da legislação concorrente, a competência da União limitar-se-á a estabelecer normas gerais.

"§ 2º. A competência da União para legislar sobre normas gerais não exclui a competência suplementar dos Estados.

"§ 3º. Inexistindo lei federal sobre normas gerais, os Estados exercerão a competência legislativa plena, para atender a suas peculiaridades.[399]

"§ 4º. A superveniência de lei federal sobre normas gerais suspende a eficácia da lei estadual, no que lhe for contrário".[400]

II- Tercio Sampaio Ferraz Júnior, em estudo sobre o tema, ensina; *verbis*:

"10. Pelo art. 24, § 2º e § 3º, duas situações, ademais, merecem atenção. O § 3º regula o caso de inexistência de lei federal sobre normas gerais, ou seja, de lacuna. A Constituição Federal, ocorrendo a mencionada inexistência, autoriza o Estado federado a preenchê-la, isto é, a legislar sobre normas gerais, mas apenas para atender a suas peculiaridades. O Estado, assim, passa a exercer uma competência legislativa plena, mas com função colmatadora de lacuna, vale dizer, apenas na medida necessária para exercer sua competência própria de legislador sobre normas particulares. Ele pode, pois, legislar sobre normas gerais naquilo em que elas constituem condições de possibilidade para a legislação própria sobre normas particulares. Tais normas gerais estaduais com função colmatadora por isso mesmo só podem ser gerais quanto ao conteúdo, mas não quanto aos destinatários: só obrigam nos limites da autonomia estadual.

"11. Diferente, a nosso ver, é a situação do § 2º, em que, inobstante a competência privativa da União e até supondo-a exercida (não há, pois, inexistência ou lacuna de normas gerais), garante aos Estados a chamada competência suplementar. Esta competência, aliás, também é conferida aos Municípios (art. 30 II) que, no entanto, não participam da competência concorrente. Que significa, então, o constituinte com esta competência?

"12. A competência suplementar não se confunde com o exercício da competência plena 'para atender a suas peculiaridades' conforme consta do § 2º, que é competência para editar normas gerais em caso de lacuna (inexistência) na legislação federal. Não se trata, pois, de competência para editar normas gerais eventualmente concorrentes. Se assim fosse, o § 3º seria inútil ou o § 3º tomaria inútil o § 2º. Além disso, é competência também atribuída aos Municípios que estão, porém, excluídos da legislação concorrente. Isto nos leva a concluir que a competência suplementar não é para a edição de legislação concorrente, mas para a edição de legislação decorrente, que é uma legislação de regulamentação, portanto, de normas gerais que regulam situações já configuradas na legislação federal e às quais não se aplica o disposto no § 4º (ineficácia por superveniência de legislação federal), posto que com elas não concorrem (se concorrem, podem ser declaradas inconstitucionais). É pois competência que se exerce à luz de normas gerais da União e não na falta delas".[401]

Como sustenta este renomado autor, a tônica da competência concorrente, cinge-se à delimitação da expressão *normas gerais*.

III- Ora, a competência concorrente, conferida aos Estados-membros, pelo art. 24, da Carta Suprema, quando ausentes *"normas gerais"* veiculadas pela União, por meio de lei complementar, não atribui àqueles entes federados, como logo adiante melhor veremos, a competência para regular o *DIFAL* (art. 155, § 2º, VII e VIII, da *CF*).

É certo que, à falta de lei complementar da União sobre *normas gerais em matéria de legislação tributária*, é dado aos Estados-membros suprir a lacuna.[402]

É igualmente certo, porém, que *(i)* isso somente poderá ser feito por meio de lei complementar (agora, *lei complementar estadual*[403]) ; jamais, de lei ordinária e, *(ii)* nas estritas hipóteses de dirimição de <u>conflitos de ordem local</u> (*interna corporis*).

No entanto, como é fácil perceber, mesmo a lei complementar estadual referida no art. 24, § 3º, da Constituição Federal, tem limitações: só poderá ser dada à estampa para atender às peculiaridades locais.

IV- Relembramos que, em matéria tributária, a União, *no exercício de sua competência concorrente*, só pode veicular *normas gerais*, conforme dispõe o art. 146, do Diploma Magno.

Todavia, se a União se omitir, isto é, deixar de baixar *normas gerais em matéria de legislação tributária*, é facultado, aos Estados-membros, suprir a lacuna. Poderão, por meio de lei complementar (estadual), veiculá-las, mas, apenas, *"para atender a suas peculiaridades"*.

Além disso, a lei complementar estadual ao estabelecer *normas gerais em matéria de legislação tributária*, deverá observar todas as restrições que apontamos, no *item 3*, *supra*. Do contrário, isto é, se, a pretexto de fazê-lo, descer a detalhes, ingressando no campo reservado à lei ordinária, será inconstitucional, a ninguém podendo obrigar.

V- Nunca é demais reiterar que o § 3º, do art. 24, da Constituição Federal, somente é aplicável quando a *norma geral*, a ser veiculada por meio de lei complementar estadual, tiver alcance isolado ou local (*"para atender a suas peculiaridades"*); não, quando estiver em jogo o inter-relacionamento de várias unidades federadas.

Absolutamente não é permitido, à lei complementar estadual, estender sua *manus* fiscal sobre atuação havida (ou estado de fato existente) *fora* da Unidade Federada que a editou, já que lá não têm voga, por força do *princípio da territorialidade*.[404]

Força é convir, pois, que não há a menor possibilidade jurídica de uma lei complementar estadual – muito menos, de uma lei ordinária estadual – dispor sobre o *DIFAL*.

Enfim, somente depois da edição da lei complementar nacional pertinente, poderão os Estados-membros legislar, por meio de lei ordinária, a respeito do assunto.

Mas, mesmo depois de dada à estampa tal lei complementar nacional, não poderão, os Estados-membros, aplicá-la de imediato. Pelo contrário, deverão, para tanto, editar lei ordinária.[405]

Então, vejamos.

8. Da não auto aplicabilidade, no caso em estudo, da lei complementar nacional que vier a ser editada

I- Em relação ao *DIFAL*, a lei complementar prevista no art. 146, III, *a*, da Constituição Federal, reveste-se de fundamental importância.

É certo que o art. 155, § 2º, VII e VIII, da Constituição Federal, com a redação dada pela Emenda Constitucional nº 87/2015, indicou o novo modo de se calcular o diferencial de alíquotas do *ICMS*. Todavia, caberá à lei complementar nacional veicular *"normas gerais"* detalhando o assunto, em ordem a harmonizar a aplicação das novas diretrizes. Nesse sentido, condicionará o agir dos Poderes Legislativos estaduais.

Além disso, sendo vinte e seis os Estados-membros e sendo o Distrito Federal também competente para instituir e arrecadar o *ICMS*, à lei complementar nacional é reservado o papel de direcionar tal multiplicidade de sistemas normativos, se por mais não fosse, em homenagem à segurança jurídica dos contribuintes.

Noutras palavras, a solução dos problemas relacionados ao *DIFAL* deverá partir da análise da lei complementar nacional que tratar da matéria.

II- Como, no entanto, a lei complementar nacional – tanto quanto a Constituição Federal – não cria tributos, mas, apenas, firma princípios mais minudentes, para que venham adequadamente instituídos, lançados e arrecadados, caberá, à lei ordinária de cada Estado-membro, mais do Distrito Federal, editar a norma jurídica relativa ao *DIFAL*, observadas, evidentemente, as diretrizes da lei complementar nacional pertinente.

Não se ignora que todas as leis têm por traço característico a generalidade. Quando, porém, a Constituição Federal, estabelece, em seu art. 146, que cabe à União veicular, por meio de lei complementar, *normas gerais em matéria de legislação tributária*, está determinando que tenham um grau de generalidade mais acentuado, vale dizer, que não entrem em particularidades, minúcias ou especificações peculiarizadoras.

Assim, as *normas gerais* que cuidarem do novo *DIFAL*, carecerão de suplementações, de aportes, de explicitações, a serem levados a efeito pelas leis ordinárias estaduais (e do Distrito Federal), que, com sua generalidade, que poderíamos chamar de *normal*, irão detalhar o assunto. Somente após tal providência, a nova forma de se exigir o diferencial de alíquotas do *ICMS* poderá ser aplicada.

III- Melhor explicitando, mesmo após editada a lei complementar nacional que cuidar do novo *DIFAL*, caberá aos Estados-membros e ao Distrito Federal realizar, por intermédio de suas leis ordinárias, as devidas adequações.[406]

De fato, considerando que a lei complementar nacional apenas poderá veicular *normas gerais* acerca do novo *DIFAL*, temos por certo que ele não poderá ser aplicado, sem o *veículo introdutor* pertinente, qual seja, a lei ordinária de cada Estado-membro (ou do Distrito Federal).

Insistimos que a eventual previsão do *DIFAL*, em lei complementar nacional, não terá o condão de, *ipso facto*, alterar a forma de calculá-lo. Para isso, far-se-á necessária a edição de lei ordinária própria, encampando, no âmbito local, as diretrizes da lei nacional.

IV- Em consequência, ainda que venha editada a lei complementar cabível, a Fazenda Pública estadual (ou do Distrito Federal) não poderá, sob pena de flagrante inconstitucionalidade, aplicar diretamente, sem respaldo na lei ordinária local, o *diferencial de alíquotas* do *ICMS*.

Esta linha de raciocínio, diga-se de passagem, foi adotada pelo Min. Dias Toffoli, no julgamento do RE n.º 439.796, em que figuravam, como recorrente, a empresa *FF Claudino & Cia. Ltda.* e, como recorrido, o Estado do Paraná. Sua Excelência, na sessão do dia 16.12.2010, proferiu voto, dando provimento ao recurso extraordinário, ao argumento de que, naquele caso concreto, permanecia o vício formal da falta de legislação da pessoa política tributante.[407]

Seguindo na mesma trilha, enquanto não for editada, pelo Estado-membro (ou pelo Distrito Federal), *norma integrativa* de nível legal, dando plena eficácia, no âmbito local, à lei complementar que vier a disciplinar o *DIFAL*, ele não poderá ser validamente exigido. Ou, se preferirmos: a cobrança do *diferencial de alíquotas* do *ICMS*, aplicando-se "*diretamente*" (sem intermediação de lei ordinária estadual ou do Distrito Federal), afrontará o magno *princípio da legalidade tributária*.

Vale, a propósito, a palavra sempre abalizada de Geraldo Ataliba. Ouçamo-lo:

"No nosso sistema, a lei complementar, de maneira geral, precisa, quando couber, os confins das competências tributárias objeto da discriminação de rendas. No caso de expressa previsão do art. 24, II [o artigo, da Constituição de 1967/69, que dava aos Municípios competência para instituir impostos sobre serviços de qualquer natureza], ainda, 'define' quais os serviços passíveis de tributação pelos Municípios. Como lei complementar – entendida em sua acepção técnica mais lídima, completa a Constituição, exercendo a mesma função técnica que esta; vale dizer: descreve a área passível de ser explorada tributariamente: delimita o campo econômico sobre o que o Município pode exercitar sua competência constitucional tributária.

"Da mesma forma que a norma constitucional, a lei complementar, aqui, não cria impostos; apenas diz de que forma e em quais limites será exercitada pelo Município a competência para a sua instituição.

"A lei municipal é que, nos limites da lei complementar – posta como intermediário necessário entre a norma permissiva constitucional e ela própria – irá instituir ou criar o tributo, descrevendo as hipóteses de incidência, condição 'sine qua non' do nascimento das obrigações tributárias concretas".[408]

Mutatis mutandis, a lição do pranteado Mestre aplica-se em gênero, número, grau e caso, ao assunto ora em pauta.

Naturalmente, se for editada tal lei complementar nacional, ela não terá a propriedade de convalidar as leis ordinárias estaduais e do Distrito Federal que já tiverem tratado do assunto.

É o que se passa a expor e fundamentar.

9. Da impossibilidade jurídica de convalidação das leis ordinárias anteriores à edição da lei complementar nacional cuidando do *DIFAL*

I- Como acima adiantado, é de nossa convicção que as eventuais leis ordinárias estaduais ou do Distrito Federal, que tiverem *"disciplinado"* o *DIFAL*, não poderão ser resgatadas do limbo da inconstitucionalidade em que se encontram, pela superveniência de lei complementar nacional que tratar do assunto.

Positivamente, tais leis ordinárias, porque a ela anteriores, não serão remidas da inconstitucionalidade de que, desde sua edição, padecem.

Melhor esclarecendo, na medida em que elas são inconstitucionais, por infringirem maus tratos aos arts. 146 e 155, § 2º, XII, *a*, *c*, *d* e *i*, da Constituição Federal, tal vício jurídico não poderá ser elidido *a posteriori*, nem mesmo por meio de uma lei complementar nacional.

II- De fato, uma lei complementar nacional não tem o condão de dar *fundamento de validade* a normas contidas em leis ordinárias que, como no caso em estudo, não se encaixam na chamada *pirâmide jurídica*.[409]

Dito de modo mais específico, não será juridicamente possível a convalidação, por meio de lei complementar nacional, de leis ordinárias que já tratam do *DIFAL*. Aceitar que isso possa se dar, ainda que apenas com efeitos futuros, implicaria violação manifesta ao ordenamento jurídico, pois ensejaria e confortaria sua burla, por meio de leis ordinárias injurídicas, em antecipação a leis complementares futuras, que viessem a respaldá-las.

Exegese desse tipo, equivaleria a reputar lógico que o ordenamento jurídico milite em seu próprio desfavor, isto é, que ele aceita que, ainda que burlado, a cinca é contornável, por meio do expediente da convalidação futura.

III- Neste ponto de nosso raciocínio, é o caso de trazermos à colação celebérrimos ensinamentos de Carlos Maximiliano; *verbis*:

"Deve o direito ser interpretado inteligentemente, não de modo que a ordem legal envolva um absurdo, prescreva inconveniências, vá ter a conclusões inconsistentes ou impossíveis".[410]

Ora, por levar a uma conclusão juridicamente inconsistente deve ser afastado de plano o entendimento de que as leis ordinárias estaduais e do Distrito Federal, editadas sem apoio em lei complementar nacional, serão convalidadas, quando esta vier a lume.

Sendo – repita-se – inconstitucionais, as leis ordinárias em questão, elas se encontram fora da "*pirâmide jurídica*" e, em consequência, não podem nela ser "*metidas à força*", por meio de uma posterior lei complementar nacional.

É que, com o devido acatamento, inexiste, em nosso direito positivo, aquilo que poderíamos chamar de "*efeito Lázaro*".[411]

IV- Em face do acima exposto, percebe-se, com hialina clareza, que o art. 6º, do Projeto de Lei Complementar nº 325/2016, caso venha a ser aprovado, padecerá de irremissível inconstitucionalidade. Consta do referido dispositivo:

"Art. 6º. Fica assegurada, até a data do início da produção de efeitos desta lei complementar, a eficácia das legislações tributárias estaduais anteriores que tratem da exigência do ICMS correspondente à diferença entre a alíquota interna do Estado de destino e a interestadual, ficando suspensa, a partir da data do início da produção de efeitos desta Lei Complementar, a eficácia dessas legislações tributárias estaduais, no que lhe forem contrárias".

De fato – seja-nos permitida a tautologia –, na medida em que, como nos esforçamos por demonstrar, as leis estaduais (e do Distrito Federal) anteriores são inconstitucionais, nenhuma lei complementar nacional superveniente terá o condão de reavivá-las, ou seja, de trazê-las para o campo da constitucionalidade, atropelando, com isso, garantias fundamentais dos contribuintes.

Em suma, após a edição da lei complementar nacional, será necessária a edição de lei ordinária do Estado-membro (ou do Distrito Federal) para instituir validamente o *DIFAL*.

Feitas estas considerações, só nos resta analisar o Convênio ICMS nº 93/2015, com a redação que lhe foi dada pelos Convênios ICMS nos. 152/2015 e 196/2017.

10. Da inconstitucionalidade do Convênio ICMS nº 93/2015

I- O Convênio ICMS nº 93/2015, com a redação dada pelos Convênios ICMS nos. 152/2015 e 196/2017, *"trata"*, como consta de sua ementa, *"dos procedimentos a serem observados nas operações e prestações que destinem bens e serviços a consumidor final não contribuinte do ICMS, localizado em outra unidade federada"*.

Ao fazê-lo, porém, incidiu em inconstitucionalidade. De fato, a Constituição Federal, como vimos e revimos, exige lei complementar para a disciplina do tema *diferencial de alíquotas* do *ICMS*. Em outras palavras, exige que o assunto venha disciplinado por uma fonte normativa geral, decorrente do Poder Legislativo, que, de nenhum modo, se confunde com um convênio advindo do consenso de representantes do Poder Executivo dos Estados-membros e do Distrito Federal.

II- Observamos que a Constituição Federal, em seu art. 155, § 2º, XII, g, atribuiu à lei complementar nacional a função de "regular a forma como, mediante deliberação dos Estados e do Distrito Federal, isenções, incentivos e benefícios fiscais serão concedidos e revogados".

Por força do *princípio federativo*,[412] que garante a autonomia destas pessoas políticas, a referida lei complementar não poderá estabelecer o *conteúdo* dos convênios, em matéria de *ICMS*, mas, apenas, os *mecanismos jurídicos* que nortearão sua celebração. Deverá, pois, limitar-se a *dar operatividade* ao seu sistema de funcionamento.

E é justamente neste ponto que entram os *Convênios-ICMS*,[413] que passam a ser o alvo de nossas atenções.

III- Abrindo um rápido parêntese, a Lei Complementar nº 24/1975 atendeu aos comandos constitucionais, disciplinando, com riqueza de detalhes, como deve ser exercitada a competência para conceder ou revogar isenções, incentivos e benefícios fiscais, em matéria de *ICMS*.[414]

Isto se dá – insistimos – por meio da celebração de *convênios*, que, uma vez ratificados, absolutamente não facultam os Estados ou o

Distrito Federal a, isoladamente, decidirem se vão, ou não, aplicar, em seus territórios, as isenções, incentivos e benefícios fiscais de *ICMS*, concedidos ou revogados.

Noutros falares, mais técnicos, os *Convênios-ICMS* absolutamente não podem autorizar os Estados-membros e o Distrito Federal a, cada um de per si e a qualquer momento, conceder ou revogar isenções, incentivos ou benefícios fiscais de *ICMS*. Outro entendimento brigaria com a ideia de que o art. 155, § 2º, XII, *g*, da Constituição Federal, visa evitar a supramencionada *"guerra fiscal"*, entre as unidades federadas.

IV- Sublinhe-se, sempre a propósito, que os convênios fortalecem a Federação, evitando que cada Estado-membro (ou o Distrito Federal) busque, por intermédio de benesses concedidas unilateralmente, atrair, a qualquer preço, para seus territórios, contribuintes de *ICMS*.

A mesma linha de raciocínio foi adotada pelo Min. Celso de Mello, do Supremo Tribunal Federal; *verbis*:

"Esses convênios – enquanto instrumento de exteriorização formal do prévio consenso constitucional entre as Unidades Federadas investidas de competência tributária em matéria de ICMS – destinam-se a compor os conflitos de interesses que necessariamente resultariam, uma vez ausente essa deliberação intergovernamental, da concessão, pelos Estados-membros ou Distrito Federal, de isenções, incentivos e benefícios fiscais pertinentes ao imposto em questão. O pacto federativo, sustentando-se na harmonia que deve presidir as relações institucionais entre as comunidades políticas que compõem o Estado Federal, legitima as restrições de ordem constitucional que afetam o exercício, pelos Estados-membros e Distrito Federal, de sua competência normativa em tema de exoneração tributária pertinente ao ICMS".[415]

De fato, a adoção do mecanismo dos convênios teve em mira ilidir os efeitos gerados pela outorga, aos Estados-membros e ao Distrito Federal, de um tributo de efeitos e consequências nacionais.

Em resumo, a finalidade de tais convênios é promover a uniformização, em todo o País, da tributação por meio de *ICMS*.

Reiteramos que os convênios devem ser usados como instrumentos de deliberação dos Estados e do Distrito Federal para *(i)* regular a forma como "*isenções, incentivos e benefícios fiscais serão concedidos e revogados*" (cf. art. 155, § 2º, XII, *g*, e art. 150, § 6º, da *CF*).

Mais recentemente, por força do disposto no art. 37, XXII, da Constituição Federal, eles também podem ser editados para "*o compartilhamento de cadastros e de informações fiscais*" entre as administrações tributárias das pessoas políticas. Visa-se, com isso, a harmonizar procedimentos administrativos, na linha dos arts. 102 e 199, do *CTN*, inclusive quando está em pauta a tributação por meio de *ICMS* (cf. art. 9º, da LC 87/1996), assunto que, no entanto, não vem para aqui.

V- Isso posto e retomando o fio do raciocínio, sentimo-nos confortáveis para escrever não ser dado aos Estados e o Distrito Federal tratar, por meio de convênios, de outros assuntos relativos ao *ICMS*.

Reforça a ideia o art. 10, da Lei Complementar nº 24/1975, que adnumera os casos em que as unidades federadas podem agir unilateralmente, obedecidas as condições definidas em convênio, mas tão-só em matéria de "*anistia, remissão, transação, moratória, parcelamento de débitos fiscais e ampliação do prazo de recolhimento do Imposto sobre Circulação de Mercadorias* [e Serviços][416]".

A contrario sensu, essa possibilidade é vedada, para tratar do diferencial de alíquotas do *ICMS*.

VI- Milita neste sentido a própria Lei Complementar nº 24/75,[417] que, além de estatuir que os convênios deverão versar apenas sobre a concessão ou extinção de incentivos fiscais (arts. 1º e 2º), declara nulos os que deixarem de observar estes limites (art. 8º).

Força é convir, pois, que falece competência ao Convênio ICMS nº 93/2015 (com a redação dada pelos Convênios ICMS nos. 152/2015 e 196/2017) para tratar do *DIFAL*, pelo que deve ser posto em oblívio, a ninguém podendo obrigar.[418]

Realmente, tal convênio padece de inconstitucionalidade formal e material. Formal, porque viola normas de reserva de competência para lei complementar disciplinar o tema. E, material, porque arremete contra o *princípio da legalidade* e, por extensão, contra diretrizes da Constituição Federal.

11. Conclusões

Tudo posto e considerado, podemos formular as seguintes conclusões:

I- a Emenda Constitucional 87/2015, que tratou do *DIFAL*, não é autoaplicável pelos Estados-membros e pelo Distrito Federal;

Ia- cabe à lei complementar a que alude o art. 146, do Texto Magno – e somente a ela –, veicular *normas gerais em matéria de legislação tributária*, apontando, entre outros, os *sujeitos ativos e passivos* dos impostos;

Ib- em matéria de *ICMS*, também compete à lei complementar *(i)* definir seus contribuintes, *(ii)* disciplinar o regime de compensação do imposto, *(iii)* fixar, para efeito de sua cobrança e definição do estabelecimento responsável, o local das operações ou prestações e, *(iv)* fixar a base de cálculo, de modo que o montante do imposto a integre, também na importação do exterior de bem, mercadoria ou serviço (cf. dispõem, respectivamente, as alíneas *a*, *c*, *d* e *i*, do inc. XII, do § 2º, da *CF*);

Ic- as ideias crescem de ponto, nas hipóteses em que duas ou mais unidades federadas estão habilitadas a exigir o *ICMS*; é o que se dá nas operações mercantis interestaduais, das quais trata o art. 155, § 2º, VII e VIII, da Constituição Federal;

Id- na hipótese, a finalidade da lei complementar – que, diga-se de passagem, ainda não foi dada à estampa – salta aos olhos: evitar conflitos de competência entre os Estados-membros e entre estes e o Distrito Federal;

If- para que tal não ocorra – uma vez que, em razão do *princípio federativo*, a vontade legislativa de um Estado-membro não pode prevalecer sobre a de outro (a menos, é claro, que haja invasão de competência, o que não é o caso) –, é que a solução do potencial conflito foi atribuída, pela Carta Magna, ao legislador complementar da União;

II- os Estados-membros estão impedidos de valer-se do disposto nos incisos VII e VIII, do § 2º, do art. 155, da Constituição Federal, enquanto não for editada a lei complementar nacional prevista, seja no art. 146, da Constituição da República, seja no art. 155, § 2º, XII, *a*, *c*, *d* e *i*, do mesmo Diploma Magno;

IIa- isso para que, em face da omissão legislativa (*vacuum legis*), de um lado, não se enfraqueça a Federação, com os fatais embates entre as aludidas unidades federadas, e, de outro, se impeça a pluritributação dos contribuintes;

IIb- a lei complementar nacional, a que aludem os arts. 146, I e III, *a*, e, 155, § 2º, XII, *a, c, d* e *i*, da Constituição Federal, não tem a função de simplesmente definir limites ou parâmetros, para que o *ICMS* venha arrecadado, pelos Estados-membros, em sintonia com o disposto no art. 155, § 2º, VII e VIII, do mesmo Diploma Magno; ela é fundamental para fixar as próprias balizas da competência tributária em questão;

IIc- tudo se conjuga, portanto, no sentido de que o art. 155, § 2º, VII e VIII, da Constituição Federal, não é autoaplicável pelos Estados-membros e/ou pelo Distrito Federal, mas, pelo contrário, demanda prévia integração, por meio de lei complementar nacional.

IId- em outras palavras, a lei complementar nacional é que dará efetividade ao disposto no art. 155, § 2º, VII e VIII, da Constituição Federal;

IIe- deve anteceder, portanto, às leis ordinárias dos Estados-membros e do Distrito Federal, que nela buscarão *fundamento de validade*;

IIf- logo, a norma constitucional, que reserva à lei complementar nacional a competência para cuidar do *diferencial de alíquotas* do *ICMS*, é violada, sempre que a matéria for objeto de fonte normativa diversa (no caso, de lei ordinária estadual ou do Distrito Federal);

III- atualmente, as unidades federadas não podem exigir o recolhimento do *DIFAL*, previsto na EC 87/2015, considerando que ele ainda não se encontra disciplinado em lei complementar nacional;

IIIa- a lei complementar nacional, nas situações referidas no art. 155, § 2º, VII e VIII, da Constituição Federal, é imprescindível, pois sua ausência abre espaço a conflitos de competência tributária, que fatalmente levam à *"guerra fiscal"*, cujos efeitos deletérios são por todos conhecidos;

IIIb- nesse sentido, aliás, já decidiu o Supremo Tribunal Federal, que "a instituição do diferencial de alíquotas depende de previsão em lei complementar", sendo que "a Lei Complementar nº 87/1996, ao cuidar do momento da consumação do fato gerador do imposto, não cogitou do diferencial de alíquota" (Ag.Reg. no RE 580.903/PR, rel. Min. Roberto Barroso, j. em 28.04.2015, DJe 22.05.2015);

IIIc- há uma reserva de competência, para que lei complementar nacional regule o *DIFAL*, tanto o relativo a operações interestaduais em que o destinatário for contribuinte do *ICMS*, quanto àquelas em que ele não o é;

IV- o *DIFAL* não poderá ser exigido tão logo seja editada a lei complementar nacional pertinente;

IVa- como a lei complementar nacional não cria tributos, mas, apenas, firma princípios mais minudentes, para que venham adequadamente instituídos, lançados e arrecadados, caberá, à lei ordinária de cada Estado-membro, mais a do Distrito Federal, editar a norma jurídica relativa ao *DIFAL* (observadas, evidentemente, as diretrizes da lei complementar nacional pertinente);

IVb- as *normas gerais* que cuidarem do *DIFAL*, carecerão de suplementações, de aportes, de explicitações, a serem levados a efeito pelas leis ordinárias estaduais (e do Distrito Federal), que detalharão o assunto;

IVd- somente após tal providência, a nova forma de se exigir o *diferencial de alíquotas* do *ICMS* (a instituída pela EC nº 87/2015) poderá ser aplicada;

V- a lei complementar nacional que vier a tratar do assunto não poderá convalidar a inconstitucionalidade de exigências do *DIFAL*, levadas a cabo pelas unidades federadas, antes da sua edição e produção de efeitos;

Va- destarte, se for editada tal lei complementar nacional, ela não terá a propriedade de convalidar as leis ordinárias estaduais e do Distrito Federal que já tiverem cuidado do tema;

Vb- melhor esclarecendo, na medida em que elas são inconstitucionais, por infringirem maus tratos aos arts. 146 e 155, § 2º, XII, *a, c, d* e *i*, da Constituição Federal, tal vício jurídico não poderá ser elidido *a posteriori*, nem mesmo por meio de uma lei complementar nacional;

Vc- aceitar que isso possa se dar, ainda que apenas com efeitos futuros, implicaria violação manifesta ao ordenamento jurídico, pois ensejaria e confortaria sua burla, por meio de leis ordinárias injurídicas, em antecipação a leis complementares futuras, que viessem a respaldá-las;

Vd- exegese desse tipo, equivaleria a reputar lógico que o ordenamento jurídico milite em seu próprio desfavor, isto é, que ele aceita que, mesmo sendo burlado, a cinca é contornável, por meio do expediente da convalidação futura;

VI- o art. 6º, do Projeto de Lei Complementar nº 325/2016, caso venha a ser aprovado, padecerá de irremissível inconstitucionalidade;

VIa- na medida em que as leis estaduais (e do Distrito Federal) anteriores são inconstitucionais, nenhuma lei complementar nacional superveniente terá o condão de reavivá-las, ou seja, de trazê-las para o campo da constitucionalidade, atropelando, com isso, garantias fundamentais dos contribuintes;

VIb- assim, após a edição da lei complementar nacional, será necessária a edição de lei ordinária de cada Estado-membro (e do Distrito Federal) para instituir validamente o *DIFAL*;

VII- conquanto caiba à União, nos termos do art. 146, da Constituição Federal, veicular *normas gerais em matéria de legislação tributária*, para dirimir possíveis conflitos de competência, em matéria tributária, aos Estados-membros também é dado fazê-lo, em caráter suplementar, nas hipóteses dos §§ 1º, 2º, 3º e 4º, do art. 24, do mesmo Diploma Supremo;

VIIa- todavia, a competência concorrente, conferida aos Estados-membros, pelo art. 24, da Carta Suprema, quando ausentes "*normas gerais*" veiculadas pela União, não atribui àqueles entes federados a faculdade de regular o *DIFAL* (art. 155, § 2º, VII e VIII, da *CF*);

VIIb- é que, mesmo a lei complementar estadual só pode baixar *normas gerais*, nas estritas hipóteses de dirimição de <u>conflitos de ordem local</u> (*interna corporis*); <u>não</u>, quando estiver em jogo o inter-relacionamento de várias unidades federadas;

VIIc- absolutamente não é permitido, à lei complementar estadual, estender sua *manus* fiscal sobre atuação havida (ou estado de fato existente) *fora* da Unidade Federada que a editou, já que lá não tem voga, por força do *princípio da territorialidade*;

VIId- portanto, não há a menor possibilidade jurídica de uma lei complementar estadual – muito menos, de uma lei ordinária estadual – dispor sobre o *DIFAL*;

VIII- tendo em vista a baixa densidade normativa do art. 155, § 2º, VII e VIII, da Constituição Federal, que não reúne condições para sozinho atuar, entremostra-se inaplicável, na espécie, o disposto no § 3º, do art. 34, do Ato das Disposições Constitucionais Transitórias (*"Promulgada a Constituição, a União, os Estados, o Distrito Federal e os Municípios poderão editar as leis necessárias à aplicação do sistema tributário nacional nela previsto"*).

BIBLIOGRAFIA

ABRÃO, Carlos Henrique, SOCIEDADE SIMPLES, 2ªed, SP: ATLAS, 2012.

Acórdão do Tribunal de Justiça da União Europeia – Processo C-434/15 - Asociación Profesional Elite Taxi Contra Uber Systems Spain, SL, Disponível em <http://curia.europa.eu/juris/document/document.jsf?text=&docid=198047&pageIndex=0&doclang=PT&mode=lst&dir=&occ=first&part=1&cid=1188974>, Acesso em 06.jul.2018.

ADNER, Ron. When are technologies disruptive? A demand-based view of the emergence of competition. Strategic Management Journal. 2002.

ALEXY, Robert. Theorie der Grundrechte. 2 Auf. Frankfurt am Main: Suhrkamp, 1994.

AMARO, Luciano. Direito tributário brasileiro. 11. ed. rev. e atual. São Paulo: Saraiva, 2005.

ANDRIGHI, Nancy, BENETI, Sidnei e ANDRIGHI, Vera. Comentários ao Novo Código Civil. v.IX: Das várias espécies de contratos, do empréstimo, da prestação de serviço, da empreitada, do depósito. TEIXEIRA, Sálvio de Figueiredo (Coord.). Rio de Janeiro: Forense, 2008.

ATALIBA, Geraldo. ICM: não incidência. In: Estudos e pareceres de Direito Tributário. São Paulo: Revista dos Tribunais, 1978c. v. 1. p. 139-162.

ATALIBA, Geraldo. "ICMS - competência impositiva na Constituição de 1988". Revista de Direito Administrativo n° 195. Rio de Janeiro, 1994.

ATALIBA, Geraldo. "Normas gerais de direito financeiro e tributário e autonomia dos Estados e Municípios", in Revista de Direito Público n° 10, p. 79.

ATALIBA, Geraldo. ATALIBA, Geraldo. Pressupostos do estudo jurídico do ICM. Revista de Direito Tributário, São

ATALIBA, Geraldo. Estudos e pareceres de Direito Tributário. São Paulo: Revista dos Tribunais, 1978a. v. 1.

ATALIBA, Geraldo. Hipótese de incidência tributária. 5. ed. São Paulo: Malheiros, 1998.

ATALIBA, Geraldo. ICM: hipótese de incidência. Bens importados para uso próprio. In: _____. Estudos e pareceres de Direito Tributário. São Paulo: Revista dos Tribunais, 1978b. v. 1. p. 120-138.

ATALIBA, Geraldo. ICMS na Constituição. Revista de Direito Tributário, São Paulo, n. 57, p. 91-104, jul./set. 1991.

ATALIBA, Geraldo. Núcleo da definição constitucional do ICM. Revista de Direito Tributário, n. 25-26, p. 101-119, 1983.

ATALIBA, Geraldo. Sistema constitucional tributário brasileiro. São Paulo: Revista dos Tribunais, 1968.

ATALIBA, Geraldo; GIARDINO, Cleber. ICM e circulação jurídica. Revista de Direito Administrativo, n. 144, p. 227-233, abr./jun. 1981a.

ÁVILA, Humberto. "Imposto sobre a prestação de serviços de comunicação. conceito de prestação de serviço de comunicação. Intributabilidade das atividades de veiculação de publicidade em painéis e placas. Inexigibilidade de multa". Revista Dialética de Direito Tributário nº 143. São Paulo: Dialética, 2007.

ÁVILA, Humberto. "Eficácia do novo código civil na legislação tributária". In: GRUPENMACHER, Betina Triger (coord.). Direito tributário e o novo código civil. São Paulo: Quartier Latin, 2004

ÁVILA, Humberto. Presunções e pautas fiscais frente à eficiência administrativa. In: Valdir de Oliveira Rocha (coord.), Grandes Questões Atuais do Direito Tributário, 9º vol. São Paulo: Dialética, 2005.

BALEEIRO, Aliomar (atualizado por DERZI, Misabel Abreu Machado). Direito Tributário Brasileiro. 13ª Edição. Rio de Janeiro: Forense, 2015

BANDEIRA DE MELLO, Celso Antonio. Conteúdo Jurídico do Princípio da Igualdade. 3ª ed. atual. São Paulo: Malheiros Editores, 1988.

BARRETO, Aires F. Barreto – ISS na Constituição e na Lei – 4ª ed., São Paulo: Editora Noeses, 2018, p.28, atualizado por Paulo Ayres Barreto

BARRETO, Aires F. Curso de Direito Tributário Municipal. Saraiva, 2009.

BARRETO, Aires Fernandino. ISS na Constituição e na lei. São Paulo: Dialética. 3ª ed. 2009.

BASTOS, Celso Ribeiro. *Curso de Direito Constitucional*. 14ª ed. São Paulo, Saraiva, 1992.

BECKER, Alfredo Augusto. Teoria geral do direito tributário. 3ª ed. São Paulo: Lejus, 1998.

BONAVIDES, Paulo. Curso de Direito Constitucional. São Paulo: Malheiros, 11ª ed., 2001

BOZZA, Fábio Piovesan. Planejamento Tributário e Autonomia Privada. São Paulo: Quartier Latin. 2015.

BRAZUNA, José Luis Ribeiro e outros. A não Tributação dos Jornais Eletrônicos, in Revista Dialética de Direito Tributário nº 229, pp. 53-67.

BRAZUNA, José Luis Ribeiro. Defesa da Concorrência e Tributação – à luz do Artigo 146-A da Constituição. São Paulo: Quartier Latin, 2009.

BULOS, Uadi Lammêgo. Constituição Federal Anotada. São Paulo: Editora Saraiva, 11ª ed., 2015

CANOTILHO, Gomes. Dicionário de Política.

CANOTILHO, José J. G.. Direito Constitucional. 7ª edição. Coimbra: Almedina, 2003.

CARRAZZA, Roque Antonio. *ICMS*. 17ª ed. São Paulo, Malheiros Editores, 2015.

CARRAZZA, Roque Antonio. *Curso de Direito Constitucional Tributário*. 31ª ed. São Paulo, Malheiros Editores, 2017.

CARRAZZA, Roque Antonio. ICMS. 14ª ed. São Paulo: Malheiros, 2009.

CARVALHO, Paulo de Barros. " Curso de Direito Tributário. 23. ed. São Paulo: Saraiva, 2011.

CARVALHO, Paulo de Barros. "A regra matriz do ICM. 1981. Tese (Livre Docência em Direito Tributário) - Pontifícia Universidade Católica, São Paulo, 1981.

CARVALHO, Paulo de Barros. "Direito tributário, linguagem e método. 3. ed. São Paulo: Noeses, 2009a.

CARVALHO, Paulo de Barros. "Direito tributário: fundamentos jurídicos da incidência. 7. ed. São Paulo: Saraiva, 2009b.

CARVALHO, Paulo de Barros. "Guerra Fiscal" e o princípio da não-cumulatividade no ICMS. Revista de Direito Tributário, São Paulo, n. 95, p. 7-23, 2005.

CARVALHO, Paulo de Barros. "ICMS: conferências e debates. Revista de Direito Tributário, São Paulo, v. 48, abr./jun. 1989.

CARVALHO, Paulo de Barros. "IPI: Comentários sobre as regras de interpretação da tabela NBM/SH (TIPI/TAB). Revista Dialética de Direito Tributário, São Paulo, n. 12, p. 55-65, set. 1996.

CARVALHO, Paulo de Barros. "Não-incidência do ISS sobre contratos de franquia (franchising)", in Direito Tributário Atual, nº. 20. Dialética, 2006. Coord. Schoueri,Luis Eduardo / Costa,Alcides Jorge / Bonilha,Paulo Celso Bergstrom

CARVALHO, Paulo de Barros. Curso de direito tributário. 29ª ed. São Paulo: Saraiva, 2018.

CENTRO DE APOIO AOS JUÍZES DE DIREITO PÚBLICO. PESQUISA Nº Pesquisa n.º 05/2018 Tema: "Legitimidade de micro e pequenas empresas no polo ativo/passivo para litigar nos Juizados Especiais, nas turmas do Colégio Recursal do Estado".

CHRISTENSEN, Clayton. The Innovator's Dilemma. Harvard Business School Press. 1997.

Coletânea da Jurisprudência. CONCLUSÕES DO ADVOGADO-GERAL MACIEJ SZPUNAR. apresentadas em 11 de maio de 20171. Processo C-434/15. Asociación Profesional Elite Taxi contra Uber Systems Spain SL <https://eur-lex.europa.eu/legal-content/PT/TXT/PDF/?uri=ecli:ECLI:EU:C:2017:364>, Acesso em 07.out.2018.

COMENTÁRIOS À LEI DO SIMPLES NACIONAL, Lei Complementar 123 de 14/12/2006, edição Kindle, 2013, Limited.

Comitê de Pronunciamentos Contábeis Pronunciamento Técnico "CPC 47 Receita de Contrato com Cliente"

COSTA, Alcides Jorge. "Direito Tributário e Direito Privado". In: MACHADO, Brandão (coord.). Direito tributário: estudos em homenagem ao Prof. Ruy Barbosa Nogueira. São Paulo: Saraiva, 1984.

COSTA, Alcides Jorge. ICM – substituição tributária – responsabilidade por retenção e recolhimento por operações ainda não realizadas. In: Ricardo Mariz de Oliveira, Sérgio de Freitas Costa (coord.), Diálogos póstumos com Alcides Jorge Costa. São Paulo: IBDT, 2017.

COSTA, Alcides Jorge. ICM na Constituição e na Lei Complementar. São Paulo: Resenha Tributária, 1979.

COSTA, Alcides Jorge. Imposto de vendas e consignações: análise dos sistemas de arrecadação. RAE-Revista de Administração de Empresas, v. 2, n. 6, p. 53-72, jan./mar. 1962. Disponível em: <http://www.scielo.br/pdf/rae/v2n6/v2n6a05.pdf>. DOI: http://dx.doi.org/10.1590/S0034-75901962000300005.

COSTA, Regina Helena. Curso de Direito Tributário. São Paulo: Editora Saraiva, 2018, 8ª ed., p.87

CRUZ, Verônica e ROOS, Cristiane: CMS E O SIMPLES NACIONAL - O REFLEXO DO RECOLHIMENTO DE DIFERENCIAL DE ALIQUOTAS NAS EMPRESAS OPTANTES

PELO SIMPLES NACIONAL, in https://periodicos.ufsm.br/contabilidade/article/view/56/3414, - Revista Eletrônica de Contabilidade Revista Eletrônica de Contabilidade, Santa Maria, RS, v. 6, n.1, jan./jun./2012.

CURADO, Fernando Fias Fleury. BARREIRINHAS, Robinson Sakiyama. Manual do ISS. Imposto sobre Serviços de Qualquer Natureza. São Paulo: Editora Método, 2011

DALLARI, Dalmo de Abreu. Constituição & Constituinte. São Paulo: Editora Saraiva, 4ª ed., 2010

DAVID ARAUJO, Luiz Alberto. & SERRANO NUNES JUNIOR, Vidal. Curso de Direito Constitucional. São Paulo: Editora Verbatim, 2017, 22ª ed.

DERZI, Misabel, ao atualizar a obra de BALEEIRO, Aliomar. Direito Tributário Brasileiro. Rio de Janeiro: Forense, 2007.

DERZI, Misabel; MOREIRA, André Mendes. A tributação sobre o valor acrescido e os impostos sobre o consumo no Brasil: influências externas. In: BARRETO, Aires Fernandino (Coord.). Direito tributário contemporâneo: estudos em homenagem a Geraldo Ataliba. São Paulo: Malheiros Ed. 2011.

DERZI, Misabeu Abreu Machado. "Aspectos essenciais do ICMS, como imposto de mercado". Direito tributário: estudos em homenagem a Brandão Machado. São Paulo: Dialética, 1998.

Employment Tribunals – Case Nºs 2202550/2015 & Others – Between Y. Aslam, J. Farrar & Others (Claimants) and Uber B.V., Uber London Ltd and Uber Britannia Ltd (Respondents). Disponível em <https://www.conjur.com.br/dl/uber-inglaterra-vinculo-motoristas.pdf>. Acesso em 01.out.2018;

FAIM Fº, Eurípedes G.. "Da Isenção da Taxa Denominada Emolumentos pela Concessão de Gratuidade Justiça." In SCHOUERI, Luís Eduardo e outros. Estudos de Direito Tributário em Homenagem ao Professor Gerd Willi Rothmann. São Paulo: Quartier Latin, 2016, págs. 535 a 544.

FERRAZ, Tercio Sampaio. "Normas gerais e competência concorrente. Uma exegese do art. 24 da Constituição Federal", in Revista da Faculdade de Direito da Universidade de São Paulo, vol. 90, jan. 1995.

FERREIRA FILHO, Manoel Gonçalves. O Poder Constituinte. São Paulo: Editora Saraiva, 5ª ed., 2007

FOLLONI, André. Ciência do direito tributário no Brasil: crítica e perspectivas a partir de José Souto Maior Borges. São Paulo: Saraiva, 2013.

FRAZÃO, Ana. A decisão do Reino Unido sobre os motoristas da Uber: o que ela ensina? Disponível em <https://www.jota.info/opiniao-e-analise/colunas/constituicao-empresa-e-mercado/decisao-reino-unido-sobre-os-motoristas-da-uber-o-que-temos-aprender-com-ela-01112016>, Acesso em 05.out.2018.

GARCIA, Michael J.; LEWIS, Caitlain D. Lewis; and NOLAN, Andrew (Attorney Editors). The Constitution of the United States of America. Analysis and Interpretation. Centennial Edition. Washington: Congressional Research Service. Library of Congress, 2017. <ttps://congress.gov/content/conan/pdf/GPO-CONAN-2017.pdf>..

GOMES, Orlando. Contratos. 10ª ed. Rio de Janeiro: Forense, 1984

GONÇALVES, Carlos Roberto. Direito Civil Brasileiro, Volume 2: Teoria Geral das Obrigações. 11ª edição. São Paulo: Saraiva, 2014.

GRAU, Eros Roberto. A Ordem Econômica na Constituição de 1988 (interpretação e crítica). São Paulo: Malheiros Editores, 2005.

GRAU, Eros. O direito posto e o direito pressuposto. 7ª ed. São Paulo: Malheiros, 2008.

GRAU, Eros. Por que tenho medo dos juízes (a interpretação/aplicação do direito e os princípios. 6ª ed. refundida do ensaio e discurso sobre a interpretação/aplicação do direito. São Paulo: Malheiros, 2013.

GRUPENMACHER, Betina Treiger. Lei complementar 157/2016 limita autonomia dos municípios. Consultor Jurídico, Opinião, 16/01/2017.

GUASTINI, Riccardo. Il diritto come linguaggio. Sec. Ed. Torino: Gaippichelli, 2006.

GUASTINI, Riccardo. *Teoria e Dogmatica delle Fonti*. Milano, Giuffrè Editore, 1998.

GUSMÃO, Paulo Dourado de. *Introdução ao Estudo do Direito*. 13ª ed. Rio de Janeiro, Forense, 1988.

HARADA, Kiyoshi. ISS. Exportação de serviços para o exterior do país. Disponível em <http://www.ambito-juridico.com.br/site/index.php?n_link=revista_artigos_leitura&artigo_id=7710>. Acesso dia 13.10.2018.

Hollanda, Cristina Buarque de. Teoria das elites. Ed. Zahar, 1ª ed., 2011

KELSEN, Hans. O que é justiça?. 2. ed. São Paulo: Martins Fontes, 1998.

KELSEN, Hans. Teoria pura do direito. 6. ed. São Paulo: Martins Fontes, 2000.

LIMA, Edmilson de Oliveira, AS DEFINIÇÕES DE MICRO, PEQUENA E MÉDIA EMPRESAS BRASILEIRAS COMO BASE PARA A FORMULAÇÃO DE POLÍTICAS PÚBLICAS: em Anais do II encontro de estudos sobre empreendedorismo e gestão de pequenas empresas – EGEPE, 2001, www scholar.google.com, acessado em 14.9.2018.

LUNARDELLI, Pedro Guilherme Accorsi. Isenções Tributárias. São Paulo: Dialética, 1999.

MACEDO, Alberto. ISS e o Caso Potenza Leasing – Questões Acerca do Critério Espacial do ISS. In: Revista de Direito Tributário Atual, IBDT - Ed. Dialética, São Paulo, v.29, jun.2013.

MACEDO, José Alberto Oliveira. ITBI – Aspectos Constitucionais e Infraconstitucionais. São Paulo: Ed. Quartier Latin, 2010.

MACHADO, Hugo de Brito. "Tributação na Internet". Pesquisas Tributárias Novas Séries – 7. São Paulo: Revista dos Tribunais/Centro de Extensão Universitária, 2001.

MASSAROLO, João Carlos. MESQUITA, Dario. "Vídeo sob demanda: uma nova plataforma televisiva". Artigo apresentado no Grupo de Trabalho Estudos de Televisão, do XXV Encontro Anual da Compós, na Universidade Federal de Goiás, Goiânia. 2016.

MAXIMILIANO, Carlos. *Hermenêutica e Aplicação do Direito*. 9ª ed. Rio de Janeiro, Forense, 1980.

MENDONÇA, J.X. Carvalho de. Tratado de Direito Comercial Brasileiro. Vol. V, 1ª Parte. Rio de Janeiro: Freitas Bastos, 1955.

MINISTÉRIO PÚBLICO DA UNIÃO (Ministério Público do Trabalho). Grupo de Estudos "GE Uber" - Relatório conclusivo. CONAFRET. 2017.

MISHRA, Chandra S, The Theory of Franchising (September 1, 2016). Chandra S. Mishra. 2017. The Theory of Franchising. In Creating and Sustaining Competitive Advantage: Management Logics, Business Models, and Entrepreneurial Rent, New York: Palgrave Macmillan.. Disponível em https://ssrn.com/abstract=2695800 ou http://dx.doi.org/10.2139/ssrn.2695800

MISKULIN, Ana Paula Silva Campos, BIANCHI, Daniel e MARQUES, Felipe Augusto de Azevedo. A Uberização Sob Investigação do MPT – Análise do Relatório do Ministério Público do Trabalho sobre a Situação dos Motoristas da Empresa Uber. Disponível em <https://www.fespsp.org.br/seminarios/anaisVI/GT_17/Ana_Miskulin_Daniel_Bianchi_Felipe_Arruda_GT17.pdf>, Acesso em 10.out.2018.

MORAES, Bernardo Ribeiro de. Doutrina e prática do imposto sobre serviços. São Paulo: RT, 1975.

MOREIRA, André Mendes. Não-cumulatividade tributária no Brasil e no mundo: origens, conceito e pressupostos. In: Sistema Tributário Brasileiro e a Crise Atual – VI Congresso Nacional de Estudos Tributários. CARVALHO, Paulo de Barros e SOUZA, Priscila de. São Paulo: Noeses/IBET, 2009, pp. 47-88.

MOUSSALLEM, Tárek Moysés. Fontes do direito tributário. 2. ed. São Paulo: Noeses, 2006.

NASCIMENTO, Amauri Mascaro. Iniciação ao Direito do Trabalho. 28ª ed. São Paulo: LTr, 2002.

NOGUEIRA, Cláudia Góes."A impossibilidade de as cláusulas pétreas vincularem as gerações futuras". Brasília a. 42 n. 166 abr./jun. 2005.http://www.egov.ufsc.br/portal/conteudo/impossibilidade-de-cl%C3%A1usulas-p%C3%A9treas-vincularem-gera%C3%A7%C3%B5es-futuras, acesso 17/06/18.

NOGUEIRA, Ruy Barbosa. Curso de direito tributário. 15. ed. atual. São Paulo: Saraiva, 1999.

NOGUEIRA, Ruy Barbosa. Direito tributário comparado. São Paulo: Saraiva, 1971.

NÚCLEO DE ESTUDOS FISCAIS DA FUNDAÇÃO GETÚLIO VARGAS. Observatório do TIT: Direito ao Crédito de ICMS. Disponível em: <https://www.jota.info/opiniao-e-analise/artigos/observatorio-do-tit-direito-ao-credito-de-icms-30012018>. Acesso em 24 de agosto de 2018.

NUNES JÚNIOR, Flávio Martins Alves. Curso de Direito Constitucional, São Paulo: Editora RT, 2017

NUNES, Luis Antonio Rizzatto. Curso de Direito do Consumidor. 3ª ed. São Paulo: Saraiva, 2008.

O Que é Economia Compartilhada. Disponível em <http://consumocolaborativo.cc/o-que-e-economia-compartilhada/>, Acesso em 16.09.2018.

PACHECO, Paula: Nova regra do ICMS diminui burocracia para venda on-line – SIMPLES NACIONAL, https://www1.folha.uol.com.br/mercado/2018/02/nova-regra-do-icms-diminui-burocracia-para-venda-on-line.shtml, acessado em: 18/2/2018.

PASCAL, Blaise. *Pensamentos sobre a Política*. Trad. de Paulo Neves. São Paulo, Martins Fontes, 1994.

PEIRCE, Charles Sanders. Semiótica. São Paulo: Perspectiva, 2005.

PONTES DE MIRANDA. F. C. *Comentários à Constituição de 1967*, vol. 2, 2ª ed., 2ª tir. São Paulo, Ed. Revista dos Tribunais, 1973.

PONTES DE MIRANDA. Tratado de Direito Privado. Rio de Janeiro: Borsoi, 1965, tomo XVI.

RAZ, Joseph. The Authority of Law. 2nd ed. Oxford: Oxford University Press, 2009.

REALE, Miguel. *Lições Preliminares de Direito*. 5ª ed. São Paulo, Saraiva, 1978.

RODRIGUES, Mauricio Pallotta. Decisão contra Uber e a afronta à livre iniciativa e autonomia da vontade. Disponível em < https://www.jota.info/opiniao-e-analise/artigos/decisao-contra-uber-e-a-afronta-a-livre-iniciativa-e-autonomia-da-vontade-07092018>, Acesso em 01.10.2018.

SANTI, Eurico Marcos Diniz de. As classificações no sistema tributário brasileiro. In: CONGRESSO INTERNACIONAL DE DIREITO TRIBUTÁRIO, 1. 1998, Vitória, ES. Justiça tributária. São Paulo: Max Limonad, 1998. p. 123-147.

SANTI, Eurico Marcos Diniz de. Decadência e prescrição no direito tributário. São Paulo: Max Limonad, 2000.

SANTIADO, Silas, SIMPLES NACIONAL, in www. Canal do Youtube, vídeo aulas, 1 a 6, acessado em 19.mar 2018

SCHOUERI, Luís Eduardo. Direito tributário. 3ª ed. São Paulo: Saraiva, 2013.

SCHOUERI, Luís Eduardo. Restrições à atividade econômica do contribuinte na substituição tributária e livre concorrência. In: Arthur M. Ferreira Neto, Rafael Nichele (coords.), Curso avançado de substituição tributária: modalidades e direitos do contribuinte. 2ª ed. Porto Alegre: Livraria do Advogado / IET, 2016.

SCHUMPETER, Joseph. Theory of Economic Development. Cambridge: Mass Harvard University Press. 1934.

SEBRAE/SP - Serviço Brasileiro de Apoio às Micro e Pequenas Empresas de São Paulo Disponível em: https://atendimento.sebrae-sp.com.br/, Acessado em: 12.set.2018.

SILVA, José Afonso da. *Comentário Contextual à Constituição*. São Paulo, Malheiros Editores, 2005.

SILVA, Maurício Alvarez e ZANLUCA, Júlio César: O SIMPLES NACIONAL E O REGIME DE SUBSTITUIÇÃO TRIBUTÁRIA DO ICMS – INCOERÊNCIAS. in www.portaltributário.com.br/artigos/simples_ea_st.htm.

SINGER, Reinald. "Direitos Fundamentais no Direito do Trabalho", in Direitos Fundamentais e Direito Privado – Uma perspectiva de direito comparado. Trad. de Pedro Scherer de Mello. Coimbra, Almedina, 2007.

SOARES DE MELO, JOSÉ EDUARDO. ISS – Aspectos Teóricos e Práticos. 5ª Ed. – São Paulo: Dialética, 2008.

SOUZA, Rubens Gomes de. Compêndio de legislação tributária. 2. ed. rev., aumen. e atual. Rio de Janeiro: Edições Financeiras, 1954.

SOUZA, Rubens Gomes de. Estudos de direito tributário. São Paulo: Saraiva, 1950.

SUPIOT, Alan. Beyond employment: changes of work and the future of Labour Law in Europe. Oxford: Osford University Press, 2001, 245pp., apud ARTUR, Karen. Alan Supiot. Beyond employment: changes of work and the future of Labour Law in Europe. Oxford: Osford University Press, 2001, 245pp. In: Tempo Social, Revista de Sociologia da USP - Resenhas, v.16, n.2., p.313-316.

TAVARES, André Ramos. Curso de Direito Constitucional. São Paulo: Editora Saraiva, 16ª ed., 2018

TELLES JUNIOR, Goffredo. A Constituição, a Assembleia Constituinte e o Congresso Nacional. São Paulo: Editora Saraiva, 2ª ed., 2014

TORRES, Ricardo Lobo. Curso de direito financeiro e tributário. 20ª ed. Rio de Janeiro: Processo, 2018.

Tribunal Regional do Trabalho da 2ª Região – Processo nº 1000123-89.2017.5.02.0038 (RO) - Relatora: Beatriz de Lima Pereira.

VANONI, Ezio. Natureza e interpretação das leis tributárias. Tradução de Rubens Gomes de Sousa. Rio de Janeiro: Edições Financeiras, 1932.

VASQUES, Sérgio. O IVA enquanto imposto geral sobre o consumo. Cadernos IVA (2013). Almedina.

VELLOSO, Andrei Pitten Velloso. http://www.cartaforense.com.br/conteudo/colunas/reforma-do-iss-lc-

1572016-tributacao-de-novas-tecnologias-e-combate-a-guerra-fiscal-entre-os-municipios/173

VENOSA, Silvio de Salvo. Direito Civil: contratos em espécie. 7ª ed., Atlas, 2007.

VENOSA, Sílvio de Salvo. Direito Civil: Teoria Geral das Obrigações e Teoria Geral dos Contratos. 5ª edição. São Paulo: Atlas, 2005, Coleção Direito Civil, Volume 2

VENTURA, Felipe. Uber compra US$ 1 bilhão em carros que vão dirigir sem motorista. Disponível em <https://tecnoblog.net/228386/uber-um-bilhao-carros-autonomos/>, Acesso em 07.out.2018.

VIEIRA DA ROCHA, Paulo Victor. Substituição tributária e proporcionalidade: entre capacidade contributiva e praticabilidade. São Paulo: Quartier Latin, 2012.

VIEIRA DA ROCHA, Paulo Victor. Teoria dos direitos fundamentais em matéria tributária: restrições a direitos do contribuinte e proporcionalidade. São Paulo: Quartier Latin, 2017.

YERSIN, Danielle. Les systèmes d'imposition prae- et postnumerando et la perception de l'impôt.Markus Reich, Martin Zweifel (hgrs), Das schweizerische Steuerecht: eine Standortbestimmung. Festschrift zum 70. Geburtstag von Prof. Dr. Ferdinand Zuppinger. Bern: Stämpli & Cie: 1989.

SOBRE OS AUTORES.

ALBERTO MACEDO: Mestre e Doutor em Direito Econômico, Financeiro e Tributário pela USP. MBA em Gestão Pública Tributária pela Fundação Dom Cabral – FDC. Professor de Direito Tributário no Insper, FGV, FIPECAFI, IBDT e IBET. Auditor Fiscal Tributário do Município de São Paulo. Assessor Especial da Secretaria Municipal da Fazenda de São Paulo. Representante de São Paulo na Câmara Técnica Permanente da ABRASF. Representante Titular da ABRASF nos Grupos de Trabalho "Tributação da Economia Digital" e "Simplificação Tributária" no Encontro Nacional de Administradores Tributários (ENAT), Coordenados pela Receita Federal do Brasil. Ex-Subsecretário da Receita Municipal. Ex-Presidente do Conselho Municipal de Tributos.

ANDRESSA GUIMARÃES TORQUATO FERNANDES: Professora Adjunta de Direito Financeiro e Tributário da Universidade Federal Fluminense – UFF. Pós-doutorado em Economia pela Escola de Economia da Fundação Getúlio Vargas – EESP/FGV. Doutora em Direito Financeiro pela Faculdade de Direito da Universidade de São Paulo (FD-USP), com Doutorado Sanduíche pela University of Dundee (Escócia). Graduada em Direito pela Universidade Federal do Rio Grande do Norte.

ARGOS CAMPOS RIBEIRO SIMÕES: Mestre e Doutor em Direito Tributário (PUC-SP). Agente Fiscal de Rendas. Juiz do Tribunal de Impostos e Taxas de São Paulo. Professor palestrante convidado do IBET, COGEAE-PUC, FAAP, EPD, Faculdade de Direito de São Bernardo do Campo, dentre outras instituições.

Especialista em Direito Tributário (IBET/IBDT). Especialista em Direito Tributário (Escola Fazendária de São Paulo). Especialista em Direito do Estado (ESCOLA SUPERIOR DA PROCURADORIA GERAL DO ESTADO DE SÃO PAULO)

CRISTIANO FREDERICO RUSCHMANN: Advogado em São Paulo, LL.M. em tributação internacional na Albert-Ludwigs Universität – Freiburg im Breisgau, Alemanha, professor em cursos de pós-graduação do Instituto Brasileiro de Direito Tributário – IBDT e da Faculdade FIPECAFI.

ESTEVÃO HORVATH: Professor de Direito Tributário da PUC/SP e de Direito Financeiro da USP

EURÍPEDES GOMES FAIM FILHO: Doutor e Mestre em Direito pelo Departamento de Direito Financeiro, Econômico e Tributário da Faculdade de Direito do Largo de São Francisco da Universidade de São Paulo. Desembargador nos termos do Provimento 2376/2016 do Conselho Superior da Magistratura do Tribunal de Justiça do Estado de São Paulo, Juiz de Direito S. em Segundo Grau e Professor Universitário. Atuando hoje na 15ª Câmara da Seção de Direito Público. Magistrado desde 1989. Professor e coordenador de Cursos de Pós-graduação da Escola Paulista da Magistratura e da Escola Superior do Ministério Público do Estado de São Paulo. Ex-membro do Núcleo de Planejamento e Gestão do Tribunal de Justiça do Estado de São Paulo por duas gestões. Ex-professor da Faculdade de Direito da UNESP onde iniciou em 1988 e em outras faculdades. Autor de livros e artigos publicados. Para contato: faimf@usp.br; https://www.facebook.com/falandodedireitopublico/; https://www.amazon.com/Euripedes-G-Faim-F/e/B0786PGYYD.

EUTÁLIO JOSÉ PORTO: Desembargador do Tribunal de Justiça de São Paulo. Professor de Direito Constitucional e Teoria Geral do Estado. Especialização em Filosofia e Teoria Geral do Direito - USP. Mestrado em Direito do Estado - PUC-SP.

FÁBIO PIOVESAN BOZZA: Advogado em São Paulo, mestre em Direito Econômico, Financeiro e Tributário pela Faculdade de Direito da Universidade de São Paulo, professor convidado em cursos de pós-graduação, ex-conselheiro do CARF.

HELIANA MARIA COUTINHO HESS: Juíza de Direito da 4ªVara de Acidentes do Trabalho. Mestre e Doutora pela USP em Direito do Estado e Pós-Doutora em Ciência Política pela UNICAMP

JOSÉ LUIS RIBEIRO BRAZUNA: Advogado em São Paulo. Autor de artigos e do livro *Defesa da Concorrência e Tributação – à luz do Artigo 146-A da Constituição*. Mestre em Direito Tributário pela Faculdade de Direito da Universidade de São Paulo. Professor em cursos de pós-graduação na área fiscal. Ex-Conselheiro do Conselho Municipal de Tributos, da Prefeitura de São Paulo, e ex-Juiz Administrativo do Tribunal de Impostos e Taxas do Estado de São Paulo.

MATHEUS CHERULLI ALCÂNTARA VIANA: Mestre em Direito Tributário pela Universidade de São Paulo - Departamento de Direito Econômico, Financeiro e Tributário (DEF/USP). Professor no Curso de Especialização em Direito Tributário do Instituto Brasileiro de Direito Tributário. Professor Convidado do MBA em Gestão de Tributos da FIPECAFI. Advogado em São Paulo. Rua Urussuí, 300, Conjunto 103, Itaim Bibi, São Paulo, SP. CEP 04548-004. viana@vianaeazevedo.com.br.

MÔNICA DE ALMEIDA MAGALHÃES SERRANO: Desembargadora do Tribunal de Justiça de São Paulo. Coordenadora do Núcleo de Direito Tributário e vários cursos na Escola Paulista da Magistratura do Tribunal de Justiça de São Paulo. Ex-Procuradora do Estado. Mestre e doutoranda pela PUC/SP.

PAULO VICTOR VIEIRA DA ROCHA: Pesquisador em Pós-doutorado na Faculdade de Direito da Universidade de São Paulo (USP). Professor Adjunto da Universidade do Estado do Amazonas (UEA). Coordenador do Programa de Especialização em Direito Tributário Brasileiro do Instituto Brasileiro de Direito Tributário (IBDT). Advogado.

ROBSON MAIA LINS: Mestre e doutor em direito pela Pontifícia Universidade Católica de São Paulo ("PUC-SP"), Professor de Direito Tributário nos Cursos de Graduação, Especialização, Mestrado e Doutorado da PUC/SP, Professor do IBET e Advogado.

ROQUE ANTONIO CARRAZZA: Professor Titular da Cadeira de Direito Tributário da Faculdade de Direito da Pontifícia Universidade Católica de São Paulo –Advogado e Consultor Tributário – Chefe do Departamento das Relações Tributárias, Comerciais, Econômicas e Internacionais da *PUC-SP* - Ex-Presidente da Academia Paulista de Direito

---

1 Mestre e Doutor em Direito Tributário (PUC-SP). Agente Fiscal de Rendas. Juiz do Tribunal de Impostos e Taxas de São Paulo. Professor palestrante convidado do IBET, COGEAE-PUC, FAAP, EPD, Faculdade de Direito de São Bernardo do Campo, dentre

outras instituições. Especialista em Direito Tributário (IBET/IBDT). Especialista em Direito Tributário (Escola Fazendária de São Paulo). Especialista em Direito do Estado (ESCOLA SUPERIOR DA PROCURADORIA GERAL DO ESTADO DE SÃO PAULO)

[2] CARVALHO, Paulo de Barros. Curso de Direito Tributário. Saraiva, São Paulo, 23ª edição, 2011, pág. 34

[3] CARVALHO, P. B., 2009b, p. 83.

[4] CARVALHO, P. B., 2009b, p. 106.

[5] KELSEN, Hans. Teoria pura do direito. 6. ed. São Paulo: Martins Fontes, 2000. p. 391.

[6] Ibidem, p. 390.

[7] Ibidem, p. 391.

[8] KELSEN, Hans. O que é justiça? 2. ed. São Paulo: Martins Fontes, 1998. p. 23.

[9] CARVALHO, Paulo de Barros. Direito Tributário, Linguagem e Método. Noeses, São Paulo, 3ª edição, 2009, págs. 442/443.

[10] MOUSSALLEM, Tárek Moysés. Fontes do Direito Tributário. São Paulo, Noeses, 2006, pág. 22.

[11] SANTI, Eurico Marcos Diniz. Decadência e Prescrição no Direito Tributário. PUC/SP, São Paulo, Max Limonad, 2000, pág. 44.

[12].CARVALHO, Paulo de Barros. Direito Tributário, Linguagem e Método. Noeses, São Paulo, 3ª edição, 2009, págs. 151/152.

[13] CARVALHO, P. B., 2009a, p. 391.

[14] ATALIBA, 1978a, p. 126.

[15] ATALIBA; GIARDINO, 1981a, p.230.

[16] ATALIBA, Geraldo. ICM: hipótese de incidência. Bens importados para uso próprio. In: _____. Estudos e pareceres de Direito Tributário. São Paulo: Revista dos Tribunais, 1978b. v. 1. p. 120-138. p. 127.

[17] Professor de Direito Tributário da PUC/SP e de Direito Financeiro da USP

[18] Curso de Direito Constitucional Tributário, 22ª. ed., São Paulo : Malheiros, 2006, p. 86, grifou-se.

[19] Art 145, § 1º Sempre que possível, os impostos terão caráter pessoal e serão graduados segundo a capacidade econômica do contribuinte, facultado à administração tributária, especialmente para conferir efetividade a esses objetivos, identificar, respeitados os direitos individuais e nos termos da lei, o patrimônio, os rendimentos e as atividades econômicas do contribuinte. (a sutil diferença entre *capacidade econômica* e *capacidade contributiva* não será aqui abordada, preferindo-se utilizar a expressão *capacidade contributiva*, que é voz corrente na doutrina).

[20] V. nosso O princípio do não confisco no Direito Tributário, S.P.: Dialética, 2002, p.67.

[21] (REsp 1131476/RS, Rel. Ministro LUIZ FUX, Primeira Seção, julgado em 09/12/2009, DJe 01/02/2010, grifou-se).

[22] Não se entrará aqui na discussão acerca da diferenciação entre princípio e regras, deixando-se assentado, somente, que ambos são normas jurídicas e, via de consequência, imperativas.

[23] "Princípio da capacidade contributiva", 3ª. ed., São Paulo : Malheiros, 2003, p. 79

[24] Apud Gustavo Naveira de Casanova, El principio de no confiscatoriedad – Estudio en

España y en Argentina, Madri : Mc Graw Hill, 1997, p. 264.
[25] Aires Barreto, por exemplo, não admite a possibilidade de esses tributos serem confiscatórios. V. Aires Fernandino Barreto, *Conferência magna proferida por ocasião do VIII Congresso Brasileiro de Direito Tributário – IDEPE,* publicada na Revista de Direito Tributário n. 64, p. 97-105.
[26] ADI-MC 1075 / DF, DJ 24-11-2006, p.00059.
[27] Nosso "O princípio ...", cit., p. 67.
[28] Curso de Direito Constitucional Tributário, cit., p. 99.
[29] *Sobre a unidade da ordem jurídica tributária,* tradução de Luis Eduardo Shoueri, *in* "Estudos em homenagem a Brandão Machado", São Paulo : Dialética, 1998
[30] Ataliba, Geraldo e Giardino, Cléber, *Estudos e Pareceres* n. 1 – *ICM diferimento (Estudo teórico-prático),* São Paulo : Resenha Tributária, 1980, p. 52-54.
[31] Cf. nosso "O princípio do não confisco ...", p. 101-102.
[32] Horvath, Estevão, "O princípio do não-confisco ...", cit., p. 104.
[33] *Fallos* 191:233, de 19.11.41.
[34] *Fallos* 192:418, de 20.5.42.
[35] *Sentencia* de 6 de junho de 1993.
[36] ADI-MC 1075 / DF
[37] ADI 551 / RJ - DJ 14-02-2003, p. 00058.
[38] TJ/SP, Apel. 1054120-21.2017.8.26.0053, julg. 29/06/2018.
[39] Recurso Extraordinário 714.139 – SC
[40] *Curso de Direito Comunitário,* São Paulo : Saraiva, 2005, p. 218-219.
[41] *Curso ...,* cit., p. 95.
[42] Advogado em São Paulo. Autor de artigos e do livro *Defesa da Concorrência e Tributação – à luz do Artigo 146-A da Constituição.* Mestre em Direito Tributário pela Faculdade de Direito da Universidade de São Paulo. Professor em cursos de pós-graduação na área fiscal. Ex-Conselheiro do Conselho Municipal de Tributos, da Prefeitura de São Paulo, e ex-Juiz Administrativo do Tribunal de Impostos e Taxas do Estado de São Paulo.
[43] *Curso de direito tributário.* 12ª edição. São Paulo: Saraiva, 1994, p. 165 e segs.
[44] O que foi, aliás, destacado pela Min. Eliana Calmon no seu voto condutor do acórdão que firmou a tese do tema repetitivo nº 132, no sentido de que *"é legítima a incidência de ISS sobre os serviços bancários congêneres da lista anexa ao DL n. 406/1968 e à LC n. 56/1987".*
[45] Detalhes sobre o tema podem ser encontrados no Decreto Paulista nº 56.045/2010 e na Portaria CAT nº 154/2010, da Secretaria da Fazenda do Estado de São Paulo.
[46] Tanto que o próprio artigo 8º-A, nos seus §§ 2º e 3º, decreta a nulidade da norma de incidência do Município que institui carga inferior a 2%, assegurando o direito à restituição do indébito em favor do prestador do serviço.
[47] Pleno, Rel. Min. Luiz Fux, j. em 13.2.2014.
[48] Ambas ações julgadas pelo Plenário, em 25.4.2013, Rel. Min. Rosa Weber.
[49] 2ª Turma, Rel. Min. Ellen Gracie, j. em 16.12.2003.
[50] Ação direta de inconstitucionalidade nº 939, Pleno, Rel. Min. Sydney Sanches, j. em 15.12.1993

[51] Pleno, Rel. Min. Gilmar Mendes, j. em 20.8.2014.
[52] Tema nº 32 das repercussões gerais: "Reserva de lei complementar para instituir requisitos à concessão de imunidade tributária às entidades beneficentes de assistência social". Vide também o quanto decidido nas ações diretas de inconstitucionalidade nºs 1.802-DF, 2.028-DF, 2.036-DF, 2.228-DF e 2.621-DF.
[53] Pleno, Rel. Min. Marco Aurélio, j. em 23.2.2017.
[54] Recurso Extraordinário com repercussão geral nº 767.332-MG, Pleno, Rel. Min. Gilmar Mendes, j. em 30.10.2013.
[55] "Ainda quando alugado a terceiros, permanece imune ao IPTU o imóvel pertencente a qualquer das entidades referidas pelo art. 150, VI, c, da Constituição, desde que o valor dos aluguéis seja aplicado nas atividades essenciais de tais entidades" (súmula STF nº 724).
[56] Recurso Extraordinário nº 221.395, 2ª Turma, Rel. Min. Marco Aurélio, DJ de 12.5.2000.
[57] "A imunidade prevista no art. 150, VI, d, da Constituição Federal abrange os filmes e papéis fotográficos necessários à publicação de jornais e periódicos" (súmula STF nº 657).
[58] Recurso Extraordinário nº 199.183-6-SP, 2ª Turma, Rel. Min. Marco Aurélio, j. em 17.4.1998.
[59] "A teleologia da imunidade contida no art. 150, VI, d, da Constituição, aponta para a proteção de valores, princípios e ideias de elevada importância, tais como a liberdade de expressão, voltada à democratização e à difusão da cultura; a formação cultural do povo indene de manipulações; a neutralidade, de modo a não fazer distinção entre grupos economicamente fortes e fracos, entre grupos políticos etc.; a liberdade de informar e de ser informado; o barateamento do custo de produção dos livros, jornais e periódicos, de modo a facilitar e estimular a divulgação de ideias, conhecimentos e informações etc. Ao se invocar a interpretação finalística, se o livro não constituir veículo de ideias, de transmissão de pensamentos, ainda que formalmente possa ser considerado como tal, será descabida a aplicação da imunidade", trecho da ementa do acórdão que julgou o Recurso Extraordinário nº 330.817-RJ e firmou a tese de repercussão geral do tema nº 593: "a imunidade tributária constante do art. 150, VI, d, da CF/88 aplica-se ao livro eletrônico (e-book), inclusive aos suportes exclusivamente utilizados para fixá-lo."
[60] Recurso Extraordinário nº 578.562-BA, Pleno, Rel. Min. Eros Grau, j. em 21.5.2008.
[61] "Quanto ao art. 111 CTN, ainda que ele pudesse condicionar a interpretação constitucional, observo que a norma se refere ao fenômeno da 'isenção' (exoneração infraconstitucional), diverso do conceito de 'imunidade' (negativa de competência que, por óbvio, tem alçada constitucional). Interpretando-se literalmente o art. 111, ele é inaplicável ao caso." (AgRgAgRg no Recurso Ordinário em Mandado de Segurança nº 24.283-DF, 2ª Turma, Rel. Min. Joaquim Barbosa, j. em 21.9.2010).
[62] Recursos Extraordinários nºs 631.864-AgR-MG, Rel. Min. Ricardo Lewandowski (1ª Turma, j. em 3.5.2011), e 435.978-AgR-SP, Rel. Min. Cármen Lúcia (1ª Turma, j. em 8.2.2011).
[63] AgRg nos Embargos de Divergência no Recurso Extraordinário nº 202.149-RS, Pleno, Rel. Min. Celso de Mello, j. em 1.6.2018.
[64] "O Supremo Tribunal Federal possui entendimento no sentido de que a imunidade em discussão deve ser interpretada restritivamente" (AgRg no Recurso Extraordinário nº

530.121-PR, 1ª Turma, Rel. Min. Ricardo Lewandowski, j. em 9.11.2010).
[65] Recurso Extraordinário nº 562.351-RS, Pleno, Rel. Min. Ricardo Lewandowski, j. em 4.9.2012. Nesse caso foi consignado que "as liberdades, como é sabido, devem ser interpretadas de forma extensiva, para que o Estado não crie qualquer óbice à manifestação de consciência, como é o caso sob exame, porém, às imunidades deve ser dado tratamento diametralmente oposto, ou seja, restritivo".
[66] Embora o tema não tenha tido o seu julgamento concluído no Recurso Extraordinário nº 544.815-SP, em face de pedido de desistência da parte interessa, houve manifestação a seu respeito também no julgamento do citado Recurso Extraordinário nº 578.562-BA (Pleno, Rel. Min. Eros Grau, j. em 21.5.2008), onde se consignou, *obter dictum*, que *"é evidente que jazigos explorados comercialmente, por empresas dedicadas a esse negócio, não gozam da proteção constitucional de que se cuida. Ainda que a família e amigos próximos do ali enterrado possam cultuar a sua memória diante do jazigo"*.
[67] AMARO, Luciano. *Direito tributário brasileiro*. 6ª ed. São Paulo: Saraiva, 2001, pp. 266-268.
[68] CARVALHO, Paulo de Barros. *Curso de direito tributário*. 11ª ed. rev. São Paulo: Saraiva, 1999, p. 330 e seguintes.
[69] LUNARDELLI, Pedro Guilherme Accorsi. *Isenções Tributárias*. São Paulo: Dialética, 1999, p.65.
[70] AgRg no Recurso Extraordinário nº 630.705-MT, 1ª Turma, Rel. Min. Dias Toffoli, j. em 11.12.2012.
[71] Em precedente decidido à luz da Constituição Estadual do Rio Grande do Sul, o Supremo Tribunal Federal admitiu que bastaria decreto legislativo estadual ratificando tacitamente a isenção de ICMS veiculada por meio de convênio aprovado pelo CONFAZ (Recurso Extraordinário nº 539.130-RS, 2ª Turma, Rel. Min. Ellen Gracie, j. em 4.12.2009).
[72] Ações diretas de inconstitucionalidade nºs 3.462 (Pleno, Rel. Min. Cármen Lúcia, j. em 15.9.2010) e 2.688 (Pleno, Rel. Mon. Joaquim Barbosa, j. em 1.6.2011).
[73] Ação direta de inconstitucionalidade nº 1.296-7-DF (Pleno, Rel. Min. Celso de Mello, j. em 14.6.1995).
[74] Superior Tribunal de Justiça, 2ª Turma, Rel. Min. Eliana Calmon, Recurso Especial nº 556.287-RN, j. em 4.11.2004.
[75] Foi o que decidiu o Supremo Tribunal Federal, no Recurso Extraordinário nº 419.629-8-DF (1ª Turma, Rel. Min. Sepúlveda Pertence, j. em 23.5.2006), considerando válida a revogação da isenção de Cofins para as sociedades de profissionais, originalmente dada pelo artigo 6º, inc. II, da Lei Complementar nº 70/91, e posteriormente revogada pelo artigo 59, da Lei nº 9.430/96. O Superior Tribunal de Justiça, de início, havia julgado favoravelmente aos contribuintes e inclusive editado súmula sobre o tema (nº 276), a qual posteriormente foi revogada na ação rescisória nº 3761-PR (Pleno, Rel. Min. Eliana Calmon, j. em 12.11.2008).
[76] Recurso Extraordinário nº 236.881-1-RS (2ª Turma, Rel. Min. Maurício Corrêa, j. em 5.2.2002).
[77] Ação direta de inconstitucionalidade nº 3.334-RN (Pleno, Rel. Min. Ricardo Lewandowski, j. em 17.3.2011).

78 Ação direta de inconstitucionalidade nº 1.655-5-AP (Pleno, Rel. Min. Maurício Corrêa, j. em 3.3.2004).
79 Recurso Extraordinário nº 159.026-2-SP (1ª Turma, Rel. Min. Ilmar Galvão, j. em 30.8.1994).
80 Ação direta de inconstitucionalidade nº 1.276-2-SP (Pleno, Rel. Min. Ellen Gracie, j. em 29.8.2002).
81 Ação direta de inconstitucionalidade nº 4.976-DF, Pleno, Rel. Min. Ricardo Lewandowski, j. em 7.5.2014.
82 Nesse sentido, vide AgRg no Recurso Extraordinário nº 1.027.716-BA, 2ª Turma, Rel. Min. Edson Fachin, j. em 5.5.2017, AgRg no Recurso Extraordinário nº 984.430-SP, 2ª Turma, Rel. Min. Edson Fachin, j. em 5.5.2017, AgRg no Recurso Extraordinário nº 599.577, Rel. Min. Cármen Lúcia, Segunda Turma, DJe 16.06.2015, AgRg no Recurso Extraordinário nº 893.893-DF, 1ª Turma, Rel. Min. Luiz Fux, j. em 5.4.2016, e AgRg no Recurso Extraordinário nº 869.568-RN, 2ª Turma, Rel. Min. Cármen Lúcia, j. em 7.4.2015.
83 Recurso Extraordinário nº 102993-SP, 2ª Turma, Rel. Min. Aldir Passarinho, j. em 19.4.1985.
84 Recurso Extraordinário nº 106736-SP, 2ª Turma, Rel. Min. Aldir Passarinho, j. em 18.10.1985.
85 Recurso Extraordinário nº 109183-SP, 1ª Turma, Rel. Min. Rafael Mayer, j. em 3.6.1986; Recursos Extraordinários nºs 97482-RS e 67456-RS, 1ª Turma, Rel. Min. Soares Muñoz, j. em 26.10.1982; Recurso Especial nº 762754-MG, 2ª Turma, Rel. Min. Eliana Calmon, j. em 20.9.2007, Recurso Especial nº 188950-BA, 2ª Turma, Rel. Min. Peçanha Martins, j. em 19.10.1999.
86 Recurso Extraordinário nº 105518-SP, 2ª Turma, Rel. Min. Francisco Rezek, j. em 7.5.1985.
87 Recurso ordinário em mandado de segurança nº 14.473-SP, Pleno, Rel. Min. Hermes Lima, j. em 30.8.1965.
88 Recurso Extraordinário nº 97.455-5-RS (2ª turma, Rel. Min. Moreyra Alves, j. em 10.12.1982) e ação direta de inconstitucionalidade nº 286-4-RO (Pleno, Rel. Min. Maurício Corrêa, j. em 22.5.2002).
[89] Imposto de importação, imposto de exportação, IOF e IPI, conforme artigo 153, § 1º, da Constituição.
[90] "Entendo também que o contrato de leasing é um contrato complexo, em que predomina a prestação de serviço e, como tal, é tributável pelo ISS. Observo que os operadores de leasing estão no melhor mundo possível porque eles não pagam ISS, não pagam ICMS, não pagam IOF. Qual seria o tributo, então, que incidiria sobre essa operação? Ele está indicado na lei complementar. E essa lei complementar, como demonstrado à saciedade, não conflita com a Constituição Federal. Assim, a meu ver, esse é o tributo que recai sobre tal tipo de operação." (Min. Ricardo Lewandowski, in Recurso Extraordinário nº 592.905-SC, Pleno, Rel. Min. Eros Grau, j. em 2.12.2009). Esse trecho, aliás, foi transcrito como fundamento do voto do Min. Luiz Fux, no Recurso Extraordinário nº 651.703-PR (Pleno, Rel. Min. Luiz Fux, j. em 29.9.2016).
[91] A título de exemplo, vide os julgamentos havidos nas ações diretas de

inconstitucionalidade nºs 260, 286, 429, 1.247, 2.155, 2.376, 2.377, 2.439, 2.549, 2.688, 3.312, 3.702, 3.707, 3.794 e 4.276.
[92] Vide ações diretas de inconstitucionalidade nºs 773 e 930.
[93] Vide ações diretas de inconstitucionalidade nºs 84, 2.548, 3.389, 4.152 e 4.457.
[94] Ações diretas de inconstitucionalidade nºs 1.587, 2.021, 3.246, 3.413, 3.674 e 3.936, a título de exemplo.
[95] Por exemplo, podem-se citar as ações diretas de inconstitucionalidade nºs 902, 199, 2.157, 2.352, 2.458, 2.549, 3.664, 3.803 e 4.152.
[96] Vide ações diretas de inconstitucionalidade nºs 2.345 e 3.794.
[97] Vide ações diretas de inconstitucionalidade nºs 2.549 e 3.794.
[98] No sentido de declarar inconstitucional, vide as ações de inconstitucionalidade nºs 1.179, 2.548 e 3.702. Pela constitucionalidade, mencione-se a ação direta de inconstitucionalidade nº 2.056.
[99] Foi o que ocorreu no julgamento das ações diretas de inconstitucionalidade nºs 1.978 e 3.421.
[100] AgRg no Recurso Extraordinário nº 190.992-7-RS (1ª Turma, Rel. Min. Ilmar Galvão, j. em 12.11.2002); Recurso Extraordinário nº 338.681-6-SP (2ª Turma, Rel. Min. Carlos Velloso, j. em 6.12.2005); e Recurso Extraordinário nº 198.088-5-SP (Pleno, Rel. Min. Ilmar Galvão, j. em 17.5.2000).
[101] 2ª Turma, Rel. Min. Ellen Gracie, j. em 25.5.2004.
[102] Agravo no Recurso Extraordinário nº 977.244-SP, Rel. Min. Edson Fachin, j. em 20.6.2016; Agravo no Recurso Extraordinário nº 953.004-SP, Rel. Min. Rosa Weber, j. em 17.3.2016; AgRg no Recurso Extraordinário nº 656.203-SP, Rel. Min. Cármen Lúcia, j. em 25.9.2012.
[103] A não Tributação dos Jornais Eletrônicos, *in* Revista Dialética de Direito Tributário nº 229, pp. 53-67.
[104] Rel. Des. Antonio Carlos Villen, j. em 16.6.2008.
[105] AgRg no Agravo de Instrumento nº 476.664-RS, 2ª Turma, Rel. Min. Joaquim Barbosa, j. em 6.4.2010.
[106] Muito embora, antes disso, tenha tomado posição em sentido diametralmente oposto, afirmando que "a imunidade tributária prevista o art. 150, IV, c, da Constituição, compreende as aquisições de produtos no mercado interno, desde que os bens adquiridos integrem o patrimônio dessas entidades beneficentes" (AgRg no Agravo de Instrumento nº 535.922-RS, 2ª Turma, Rel. Min. Ellen Gracie, j. em 30.9.2008).
[107] Recurso Extraordinário nº 202.987-4-SP, 2ª Turma, Rel. Min. Joaquim Barbosa, j. em 30.6.2009.
[108] No caso do Estado de São Paulo, esse direito encontra-se previsto no artigo 269, inc. III, do Regulamento do ICMS, aprovado pelo Decreto nº 45.490/2000.
[109] AgReg no Recurso Extraordinário nº 1.095.156-SP, 2ª Turma, Rel. Min. Gilmar Mendes, j. em 23.3.2018; AgRg no Recurso Extraordinário nº 1.056.354-RS, 2ª Turma, Rel. Min. Gilmar Mendes, j. em 1.12.2017; AgRg no Recurso Extraordinário nº 1.037.290-DF, 2ª Turma, Rel. Min. Dias Toffoli, j. em 21.8.2017; AgRg no Recurso Extraordinário nº 1.010.350-SP, 1ª Turma, Rel. Min. Roberto Barroso, j. em 30.6.2017; AgRg no Recurso

Extraordinário nº 916.945-RJ, 1ª Turma, Rel. Min. Roberto Barroso, j. em 30.9.2016; dentre outros.

[110] Note-se que, com base nesse entendimento, a imunidade tributária do serviço postal decorreria do simples fato de que, se o serviço tem natureza pública, é prestado de maneira específica a cada qual que o demanda, sendo assim divisível, a sua contraprestação a bem da verdade teria natureza de taxa, nos termos da definição do artigo 145, inc. II, da Constituição, não podendo ser consequentemente tributada a taxa pelo imposto.

[111] "Então, como, sem uma nova modelagem, simplesmente dizer que nessa atividade já não goza da imunidade, quando nós sabemos que é exatamente essa atividade que permite **subsidiar** a atividade monopolística normal da entrega de cartas e encomendas – extremamente importante para a integração deste país, para a comunicação deste país?" (Min. Gilmar Mendes, no julgamento do Recurso Extraordinário nº 601.392-PR, Pleno, Rel. Min. Gilmar Mendes, j. em 28.2.02013, negritamos).

[112] "Manter o serviço entregue à cura da Empresa Brasileira de Correios e Telégrafos cada vez mais me parece que é manter a qualquer custo, a qualquer preço, de qualquer maneira, ainda que sob retumbante, acachapante prejuízo. É uma atividade que não pode deixar de ser prestada, que não pode sofrer solução de continuidade; é obrigação do Poder Público manter esse tipo de atividade.[...] Estender aos Correios o regime de imunidade tributária de que fala a Constituição está me parecendo uma coisa natural, necessária, que não pode deixar de ser, independentemente se a atividade é exclusiva ou não." (Min. Ayres Britto, no julgamento do Recurso Extraordinário nº 601.392-PR, Pleno, Rel. Min. Gilmar Mendes, j. em 28.2.02013).

[113] Inclusive se considerarmos que, nos termos do Protocolo ICMS nº 32/2001, celebrado no âmbito do CONFAZ, a ECT possui regime especial de fiscalização em relação a todas as demais transportadoras.

[114] São Paulo: Malheiros Editores, 2005, pp. 92-130.

[115] AgRg no Recurso Extraordinário nº 610.517-RJ, 2ª Turma, Rel. Min. Celso de Mello, j. em 3.6.2014.

[116] AgRg no Recurso Extraordinário nº 259.976-RS, 2ª Turma, Rel. Min. Joaquim Barbosa, j. em 23.3.2010.

[117] AgRg no Recurso Extraordinário nº 475.268-MG, 2ª Turma, Rel. Min. Ellen Gracie, j. em 22.2.2011.

[118] No caso da lei orgânica do Município de São Paulo, por exemplo, o seu artigo 172 assim dispõe: "Compete à Prefeitura planejar, organizar, implantar e **executar**, diretamente ou sob regime de concessão, permissão, ou outras formas de contratação, bem como regulamentar, controlar e fiscalizar o transporte público, no âmbito do Município."

119 Recurso Extraordinário nº 601.720, Pleno, Rel. Min. Marco Aurélio, j. em 19.4.2017.

[120] "A situação apresentada mostra-se mais grave, uma vez haver particular atuando livremente no desenvolvimento de atividade econômica e usufruindo de vantagem advinda da utilização de bem público. A imunidade recíproca não foi concedida com tal propósito. A previsão da necessidade de observa-se, no contexto federativo, o respeito mútuo e a autonomia dos entes. Não cabe estendê-la, evitando a tributação de particulares que atuam no regime da livre concorrência." (Recurso Extraordinário nº 601.720, citado na nota

anterior).

[121] "No caso, a recorrente, a Petrobras, desenvolve atividades econômicas – foi ressaltado aqui -, sob regime de concorrência; distribui lucro – claro que para o ente público controlador, que é a União, e também para terceiros; e inclusive tem ações negociadas na Bolsa. Então, seria profundamente injusto, permitir que uma empresa como a Petrobras, que age sob regime de concorrência, distribui lucros, subtraia-se ao pagamento deste imposto importante para as comunidades locais, que é o IPTU." (Recurso Extraordinário nº 594.015-SP, Pleno, Rel. Min. Marco Aurélio, j. em 6.4.2017).

[122] Não se pode criar discriminações, conforme já destacamos anteriormente (*Defesa da Concorrência e Tributação – à luz do Artigo 146-A da Constituição*. São Paulo: Quartier Latin, 2009, p. 113), em função de origem, raça, sexo, cor e idade.

[123] Conforme obra clássica de Celso Antonio Bandeira de Mello (Conteúdo Jurídico do Princípio da Igualdade. 3ª ed. atual. São Paulo: Malheiros Editores, 1988, p. 22): "Em suma: importa que exista mais que uma correlação lógica abstrata entre o fato diferenciador e a diferenciação conseqüente. Exige-se, ainda, haja uma correlação lógica concreta, ou seja, aferida em função dos interesses abrigados no direito positivo constitucional. E isto se traduz na consonância ou dissonância dela com as finalidades reconhecidas como valiosas na Constituição".

[124] Como exemplo disso, podemos citar a discriminação de alíquota do IPI em razão da região de produção de açúcar,

[125] AgRg no Agravo de Instrumento nº 210.358-9-RS, 1ª Turma, Rel. Min. Sepúlveda Pertence, j. em 6.12.2005.

[126] Vide também Recurso Extraordinário nº 229.096-0-RS (Pleno, Rel. Min. Cármen Lúcia, j. em 16.8.2007).

[127] Vide artigo III, do Acordo Geral sobre Tarifas Aduaneiras e Comércio de 1947 (GATT), artigo 7º, do Tratado de Assunção, e artigo 46, do Tratado de Montevidéu.

[128] Artigo I, do GATT.

[129] Esta súmula perdeu os seus efeitos a partir de 30.4.1999, quando expirou a isenção prevista no Convênio ICMS nº 60/1991 (conforme Recurso Especial nº 871.760-BA, 1ª Seção, Rel. Min. Luiz Fux, j. em 11.3.2009).

[130] "ISENÇÃO UM PARA MERCADORIAS IMPORTADAS DA ARGENTINA. Equiparação dos produtos provenientes do Mercosul aos produtos 'de origem nacional', por força do artigo 7º, do Tratado de Assunção. Recurso ordinário provido." (Tribunal de Impostos e Taxas, DRTC-II-340192/06, 1ª Câmara Julgadora, Rel. José Luis Ribeiro Brazuna, j. em 24.9.2009).

[131] Vide respostas às consultas nºs 207/09, 279/09 e 360/09, todas da Secretaria de Fazenda do Estado de São Paulo.

[132] Pleno, Rel. Min. Cezar Peluso, j. em 17.3.2005.

[133] Recurso Extraordinário nº 174.478-2-SP e ação direta de inconstitucionalidade nº 2.320-9-SC, Pleno, Rel. Min. Eros Grau, j. em 15.2.2006.

[134] AgRg no Recurso Extraordinário nº 334 819-SP (1ª Turma, Rel. Min. Sepúlveda Pertence, j. em 14.2.2006) AgRg no Recurso Extraordinário nº 439.784-1-SP (1ª Turma, Rel. Min. Sepúlveda Pertence, j. em 5.9.2006) e AgRg no Recurso Extraordinário nº

441.881-9-MG (1ª Turma, Rel. Min. Sepúlveda Pertence, j. em 25.4.2006).
[135] AgRg no Recurso Extraordinário nº 478.605-2-RS (2ª Turma, Rel. Min. Eros Grau, j. em 3.6.2008), AgRg no Recurso Extraordinário nº 488.174-9-RS (2ª Turma, Rel. Min. Eros Grau, j. em 24.6.2008) e AgRg no Recurso Extraordinário nº 441.881-9-MG (1ª Turma, Rel. Min. Sepúlveda Pertence, j. em 25.4.2006). No julgamento do AgRg no Recurso Extraordinário nº 334.819-SP (vide nota de rodapé anterior), afirmou-se que o estorno não seria exigível no caso de alíquota da saída inferior à da entrada.
[136] "ICMS – CRÉDITO – VENDA SUBSIDIADA DO PRODUTO – SERVIÇOS – FIDELIZAÇÃO. A pretensão de ter-se crédito relativo ao Imposto sobre Circulação de Mercadorias e Serviços ante a venda do produto por preço inferior ao da compra não encontra respaldo no figurino constitucional." (Pleno, Rel. Min. Marco Aurélio, j em 9.12.2010, Recurso Extraordinário nº 437.006-RJ).
[137] Advogado em São Paulo, mestre em Direito Econômico, Financeiro e Tributário pela Faculdade de Direito da Universidade de São Paulo, professor convidado em cursos de pós-graduação, ex-conselheiro do CARF.
[138] Advogado em São Paulo, LL.M. em tributação internacional na Albert-Ludwigs Universität – Freiburg im Breisgau, Alemanha, professor em cursos de pós-graduação do Instituto Brasileiro de Direito Tributário – IBDT e da Faculdade FIPECAFI.
[139] A primeira revolução industrial trouxe inovações mecânicas, como a máquina a vapor e a ferrovia. A segunda, abrangeu a produção em massa, com supedâneo na eletricidade e nas linhas de produção. A terceira, chamada de revolução digital, foi catalisada pelo desenvolvimento dos semicondutores, "mainframes" e computadores pessoais.
[140] Sobre inovações disruptivas, vale mencionar as seguintes obras de referência: SCHUMPETER, Joseph. *Theory of Economic Development*. Cambridge: Mass Harvard University Press. 1934. CHRISTENSEN, Clayton. *The Innovator's Dilemma*. Harvard Business School Press. 1997. ADNER, Ron. *When are technologies disruptive? A demand-based view of the emergence of competition*. Strategic Management Journal. 2002.
[141] Conclusões extraídas das apresentações do Prof. Fernando Antonio Rezende Silva na FGV. 2017.
[142] MASSAROLO, João Carlos. MESQUITA, Dario. "Vídeo sob demanda: uma nova plataforma televisiva". Artigo apresentado no Grupo de Trabalho Estudos de Televisão, do XXV Encontro Anual da Compós, na Universidade Federal de Goiás, Goiânia. 2016.
[143] Embora não seja objeto do presente trabalho, vale mencionar ser também possível acessar os serviços de "streaming" por outra tecnologia, denominada "cable VOD", que utiliza determinado equipamento ("set-up box") fornecido pelas operadoras a cabo aos seus usuários.
[144] http://www.mundodigital.net.br/index.php/noticias/telecomunicacoes/5628-o-que-e-ott
[145] Pelo menos, será com esse pressuposto técnico que o presente trabalho será desenvolvido, desconsiderando eventuais particularidades que possam destoar desse modelo. Nos casos em que, de fato, há algum "download", este se dá de forma precária e vinculada à assinatura do serviço, sem cessão definitiva do conteúdo de áudio, vídeo, imagem ou texto.
[146] A polêmica em torno da tributação por ICMS-comunicação, ISS ou nenhum dos dois

tributos sobre a atividade de veiculação de publicidade na internet (isto tudo por conta do veto ao item 17.07 da versão original da LC 116/2013 e da recente inclusão do novo item 17.25 pela LC 157/2016 da Lista de Serviços tributáveis pelo ISS) não será analisada no presente trabalho, dado que mereceria um estudo aprofundado em artigo acadêmico especificamente dedicado ao tema.

[147] Alguns trechos desse tópico foram extraídos e adaptados do livro: BOZZA, Fábio Piovesan. *Planejamento Tributário e Autonomia Privada*. São Paulo: Quartier Latin. 2015.

[148] COSTA, Alcides Jorge. "Direito tributário e direito privado". In: MACHADO, Brandão (coord.). *Direito tributário: estudos em homenagem ao Prof. Ruy Barbosa Nogueira*. São Paulo: Saraiva, 1984, p. 223.

[149] Em Portugal, por exemplo, a questão foi tratada pela Lei Geral Tributária, cujo art. 11 (2) assim dispõe: "Sempre que, nas normas fiscais, se empreguem termos próprios de outros ramos de direito, devem os mesmos ser interpretados no mesmo sentido daquele que aí têm, salvo se outro decorrer diretamente da lei".

[150] ÁVILA, Humberto. "Eficácia do novo código civil na legislação tributária". In: GRUPENMACHER, Betina Triger (coord.). *Direito tributário e o novo código civil*. São Paulo: Quartier Latin, 2004, p. 65.

[151] BECKER, Alfredo Augusto. *Teoria geral do direito tributário*. 3ª ed. São Paulo: Lejus, 1998, p. 123.

[152] SCHOUERI, Luis Eduardo. *Direito tributário*. 2ª ed. São Paulo: Saraiva, 2012, p. 662; 682-685.

[153] VANONI, Ezio. *Natureza e interpretação das leis tributárias*. Tradução de Rubens Gomes de Sousa. Rio de Janeiro: Edições Financeiras, 1932, p. 159-161; 169.

[154] A menção a tais precedentes jurisprudenciais não retrata, necessariamente, o tratamento tributário atual acerca dessas matérias. A variação pode ocorrer, essencialmente, em virtude de alterações legislativas posteriores.

[155] "Art. 146. Cabe à lei complementar: I – dispor sobre conflitos de competência, em matéria tributária, entre a União, os Estados, o Distrito Federal e os Municípios; [...]"

[156] ÁVILA, Humberto."Imposto sobre a prestação de serviços de comunicação. conceito de prestação de serviço de comunicação. Intributabilidade das atividades de veiculação de publicidade em painéis e placas. Inexigibilidade de multa". *Revista Dialética de Direito Tributário nº 143*. São Paulo: Dialética, 2007.

[157] CARRAZZA, Roque Antonio. *ICMS*. 13ª ed. São Paulo: Malheiros, 2009, p. 239. MACHADO, Hugo de Brito. "Tributação na Internet". *Pesquisas Tributárias Novas Séries – 7*. São Paulo: Revista dos Tribunais/Centro de Extensão Universitária, 2001, p. 87. ÁVILA, Humberto. "Imposto sobre a prestação de serviços de comunicação. conceito de prestação de serviço de comunicação. Intributabilidade das atividades de veiculação de publicidade em painéis e placas. Inexigibilidade de multa". *Revista Dialética de Direito Tributário nº 143*. São Paulo: Dialética, 2007.

[158] COSTA, Alcides Jorge. "ICMS – Comunicação – Parecer". *Revista Direito Tributário Atual nº 16*. São Paulo: Dialética, 2001, p. 5.

[159] ATALIBA, Geraldo. "ICMS - competência impositiva na Constituição de 1988". *Revista de Direito Administrativo nº 195*. Rio de Janeiro, 1994, p. 24. DERZI, Misabeu Abreu

Machado. "Aspectos essenciais do ICMS, como imposto de mercado". *Direito tributário: estudos em homenagem a Brandão Machado.* São Paulo: Dialética, 1998, p. 116.
[160] MENDONÇA, J.X. Carvalho de. *Tratado de Direito Comercial Brasileiro.* Vol. V, 1ª Parte. Rio de Janeiro: Freitas Bastos, 1955.
[161] Na vigência do Imposto de Vendas e Consignações – IVC, o STF, ao julgar o RE nº 31.737, de 1966, declarou que o conceito de mercadoria é aquele contido no direito comercial, o qual congrega coisa móvel e corpórea. Em consequência, afastou-se a incidência desse imposto sobre operações com energia elétrica. O voto do Min. Rel. Aliomar Baleeiro destaca que a circunstância de um bem ser objeto de comércio, como ocorre com a energia elétrica, não a torna uma mercadoria.
[162] Tal concepção de mercadoria restou referendada no RE nº 199.464, de 1999.
[163] Tal concepção de serviço restou referendada no RESP nº 814.075, de 2008.
[164] Em 2017, a Confederação Nacional de Serviços ajuizou a ADI nº 5.659 com o intuito de excluir a incidência do ICMS sobre as operações com programas de computador. Também encontra-se aguardando julgamento o RE nº 688.223, que versa sobre a incidência de ISS sobre licenciamento e cessão de uso de programas de computador.
[165] Ao menos no Estado de São Paulo, os contribuintes contam com uma recente norma administrativa delimitadora da pretensão arrecadatória de ICMS sobre a atividade de "streaming". Trata-se da Portaria da Coordenadoria da Administração Tributária – CAT nº 24/2018, a qual exemplifica dentre "bens e mercadorias digitais" os "conteúdos de áudio, vídeo, imagem e texto, *com cessão definitiva* ("download")". Dada a particularidade técnica de que os "apps" de "streaming" permitem acesso a conteúdos exatamente sem cessão definitiva, conclui-se que enquanto vigorar tal ato normativo, operações de "streaming" ocorridas em território paulista estarão isentas de riscos da malfadada bitributação entre ICMS e ISS.
[166] Lembrando que a tributação do licenciamento de "softwares" também é alvo de disputa pelos Municípios, com fulcro no item *"1.05 – Licenciamento ou cessão de direito de uso de programa de computador"*, da lista de serviços anexa à Lei Complementar nº 116/2003. Conforme já mencionado ao longo do texto, tal fundamento legal já foi utilizado, por exemplo pela Prefeitura do Município de São Paulo através da referida Solução de Consulta SF/DEJUG nº 65/2012 para justificar a exigência de ISS sobre a atividade de "streaming on demand" em contratos de "assinatura mensal", com acesso a conteúdo ilimitado, isto tudo previamente à edição da Lei Complementar nº 157/2016.
[167] COSTA, Alcides Jorge. "ICMS – Comunicação – Parecer". *Revista Direito Tributário Atual nº 16.* São Paulo: Dialética, 2001, p. 5.
[168] MORAES, Bernardo Ribeiro de. *Doutrina e prática do imposto sobre serviços.* São Paulo: RT, 1975, p. 81.
[169] BARRETO, Aires Fernandino. *ISS na constituição e na lei.* São Paulo: Dialética. 3ª ed. 2009, p. 33.
[170] Coincidentemente, o contribuinte que contestava a incidência do ISS sobre a locação de guindastes era o mesmo nos precedentes RE nº 112.947 e RE nº 116.121.
[171] Provavelmente, um retorno parcial à concepção econômica de serviço, mantida a não incidência do ISS sobre locação de bens móveis corpóreos, se o tribunal resolver manter

válida a Súmula Vinculante n° 31.
172 "Assim como as coisas, certos direitos, como o de usufruto, são suscetíveis de locação. Mais interessante dentre eles é o de explorar patente de invenção". GOMES, Orlando. *Contratos.* Rio de Janeiro: Forense, 1984, 10ª ed., p. 308.
173 A locação pressupõe domínio temporal da coisa locada, o que não acontece como os dados transmitidos via "streaming", os quais seriam dotados de peculiar fungibilidade, podendo ser copiados e enviados diversas vezes.
174 PONTES DE MIRANDA. *Tratado de Direito Privado.* Rio de Janeiro: Borsoi, 1965, tomo XVI, p. 351.
175 Doutor e Mestre em Direito pelo Departamento de Direito Financeiro, Econômico e Tributário da Faculdade de Direito do Largo de São Francisco da Universidade de São Paulo. Desembargador nos termos do Provimento 2376/2016 do Conselho Superior da Magistratura do Tribunal de Justiça do Estado de São Paulo, Juiz de Direito S. em Segundo Grau e Professor Universitário. Atuando hoje na 15ª Câmara da Seção de Direito Público. Magistrado desde 1989. Professor e coordenador de Cursos de Pós-graduação da Escola Paulista da Magistratura e da Escola Superior do Ministério Público do Estado de São Paulo. Ex-membro do Núcleo de Planejamento e Gestão do Tribunal de Justiça do Estado de São Paulo por duas gestões. Ex-professor da Faculdade de Direito da UNESP onde iniciou em 1988 e em outras faculdades. Autor de livros e artigos publicados. Para contato: faimf@usp.br; https://www.facebook.com/falandodedireitopublico/ ; https://www.amazon.com/Euripedes-G-Faim-F/e/B0786PGYYD.
176 Nesse sentido: BALEEIRO, Aliomar (atualizado por DERZI, Misabel Abreu Machado). Direito Tributário Brasileiro. 13ª Edição. Rio de Janeiro: Forense, 2015, pág. 1346.
177 Conforme NOGUEIRA, Rui Barbosa. Curso de Direito Tributário. 9ª. Edição. São Paulo: Saraiva, 1989, pág. 171. CARRAZA, Roque Antônio. Curso de Direito Constitucional Tributário. 16ª Edição. São Paulo: Malheiros, 2001, pág. 717.
Vide ainda sobre isso: FAIM Fº, Eurípedes G.. "Da Isenção da Taxa Denominada Emolumentos pela Concessão de Gratuidade Justiça." In SCHOUERI, Luis Eduardo e outros. Estudos de Direito Tributário em Homenagem ao Professor Gerd Willi Rothmann. São Paulo: Quartier Latin, 2016, págs. 535 a 544.
178 HARADA, Kiyoshi. ISS. Exportação de serviços para o exterior do país. Disponível em <http://www.ambito-juridico.com.br/site/index.php?n_link=revista_artigos_leitura&artigo_id=7710>. Acesso dia 13.10.2018.
179 (ARE 860209 AgR, Relator(a): Min. DIAS TOFFOLI, Segunda Turma, julgado em 26/05/2015, PROCESSO ELETRÔNICO DJe-118 DIVULG 18-06-2015 PUBLIC 19-06-2015)
180 Tradução livre. No original: Article. I. Section. 9. No Tax or Duty shall be laid on Articles exported from any State.
181 Tradução livre. No original: Continuing its refusal to modify its export clause jurisprudence, the Court held unconstitutional the Harbor Maintenance

Tax (HMT) under the export clause insofar as the tax was applied to goods loaded at United States ports for export. [...] . The clause, said the Court, "categorically bars Congress from imposing any tax on exports." GARCIA, Michael J.; LEWIS, Caitlain D. Lewis; and NOLAN, Andrew (Attorney Editors). The Constitution of the United States of America. Analysis and Interpretation. Centennial Edition. Washington: Congressional Research Service. Library of Congress, 2017. <https://congress.gov/content/conan/pdf/GPO-CONAN-2017.pdf>. Acesso dia 20.10.2018.

182 RE 593849 / MG - MINAS GERAIS. Relator(a): Min. EDSON FACHIN. Julgamento: 19/10/2016. Órgão Julgador: Tribunal Pleno. ACÓRDÃO ELETRÔNICO. REPERCUSSÃO GERAL – MÉRITO. DJe-065 DIVULG 30-03-2017 PUBLIC 31-03-2017. REPUBLICAÇÃO: DJe-068 DIVULG 04-04-2017 PUBLIC 05-04-2017.

183 Direito Constitucional. 7ª edição. Coimbra: Almedina, 2003, pág. 1224

184 Contra, entendendo que nenhum resultado pode ocorrer aqui: Apelação nº 0022905-83.2013.8.26.0053. 14ª Câmara de Direito Público do Tribunal de Justiça de São Paulo. V.U.. São Paulo, 11 de setembro de 2014. Mônica Serrano Relatora. E TJ/SP, Apelação nº 1043405-22.2014.8.26.0053, 14ª Câmara de Direito Público, Rel. Cláudio Marques, j. 25/08/2016, V. U.

185 Contra: Apelação nº 0022905-83.2013.8.26.0053. 14ª Câmara de Direito Público do Tribunal de Justiça de São Paulo. V.U. São Paulo, 11 de setembro de 2014. Mônica Serrano Relatora.

186 Contra: Apelação nº 0022905-83.2013.8.26.0053. 14ª Câmara de Direito Público do Tribunal de Justiça de São Paulo. V.U. São Paulo, 11 de setembro de 2014. Mônica Serrano Relatora. E TJ/SP, Apelação nº 1043405-22.2014.8.26.0053, 14ª Câmara de Direito Público, Rel. Cláudio Marques, j. 25/08/2016, V. U.

187 Conforme GONÇALVES, Carlos Roberto. Direito Civil Brasileiro, Volume 2: Teoria Geral das Obrigações. 11ª edição. São Paulo: Saraiva, 2014, págs. 192.

188 Conforme GONÇALVES, Carlos Roberto. Op. Cit., pág. 191 e 192.

189 VENOSA, Sílvio de Salvo. Direito Civil: Teoria Geral das Obrigações e Teoria Geral dos Contratos. 5ª edição. São Paulo: Atlas, 2005, Coleção Direito Civil, Volume 2, pág. 83.

190 http://www.cvm.gov.br/legislacao/instrucoes/inst558.html

191 Apelação nº 0022905-83.2013.8.26.0053. 14ª Câmara de Direito Público do Tribunal de Justiça de São Paulo. V.U. São Paulo, 11 de setembro de 2014. Mônica Serrano Relatora.
Apelação nº 1012837-23.2014.8.26.0053. 14ª Câmara de Direito Público do Tribunal de Justiça de São Paulo. V. U. São Paulo, 26 de fevereiro de 2015. Mônica Serrano Relatora.

192 Apelação nº0057880-68.2012.8.26.0053. 18ª Câmara de Direito Público do Tribunal de Justiça de São Paulo. São Paulo, 22 de maio de 2014. Osvaldo Capraro Relator.

193 Apelação nº 1014033-28.2014.8.26.0053. 15ª Câmara de Direito Público do Tribunal de Justiça de São Paulo. V. U.. São Paulo, 3 de maio de 2016. Fortes Muniz Relator.

No mesmo sentido: Apelação nº 1038060-75.2014.8.26.0053. 15ª Câmara de Direito Público do Tribunal de Justiça de São Paulo. São Paulo, 6 de setembro de 2018. Fortes Muniz Relator.
Apelação nº 1024208-13.2016.8.26.0053. 15ª Câmara de Direito Público do Tribunal de Justiça de São Paulo. V.U.. São Paulo, 19 de outubro de 2017. Rezende Silveira Relator
Agravo de Instrumento nº 2126310-61.2016.8.26.0000. 15ª Câmara de Direito Público do Tribunal de Justiça de São Paulo. V.U.. São Paulo, 4 de agosto de 2016. Rezende Silveira Relator.
194 Apelação nº 1034826-17.2016.8.26.0053. 15ª Câmara de Direito Público do Tribunal de Justiça de São Paulo. V.U.. São Paulo, 8 de fevereiro de 2018. Rezende Silveira Relator.
195 Apelação nº 1010133-03.2015.8.26.0053. 15ª Câmara de Direito Público do Tribunal de Justiça de São Paulo. V.U.. São Paulo, 15 de março de 2016. Rodrigues De Aguiar Relator.
196 Apelação nº 1008957-23.2014.8.26.0053. 15ª Câmara de Direito Público do Tribunal de Justiça de São Paulo. V.U.. São Paulo, 19 de abril de 2016. Eurípedes Faim Relator.
197 <http://www.cvm.gov.br/export/sites/cvm/legislacao/instrucoes/anexos/500/inst592.pdf>. Acesso dia 20.10.2018.
198 Apelação nº 1007548-12.2014.8.26.0053. 15 a Câmara de Direito Público do Tribunal de Justiça de São Paulo. V. U. São Paulo, 2 de junho de 2015. Eutálio Porto Relator.
199 Apelação nº 1034464-15.2016.8.26.0053. 14ª Câmara de Direito Público do Tribunal de Justiça de São Paulo. V.U.. São Paulo, 7 de junho de 2018. Mônica Serrano Relatora.
200 Apelação / Reexame Necessário nº 1035373-91.2015.8.26.0053. 15ª Câmara de Direito Público do Tribunal de Justiça de São Paulo. V.U.. São Paulo, 9 de fevereiro de 2017. Eurípedes Faim Relator.
201 Apelação nº: 1039851-45.2015.8.26.0053. 14ª Câmara de Direito Público do Tribunal de Justiça de São Paulo. V.U.. São Paulo, 22 de fevereiro de 2018. Cláudio Marques Relator.
202 Apelação nº 0135126-81.2007.8.26.0000. 14ª Câmara de Direito Público do Tribunal de Justiça de São Paulo. V.U.. São Paulo, 30 de agosto de 2012. Osvaldo Palotti Junior Relator.
203 Apelação nº 0015497-75.2012.8.26.0053. 15 a Câmara de Direito Público do Tribunal de Justiça de São Paulo. V. U. São Paulo, 14 de maio de 2015. Rezende Silveira Relator.
204 Apelação nº: 1043405-22.2014.8.26.0053. 14ª Câmara de Direito Público do Tribunal de Justiça de São Paulo. V.U.. São Paulo, 25 de agosto de 2016. Cláudio Marques Relator.
205 Desembargador do Tribunal de Justiça de São Paulo. Professor de Direito Constitucional e Teoria Geral do Estado. Especialização em Filosofia e Teoria Geral do Direito - USP. Mestrado em Direito do Estado - PUC-SP.
206 https://brasilescola.uol.com.br/brasil/crescimento-setor-terciario-no-brasil.htm. Acesso em 01/09/2018.

207 https://brasilemsintese.ibge.gov.br/servicos.html. Acesso em 01/09/2018.
208 REsp 1111234/PR, Rel. Ministra ELIANA CALMON, PRIMEIRA SEÇÃO, julgado em 23/09/2009, DJe 08/10/2009.
209 AgInt nos EDcl no AREsp 163.723/SP, Rel. Ministro GURGEL DE FARIA, PRIMEIRA TURMA, julgado em 20/03/2018, DJe 03/05/2018.
210 TJSP; Apelação 1012235-86.2016.8.26.0562; Relator (a): Henrique Harris Júnior; Órgão Julgador: 14ª Câmara de Direito Público; Data do Julgamento: 07/06/2018; Data de Registro: 11/06/2018.
211 TJSP; Apelação 1003436-78.2014.8.26.0609; Relator (a): Rodrigues de Aguiar; Órgão Julgador: 15ª Câmara de Direito Público; Data do Julgamento: 28/03/2017; Data de Registro: 28/03/2017.
212 REsp 1221027/SP, Rel. Ministro MAURO CAMPBELL MARQUES, SEGUNDA TURMA, julgado em 22/02/2011, DJe 04/03/2011.
213 AgRg no AREsp 769.183/SP, Rel. Ministra DIVA MALERBI (DESEMBARGADORA CONVOCADA TRF 3ª REGIÃO), SEGUNDA TURMA, julgado em 10/03/2016, DJe 21/03/2016.
214 AgRg nos EDcl no REsp 1275279/PR, Rel. Ministro BENEDITO GONÇALVES, PRIMEIRA TURMA, julgado em 07/08/2012, DJe 10/08/2012.
215 REsp 1716217 - Relator(a) Ministra LAURITA VAZ - Data da Publicação 08/02/2018.
216 REsp 1541307 - Relator(a) Ministro OG FERNANDES - Data da Publicação 27/10/2017.
217 O Município de São Paulo esclarece em seu site que: "A inscrição no Cadastro de Empresas de Fora do Município (CPOM), da Secretaria Municipal da Fazenda de São Paulo, é obrigatória para pessoas jurídicas que emitem nota fiscal (ou outro documento fiscal equivalente) autorizada por outro município para tomadores estabelecidos no Município de São Paulo, referente aos serviços descritos no art. 69 do Decreto 53.151/2012, em conformidade com a Portaria SF 101/2005, alterada pela Portaria SF 118/2005 (e respectivas alterações)" (http://www.prefeitura.sp.gov.br/cidade/secretarias/fazenda/servicos/cpom/index.php?p=2388 - acesso em 13/08/2018). Assim como a Cidade de São Paulo outros municípios estabeleceram idêntica providência.
218 TJSP; Apelação 1002096-44.2005.8.26.0309; Relator (a): Erbetta Filho; Órgão Julgador: 15ª Câmara de Direito Público; Data do Julgamento: 20/10/2016; Data de Registro: 24/10/2016. No mesmo sentido: "Concessionária de exploração rodoviária - Pretensão de calcular o percentual devido a determinado município tomando por base a extensão da totalidade do sistema viário explorado – Descabimento - Critério inadequado com os dizeres do § 2º do art. 3º da Lei Complementar nº 116/2003 - Competência para cobrança do tributo do Município em que ocorreu o fato gerador, qual seja, Caieiras - Sentença mantida – Recurso desprovido." (TJSP; Apelação 1001551-86.2015.8.26.0514; Relator (a): Wanderley José Federighi; Órgão Julgador: 18ª Câmara de Direito Público; Data do Julgamento: 09/08/2018; Data de Registro: 15/08/2018).
219 Precedente citado pelo relator: ADI 1600, Rel. SYDNEY SANCHES, Rel. P/ Acórdão

Min. NELSON JOBIM, Tribunal Pleno, DJ de 26/6/2003.
220 TJSP; Apelação 1032850-09.2015.8.26.0053; Relator (a): Raul De Felice; Órgão Julgador: 15ª Câmara de Direito Público; Data do Julgamento: 13/07/2017; Data de Registro: 14/07/2017. No mesmo sentido: 1 - "APELAÇÃO - Ação declaratória c.c. consignação em pagamento e obrigação de fazer - ISS - Sociedade de Advogados optante do Simples Nacional - Pretensão de recolhimento com base em valor fixo - Descabimento, sob pena de se estabelecer regime misto de tributação. Adesão ao regime instituído pela LC 123/2006 que resulta renúncia aos critérios fixados pela lei municipal. Inteligência do art. 18, §4º-A, inciso III e 24, parágrafo único da aludida norma complementar. Sentença reformada. Recurso provido." (TJSP; Apelação 1015332-31.2015.8.26.0562; Relator (a): João Alberto Pezarini; Órgão Julgador: 14ª Câmara de Direito Público; Data do Julgamento: 15/12/2016; Data de Registro: 16/12/2016). 2 - "APELAÇÃO CÍVEL - Ação ordinária - ISS - Sociedade de Advogados - Pretendido recolhimento do ISS na forma fixa, de acordo com o disposto no art. 9º do Decreto-lei nº 406/68 - Impossibilidade - Adesão ao Simples Nacional - Lei Complementar nº 123/06 que instituiu regime único de arrecadação - Empresa optante pelo Simples que não pode valer-se de outros privilégios fiscais - Precedentes deste tribunal - Sentença mantida - Recurso improvido." (TJSP; Apelação 1001530-11.2016.8.26.0180; Relator (a): Eutálio Porto; Órgão Julgador: 15ª Câmara de Direito Público; Data do Julgamento: 08/02/2018; Data de Registro: 14/02/2018).
221 REsp 975.105/RS, Rel. Ministro HERMAN BENJAMIN, SEGUNDA TURMA, julgado em 16/10/2008, DJe 09/03/2009.
222 RE 605552 RG, Relator(a): Min. DIAS TOFFOLI, julgado em 31/03/2011, DJe-090 DIVULG 13-05-2011 PUBLIC 16-05-2011 EMENT VOL-02522-02 PP-00342.
223 TJSP; Apelação 3013388-83.2013.8.26.0576; Relator (a): Eutálio Porto; Órgão Julgador: 15ª Câmara de Direito Público; Data do Julgamento: 28/08/2018; Data de Registro: 28/08/2018.
224 TJSP; Apelação 0040877-05.2012.8.26.0602; Relator (a): Erbetta Filho; Órgão Julgador: 15ª Câmara de Direito Público; Data do Julgamento: 10/05/2018; Data de Registro: 04/07/2018.
225 TJSP; Apelação 9000061-06.2012.8.26.0090; Relator (a): Eutálio Porto; Órgão Julgador: 15ª Câmara de Direito Público; Data do Julgamento: 12/04/2018; Data de Registro: 17/04/2018.
226 AREsp 653633 - Relator(a) Ministra ASSUSETE MAGALHÃES - Data da Publicação 07/12/2017.
227 TJSP; Apelação 0004828-89.2013.8.26.0032; Relator (a): Erbetta Filho; Órgão Julgador: 15ª Câmara de Direito Público; Data do Julgamento: 13/07/2017; Data de Registro: 17/07/2017.
228 AREsp 762298 - Relator(a) Ministro NAPOLEÃO NUNES MAIA FILHO - Data da Publicação 30/09/2016.
229 REsp 1661530/SP, Rel. Ministro HERMAN BENJAMIN, SEGUNDA TURMA, julgado em 18/04/2017, DJe 02/05/2017.
230 AgRg no Ag 1395082/PR, Rel. Ministro MAURO CAMPBELL MARQUES,

SEGUNDA TURMA, julgado em 07/06/2011, DJe 14/06/2011.
231 REsp 917.410/DF, Rel. Ministro JOSÉ DELGADO, Rel. p/ Acórdão Ministro LUIZ FUX, PRIMEIRA TURMA, julgado em 06/03/2008, DJe 13/11/2008.
232 REsp 1111003/PR, Rel. Ministro HUMBERTO MARTINS, PRIMEIRA SEÇÃO, julgado em 13/05/2009, DJe 25/05/2009.
233 Os entendimentos aqui defendidos pelo autor são feitos na qualidade de pesquisador e docente, e não necessariamente coincidem com entendimentos da Administração Tributária paulistana ou de qualquer entidade municipalista a respeito.
234 Mestre e Doutor em Direito Econômico, Financeiro e Tributário pela USP. MBA em Gestão Pública Tributária pela Fundação Dom Cabral – FDC. Professor de Direito Tributário no Insper, FGV, FIPECAFI, IBDT e IBET. Auditor Fiscal Tributário do Município de São Paulo. Assessor Especial da Secretaria Municipal da Fazenda de São Paulo. Representante de São Paulo na Câmara Técnica Permanente da ABRASF. Representante Titular da ABRASF nos Grupos de Trabalho "Tributação da Economia Digital" e "Simplificação Tributária" no Encontro Nacional de Administradores Tributários (ENAT), Coordenados pela Receita Federal do Brasil. Ex-Subsecretário da Receita Municipal. Ex-Presidente do Conselho Municipal de Tributos.
235 Art. 156. Compete aos Municípios instituir impostos sobre: [...] III - serviços de qualquer natureza, não compreendidos no art. 155, II, definidos em lei complementar. [...].
236 Art. 155. Compete aos Estados e ao Distrito Federal instituir impostos sobre: [...] II - operações [...] sobre prestações de serviços de transporte interestadual e intermunicipal [...], ainda que [...] as prestações se iniciem no exterior; [...].
237 A título de exemplo, Employment Tribunals – Case Nºs 2202550/2015 & Others – Between Y. Aslam, J. Farrar & Others (Claimants) and Uber B.V., Uber London Ltd and Uber Britannia Ltd (Respondents). Disponível em <https://www.conjur.com.br/dl/uber-inglaterra-vinculo-motoristas.pdf>. Acesso em 01.out.2018; Acórdão do Tribunal de Justiça da União Europeia – Processo C-434/15 - Asociación Profesional Elite Taxi Contra Uber Systems Spain, SL, Disponível em <http://curia.europa.eu/juris/document/document.jsf?text=&docid=198047&pageIndex=0&doclang=PT&mode=lst&dir=&occ=first&part=1&cid=1188974>, Acesso em 06.jul.2018.
238 Disponível em <https://eur-lex.europa.eu/legal-content/PT/TXT/PDF/?uri=ecli:ECLI:EU:C:2017:364>, Acesso em 07.out.2018.
239 NASCIMENTO, Amauri Mascaro. Iniciação ao Direito do Trabalho. 28ª ed. São Paulo: LTr, 2002, p.161-162.
240 NASCIMENTO, Amauri Mascaro. Iniciação ao Direito do Trabalho. 28ª ed. São Paulo: LTr, 2002, p.162.
241 NASCIMENTO, Amauri Mascaro. Iniciação ao Direito do Trabalho. 28ª ed. São Paulo: LTr, 2002, p.166.
242 NASCIMENTO, Amauri Mascaro. Iniciação ao Direito do Trabalho. 28ª ed. São Paulo: LTr, 2002, p.166.
243 Nesta lei, segue a definição de serviço voluntário: "Art. 1º Considera-se serviço voluntário, para os fins desta Lei, a atividade não remunerada prestada por pessoa física a entidade pública de qualquer natureza ou a instituição privada de fins não lucrativos que

tenha objetivos cívicos, culturais, educacionais, científicos, recreativos ou de assistência à pessoa. (Redação dada pela Lei nº 13.297, de 2016)".
[244] NASCIMENTO, Amauri Mascaro. Iniciação ao Direito do Trabalho. 28ª ed. São Paulo: LTr, 2002, p.163-165.
[245] NASCIMENTO, Amauri Mascaro. Iniciação ao Direito do Trabalho. 28ª ed. São Paulo: LTr, 2002, p.163-165.
[246] NASCIMENTO, Amauri Mascaro. Iniciação ao Direito do Trabalho. 28ª ed. São Paulo: LTr, 2002, p.165.
[247] Art. 442-B. A contratação do autônomo, cumpridas por este todas as formalidades legais, com ou sem exclusividade, de forma contínua ou não, afasta a qualidade de empregado prevista no art. 3º desta Consolidação. (Incluído pela Lei nº 13.467, de 2017).
[248] NASCIMENTO, Amauri Mascaro. Iniciação ao Direito do Trabalho. 28ª ed. São Paulo: LTr, 2002, p.167.
[249] Exemplo clássico, o ITBI, onde "essa situação jurídica consubstancia o conjunto escritura pública mais registro correspondente, caracterizando um período de tempo" (Cf. o nosso MACEDO, José Alberto Oliveira. ITBI – Aspectos Constitucionais e Infraconstitucionais. São Paulo: Ed. Quartier Latin, 2010, p.225), em contraposição a situação de fato, onde "[...] a relevância tributária não está posta no ato ou negócio mercantil originário, mas na execução ou efeitos concretos deles resultantes", conforme ensina DERZI, Misabel, ao atualizar a obra de BALEEIRO, Aliomar. Direito Tributário Brasileiro. Rio de Janeiro: Forense, 2007, p.711.
[250] ANDRIGHI, Nancy, BENETI, Sidnei e ANDRIGHI, Vera. Comentários ao Novo Código Civil. v.IX: Das várias espécies de contratos, do empréstimo, da prestação de serviço, da empreitada, do depósito. TEIXEIRA, Sálvio de Figueiredo (Coord.). Rio de Janeiro: Forense, 2008, p.224-225.
[251] Só não concordamos com a sinonímia entre subordinação hierárquica e dependência econômica, porque não necessariamente há essa dependência na subordinação.
[252] Neste excerto, parece-nos que os autores estão tratando "contrato individual de trabalho" como "contrato de emprego". Ressaltamos o entendimento nosso, assim como de boa parte da doutrina trabalhista, de que relação de trabalho e relação de emprego são gênero e espécie, respectivamente.
[253] Disponível em https://www.uber.com/legal/business/international/pt/, Acesso em 01out.2018.
[254] Disponível em https://www.uber.com/legal/terms/br/, Acesso em 01out.2018.
[255] Disponível em https://www.uber.com/legal/business/international/pt/, Acesso em 01out.2018.
[256] Disponível em https://www.uber.com/legal/terms/br/, Acesso em 01out.2018.
[257] Disponível em https://www.uber.com/legal/terms/br/, Acesso em 01out.2018.
[258] Disponível em <https://www.uber.com/legal/terms/br/>, Acesso em 01out.2018.
[259] MISKULIN, Ana Paula Silva Campos, BIANCHI, Daniel e MARQUES, Felipe Augusto de Azevedo. A Uberização Sob Investigação do MPT – Análise do Relatório do Ministério Público do Trabalho sobre a Situação dos Motoristas da Empresa Uber. Disponível em <https://www.fespsp.org.br/seminarios/anaisVI/GT_17/Ana_Miskulin_Daniel_Bianchi_Fel

ipe_Arruda_GT17.pdf>, Acesso em 10.out.2018.
[260] Disponível em <https://www.uber.com/legal/terms/br/>, Acesso em 01out.2018.
[261] Tribunal Regional do Trabalho da 2ª Região – Processo nº 1000123-89.2017.5.02.0038 (RO) - Relatora: Beatriz de Lima Pereira.
[262] A Uberização Sob Investigação do MPT – Análise do Relatório do Ministério Público do Trabalho sobre a Situação dos Motoristas da Empresa Uber. Disponível <https://www.fespsp.org.br/seminarios/anaisVI/GT_17/Ana_Miskulin_Daniel_Bianchi_Fel ipe_Arruda_GT17.pdf>, Acesso em 10.out.2018.
[263] MINISTÉRIO PÚBLICO DA UNIÃO (Ministério Público do Trabalho). *Grupo de Estudos "GE Uber" - Relatório conclusivo.* CONAFRET. 2017.
[264] Recorridas: Uber do Brasil Tecnologia Ltda., Uber Internacional B.V. e Uber Internacional Holding B.V..
[265] Tribunal Regional do Trabalho da 2ª Região – Processo nº 1000123-89.2017.5.02.0038 (RO) - Relatora: Beatriz de Lima Pereira.
[266] Tribunal Regional do Trabalho da 2ª Região – Processo nº 1000123-89.2017.5.02.0038 (RO) - Relatora: Beatriz de Lima Pereira.
[267] Disponível em <https://www.uber.com/legal/terms/br/> e em <https://www.uber.com/legal/business/international/pt/>, Acesso em 01.out.2018.
[268] que dá suporte ao serviço de internet, mas que com este não se confunde.
[269] Tribunal Regional do Trabalho da 2ª Região – Processo nº 1000123-89.2017.5.02.0038 (RO) - Relatora: Beatriz de Lima Pereira.
[270] Art.7º, Parágrafo único. Tendo mais de um autor a ofensa, todos responderão solidariamente pela reparação dos danos previstos nas normas de consumo.
[271] NUNES, Luis Antonio Rizzatto. Curso de Direito do Consumidor. 3ª ed. São Paulo: Saraiva, 2008, p.150-151.
[272] Tribunal Regional do Trabalho da 2ª Região – Processo nº 1000123-89.2017.5.02.0038 (RO) - Relatora: Beatriz de Lima Pereira.
[273] O Que é Economia Compartilhada. Disponível em <http://consumocolaborativo.cc/o-que-e-economia-compartilhada/>, Acesso em 16.09.2018.
[274] A maior comunidade de caronas de longa distância do mundo. Cf. www.blablacar.com.br.
[275] Marketplace pelo qual interessados podem anunciar seu espaço e reservar acomodações exclusivas em qualquer lugar do mundo. Cf. www.airbnb.com.br.
[276] MISKULIN, Ana Paula Silva Campos, BIANCHI, Daniel e MARQUES, Felipe Augusto de Azevedo. A Uberização Sob Investigação do MPT – Análise do Relatório do Ministério Público do Trabalho sobre a Situação dos Motoristas da Empresa Uber. Disponível em <https://www.fespsp.org.br/seminarios/anaisVI/GT_17/Ana_Miskulin_Daniel_Bianchi_Fel ipe_Arruda_GT17.pdf>, Acesso em 10.out.2018.
[277] Tribunal Regional do Trabalho da 2ª Região – Processo nº 1000123-89.2017.5.02.0038 (RO) - Relatora: Beatriz de Lima Pereira.
[278] Tribunal Regional do Trabalho da 2ª Região – Processo nº 1000123-89.2017.5.02.0038 (RO) - Relatora: Beatriz de Lima Pereira.
[279] O Banco Central define o conceito de subcredenciadora como sendo "participante do

arranjo de pagamento que habilita usuário final recebedor para a aceitação de instrumento de pagamento emitido por instituição de pagamento ou por instituição financeira participante de um mesmo arranjo de pagamento, mas que não participa do processo de liquidação das transações de pagamento como credor perante o emissor". (inciso VIII do art.2º do Regulamento Anexo à Circular nº 3.682, de 04.11.2013, inciso VIII este inserido pela Circular nº 3886, de 26 de março de 2018, do Banco Central).

[280] Disponível em <https://www.bcb.gov.br/htms/novaPaginaSPB/liqcentralizada.asp?idpai=SPBARRPAG#11>. Acesso em 28.05.2018.

[281] Então, não confundamos os conceitos de "usuário" (do serviço de transporte), que é o passageiro, e de "usuário final", na regulamentação do Banco Central, que é, na estrutura de marketplace de intermediação do serviço de transporte privado, o motorista, usuário final do serviço de intermediação de pagamento, prestado pela Uber, subcredenciadora.

[282] Instrumento de pagamento é "dispositivo ou conjunto de procedimentos acordado entre o usuário final e seu prestador de serviço de pagamento utilizado para iniciar uma transação de pagamento" (art.6º, V, Lei nº 12.865/2013). Aqui, o usuário final é o motorista, e prestador do serviço de pagamento é a Uber.

[283] Arranjo de pagamento é um "conjunto de regras e procedimentos que disciplina a prestação de determinado serviço de pagamento ao público aceito por mais de um recebedor, mediante acesso direto pelos usuários finais, pagadores e recebedores" (art.6º, I, Lei nº 12.865, de 09.10.2013).

[284] "pessoa jurídica responsável pelo arranjo de pagamento e, quando for o caso, pelo uso da marca associada ao arranjo de pagamento" (art.6º, II, Lei nº 12.865, de 09.10.2013).

[285] Conforme Comitê de Pronunciamentos Contábeis Pronunciamento Técnico "CPC 47 Receita de Contrato com Cliente", Receita é o "aumento nos benefícios econômicos durante o período contábil, originado no curso das atividades usuais da entidade, na forma de fluxos de entrada ou aumentos nos ativos ou redução nos passivos que resultam em aumento no patrimônio líquido, e que não sejam provenientes de aportes dos participantes do patrimônio".

[286] Tribunal Regional do Trabalho da 2ª Região – Processo nº 1000123-89.2017.5.02.0038 (RO) - Relatora: Beatriz de Lima Pereira.

[287] Tribunal Regional do Trabalho da 2ª Região – Processo nº 1000123-89.2017.5.02.0038 (RO) - Relatora: Beatriz de Lima Pereira.

[288] Tribunal Regional do Trabalho da 2ª Região – Processo nº 1000123-89.2017.5.02.0038 (RO) - Relatora: Beatriz de Lima Pereira.

[289] NUNES, Luis Antonio Rizzatto. Curso de Direito do Consumidor. 3ª ed. São Paulo: Saraiva, 2008, p.607.

[290] RODRIGUES, Mauricio Pallotta. Decisão contra Uber e a afronta à livre iniciativa e autonomia da vontade. Disponível em < https://www.jota.info/opiniao-e-analise/artigos/decisao-contra-uber-e-a-afronta-a-livre-iniciativa-e-autonomia-da-vontade-07092018>, Acesso em 01.10.2018.

[291] Tribunal Regional do Trabalho da 2ª Região – Processo nº 1000123-89.2017.5.02.0038 (RO) - Relatora: Beatriz de Lima Pereira.

292 MISKULIN, Ana Paula Silva Campos, BIANCHI, Daniel e MARQUES, Felipe Augusto de Azevedo. A Uberização Sob Investigação do MPT – Análise do Relatório do Ministério Público do Trabalho sobre a Situação dos Motoristas da Empresa Uber. Disponível em <https://www.fespsp.org.br/seminarios/anaisVI/GT_17/Ana_Miskulin_Daniel_Bianchi_Felipe_Arruda_GT17.pdf>, Acesso em 10.out.2018.
293 MINISTÉRIO PÚBLICO DA UNIÃO (Ministério Público do Trabalho). *Grupo de Estudos "GE Uber" - Relatório conclusivo*. CONAFRET. 2017, apud Tribunal Regional do Trabalho da 2ª Região – Processo nº 1000123-89.2017.5.02.0038 (RO) - Relatora: Beatriz de Lima Pereira.
294 Tribunal Regional do Trabalho da 2ª Região – Processo nº 1000123-89.2017.5.02.0038 (RO) - Relatora: Beatriz de Lima Pereira.
295 Tribunal Regional do Trabalho da 2ª Região – Processo nº 1000123-89.2017.5.02.0038 (RO) - Relatora: Beatriz de Lima Pereira.
296 MINISTÉRIO PÚBLICO DA UNIÃO (Ministério Público do Trabalho). Grupo de Estudos "GE Uber" - Relatório conclusivo. CONAFRET. 2017, apud MISKULIN, Ana Paula Silva Campos, BIANCHI, Daniel e MARQUES, Felipe Augusto de Azevedo. A Uberização Sob Investigação do MPT – Análise do Relatório do Ministério Público do Trabalho sobre a Situação dos Motoristas da Empresa Uber. Disponível em <https://www.fespsp.org.br/seminarios/anaisVI/GT_17/Ana_Miskulin_Daniel_Bianchi_Felipe_Arruda_GT17.pdf>, Acesso em 10.out.2018.
297 MISKULIN, Ana Paula Silva Campos, BIANCHI, Daniel e MARQUES, Felipe Augusto de Azevedo. A Uberização Sob Investigação do MPT – Análise do Relatório do Ministério Público do Trabalho sobre a Situação dos Motoristas da Empresa Uber. Disponível em <https://www.fespsp.org.br/seminarios/anaisVI/GT_17/Ana_Miskulin_Daniel_Bianchi_Felipe_Arruda_GT17.pdf>, Acesso em 10.out.2018.
298 MINISTÉRIO PÚBLICO DA UNIÃO (Ministério Público do Trabalho). *Grupo de Estudos "GE Uber" - Relatório conclusivo*. CONAFRET. 2017, apud Tribunal Regional do Trabalho da 2ª Região – Processo nº 1000123-89.2017.5.02.0038 (RO) - Relatora: Beatriz de Lima Pereira.
299 Cf. SUPIOT, Alan. Beyond employment: changes of work and the future of Labour Law in Europe. Oxford: Oxford University Press, 2001, 245pp., apud ARTUR, Karen. Alan Supiot. Beyond employment: changes of work and the future of Labour Law in Europe. Oxford: Oxford University Press, 2001, 245pp. In: Tempo Social, Revista de Sociologia da USP - Resenhas, v.16, n.2., p.313-316.
300 FRAZÃO, Ana. A decisão do Reino Unido sobre os motoristas da Uber: o que ela ensina? Disponível em <https://www.jota.info/opiniao-e-analise/colunas/constituicao-empresa-e-mercado/decisao-reino-unido-sobre-os-motoristas-da-uber-o-que-temos-aprender-com-ela-01112016>, Acesso em 05.out.2018.
301 Nesse sentido, sobre critério espacial do ISS, cf. o nosso MACEDO, Alberto. ISS e o Caso Potenza Leasing – Questões Acerca do Critério Espacial do ISS. In: Revista de Direito Tributário Atual, IBDT - Ed. Dialética, São Paulo, v.29, jun.2013, p.07-29.
302 Conforme Comitê de Pronunciamentos Contábeis Pronunciamento Técnico "CPC 47 Receita de Contrato com Cliente", Receita é o "aumento nos benefícios econômicos durante

o período contábil, originado no curso das atividades usuais da entidade, na forma de fluxos de entrada ou aumentos nos ativos ou redução nos passivos que resultam em aumento no patrimônio líquido, e que não sejam provenientes de aportes dos participantes do patrimônio".

[303] VENTURA, Felipe. Uber compra US$ 1 bilhão em carros que vão dirigir sem motorista. Disponível em <https://tecnoblog.net/228386/uber-um-bilhao-carros-autonomos/>, Acesso em 07.out.2018.

[304] Google começa a testar seus carros sem motorista. Disponível em <https://revistapegn.globo.com/Tecnologia/noticia/2018/01/google-comeca-testar-seus-carros-sem-motorista.html>, Acesso em 07.out.2018.

[305] Caminhão autônomo Tesla Semi já pode rodar praticamente sem ajuda humana. Disponível em <https://www.tecmundo.com.br/mobilidade-urbana-smart-cities/133611-caminhao-autonomo-tesla-roda-ai-praticamente-ajuda-ninguem.htm>, Acesso em 07.out.2018.

[306] Venda de carros autônomos chegará a 8 milhões de unidades em 2025. Disponível em <https://www.valor.com.br/empresas/5461393/venda-de-carros-autonomos-chegara-8-milhoes-de-unidades-em-2025>, Acesso em 07.out.2018.

[307] Art. 153. Compete à União instituir impostos sobre: [...] IV - produtos industrializados;

[308] Mestre em Direito Tributário pela Universidade de São Paulo - Departamento de Direito Econômico, Financeiro e Tributário (DEF/USP). Professor no Curso de Especialização em Direito Tributário do Instituto Brasileiro de Direito Tributário. Professor Convidado do MBA em Gestão de Tributos da FIPECAFI. Advogado em São Paulo. Rua Urussuí, 300, Conjunto 103, Itaim Bibi, São Paulo, SP. CEP 04548-004. viana@vianaeazevedo.com.br.
Esse artigo foi elaborado com base em palestra proferida na Escola Paulista da Magistratura em 06 de Julho de 2018.
Declaro, para os devidos fins, que o presente estudo é inédito.
Outubro de 2018.

[309] VENOSA, Silvio de Salvo. Direito Civil: contratos em espécie. 7ª ed., Atlas, 2007. P. 523.

[310] Mishra, Chandra S, The Theory of Franchising (September 1, 2016). Chandra S. Mishra. 2017. The Theory of Franchising. In Creating and Sustaining Competitive Advantage: Management Logics, Business Models, and Entrepreneurial Rent, New York: Palgrave Macmillan. Disponível em https://ssrn.com/abstract=2695800 ou http://dx.doi.org/10.2139/ssrn.2695800

[311] RESPONSABILIDADE SUBSIDIÁRIA. CONTRATO DE FRANQUIA. DESCARACTERIZAÇÃO. Constatado que o contrato existente entre as rés não é de franquia, mas sim de prospecção de clientes e de intermediação de mão-de-obra, dispondo sobre a realização de vendas exclusivas dos produtos da 2.ª pela 1.ª reclamada, e, ainda que considerado como sendo de franquia, evidenciada a ampla ingerência da empresa franqueadora sobre a franqueada, em manifesta demonstração da utilização do contrato cível como simulacro para disfarçar a intermediação fraudulenta de mão-de-obra, impõe-se reconhecer como descaracterizado o ajuste formal entabulado entre as partes para dar lugar

à responsabilização da franqueadora pelo pagamento dos créditos trabalhistas inadimplidos, nos termos do art. 9.º da CLT c/c Súmula n.º 331 do TST. (TRT-17 - RO: 00009764720155170013, Relator: WANDA LÚCIA COSTA LEITE FRANÇA DECUZZI, Data de Julgamento: 27/07/2017, Data de Publicação: 15/08/2017)

[312]"Não é possível concentrar o enfoque do contrato de franquia no ângulo da cessão de marca ou na questão da transferência da tecnologia ou na promessa de futuros contratos. A franquia se constrói pela soma desses diversos ângulos. Não se trata de mera soma ou justaposição de uma série de contratos – cada qual com existência jurídica autônoma e independente -, mas do entrelaçamento de distintos deveres, para um contrato uno, ainda que não simples." CARVALHO, Paulo de Barros. "Não-incidência do ISS sobre contratos de franquia (*franchising*)", in Direito Tributário Atual, nº. 20. Dialética, 2006. Coord. Schoueri, Luis Eduardo / Costa, Alcides Jorge / Bonilha, Paulo Celso Bergstrom.

[313] "Não se trata de mera prestação de serviços (fazer), uma vez que a participação na distribuição de bens (mercadorias e serviços) entre franqueador e franqueado envolve uma atividade ampla (transferência de tecnologia, imposição de condutas, cessão de direitos, obrigação de aquisição de quantidades mínimas, etc.), evidenciando um objetivo participativo entre as partes, tratando-se de um autêntico contrato de sociedade." SOARES DE MELO, JOSÉ EDUARDO. ISS p. 120

[314] VENOSA, op. cit., p. 529.

[315] PROCESSO CIVIL. ALEGAÇÃO DE SENTENÇA CITRA PETITA. AUSÊNCIA DE INTERESSE RECURSAL. TRIBUTÁRIO. RECURSO ESPECIAL REPRESENTATIVO DE CONTROVÉRSIA. ART. 543-C, DO CPC. ISS. EMPRESA FRANQUEADA QUE PRESTA SERVIÇOS POSTAIS E TELEMÁTICOS. DECRETO-LEI 406/68 E LC 56/87. NÃO-INCIDÊNCIA. PERÍODO ANTERIOR À EDIÇÃO DA LC 116/03. 1. Os serviços postais e telemáticos prestados por empresas franqueadas, sob a égide da LC 56/87, não sofrem a incidência do ISS, em observância ao princípio tributário da legalidade.(Precedentes: AgRg no REsp 1061014/SP, Rel. Ministro HUMBERTO MARTINS, SEGUNDA TURMA, julgado em 18/12/2008, DJe 16/02/2009; AgRg no Ag 1111131/SP, Rel. Ministro CASTRO MEIRA, SEGUNDA TURMA, julgado em 09/06/2009, DJe 23/06/2009; AgRg no REsp 725.768/RJ, Rel. Ministro HERMAN BENJAMIN, SEGUNDA TURMA, julgado em 05/02/2009, DJe 24/03/2009; REsp 1066071/SP, Rel. Ministro TEORI ALBINO ZAVASCKI, PRIMEIRA TURMA, julgado em 07/08/2008, DJe 20/08/2008; REsp 873.440/RS, Rel. Ministro LUIZ FUX, PRIMEIRA TURMA, julgado em 13/11/2007, DJ 03/12/2007; REsp 373.986/MG, Rel. Ministro JOÃO OTÁVIO DE NORONHA, SEGUNDA TURMA, julgado em 07/03/2006, DJ 06/04/2006; RESP 189.225-RJ, DJ de 03.06.2002, Rel. Min. Peçanha Martins). [REsp 1131872 / SC, rel. min. Luiz Fux, P, j. 09-12-2009, DJ de 01-2-2010.]

[316] Tal imposto possuía aspecto material extremamente amplo, e tinha origem em técnica hoje considerada rudimentar. Nas palavras de Rubens Gomes de Sousa: "Êste imposto é uma sobrevivência do que na Idade Média se chamava *regalia*, isto é, o privilégio do soberano para o exercício de qualquer indústria, comércio ou atividade lucrativa, que era cedido aos particulares mediante o pagamento de um tributo." SOUSA, Rubens Gomes de. Compêndio de Legislação Tributária, 2ª Edições Financeiras S.A. 1954. P. 397.

[317] TRIBUTO. FIGURINO CONSTITUCIONAL. A supremacia da Carta Federal é conducente a glosar-se a cobrança de tributo discrepante daqueles nela previstos. Imposto Sobre Serviços. Contrato de locação. A terminologia constitucional do Imposto Sobre Serviços revela o objeto da tributação. Conflita com a Lei Maior dispositivo que imponha o tributo considerado contrato de locação de bem móvel. Em Direito, os institutos, as expressões e os vocábulos têm sentido próprio, descabendo confundir a locação de serviços com a de móveis, práticas diversas regidas pelo Código Civil/1916, cujas definições são de observância inafastável — art. 110 do CTN/1966. [RE 116.121, rel. min. Octavio Gallotti, red. p/ o ac. min. Marco Aurélio, P, j. 11-10-2000, DJ de 25-5-2001.]

[318] IMPOSTO SOBRE SERVIÇOS (ISS). LOCAÇÃO DE VEÍCULO AUTOMOTOR. INADMISSIBILIDADE, EM TAL HIPÓTESE, DA INCIDÊNCIA DESSE TRIBUTO MUNICIPAL. DISTINÇÃO NECESSÁRIA ENTRE LOCAÇÃO DE BENS MÓVEIS (OBRIGAÇÃO DE DAR OU DE ENTREGAR) E PRESTAÇÃO DE SERVIÇOS (OBRIGAÇÃO DE FAZER). IMPOSSIBILIDADE DE A LEGISLAÇÃO TRIBUTÁRIA MUNICIPAL ALTERAR A DEFINIÇÃO E O ALCANCE DE CONCEITOS DE DIREITO PRIVADO (CTN/1966, ART. 110). INCONSTITUCIONALIDADE DO ITEM 79 DA ANTIGA LISTA DE SERVIÇOS ANEXA AO DL 406/1968. PRECEDENTES DO SUPREMO TRIBUNAL FEDERAL. RECURSO IMPROVIDO. Não se revela tributável, mediante ISS, a locação de veículos automotores (que consubstancia obrigação de dar ou de entregar), eis que esse tributo municipal somente pode incidir sobre obrigações de fazer, a cuja matriz conceitual não se ajusta a figura contratual da locação de bens móveis. [RE 446.003 AgR, rel. min. Celso de Mello, 2ª T, j. 30-5-2006, DJ de 4-8-2006.]

[319] Não incide ISS sobre os serviços prestados em razão do contrato de franquia, pois não há que se falar em preeminência, tão-somente, da cessão de marca ou da prestação de serviço. O contrato complexo e autônomo de franquia não se qualifica como contrato de locação de bens móveis. Precedentes citados: REsp 189.225-RJ, DJ 3/6/2002; AgRg no Ag 436.886-MG, DJ 28/10/2002, e REsp 221.577-MG, DJ 3/4/2000. REsp 403.799-MG, Rel. Min. Franciulli Netto, julgado em 19/2/2004.

[320] "Em toda e qualquer atividade há 'ações-meio' (pseudo-serviços) cujo custo é direta ou indiretamente agregado ao preço dos serviços. Mas isso não autoriza possam ser elas tomadas isoladamente, como se cada uma fosse uma atividade autônoma, independente, dissociada daquela que constitui a atividade-fim (como seria, por exemplo, que se pretendesse que o advogado presta serviço de datilografia, mesmo sabendo que o custo dessa atividade-meio, separada ou embutidamente, é sempre cobrado do tomador dos serviços, por integrar seu preço). [...] É preciso discernir, concretamente, essas situações: (a) as atividades desenvolvidas como requisito ou condição para a produção de *outra* utilidade qualquer são sempre *ações-meio*. (b) essas mesmas ações ou atividades, todavia, consistirão no fim ou objeto, quando, em si mesmas, isoladamente consideradas, refletirem elas próprias, a utilidade colocada à disposição de outrem." . BARRETO, Aires F. Curso de direito tributário municipal. Saraiva, 2009. P. 355.

[321] 26.01 – Serviços de coleta, remessa ou entrega de correspondências, documentos, objetos, bens ou valores, inclusive pelos correios e suas agências franqueadas; courrier e congêneres.

[322] Vide AgRg no REsp 1.117.103/RJ, Rel. Ministro Napoleão Nunes Maia Filho, Primeira Turma, DJe 9/10/2015; AgRg no AREsp 413.404/ES, Rel. Ministro Humberto Martins, Segunda Turma, DJe 27/11/2013; EDcl no REsp 1.121.098/SP, Rel. Ministro Arnaldo Esteves Lima, Primeira Turma, DJe 26/8/2011.
3. Agravo regimental não provido.
[323] Vide RE 571256 AgR / PR (Rel. Min. Carmen Lúcia), RE 603015 AgR/MG (Rel. Min. Eros Grau), AI 730821 AgR/RJ (Rel. Min. Ellen Gracie), AI 583632 AgR/MG (Min. Sepúlveda Pertence).
[324] Desembargadora do Tribunal de Justiça do Estado de São Paulo. Coordenadora do Núcleo de Direito Tributário e vários cursos da Escola Paulista da Magistratura do TJSP. Ex-Procuradora do Estado de São Paulo. Mestre e doutoranda pela PUC/SP.
[325] NUNES JÚNIOR, Flávio Martins Alves. CURSO DE DIREITO CONSTITUCIONAL, São Paulo: Editora RT, 2017, p.1211
[326] NUNES JÚNIOR, Flávio Martins Alves. CURSO DE DIREITO CONSTITUCIONAL, São Paulo: Editora RT, 2017, p.1212: "O Brasil é um federalismo por desagregação, tendo em vista que, inicialmente, na vigência da Constituição de 1824, éramos um Estado Unitário (embora descentralizado por meio das províncias, outrora capitanias-hereditárias). Com a Constituição de 1891, às províncias foi dada uma parcela de autonomia e, influenciadas pelo constitucionalismo norte-americano, passaram a ser chamadas de Estados.
[327] DAVID ARAUJO, Luiz Alberto. & SERRANO NUNES JUNIOR, Vidal. Curso de Direito Constitucional. São Paulo: Editora Verbatim, 2017, 22ª ed., p. 369
[328] COSTA, Regina Helena. CURSO DE DIREITO TRIBUTÁRIO. São Paulo: Editora Saraiva, 2018, 8ª ed., p.87
[329] BARRETO, Aires F. Barreto – ISS na Constituição e na Lei – 4ª ed., São Paulo: Editora Noeses, 2018, p.28, atualizado por Paulo Ayres Barreto
[330] COSTA, Regina Helena. CURSO DE DIREITO TRIBUTÁRIO. São Paulo: Editora Saraiva, 2018, 8ª ed., p.74: "Primeiro, no que tange aos *impostos*, estatui *competências expressas e enumeradas* (arts.153,155, e 156, CR), distribuindo as materialidades entre as pessoas políticas. Quanto às competência *residual e extraordinária* em matéria de impostos, atribuídas à União, não aponta materialidades, mas apenas pressupostos a serem atendidos para o seu exercício (art.154,CR)".
[331] COSTA, Regina Helena. CURSO DE DIREITO TRIBUTÁRIO. São Paulo: Editora Saraiva, 2018, 8ª ed., p.76

[332] Vale observar que o STF passou a acolher entendimento diverso sobre o tema, para fins de contemplar também as empresas públicas e sociedades de economia mista prestadoras de serviço público com a chamada imunidade recíproca, na qualidade de delegatárias de serviços públicos, diferentemente das sociedades de economia mista exploradores de atividade econômica em sentido estrito (RE 817.013/SP). No mesmo sentido entendimentos no âmbito do TJSP (Apelação nº 1006052-83.2015.8.26.0126/00000, Rel. Des. Octavio Machado de Barros Relator, 14ª Câmara de Direito Público do TJSP, J.21/09/18)
[333] COSTA, Regina Helena. CURSO DE DIREITO TRIBUTÁRIO. São Paulo: Editora

Saraiva, 2018, 8ª ed., p.423
[334] BARRETO, Aires F. ISS na Constituição e na Lei. São Paulo: Editora Noeses, 2018, Atualizado por Paulo Ayres Barreto, p.492
[335] CURADO, Fernando Fias Fleury. BARREIRINHAS, Robinson Sakiyama. Manual do ISS. Imposto sobre Serviços de Qualquer Natureza. São Paulo: Editora Método, 2011, p.35
[336] Regina Helena Costa, em tal sentido, defende: "a lista de serviços veiculada pela lei complementar não exaure as espécies de serviços, cuja prestação é passível de tributação pelos Municípios. Acreditamos que, diante da autonomia política outorgada aos Municípios, tal lista, então, cumpre papel indicativo, de elucidação, não atuando para restringir sua competência tributária" - CURSO DE DIREITO TRIBUTÁRIO, São Paulo: Editora Saraiva, 2018, 8ª ed., p.425
[337] REsp 1111234 / PR; Rel. Min. Eliana Calmon; Julg. 23/09/2009 (Recurso Repetitivo).
[338] 7.02-Execução, por administração, empreitada ou subempreitada, de obras de construção civil, hidráulica ou elétrica e de outras obras semelhantes, inclusive sondagem, perfuração de poços, escavação, drenagem e irrigação, terraplanagem, pavimentação, concretagem e a instalação e montagem de produtos, peças e equipamentos (exceto o fornecimento de mercadorias produzidas pelo prestador de serviços fora do local da prestação dos serviços, que fica sujeito ao ICMS)
7.05 - Reparação, conservação e reforma de edifícios, estradas, pontes, portos e congêneres (exceto o fornecimento de mercadorias produzidas pelo prestador dos serviços, fora do local da prestação dos serviços, que fica sujeito ao ICMS)
16.01 - Serviços de transporte coletivo municipal rodoviário, metroviário, ferroviário e aquaviário de passageiros
[339] https://pt.wikipedia.org/wiki/Guerra_fiscal
[340] BARRETO, Aires F. ISS na Constituição e na Lei. São Paulo: Editora Noeses, 2018, Atualizado por Paulo Ayres Barreto, p.255
[341] BARRETO, Aires F. ISS na Constituição e na Lei. São Paulo: Editora Noeses, 2018, Atualizado por Paulo Ayres Barreto, p.265
[342] STF, ADPF 190/SP, relator ministro Edson Fachin, julgamento em 29.9.2016; Informativo de Jurisprudência do STF 841

[343] GRUPENMACHER, Betina Treiger. Lei complementar 157/2016 limita autonomia dos municípios. Consultor Jurídico, Opinião, 16/01/2017.
[344] VELLOSO, Andrei Pitten Velloso - http://www.cartaforense.com.br/conteudo/colunas/reforma-do-iss-lc-1572016-tributacao-de-novas-tecnologias-e-combate-a-guerra-fiscal-entre-os-municipios/17321
[345] **AÇÃO DIRETA DE INCONSTITUCIONALIDADE,** Origem: DF - DISTRITO FEDERAL, Relator Atual: MIN. ALEXANDRE DE MORAES: "...CONCEDO A MEDIDA CAUTELAR pleiteada, ad referendum do Plenário desta SUPREMA CORTE, para suspender a eficácia do artigo 1º da Lei Complementar 157/2016, na parte que modificou o art. 3º, XXIII, XXIV e XXV, e os parágrafos 3º e 4º do art. 6º da Lei Complementar 116/2003; bem como, por arrastamento, para suspender a eficácia de toda legislação local editadas para sua direta complementação. [...] Comunique-se o Congresso

Nacional e o Presidente da República para ciência e cumprimento desta decisão. Nos termos do art. 21, X, do Regimento Interno do Supremo Tribunal Federal, peço dia para julgamento, pelo Plenário, do referendo da medida ora concedida. À Secretaria, para as anotações pertinentes. Publique-se. Intimem-se.", 23/03/2018

[346] Professora Adjunta de Direito Financeiro e Tributário da Universidade Federal Fluminense – UFF. Pós-doutorado em Economia pela Escola de Economia da Fundação Getúlio Vargas – EESP/FGV. Doutora em Direito Financeiro pela Faculdade de Direito da Universidade de São Paulo (FD-USP), com Doutorado Sanduíche pela University of Dundee (Escócia). Graduada em Direito pela Universidade Federal do Rio Grande do Norte.

[347] Juíza de Direito da 4ªVara de Acidentes do Trabalho. Mestre e Doutora pela USP em Direito do Estado e Pós-Doutora em Ciência Política pela UNICAMP".

[348] As Definições de micro, pequena e média empresas brasileiras como base para a formulação de políticas públicas, EO Anais do II Encontro de Estudos sobre Empreendedorismo e Gestão de Pequenas Empresas – EGEPE, 2001, www.scholar.google.com, acessado em 14.9.2018.

[349] www.receitafederal. Org.br, Santiago Silas, vídeo aula 2, acesso em 12.9.2018

[350] O Simples Nacional e o Regime de Substituição Tributária do ICMS – Incoerências. In www.Portaltributário.com.br/artigos/simples_ea_st.htm, p.4.

[351] CMS E O SIMPLES NACIONAL - O REFLEXO DO RECOLHIMENTO DE DIFERENCIAL DE ALÍQUOTAS NAS EMPRESAS OPTANTES PELO SIMPLES NACIONAL, in https://periodicos.ufsm.br/contabilidade/article/view/56/3414, - Revista Eletrônica de Contabilidade Revista Eletrônica de Contabilidade, Santa Maria, RS, v. 6, n.1, jan./jun./2012. Página 64

[352] 13. Nova regra do ICMS diminui burocracia para venda on-line – SIMPLES NACIONAL
A partir de 2019, tributo será pago apenas ao Estado de destino da mercadoria
18/2/2018 A partir de janeiro de 2019, quem atua no comércio eletrônico vai enfrentar menos burocracia na hora de recolher o ICMS (Imposto sobre Circulação de Mercadorias e Prestação de Serviços). As alíquotas continuarão as mesmas, mas o tempo gasto com burocracias por um e-commerce que vende produtos de um Estado para outro deve diminuir por conta de uma simplificação. **O microempreendedor individual pode enviar encomendas para pessoas físicas em outros Estados sem nota fiscal?** Não. Todas as mercadorias enviadas por meio dos Correios ou de uma transportadora para outro Estado precisam ser despachadas com a nota fiscal, tanto para pessoa física quanto para pessoa jurídica **Como é feito o recolhimento do ICMS do comércio eletrônico?** As empresas podem recolher o imposto por apuração, ou seja, mês a mês, se tiverem a inscrição estadual nos Estados de destino. Se não tiverem, é preciso recolher a cada venda. Para ambos os casos, é usada a GNRE (Guia Nacional de Recolhimento de Tributos Estaduais). Por *Paula Pacheco*

[353] Pesquisador em Pós-doutorado na Faculdade de Direito da Universidade de São Paulo (USP). Professor Adjunto da Universidade do Estado do Amazonas (UEA). Coordenador

do Programa de Especialização em Direito Tributário Brasileiro do Instituto Brasileiro de Direito Tributário (IBDT). Advogado.
[354] COSTA, Alcides Jorge. ICM – substituição tributária – responsabilidade por retenção e recolhimento por operações ainda não realizadas. In: *Ricardo Mariz de Oliveira, Sérgio de Freitas Costa (coord.), Diálogos póstumos com Alcides Jorge Costa*. São Paulo: IBDT, 2017, pp. 109-118. O texto foi publicado originalmente em 1985 na *Revista de direito tributário*. Para comentários sobre a atualidade do texto: VIEIRA DA ROCHA, Paulo Victor. In: *Ricardo Mariz de Oliveira, Sérgio de Freitas Costa (coord.), Diálogos póstumos com Alcides Jorge Costa*. São Paulo: IBDT, 2017, pp. 118-130.
[355] ALEXY, Robert. *Theorie der Grundrechte*. 2 Auf. Frankfurt am Main: Suhrkamp, 1994, pp. 41-47. No mesmo sentido: GUASTINI, Riccardo. *Il diritto come linguaggio*. Sec. Ed. Torino: Gaippichelli, 2006, pp. 29-34. GRAU, Eros. *Por que tenho medo dos juízes (a interpretação/aplicação do direito e os princípios*. 6ª ed. refundida do *ensaio e discurso sobre a interpretação/aplicação do direito*. São Paulo: Malheiros, 2013, pp. 37-39.
[356] GRAU, Eros. *O direito posto e o direito pressuposto*. 7ª ed. São Paulo: Malheiros, 2008, pp. 41-42. GRAU, Eros. Por que tenho medo dos juízes (a interpretação/aplicação do direito e os princípios. 6ª ed. refundida do ensaio e discurso sobre a interpretação/aplicação do direito. São Paulo: Malheiros, 2013, pp. 73-74.
[357] RAZ, Joseph. *The Authority of Law*. 2nd ed. Oxford: Oxford University Press, 2009, pp. 28-33.
[358] GRAU, Eros. *O direito posto e o direito pressuposto*. 7ª ed. São Paulo: Malheiros, 2008, pp. 36-40.
[359] VIEIRA DA ROCHA, Paulo Victor. Substituição tributária e proporcionalidade: entre capacidade contributiva e praticabilidade. São Paulo: Quartier Latin, 2012, p.184.
[360] Por ex., o RE 213.396 SP. Rel. Min. Ilmar Galvão. DJ. 1.12.2000.
[361] YERSIN, Danielle. Les systèmes d'imposition prae- et postnumerando et la perception de l'impôt. Markus Reich, Martin Zweifel (hgrs), Das schweizerische Steuerecht: eine Standortbestimmung. Festschrift zum 70. Geburtstag von Prof. Dr. Ferdinand Zuppinger. Bern: Stämpli & Cie: 1989, pp. 90-100. SCHOUERI, Luis Eduardo. Direito tributário. 3ª ed. São Paulo: Saraiva, 2013, pp. 505-506.
[362] VIEIRA DA ROCHA, Paulo Victor. Substituição tributária e proporcionalidade: entre capacidade contributiva e praticabilidade. São Paulo: Quartier Latin, 2012, pp. 21-22.
[363] ÁVILA, Humberto. Presunções e pautas fiscais frente à eficiência administrativa. In: *Valdir de Oliveira Rocha (coord.), Grandes Questões Atuais do Direito Tributário, 9º vol*. São Paulo: Dialética, 2005, pp. 277-288 (278).
[364] VIEIRA DA ROCHA, Paulo Victor. Teoria dos direitos fundamentais em matéria tributária: restrições a direitos do contribuinte e proporcionalidade. São Paulo: Quartier Latin, 2017, pp. 29-34, 73-79.
[365] VIEIRA DA ROCHA, Paulo Victor. Teoria dos direitos fundamentais em matéria tributária: restrições a direitos do contribuinte e proporcionalidade. São Paulo: Quartier Latin, 2017, pp. 289-291.
[366] Consta da ementa do acórdão: "A circunstância de ser presumido o fato gerador não constitui óbice à exigência antecipada do tributo, dado tratar-se de sistema instituído pela

própria Constituição, encontrando-se regulamentado por lei complementar que, para definir-lhe a base de cálculo, se valeu de critério de estimativa que aproxima **o mais possível** da realidade". (sem grifos no original)

[367] SCHOUERI, Luis Eduardo. *Direito tributário*. 3ª ed. São Paulo: Saraiva, 2013, p. 82-84, 87-88, 92-93.

[368] SCHOUERI, Luis Eduardo. *Direito tributário*. 3ª ed. São Paulo: Saraiva, 2013, p. 72, 78-81, especialmente, 78. TORRES, Ricardo Lobo. *Curso de direito financeiro e tributário*. 20ª ed. Rio de Janeiro: Processo, 2018, p. 41.

[369] Para a proximidade entre as justificações baseadas na praticabilidade e no combate ao abuso, bem como para o tratamento de ambas como justificações fiscais, vide: VIEIRA DA ROCHA, Paulo Victor. *Teoria dos direitos fundamentais em matéria tributária: restrições a direitos do contribuinte e proporcionalidade*. São Paulo: Quartier Latin, 2017, pp. 171-187.

[370] VIEIRA DA ROCHA, Paulo Victor. *Teoria dos direitos fundamentais em matéria tributária: restrições a direitos do contribuinte e proporcionalidade*. São Paulo: Quartier Latin, 2017, pp. 173-175, 243-247, 286-289.

[371] VIEIRA DA ROCHA, Paulo Victor. *Teoria dos direitos fundamentais em matéria tributária: restrições a direitos do contribuinte e proporcionalidade*. São Paulo: Quartier Latin, 2017, pp. 237-243.

[372] VIEIRA DA ROCHA, Paulo Victor. *Teoria dos direitos fundamentais em matéria tributária: restrições a direitos do contribuinte e proporcionalidade*. São Paulo: Quartier Latin, 2017, pp. 289-291.

[373] SCHOUERI, Luis Eduardo. Restrições à atividade econômica do contribuinte na substituição tributária e livre concorrência. In: *Arthur M. Ferreira Neto, Rafael Nichele (coords.), Curso avançado de substituição tributária: modalidades e direitos do contribuinte*. 2ª ed. Porto Alegre: Livraria do Advogado / IET, 2016, pp. 119-134 (123 ss.).

[374] ADI 1.851 AL. Rel. Min. Ilmar Galvão. DJ 22.11.2002, pp. 163 e 182 dos autos (págs. 15 do voto do relator e 2 do voto do Min. Sepúlveda Pertence). VIEIRA DA ROCHA, Paulo Victor. *Teoria dos direitos fundamentais em matéria tributária: restrições a direitos do contribuinte e proporcionalidade*. São Paulo: Quartier Latin, 2017, pp. 290-291.

[375] RE 213.396 SP. Rel. Min. Ilmar Galvão. DJ. 1.12.2000, pág. 397 dos autos (pág. 12 do voto do relator).

[376] RE 213.396 SP. Rel. Min. Ilmar Galvão. DJ. 1.12.2000, pág. 397 dos autos (pág. 12 do voto do relator). ADI 1.851 AL. Rel. Min. Ilmar Galvão. DJ 22.11.2002, pp. 163 dos autos (pág. 15 do voto do relator). VIEIRA DA ROCHA, Paulo Victor. *Teoria dos direitos fundamentais em matéria tributária: restrições a direitos do contribuinte e proporcionalidade*. São Paulo: Quartier Latin, 2017, pp. 290-291.

[377] Mestre e doutor em direito pela Pontifícia Universidade Católica de São Paulo ("PUC-SP"), Professor de Direito Tributário nos Cursos de Graduação, Especialização, Mestrado e Doutorado da PUC/SP, Professor do IBET e Advogado.

[378] "Um *símbolo* é um signo que perderia o caráter que o torna um signo se não houvesse um interpretante. Tal é o caso de qualquer elocução de discurso que significa apenas por força de compreender-se que possui essa significação." (PEIRCE, Charles Sanders.

Semiótica. São Paulo: Perspectiva, 2005, p. 74)
379 CARVALHO, Paulo de Barros. *Curso de direito tributário*. 29ª ed. São Paulo: Saraiva, 2018, p. 280.
380 CARRAZZA, Roque Antonio. *ICMS*. 14ª ed. São Paulo: Malheiros, 2009, p. 63.
381 *ICMS*, p. 77-78.
382 Professor Titular da Cadeira de Direito Tributário da Faculdade de Direito da Pontifícia Universidade Católica de São Paulo –Advogado e Consultor Tributário – Chefe do Departamento das Relações Tributárias, Comerciais, Econômicas e Internacionais da *PUC-SP* - Ex-Presidente da Academia Paulista de Direito
383. V. Revista Trimestral de Jurisprudência, n.º 64, p. 538.
384. Para Miguel Reale, "negócio jurídico é aquela espécie de ato que, além de se originar de um ato de vontade, implica a declaração expressa da vontade, instauradora de uma relação entre dois ou mais sujeitos, tendo em vista um objeto protegido pelo ordenamento jurídico" (Lições Preliminares de Direito, Saraiva, São Paulo, 5ª ed., 1978, p. 135).
Estas ideias vêm completadas por Paulo Dourado de Gusmão, para quem o negócio jurídico "... é a declaração expressa de vontade destinada a produzir efeitos jurídicos de natureza patrimonial, como os contratos" (Introdução ao Estudo do Direito, Forense, Rio de Janeiro, 13ª ed., 1988, p. 334).
385. *Comentários à Constituição de 1967*, 2ª ed., 2ª tiragem, Ed. R.T., São Paulo, 1973, vol. II, p. 507.
386. A Resolução do Senado Federal n.º 22/1989 fixou a alíquota de 8% (oito por cento), para as operações e prestações interestaduais ocorridas entre 1º de junho e 31 de dezembro de 1989.
387. Políticos e juristas muito tem discutido se o sistema funcionará a contento, pois, a partir de 2019, o Estado de origem não terá nenhum interesse econômico em fiscalizar a arrecadação do *ICMS*.
Deixaremos, porém, de desenvolver o assunto, já que foge dos objetivos deste artigo doutrinário.
388. Reiterando o que já sustentamos, se, nos termos da Constituição, o fato X, ocorrido no território da pessoa política A somente por ela pode ser tributado, logicamente não há de haver conflitos entre esta (a pessoa política A) – enquanto submete à tributação o realizador deste mesmo fato X – e as demais pessoas políticas.
389. *ICMS*, São Paulo, Malheiros Editores, 17ª ed., 2015, pp. 570 e 571 (esclarecemos nos colchetes).
390. *Idem, ibidem*, p. 571.
391. Citado por Reinhard Singer, em seu artigo "*Direitos Fundamentais no Direito do Trabalho*", traduzido por Pedro Scherer de Mello Aleixo e publicado no livro *Direitos Fundamentais e Direito Privado – Uma perspectiva de direito comparado*, Almedina, Coimbra, 2007, p. 327).
392. 18ª edição (no prelo).
393. *Pensamentos sobre a Política – Pascal*, trad. Paulo Neves, Martins Fontes, São Paulo, 1994, p. 28.
394. A Lei Complementar nº 87/1996, ao cuidar do momento da ocorrência do *fato*

imponível do *ICMS*, passou ao largo da questão do diferencial de alíquotas.

Corrobora a assertiva, a circunstância de estar em trâmite, na Câmara dos Deputados, o Projeto de Lei Complementar nº 325/2016, que tem em mira disciplinar o assunto.

[395]. A menção ao Distrito Federal está implícita no texto, uma vez que ele também tem competência para, no âmbito de seu território, instituir e arrecadar o ICMS, *ex vi* do disposto no art. 155, II, da Constituição Federal.

[396]. Ag.Reg. no RE 580.903/PR, rel. Min. Roberto Barroso, j. em 28.04.2015, DJe 22.05.2015.

[397]. Nesse sentido, a lição lapidar de Riccardo Guastini: "Uma reserva de lei pode ser violada [...] por uma fonte diversa da lei [...], que pretenda disciplinar a matéria a ela reservada e, por isso, subtraída do seu âmbito material de competência" (Teoria e dogmatica delle fonti, Milano, Giuffrè Editore, 1998, p. 50 – traduzimos).

[398]. Grifamos.

[399]. Grifamos.

[400]. Nas palavras de José Afonso da Silva, o "[...]inciso I do art. 24 tem íntima relação com o disposto nos arts. 145 e ss., que tratam do Sistema Tributário Nacional, especialmente o art. 146, que, de certo modo, complementa a competência legislativa federal aqui prevista, estatuindo que as normas gerais da União hão de ser veiculadas por meio de lei complementar [...].

"Os §§ 1º a 4º trazem a disciplina normativa de correlação entre normas gerais e suplementares, pelos quais se vê que a União produz normas gerais sobre a matéria arrolada no art. 24, enquanto aos Estados e Distrito Federal compete suplementar, no âmbito do interesse estadual, aquelas normas. Tem sido uma questão tormentosa definir o que são 'normas gerais', para circunscrever devidamente o campo de atuação da União. Diremos que 'normas gerais' são normas de leis, ordinárias ou complementares, produzidas pelo legislador federal nas hipóteses previstas na Constituição, que estabelecem princípios e diretrizes da ação legislativa da União, dos Estados, do Distrito Federal e dos Municípios. Por regra, elas não regulam diretamente situações fáticas, porque se limitam a definir uma normatividade genérica a ser obedecida pela legislação específica federal, estadual e municipal: direito sobre direito, normas que traçam diretrizes, balizas, quadros, à atuação legislativa daquelas unidades da Federação. 'Suplementares' são as normas estaduais ou do Distrito Federal que, no âmbito de suas respectivas competências, suplementam com pormenores concretos as normas gerais (§§ 1º e 2º). Tudo isso é uma técnica de repartição de competência federativa; os §§ 3º e 4º complementam sua normatividade, estabelecendo, em primeiro lugar, que os Estados e o Distrito Federal exercerão a competência legislativa plena se não forem produzidas as normas gerais e, em segundo lugar, que a 'superveniência de lei federal sobre normas gerais suspende a eficácia da lei estadual, no que lhe for contrário. [...]" (Comentário contextual à constituição, Malheiros Editores, São Paulo, 2005, pp. 277-281).

[401]. "Normas gerais e competência concorrente. Uma exegese do art. 24 da Constituição Federal", in ***Revista da Faculdade de Direito da Universidade de São Paulo***, São Paulo, vol. 90, pp. 245-251, jan. 1995.

[402]. Tais *normas gerais* prevalecerão até que sobrevenha lei complementar da União,

hipótese em que restará suspensa "*a eficácia da lei estadual, no que lhe for contrário*". Logo, se a União editar uma lei ordinária regulando a matéria, a eficácia da lei estadual permanecerá intacta, porque "normas gerais em matéria de legislação tributária" só podem ser veiculadas por meio de lei complementar (*ex vi* do art. 146 da *CF*).

403. Esta lei complementar estadual é uma *lei complementar de delegação*. Melhor esclarecendo, advém de uma delegação constitucional aos Estados-membros para que, atendendo a suas peculiaridades, baixem, no âmbito local, *normas gerais em matéria de legislação tributária*, que prevalecerão enquanto não sobrevier uma lei complementar nacional tratando do assunto.

404. Sabe-se que a competência tributária – aptidão jurídica para criar *in abstracto* tributos – é exercitada por meio de lei, que deve descrever todos os elementos da norma jurídica pertinente, entre os quais a *hipótese de incidência* da exação, com seus aspectos *material, temporal* e *espacial*. O *aspecto espacial* indica o local onde deverá ocorrer a *conduta* (ou *estado de fato*) que será havida por *fato imponível* e, deste modo, fará nascer, para uma dada pessoa, o dever jurídico de recolher o tributo.

Porém, ao cuidar deste aspecto, a lei precisa levar em conta o *princípio da territorialidade*, que impõe a incidência dentro das fronteiras da entidade tributante, circunstância que previne conflitos entre as pessoas políticas. E, evidentemente, a providência administrativa de constituição do tributo somente será válida, caso se perfaça nos limites da territorialidade, vale dizer, dentro do espaço de competência do ente federativo.

405. Tal lei ordinária deverá observar o *princípio da anterioridade*, quer anual, quer nonagesimal (cf. art. 150, III, *b* e *c*, da *CF*).

Lembramos que, pelo princípio da anterioridade, a lei que cria ou aumenta um tributo, ao entrar em vigor, fica com sua eficácia suspensa, até o início do próximo exercício financeiro, quando, só então, incidirá.

Com isto, permite-se que o contribuinte, conhecendo, com razoável antecedência, os gravames tributários que o aguardam, tenha a tranquilidade de programar suas atividades, sem ser colhido de surpresa, com novas exigências fiscais, durante o exercício financeiro. Dentro dessa perspectiva, o princípio da anterioridade traz em seu bojo o da não-surpresa, ao mesmo tempo em que reforça o da segurança jurídica.

Assim, o princípio da anterioridade tolhe o agir, não só da Administração Fazendária, como do próprio Poder Legislativo, já que o impede de estabelecer que lei com tais características colha fatos ocorridos "no mesmo exercício financeiro em que haja sido publicada".

Ademais, após o advento da Emenda Constitucional n.º 42, de 19.12.03 (que inseriu uma alínea "c", no art. 150, III, da CF) assentou-se que o novo tributo só poderá ser validamente exigido (ou exigido com aumento) a partir de 1º de janeiro de cada ano, se a lei que o instituir (ou majorar) estiver em vigor há, pelo menos, noventa dias. Com isso, o contribuinte pode organizar seus negócios com ainda maior grau de certeza e segurança, o que é fundamental em qualquer Estado Democrático de Direito.

Tudo isso nos reconduz à ideia, há pouco exibida, de que, mesmo quando, após edição da lei complementar nacional cabível, o Estado-membro vier a editar lei ordinária tratando do *DIFAL*, este somente será exigível observado o *princípio da anterioridade*, anual e nonagesimal (art. 150, III, *b* e *c*, da *CF*)

[406]. Relembramos que a atual situação de anomia (ausência de lei complementar nacional disciplinando o *DIFAL*) não abre espaço à edição de leis ordinárias estaduais (ou do Distrito Federal) que venham a tratar do assunto.

[407]. Naquele julgamento, discutiu-se a ausência de lei estadual, disciplinando as alterações, em matéria de *ICMS-importação*, introduzidas pela Lei Complementar nº 114/2002.

[408]. "Normas Gerais de Direito Financeiro e Tributário e Autonomia dos Estados e Municípios", in Revista de Direito Público n.º 10, p. 79 (esclarecemos nos colchetes e grifamos o último parágrafo).

[409]. O ordenamento jurídico é formado por um sistema de normas dispostas hierarquicamente. Deveras, as normas jurídicas não estão situadas no mesmo patamar, umas ao lado das outras, mas, sim, escalonadamente, de tal sorte que as superiores dão validade às inferiores, que, assim, não as podem contrariar. Das inferiores, criadas por particulares (os *contratos*) às constitucionais, se forma aquilo que se convencionou chamar de "*pirâmide jurídica*". Nela, as normas ordenam-se segundo uma relação sintática, pela qual as inferiores recebem *respaldo de validade* daquelas que as encimam.

A Constituição ocupa, neste conjunto, o patamar mais elevado, dando *fundamento de validade* aos demais atos normativos, pois ela "*representa o escalão de Direito positivo mais elevado*" (cf. Hans Kelsen, *Teoria Pura do Direito*, trad. de João Baptista Machado, São Paulo, Martins Fontes, 2ª ed., 1987, p. 240).

No mesmo sentido, a lição de Celso Ribeiro Bastos; verbis: "...as normas componentes de um ordenamento jurídico encontram-se dispostas segundo uma hierarquia e formando uma espécie de pirâmide, sendo que a Constituição ocupa o ponto mais alto, o ápice da pirâmide legal, fazendo com que todas as demais normas que lhe vêm abaixo a ela se encontrem subordinadas" (Curso de Direito Constitucional, Saraiva, São Paulo, 14ª ed., 1992, p. 44).

[410]. *Hermenêutica e Aplicação do Direito*, Forense, Rio, 9ª ed., 1980, p. 166 (os negritos são do autor).

[411]. Estamos nos referindo ao milagre da ressurreição mais conhecido de Jesus, qual seja de Lázaro, seu amigo íntimo. O episódio é relatado no Evangelho de São João (11:39 e ss.).

[412]. O princípio federativo encontra-se consagrado já no art. 1º, da Constituição Federal, que estipula ser o Brasil uma "República Federativa [...] formada pela União indissolúvel do Estados e Municípios e do Distrito Federal".

Por força deste princípio convivem harmonicamente: *a)* a *ordem jurídica global* (o Estado Federal, a Nação brasileira); e, *b)* as *ordens jurídicas parciais, (b.1) central* (a União) e *(b.2) periféricas* (os Estados-membros, o Distrito Federal e os Municípios). Mas, isso só é possível graças à discriminação de competências levada a efeito pela própria Carta Suprema.

Assim, é fácil perceber que o *princípio federativo* veda tratamentos jurídicos que criem distinções ou preferências, inclusive tributárias e financeiras, entre as pessoas políticas. Tampouco, que lhes imponha o melhor modo de exercitarem suas competências tributárias

[413]. Em matéria de *ICMS*, convênio é o *acordo*, o *ajuste*, celebrado pelos Estados-

membros e pelo Distrito Federal, autorizando-os a conceder ou a revogar isenções, benefícios ou incentivos fiscais.

[414]. A edição de Convênios-ICMS é facultativa, é dizer, de exercício não obrigatório. A Constituição limita-se a indicar os procedimentos, a serem seguidos pelas autoridades competentes, a fim de que eles venham validamente dados à publicidade.

415. ADI 1.247-9, *DJU* 1, de 8.9.1995, p. 28.834.

[416]. Atualizamos, nos colchetes, a denominação do tributo.

[417]. O assunto continua sob a égide da precitada Lei Complementar nº 24, de 07 de janeiro de 1975, já que o art. 27, da Lei Complementar nº 87, de 13 de setembro de 1996, que dele tratava, foi vetado pelo Presidente da República (As *razões de veto* declaram textualmente que a matéria continua regulada pela Lei Complementar n. 24/75).

[418]. E nem se diga que, porque ausente uma lei complementar nacional tratando do diferencial de alíquotas do ICMS, pode um convênio fazer-lhe as vezes. É que, como não há duvidar, o Direito vive de formas, que não podem ser atropeladas.

www.ingramcontent.com/pod-product-compliance
Lightning Source LLC
Chambersburg PA
CBHW030942240526
45463CB00016B/1168